대통령경호처
경호공무원 8급
필기시험

KB159089

일반상식
(국어, 한국사)

영어
(문법, 어휘 등)

대통령경호처
경호공무원
8급 필기시험

초판 인쇄 2022년 09월 05일
초판 발행 2022년 09월 07일

편 저 자 | 공무원시험연구소
발 행 처 | (주)서원각
등록번호 | 1999-1A-107호
주   소 | 경기도 고양시 일산서구 덕산로 88-45(가좌동)
대표번호 | 031-923-2051
팩   스 | 031-923-3815
교재문의 | 카카오톡 플러스 친구 [서원각]
영상문의 | 070-4233-2505
홈페이지 | www.goseowon.com
책임편집 | 정유진
디 자 인 | 김한울

PREFACE

대통령경호실은 1963년 대통령경호실법이 제정 공포되면서 창설되었다. 대통령경호실은 대통령의 절대안전을 목표로 기(氣)를 살리고 혼(混)을 쏟는 임무수행으로 도(道, 공감)를 이끌어내는 경호안전 태세를 유지하기 위해 최선의 노력을 다한다.

경호공무원은 충성, 자기통제, 통합, 상황판단, 용기를 핵심가치로 삼아 대통령과 그 가족, 대통령당선인과 그 가족 등을 비롯하여 그밖에 경호실장이 경호가 필요하다고 인정하는 국내외 요인을 안전을 책임진다.

본서는 경호공무원을 준비하는 수험생을 위한 필기시험 기본서로 과목별 핵심이론을 체계적으로 정리하고 출제가 예상되는 문제를 엄선하여 수록하였으며, 상세한 해설과 보충 설명으로 학습의 효율을 높였다.

신념을 가지고 도전하는 사람은 반드시 그 꿈을 이룰 수 있습니다. 서원각이 경호공무원을 꿈꾸는 수험생 여러분의 꿈을 응원합니다.

INFOMATION

1. 채용개요

① 채용분야 : 경호

② 채용직급 : 특정직 8급

2. 자격요건

① 응시자격

    ㉠ 경호 · 경비분야 근무 경력 4년 이상인 자

        ※ 근무기간 경력산정 시. 원서접수 마감일을 기준으로 계산

    ㉡ 대한민국 국적을 가진 사람(외국인 또는 복수국적자가 아닌 사람)

        ※ 복수국적자가 응시하는 경우 최종시험예정일(면접시험 최종예정일)까지 외국국적을 포기하여야 함

    ㉢ 남자의 경우 병역을 필한 자 또는 면제자

    ㉣ 「대통령 등의 경호에 관한 법률」 제11조의 정년에 도달하지 않으며, 만 18세 이상인 사람

    ㉤ 「대통령 등의 경호에 관한 법률」 제8조의 직원의 임용 자격 및 결격사유에 해당하지 않으며, 「공무원임용시험령」 등 관계법령에 의하여 응시자격이 정지되지 않은 자

② 학력/성별 : 제한 없음

③ 가점사항

구분	가산비율	비고
취업지원대상자	과목별 만점의 10% 또는 5%	• 취업지원대상자 가점과 의사상자 등 가점은 1개만 적용
의사상자 등 (의사자 유족, 의상자 본인 및 가족)	과목별 만점의 5% 또는 3%	• 관련 증명서 제출자에 한함 (취업지원대상자 증명서 또는 의사상자 증명서)

※ 취업지원대상자 및 의사상자 등 가점은 각 전형별 만점의 40% 이상 득점한 자에 한하여 가산

3. 전형방법

① 서류전형 : 응시자가 작성 및 제출한 서류를 기준으로 응시자격 해당 여부를 판단

② 1차 전형

    ㉠ 대상 : 서류전형 합격자

    ㉡ 체력검정 : 배근력, 윗몸일으키기, 제자리멀리뛰기, 10m 왕복달리기, 달리기(男2km, 女 1.2km)

③ 2차 전형

    ㉠ 대상 : 1차 합격자 대상

    ㉡ 필기시험 : 일반상식(국어, 한국사), 영어(문법, 어휘 등) 총 100문제

    ㉢ 인성검사

④ 3차 전형

    ㉠ 대상 : 2차 합격자 대상

    ㉡ 심층면접 : 기본자질 및 공직적합성, 경호분야 전문성 등

⑤ 4차 전형

    ㉠ 대상 : 3차 합격자 대상

    ㉡ 인성면접

⑥ 최종합격자 발표

STRUCTURE

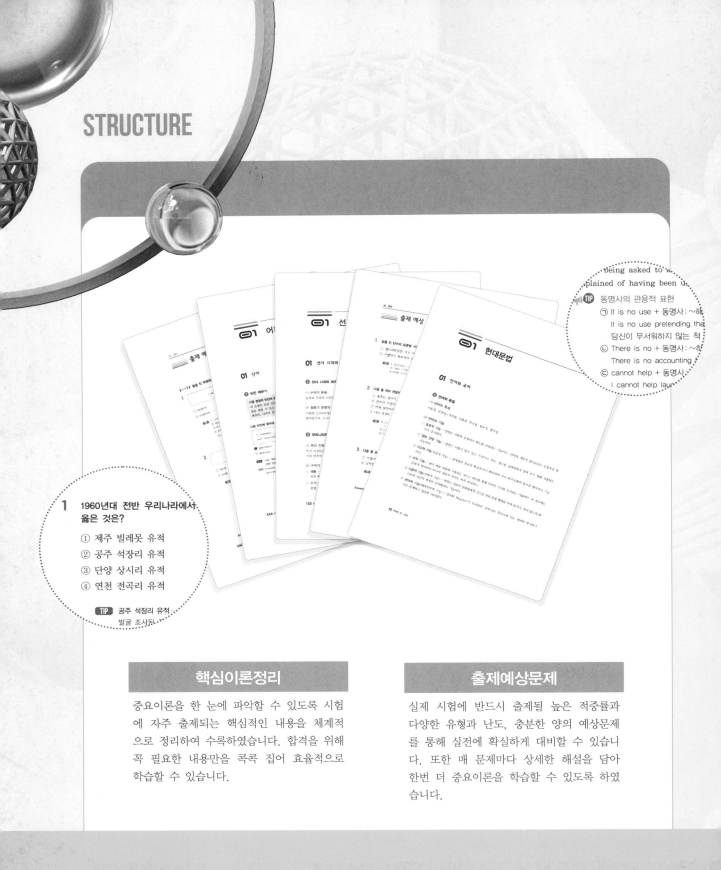

TIP 동명사의 관용적 표현
ⓐ It is no use + 동명사: ~해
   It is no use pretending that
   당신이 무서워하지 않는 척
ⓑ There is no + 동명사: ~하
   There is no accounting
ⓒ cannot help + 동명사:
   I cannot help lau

1 1960년대 전반 우리나라에서
   옳은 것은?

   ① 제주 빌레못 유적
   ② 공주 석장리 유적
   ③ 단양 상시리 유적
   ④ 연천 전곡리 유적

   TIP 공주 석장리 유적
        발굴 조사됨

핵심이론정리

중요이론을 한 눈에 파악할 수 있도록 시험
에 자주 출제되는 핵심적인 내용을 체계적
으로 정리하여 수록하였습니다. 합격을 위해
꼭 필요한 내용만을 콕콕 집어 효율적으로
학습할 수 있습니다.

출제예상문제

실제 시험에 반드시 출제될 높은 적중률과
다양한 유형과 난도, 충분한 양의 예상문제
를 통해 실전에 확실하게 대비할 수 있습니
다. 또한 매 문제마다 상세한 해설을 담아
한번 더 중요이론을 학습할 수 있도록 하였
습니다.

CONTENTS

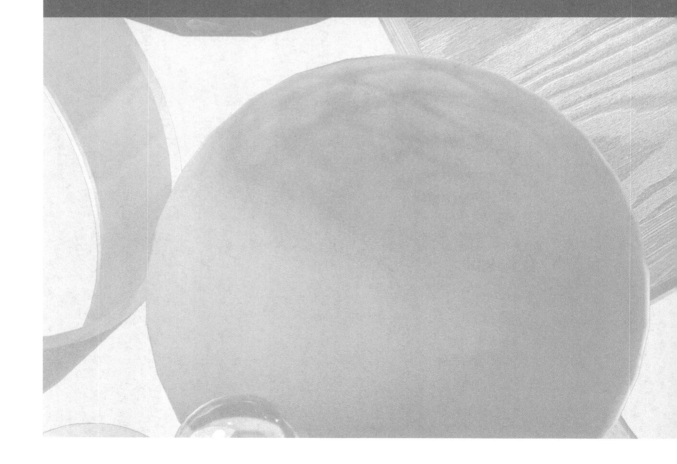

PART

01 국어

● 1 현대문법

01 언어와 국어

❶ 언어의 본질

(1) 언어의 특성

기호성, 분절성, 자의성, 사회성, 역사성, 창조성, 법칙성

(2) 언어의 기능

① **표현적 기능** … 말하는 사람의 감정이나 태도를 나타내는 기능이다. 언어의 개념적 의미보다는 감정적인 의미가 중시된다.

② **정보 전달 기능** … 말하는 사람이 알고 있는 사실이나 지식, 정보를 상대방에게 알려 주기 위해 사용하는 기능이다.

③ **사교적 기능**(친교적 기능) … 상대방과 친교를 확보하거나 확인하여 서로 의사소통의 통로를 열어주는 기능이다.

④ **미적 기능** … 언어 예술 작품에 사용되는 것으로 언어를 통해 미적인 가치를 추구하는 기능이다. 이 경우에는 감정적 의미만이 아니라 개념적 의미도 아주 중시된다.

⑤ **지령적 기능**(감화적 기능) … 말하는 사람이 상대방에게 지시를 하여 특정 행위를 하게 하거나, 하지 않도록 함으로써 자신의 목적을 달성하려는 기능이다.

⑥ **관어적 기능**(메타언어적 기능) … 영어의 'Weather'가 우리말의 '날씨'라는 뜻이라면 이는 영어와 한국어가 서로 관계하고 있음을 나타낸다.

❷ 국어의 이해

(1) 국어의 특징

① **국어의 문장**

　　㉠ 정상적인 문장은 '주어 + 목적어 + 서술어'의 어순을 가진다.

　　㉡ 성(性)의 구별이 없으며, 관사 및 관계대명사가 없다.

② **국어의 단어**

　　㉠ 문법적 관계를 나타내는 말(조사, 어미 등)이 풍부하다.

　　㉡ 조어 과정에서 배의성(配意性)에 의지하는 경향이 짙다.

③ **국어의 소리**

　　㉠ 음절 구성은 '자음 + 모음 + 자음'의 유형이다.

　　㉡ 자음 중 파열음과 파찰음은 예사소리, 된소리, 거센소리로 대립되어 3중 체계로 되어 있다.

　　㉢ 알타이어의 공통 특질인 두음 법칙, 모음조화 현상이 있다.

　　㉣ 음절의 끝소리에 'ㄱ, ㄴ, ㄷ, ㄹ, ㅁ, ㅂ, ㅇ'의 일곱 소리 이외의 자음이 오면 일곱 자음 가운
　　　데 하나의 소리로 바뀌는 끝소리 규칙이 있다.

　　㉤ 구개음화와 자음 동화 현상이 있다.

(2) 국어의 순화

① **국어 순화의 뜻** … 외래어, 외국어 등을 가능한 한 토박이말로 재정리하고, 비속한 말과 틀린 말을 고운말
과 표준어로 바르게 쓰는 것이다. 즉, 우리말을 다듬는 일이다.

② **국어 순화의 이유**

　　㉠ 개인이나 사회에 악영향을 주는 말의 반작용을 막기 위해서 국어를 순화해야 한다.

　　㉡ 말은 겨레 얼의 상징이며 민족 결합의 원동력이므로 겨레의 참된 삶과 정신이 투영된 말로 순화해야 한다.

02 음운

❶ 음성과 음운

(1) 음성

사람의 발음 기관을 통하여 나는 구체적이고 물리적인 소리이며, 말의 뜻을 구별해 주지 못한다.

(2) 음운

① 개념 … 말의 뜻을 구별해 주는 가장 작은 소리의 단위로 추상적이고 관념적이다.

② 종류

    ㉠ 분절 음운 : 자음이나 모음과 같은 음절을 구성하는 부분이 되는 음운[음소(音素)]이다.

    ㉡ 비분절 음운

      • 자음·모음이 아니면서 의미 분화 기능이 있는 음운[운소(韻素)]으로 소리의 길이, 높낮이, 세기 등이 분절 음운에 덧붙어서 실현된다.

      • 우리말의 비분절 음운은 소리의 길이(장단)에 의존한다.

❷ 국어의 음운

(1) 자음(19개)

말할 때 허파에서 나오는 공기의 흐름이 목 안 또는 입 안의 어떤 자리에서 장애를 받고 나오는 소리이다.

예 ㄱ, ㄲ, ㄴ, ㄷ, ㄸ, ㄹ, ㅁ, ㅂ, ㅃ, ㅅ, ㅆ, ㅇ, ㅈ, ㅉ, ㅊ, ㅋ, ㅌ, ㅍ, ㅎ

① 소리내는 위치에 따라 … 입술소리(순음), 혀끝소리(설단음), 센입천장소리(경구개음), 여린입천장소리(연구개음), 목청소리(후음)로 나뉜다.

② 소리내는 방법에 따라 … 파열음, 마찰음, 파찰음, 비음, 유음으로 나뉜다.

③ 소리의 울림에 따라 … 울림소리, 안울림소리로 나뉜다.

④ 소리의 세기에 따라 … 예사소리, 된소리, 거센소리로 나뉜다.

[자음 체계표]

소리내는 방법		소리나는 위치	두 입술 입술소리	윗잇몸 혀끝 혀끝소리	경구개 혓바닥 구개음	연구개 혀뒤 연구개음	목청 사이 목청소리
안울림소리	파열음	예사소리	ㅂ	ㄷ		ㄱ	
		된소리	ㅃ	ㄸ		ㄲ	
		거센소리	ㅍ	ㅌ		ㅋ	
	파찰음	예사소리			ㅈ		
		된소리			ㅉ		
		거센소리			ㅊ		
	마찰음	예사소리		ㅅ			ㅎ
		된소리		ㅆ			
울림소리	콧소리(비음)		ㅁ	ㄴ		ㅇ	
	흐름소리(유음)			ㄹ			

(2) 모음(21개)

① 단모음 … 발음할 때 입술이나 혀가 고정되어 움직이지 않는 모음이다.

   예 ㅏ, ㅐ, ㅓ, ㅔ, ㅗ, ㅚ, ㅜ, ㅟ, ㅡ, ㅣ

② 이중 모음 … 발음할 때 입술이나 혀가 움직이는 모음이다.

   예 ㅑ, ㅒ, ㅕ, ㅖ, ㅘ, ㅙ, ㅛ, ㅝ, ㅞ, ㅠ, ㅢ

[모음 체계표]

혀의 앞뒤 / 혀의 높이	전설 모음		후설 모음	
	평순 모음	원순 모음	평순 모음	원순 모음
고모음	ㅣ	ㅟ	ㅡ	ㅜ
중모음	ㅔ	ㅚ	ㅓ	ㅗ
저모음	ㅐ		ㅏ	

(3) 소리의 길이

① 긴소리는 일반적으로 단어의 첫째 음절에 나타난다.

   예 밤(夜) – 밤: (栗), 발(足) – 발: (簾), 굴(貝類) – 굴: (窟)

② 본래 길게 나던 단어도, 둘째 음절 이하에 오면 짧게 발음되는 경향이 있다.

   예 밤: → 알밤, 말: → 한국말, 솔: → 옷솔

③ 두 음절 이상이나 혹은 소리의 일부분이 축약된 준말, 단음절어는 긴소리를 낸다.

   예 고을→ 골: , 배암→ 뱀:

❸ 음운의 변동

(1) 음절의 끝소리 규칙

국어에서는 'ㄱ, ㄴ, ㄷ, ㄹ, ㅁ, ㅂ, ㅇ'의 일곱 자음만이 음절의 끝소리로 발음된다.

① 음절의 끝자리의 'ㄲ, ㅋ'은 'ㄱ'으로 바뀐다.

   예 밖[박], 부엌[부억]

② 음절의 끝자리 'ㅅ, ㅆ, ㅈ, ㅊ, ㅌ, ㅎ'은 'ㄷ'으로 바뀐다.

   예 옷[옫], 젖[젇], 히읗[히읃]

③ 음절의 끝자리 'ㅍ'은 'ㅂ'으로 바뀐다.

   예 숲[숩], 잎[입]

④ 음절 끝에 겹받침이 올 때에는 하나의 자음만 발음한다.

　　㉠ 첫째 자음만 발음 : ㄳ, ㄵ, ㄼ, ㄽ, ㄾ, ㅄ

　　　　예 삯[삭], 앉다[안따], 여덟[여덜], 외곬[외골], 핥다[할따]

　　㉡ 둘째 자음만 발음 : ㄺ, ㄻ, ㄿ

　　　　예 닭[닥], 맑다[막따], 삶[삼], 젊다[점따], 읊다[읖따 → 읍따]

⑤ 다음에 모음으로 시작하는 음절이 올 경우

　　㉠ 조사나 어미, 접미사와 같은 형식 형태소가 올 경우 : 다음 음절의 첫소리로 옮겨 발음한다.

　　　　예 옷이[오시], 옷을[오슬], 값이[갑씨], 삶이[살미]

　　㉡ 실질 형태소가 올 경우 : 일곱 자음 중 하나로 바꾼 후 다음 음절의 첫소리로 옮겨 발음한다.

　　　　예 옷 안[온안 → 오단], 값없다[갑업다 → 가법따]

(2) 자음 동화

자음과 자음이 만나면 서로 영향을 주고받아 한쪽이나 양쪽 모두 비슷한 소리로 바뀌는 현상을 말한다.

① **정도에 따른 종류** ⋯ 완전 동화, 불완전 동화

② **방향에 따른 종류** ⋯ 순행 동화, 역행 동화, 상호 동화

(3) 구개음화

끝소리가 'ㄷ, ㅌ'인 형태소가 'ㅣ' 모음을 만나 구개음(센입천장소리)인 'ㅈ, ㅊ'으로 바뀌는 현상을 말한다.
예 해돋이[해도지], 붙이다[부치다], 굳히다[구치다]

(4) 모음 동화

앞 음절의 'ㅏ, ㅓ, ㅗ, ㅜ' 등의 모음이 뒤 음절의 'ㅣ'와 만나면 전설 모음인 'ㅐ, ㅔ, ㅚ, ㅟ'로 변하는 현상을 말한다.
예 어미[에미], 고기[괴기], 손잡이[손재비]

(5) 모음조화

양성 모음(ㅏ, ㅗ)은 양성 모음끼리, 음성 모음(ㅓ, ㅜ)은 음성 모음끼리 어울리는 현상을 말한다.

① **용언의 어미 활용** ⋯ -아 / -어, -아서 / -어서, -았- / -었-

　　예 앉아, 앉아서 / 베어, 베어서

② **의성 부사, 의태 부사에서 뚜렷이 나타난다.**

　　예 찰찰 / 철철, 졸졸 / 줄줄, 살랑살랑 / 설렁설렁

③ **알타이 어족의 공통 특질이며 국어의 중요한 특징이다.**

(6) 음운의 축약과 탈락

① **축약** … 두 음운이 합쳐져서 하나의 음운으로 줄어 소리나는 현상을 말한다.
　　㉠ **자음의 축약** : 'ㅎ' + 'ㄱ, ㄷ, ㅂ, ㅈ'→'ㅋ, ㅌ, ㅍ, ㅊ'
　　　　예 낳고[나코], 좋다[조타], 잡히다[자피다], 맞히다[마치다]
　　㉡ **모음의 축약** : 두 모음이 만나 한 모음으로 줄어든다.
　　　　예 보 + 아→봐, 가지어→가져, 사이→새, 되었다→됐다

② **탈락** … 두 음운이 만나면서 한 음운이 사라져 소리나지 않는 현상을 말한다.
　　㉠ **자음의 탈락** : 아들 + 님→아드님, 울 + 니→우니
　　㉡ **모음의 탈락** : 쓰 + 어→써, 가 + 았다→갔다

(7) 된소리되기

두 개의 안울림소리가 서로 만나면 뒤의 소리가 된소리로 발음되는 현상(경음화)을 말한다.
예 먹고[먹꼬], 밥과[밥꽈], 앞길[압낄]

(8) 사잇소리 현상

두 개의 형태소 또는 단어가 합성 명사를 이룰 때, 앞말의 끝소리가 울림소리이고, 뒷말의 첫소리가
안울림예사소리이면 뒤의 예사소리가 된소리로 변하는 현상을 말한다.

① 모음 + 안울림예사소리 → 사이시옷을 적고 된소리로 발음한다.
　　예 뱃사공[배싸공], 촛불[초뿔], 시냇가[시내까]

② 모음 + 'ㅁ, ㄴ'→'ㄴ' 소리가 덧난다.
　　예 이 + 몸(잇몸)[인몸], 코 + 날(콧날)[콘날]

③ 뒷말이 'ㅣ'나 반모음 'ㅣ'로 시작될 때→'ㄴ' 소리가 덧난다.
　　예 논일[논닐], 아래 + 이(아랫니)[아랜니]

④ 한자가 모여서 단어를 이룰 때
　　예 物價(물가)[물까], 庫間(곳간)[고깐], 貰房(셋방)[세빵]

03 단어

1 음절과 어절

(1) 음절

한 번에 소리낼 수 있는 소리마디를 가리킨다.

예 구름이 흘러간다. → 구∨르∨미∨흘∨러∨간∨다. (7음절)

　철호가 이야기책을 읽었다. → 철∨호∨가∨이∨야∨기∨책∨을∨읽∨었∨다. (11음절)

(2) 어절

끊어 읽는 대로 나누어진 도막도막의 마디로 띄어쓰기나 끊어 읽기의 단위가 된다.

예 학생은∨공부하는∨사람이다. (3어절)

　구름에∨달∨가듯이∨가겠다. (4어절)

2 단어와 형태소

(1) 단어

자립하여 쓰일 수 있는 말의 단위로, 낱말이라고도 한다. 자립하여 쓰일 수 없는 말 중 '는', '이다' 등도 단어로 인정한다.

예 철호가 이야기책을 읽었다. → 철호 / 가 / 이야기책 / 을 / 읽었다. (5단어)

(2) 형태소

뜻을 가진 가장 작은 말의 단위로 최소(最小)의 유의적(有意的) 단위이다.

예 철호가 이야기책을 읽었다. → 철호 / 가 / 이야기 / 책 / 을 / 읽 / 었 / 다. (8형태소)

① **자립성의 유무** … 자립 형태소, 의존 형태소로 나뉜다.

② **의미 · 기능** … 실질 형태소, 형식 형태소로 나뉜다.

❸ 품사

(1) 체언

① **명사** … 보통 명사, 고유 명사, 자립 명사, 의존 명사를 말한다.

② **대명사** … 인칭 대명사, 지시 대명사를 말한다.

③ **수사** … 수량이나 순서를 가리키는 단어를 말한다.

(2) 용언

① **동사** … 사람이나 사물의 움직임을 나타내는 단어를 말한다.

② **형용사** … 사람이나 사물의 상태나 성질을 나타내는 단어를 말한다.

③ **본용언과 보조 용언**
   ⊙ **본용언** : 실질적인 의미를 나타내며 단독으로 서술 능력을 가지는 용언을 말한다.
   ⓒ **보조 용언** : 자립성이 없거나 약하여 본용언에 기대어 그 말의 뜻을 도와주는 용언을 말한다.

④ **활용** … 동사나 형용사의 어간에 여러 다른 어미가 붙어서 단어의 형태가 변하는 것을 가리켜 활용이라 한다.
   ⊙ **규칙 용언** : 용언이 활용할 때에 어간과 어미의 모습이 일정한 대부분의 용언을 말한다.
   ⓒ **불규칙 용언** : 국어의 일반적인 음운 규칙으로는 설명이 불가능하게 어간이나 어미의 모습이 달라지는 용언을 말한다.

⑤ **어미**
   ⊙ **선어말 어미** : 어간과 어말 어미 사이에 오는 어미를 말한다.
   ⓒ **어말 어미** : 단어의 끝에 오는 단어를 끝맺는 어미를 말한다.

(3) 수식언

① **관형사** … 체언을 꾸며 주는 구실을 하는 단어를 말한다.

② **부사** … 주로 용언을 꾸며 주는 구실을 하는 단어를 말한다.

(4) 관계언(조사)

① **격조사** … 체언 뒤에 붙어 그 체언으로 하여금 일정한 문법적 자격을 가지게 하는 조사이다.

② **보조사** … 앞에 오는 체언에 특별한 의미를 더해 주는 조사이다.

③ **접속 조사** … 두 단어를 같은 자격으로 이어 주는 조사이다.

(5) 독립언(감탄사)

① 문장에서 독립적으로 쓰인다.

② 감정을 넣어 말하는 이의 놀람, 느낌, 부름, 대답을 나타내는 단어를 말한다.

❹ 단어의 형성

(1) 짜임새에 따른 단어의 종류

① 단일어 … 하나의 실질 형태소로 이루어진 말이다.

② 복합어 … 둘 이상의 형태소로 이루어진 말이다.
　　　예 파생어, 합성어

(2) 파생어 [실질 형태소(어근) + 형식 형태소(접사)]

① 어근 … 형태소가 결합하여 단어를 형성할 때, 실질적인 의미를 나타내는 부분이다.

② 접사 … 어근에 붙어 그 뜻을 제한하는 부분이다.
　　㉠ 접두사 : 어근 앞에 붙어 그 어근에 뜻을 더해 주는 접사를 말한다.
　　㉡ 접미사 : 어근 뒤에 붙는 접사로 그 어근에 뜻을 더하기도 하고 때로는 품사를 바꾸기도 하는 접사를 말한다.

(3) 합성어 [실질 형태소(어근) + 실질 형태소(어근)]

① 합성법의 유형
　　㉠ 통사적 합성법 : 우리말의 일반적인 단어 배열법과 일치하는 합성법이다.
　　㉡ 비통사적 합성법 : 우리말의 일반적인 단어 배열법에서 벗어나는 합성법이다.

② 통사적 합성어와 구(句)
　　㉠ 통사적 합성어는 구를 이룰 때의 방식과 일치하므로 구별이 어려울 때가 있다.
　　㉡ 통사적 합성어는 분리성이 없어 다른 말이 끼어들 수 없다.
　　㉢ 통사적 합성어는 합성 과정에서 소리와 의미가 변화되기도 한다.

③ 합성어의 의미상 갈래
　　㉠ 병렬 합성어 : 어근이 대등하게 본래의 뜻을 유지하는 합성어를 말한다.
　　㉡ 유속 합성어 : 한쪽의 어근이 다른 한쪽의 어근을 수식하는 합성어를 말한다.
　　㉢ 융합 합성어 : 어근들이 완전히 하나로 융합하여 새로운 의미를 나타내는 합성어를 말한다.

④ 합성어의 파생(합성어 + 접사)
　　㉠ 합성어 + 접사의 구조로 이루어진 말
　　㉡ 통사적 합성어 어근 + 접미사
　　㉢ 비통사적 합성어 어근 + 접미사
　　㉣ 반복 합성어 + 접미사

04 문장

❶ 문장의 성분

(1) 주성분

① **주어** ⋯ 문장에서 설명하고자 하는 대상으로서 '누가', '무엇이'에 해당한다.

② **서술어**
　　㉠ 대상에 대한 설명으로서 '무엇이다', '어떠하다', '어찌하다'에 해당한다.
　　㉡ 환경에 따라 서술어는 자릿수가 달라진다.

③ **목적어** ⋯ 서술어가 나타내는 동작이나 행위의 대상이 되는 말로서 '누구를', '무엇을'에 해당한다.

④ **보어** ⋯ 서술어 '되다', '아니다'가 주어 이외에 꼭 필요로 하는 성분으로서 '누가', '무엇이'에 해당한다. 보어는 서술어의 의미를 보충해 주는 구실을 한다.

(2) 부속 성분

① **관형어** ⋯ 주로 사물, 사람과 같이 대상을 나타내는 말 앞에서 이를 꾸며 주는 역할을 한다.

② **부사어**
　　㉠ 일반적으로 서술어를 꾸며 그 의미를 자세히 설명해 주는 성분이다.
　　㉡ 다른 부사어나 관형어, 또는 문장 전체를 꾸며 주기도 한다.

③ **독립 성분**(독립어)
　　㉠ 다른 성분들과 직접적인 관계를 맺지 않고 독립적으로 쓰이는 성분이다.
　　㉡ 부름, 감탄, 응답 등이 이에 속한다.

❷ 문법 요소

(1) 사동 표현

① **사동사** … 주어가 남에게 어떤 동작을 하도록 시키는 것을 나타내는 동사이다.

② **주동사** … 주어가 직접 행하는 동작을 나타내는 동사이다.

③ **사동 표현의 방법**

　　㉠ 용언 어근 + 사동 접미사(−이−, −히−, −리−, −기−, −우−, −구−, −추−)→사동사
　　㉡ 동사 어간 + '−게 하다'

(2) 피동 표현

① **피동사** … 주어가 남의 행동을 입어서 행하게 되는 동작을 나타내는 동사이다.

② **능동사** … 주어가 제 힘으로 행하는 동작을 나타내는 동사이다.

③ **피동 표현의 방법**

　　㉠ 동사 어간 + 피동 접미사(−이−, −히−, −리−, −기−) → 피동사
　　㉡ 동사 어간 + '−어 지다'

(3) 높임 표현

① **주체 높임법** … 용언 어간 + 선어말 어미 '−시−'의 형태로 이루어져 서술어가 나타내는 행위의 주체를 높여 표현하는 문법 기능을 말한다.

② **객체 높임법** … 말하는 이가 서술의 객체를 높여 표현하는 문법 기능을 말한다.
　　예 드리다, 여쭙다, 뵙다, 모시다

③ **상대 높임법** … 말하는 이가 말을 듣는 상대를 높여 표현하는 문법 기능을 말한다.

(4) 시간 표현

① **과거 시제** … 사건시가 발화시보다 앞설 때의 시제를 말한다.

② **현재 시제** … 발화시와 사건시가 일치하는 시제를 말한다.

③ **미래 시제** … 사건시가 모두 발화시 이후일 때의 시제를 말한다.

(5) 부정 표현

① '안' 부정문 … '아니(안)', '아니다', '-지 아니하다(않다)'에 의한 부정문으로, 단순 부정이나 주체의 의지에 의한 부정을 나타낸다.

    ㉠ **짧은 부정문** : '아니(안)' + 용언

    ㉡ **긴 부정문** : '용언 어간 + -지(보조적 연결 어미)' + 아니하다

② '못' 부정문 … '못', '-지 아니하다'에 의한 부정문으로, 주체의 능력 부족이나 외부의 원인에 의한 불가능을 나타낸다.

    ㉠ **짧은 부정문** : '못' + 용언

    ㉡ **긴 부정문** : '용언 어간 + -지(보조적 연결 어미) + 못하다'

③ '말다' 부정문 … 명령형이나 청유형에서 사용되어 금지를 나타낸다. 서술어가 동사인 경우에만 가능하나 일부 형용사에서 사용될 경우에는 '기원'의 의미를 지닌다.

    📖 영희를 만나지 <u>마라</u>.(금지) / 집이 너무 작지만 <u>마라</u>.(기원)

❸ 문장의 짜임

(1) 홑문장

주어와 서술어의 관계가 한 번만 맺어지는 문장을 말한다.
📖 첫눈이 내린다.

(2) 겹문장

① 안은 문장 … 독립된 문장이 다른 문장의 성분으로 안기어 이루어진 겹문장을 말한다.

    ㉠ **명사절로 안김** : 한 문장이 다른 문장으로 들어가 명사 구실을 한다.

    ㉡ **서술절로 안김** : 한 문장이 다른 문장으로 들어가 서술어 기능을 한다.

    ㉢ **관형절로 안김** : 한 문장이 다른 문장으로 들어가 관형어 구실을 한다.

    ㉣ **부사절로 안김** : 파생 부사 없이 '달리, 같이' 등이 서술어 기능을 하여 부사절을 이룬다.

    ㉤ **인용절로 안김** : 인용문이 다른 문장으로 들어가 안긴다.

② 이어진 문장 … 둘 이상의 독립된 문장이 연결 어미에 의해 이어져 이루어진 겹문장을 말한다.

    ㉠ **대등하게 이어진 문장** : 대등적 연결 어미인 '-고, -(으)며, (으)나, -지만, -든지, -거나'에 의해 이어진다.

    ㉡ **종속적으로 이어진 문장** : 종속적 연결 어미인 '-어(서), -(으)니까, -(으)면, -거든, (으)수록'에 의해 이어진다.

05 맞춤법과 표준어

1 한글 맞춤법

(1) 표기 원칙

한글 맞춤법은 표준어를 소리대로 적되, 어법에 맞도록 함을 원칙으로 한다.

(2) 맞춤법에 유의해야 할 말

① 한 단어 안에서 뚜렷한 까닭 없이 나는 된소리는 다음 음절의 첫소리를 된소리로 적는다.
> **예** 소쩍새, 아끼다, 어떠하다, 해쓱하다, 거꾸로, 가끔, 어찌, 이따금, 산뜻하다, 몽땅

② 'ㄷ' 소리로 나는 받침 중에서 'ㄷ'으로 적을 근거가 없는 것은 'ㅅ'으로 적는다.
> **예** 덧저고리, 돗자리, 엇셈, 웃어른, 핫옷, 무릇, 사뭇, 얼핏, 자칫하면

③ '계, 례, 몌, 폐, 혜'의 'ㅖ'는 'ㅔ'로 소리나는 경우가 있더라도 'ㅖ'로 적는다.
> **예** 계수(桂樹), 혜택(惠澤), 사례(謝禮), 연몌(連袂), 핑계

④ '의'나, 자음을 첫소리로 가지고 있는 음절의 'ㅢ'는 'ㅣ'로 소리나는 경우가 있더라도 'ㅢ'로 적는다.
> **예** 무늬(紋), 보늬, 늴리리, 닝큼, 오늬, 하늬바람

⑤ 한자음 '녀, 뇨, 뉴, 니'가 단어 첫머리에 올 적에는 두음 법칙에 따라 '여, 요, 유, 이'로 적는다.
> **예** 여자(女子), 요소(尿素), 유대(紐帶), 익명(匿名)

⑥ 한자음 '랴, 려, 례, 료, 류, 리'가 단어의 첫머리에 올 적에는 두음 법칙에 따라 '야, 여, 예, 요, 유, 이'로 적는다.
> **예** 양심(良心), 용궁(龍宮), 역사(歷史), 유행(流行), 예의(禮儀), 이발(理髮)

⑦ 한 단어 안에서 같은 음절이나 비슷한 음절이 겹쳐 나는 부분은 같은 글자로 적는다.
> **예** 똑딱똑딱, 쓱싹쓱싹, 씁쓸하다, 유유상종(類類相從)

⑧ 용언의 어간과 어미는 구별하여 적는다.
> **예** 먹다, 먹고, 먹어, 먹으니

⑨ 어미 뒤에 덧붙는 조사 '요'는 '요'로 적는다.
> **예** 읽어요, 참으리요, 좋지요

⑩ 어간에 '-이'나 '-음/-ㅁ'이 붙어서 명사로 된 것과 '-이'나 '-히'가 붙어서 부사로 된 것은 그 어간의 원형을 밝히어 적는다.
> **예** 얼음, 굳이, 더욱이, 일찍이, 익히, 앎, 만듦, 짓궂이, 밝히

⑪ 명사 뒤에 '-이'가 붙어서 된 말은 그 명사의 원형을 밝히어 적는다.
　　예 곳곳이, 낱낱이, 몫몫이, 샅샅이, 집집이, 곰배팔이, 바둑이, 삼발이, 애꾸눈이, 육손이

⑫ '-하다'나 '-거리다'가 붙는 어근에 '-이'가 붙어서 명사가 된 것은 그 원형을 밝히어 적는다.
　　예 깔쭉이, 살살이, 꿀꿀이, 눈깜짝이, 오뚝이, 더펄이, 코납작이, 배불뚝이, 푸석이, 홀쭉이

⑬ '-하다'가 붙는 어근에 '-히'나 '-이'가 붙어 부사가 되거나, 부사에 '-이'가 붙어서 뜻을 더하는 경우에는, 그 어근이나 부사의 원형을 밝히어 적는다.
　　예 급히, 꾸준히, 도저히, 딱히, 어렴풋이, 깨끗이, 곰곰이, 더욱이, 생긋이, 오뚝이, 일찍이, 해죽이

⑭ 사이시옷은 다음과 같은 경우에 받치어 적는다.
　　㉠ 순 우리말로 된 합성어로서 앞말이 모음으로 끝난 경우
　　㉡ 순 우리말과 한자어로 된 합성어로서 앞말이 모음으로 끝난 경우
　　㉢ 두 음절로 된 다음 한자어

⑮ 두 말이 어울릴 적에 'ㅂ' 소리나 'ㅎ' 소리가 덧나는 것은 소리대로 적는다.
　　예 댑싸리, 멥쌀, 볍씨, 햅쌀, 머리카락, 살코기, 수컷, 수탉, 안팎, 암캐, 암탉

⑯ 어간의 끝음절 '하'의 'ㅏ'가 줄고 'ㅎ'이 다음 음절의 첫소리와 어울려 거센소리로 될 적에는 거센소리로 적는다.
　　예 간편하게 - 간편케 - 다정하다 - 다정타

⑰ 부사의 끝음절이 분명히 '이'로만 나는 것은 '-이'로 적고, '히'로만 나거나 '이'나 '히'로 나는 것은 '-히'로 적는다.
　　㉠ '이'로만 나는 것
　　　　예 가붓이, 깨끗이, 나붓이, 느긋이, 둥긋이, 따뜻이, 반듯이, 버젓이, 산뜻이, 의젓이, 가까이, 고이
　　㉡ '히'로만 나는 것
　　　　예 극히, 급히, 딱히, 속히, 작히, 족히, 특히, 엄격히, 정확히
　　㉢ '이, 히'로 나는 것
　　　　예 솔직히, 가만히, 소홀히, 쓸쓸히, 정결히, 꼼꼼히, 열심히, 급급히, 답답히, 섭섭히, 공평히

⑱ 한자어에서 본음으로도 나고 속음으로도 나는 것은 각각 그 소리에 따라 적는다.
　　예 • 승낙(承諾) : 수락(受諾), 쾌락(快諾), 허락(許諾)
　　　 • 만난(萬難) : 곤란(困難), 논란(論難)
　　　 • 안녕(安寧) : 의령(宜寧), 회령(會寧)

⑲ 다음과 같은 접미사는 된소리로 적는다.
　　예 심부름꾼, 귀때기, 익살꾼, 볼때기, 일꾼, 판자때기, 뒤꿈치, 장난꾼, 팔꿈치, 지게꾼, 이마빼기

⑳ 두 가지로 구별하여 적던 다음 말들은 한 가지로 적는다.
　　예 맞추다(마추다×) : 입을 맞춘다. 양복을 맞춘다.

㉑ '-더라, -던'과 '-든지'는 다음과 같이 적는다.
  ㉠ 지난 일을 나타내는 어미는 '-더라, -던'으로 적는다.
    예 지난 겨울은 몹시 춥더라. 그 사람 말 잘하던데!
  ㉡ 물건이나 일의 내용을 가리지 아니하는 뜻을 나타내는 조사와 어미는 '-든지'로 적는다.
    예 배든지 사과든지 마음대로 먹어라. 가든지 오든지 마음대로 해라.

❷ 표준어 규정

(1) 주요 표준어

① 다음 단어들은 거센소리를 가진 형태를 표준어로 삼는다.
  예 끄나풀, 빈 칸, 부엌, 살쾡이, 녘

② 어원에서 멀어진 형태로 굳어져서 널리 쓰이는 것은, 그것을 표준어로 삼는다.
  예 강낭콩, 사글세, 고삿

③ 다음 단어들은 의미를 구별함이 없이, 한 가지 형태만을 표준어로 삼는다.
  예 돌, 둘째, 셋째, 넷째, 열두째, 빌리다

④ 수컷을 이르는 접두사는 '수-'로 통일한다.
  예 수꿩, 수소, 수나사, 수놈, 수사돈, 수은행나무

⑤ 양성 모음이 음성 모음으로 바뀌어 굳어진 다음 단어는 음성 모음 형태를 표준어로 삼는다.
  예 깡충깡충, -둥이, 발가숭이, 보퉁이, 뻗정다리, 아서, 아서라, 오뚝이, 주추

⑥ 'ㅣ' 역행 동화 현상에 의한 발음은 원칙적으로 표준 발음으로 인정하지 아니한다.
  ㉠ 다음 단어들은 그러한 동화가 적용된 형태를 표준어로 삼는다.
    예 풋내기, 냄비, 동댕이치다
  ㉡ 다음 단어는 'ㅣ' 역행 동화가 일어나지 아니한 형태를 표준어로 삼는다.
    예 아지랑이
  ㉢ 기술자에게는 '-장이', 그 외에는 '-쟁이'가 붙는 형태를 표준어로 삼는다.
    예 미장이, 유기장이, 멋쟁이, 소금쟁이, 담쟁이덩굴

⑦ 다음 단어는 모음이 단순화한 형태를 표준어로 삼는다.
  예 괴팍하다, 미루나무, 미륵, 여느, 으레, 케케묵다, 허우대

⑧ 다음 단어에서는 모음의 발음 변화를 인정하여, 발음이 바뀌어 굳어진 형태를 표준어로 삼는다.
  예 깍쟁이, 나무라다, 바라다, 상추, 주책, 지루하다, 튀기, 허드레, 호루라기, 시러베아들

⑨ '웃-' 및 '윗-'은 명사 '위'에 맞추어 '윗-'으로 통일한다.
  예 윗도리, 윗니, 윗목, 윗몸, 윗자리, 윗잇몸

⑩ 한자 '구(句)'가 붙어서 이루어진 단어는 '귀'로 읽는 것을 인정하지 아니하고, '구'로 통일한다.

예 구절(句節), 결구(結句), 경구(警句), 단구(短句), 대구(對句), 문구(文句), 어구(語句), 연구(聯句)

(2) 표준 발음법

표준 발음법은 표준어의 실제 발음을 따르되, 국어의 전통성과 합리성을 고려하여 정함을 원칙으로 한다.

① 겹받침 'ㄳ', 'ㄵ', 'ㄼ, ㄽ, ㄾ', 'ㅄ'은 어말 또는 자음 앞에서 각각 'ㄱ, ㄴ, ㄹ, ㅂ'으로 발음한다.

예 넋[넉], 넋과[넉꽈], 앉다[안따], 여덟[여덜], 넓다[널따], 외곬[외골], 핥다[할따], 값[갑], 없다[업: 따]

② '밟-'은 자음 앞에서 [밥]으로 발음하고, '넓-'은 다음과 같은 경우에 [넙]으로 발음한다.

예 밟다[밥: 따], 밟는[밤: 는], 넓죽하다[넙쭈카다], 넓둥글다[넙뚱글다]

③ 겹받침 'ㄺ, ㄻ, ㄿ'은 어말 또는 자음 앞에서 각각 'ㄱ, ㅁ, ㅂ'으로 발음한다.

예 닭[닥], 흙과[흑꽈], 맑다[막따], 늙지[늑찌], 삶[삼:], 젊다[점: 따], 읊고[읍꼬], 읊다[읍따]

④ 용언의 어간 '맑-'의 'ㄺ'은 'ㄱ' 앞에서 'ㄹ'로 발음한다.

예 맑게[말께], 묽고[물꼬], 얽거나[얼꺼나]

⑤ 'ㅎ(ㄶ, ㅀ)' 뒤에 'ㄱ, ㄷ, ㅈ'이 결합되는 경우에는, 뒤 음절 첫소리와 합쳐서 'ㅋ, ㅌ, ㅊ'으로 발음한다.

예 놓고[노코], 좋던[조: 턴], 쌓지[싸치], 많고[만: 코], 닳지[달치]

⑥ 'ㅎ(ㄶ, ㅀ)' 뒤에 모음으로 시작된 어미나 접미사가 결합되는 경우에는, 'ㅎ'을 발음하지 않는다.

예 낳은[나은], 놓아[노아], 쌓이다[싸이다], 싫어도[시러도]

⑦ 받침 뒤에 모음 'ㅏ, ㅓ, ㅗ, ㅜ, ㅟ'로 시작되는 실질 형태소가 연결되는 경우에는, 대표음으로 바꾸어서 뒤 음절 첫소리로 옮겨 발음한다.

예 밭 아래[바다래], 늪 앞[느밥], 젖어미[저더미], 맛없다[마덥따], 겉옷[거돋]

⑧ 한글 자모의 이름은 그 받침소리를 연음하되, 'ㄷ, ㅈ, ㅊ, ㅋ, ㅌ, ㅍ, ㅎ'의 경우에는 특별히 다음과 같이 발음한다.

예 디귿이[디그시], 지읒이[지으시], 치읓이[치으시], 키읔이[키으기], 티읕이[티으시]

⑨ 받침 'ㄷ, ㅌ(ㄾ)'이 조사나 접미사의 모음 'ㅣ'와 결합되는 경우에는, 'ㅈ, ㅊ'으로 바꾸어서 뒤 음절 첫소리로 옮겨 발음한다.

예 곧이듣다[고지듣따], 굳이[구지], 미닫이[미다지], 땀받이[땀바지]

⑩ 받침 'ㄱ(ㄲ, ㅋ, ㄳ, ㄺ), ㄷ(ㅅ, ㅆ, ㅈ, ㅊ, ㅌ, ㅎ), ㅂ(ㅍ, ㄼ, ㄿ, ㅄ)'은 'ㄴ, ㅁ' 앞에서 'ㅇ, ㄴ, ㅁ'으로 발음한다.

예 먹는[멍는], 국물[궁물], 깎는[깡는], 키읔만[키응만], 몫몫이[몽목씨], 긁는[긍는], 흙만[흥만]

⑪ 받침 'ㅁ, ㅇ' 뒤에 연결되는 'ㄹ'은 'ㄴ'으로 발음한다.

예 담력[담: 녁], 침략[침냑], 강릉[강능], 대통령[대: 통녕]

❸ 부록

(1) 순우리말

순우리말	의미
가늠	목표나 기준에 맞고 안 맞음을 헤아리는 기준. 일이 되어 가는 형편
가말다	일을 잘 헤아려 처리하다.
너나들이	서로 너니 나니 하고 부르며 터놓고 지내는 사이
다락같다	물건 값이 매우 비싸다. 덩치가 매우 크다.
답치기	되는 대로 함부로 덤벼드는 짓. 생각 없이 덮어놓고 하는 짓
듬쑥하다	사람의 됨됨이가 가볍지 않고 속이 깊고 차 있다.
마수걸다	장사를 시작해 처음으로 물건을 팔다.
맨드리	옷을 입고 매만진 맵시. 물건의 만들어진 모양새
바투	두 물체의 사이가 썩 가깝게. 시간이 매우 짧게
살갑다	(집이나 세간 따위가) 겉으로 보기보다 속이 너르다. 마음씨가 부드럽고 다정스럽다.
살뜰하다	매우 알뜰하다. 규모가 있고 착실하다.
성마르다	성질이 급하고 도량이 좁다.
시나브로	모르는 사이에 조금씩 조금씩
얌생이	남의 물건을 조금씩 훔쳐 내는 짓
열없다	조금 부끄럽다. 겁이 많다.
헤살	짓궂게 훼방함. 또는 그러한 짓

(2) 주의해야 할 맞춤법과 표준어

맞춤법		표준어	
바른 표기	잘못된 표기	바른 표기	잘못된 표기
깍두기	깍뚜기	사글세	삭월세
가까워	가까와	강낭콩	강남콩
오뚝이	오뚜기	수꿩	숫꿩
일찍이	일찌기	수놈	숫놈
깨끗이	깨끗히	숫염소	수염소
심부름꾼	심부름군	깡충깡충	깡총깡총
맞추다	마추다	냄비	남비
법석	법썩	풋내기	풋나기
핑계	핑게	위층	웃층
게시판	계시판	웃어른	윗어른
무늬	무니	끄나풀	끄나플
늴리리	닐리리	돌	돐
미닫이	미다지	셋째	세째
예삿일	예사일	나무라다	나무래다
살코기	살고기	허드레	허드래

(3) 주의해야 할 외래어 표기법

바른 표기	잘못된 표기	바른 표기	잘못된 표기
가톨릭	카톨릭	심벌	심볼
데뷔	데뷰	탤런트	탈렌트
바바리	버버리	스펀지	스폰지
바비큐	바베큐	소시지	소세지
배지(badge)	뱃지	로터리	로타리
백미러(back mirror)	백밀러	파일럿	파일롯
밸런스	발란스	샌들	샌달
보디(body)	바디	소파	쇼파
뷔페	부페	시그널	시그날
블록	블럭	리더십	리더쉽
비스킷	비스켓	라벨	레이블
비즈니스	비지니스	스태미나	스테미너
샹들리에	상들리에	타깃	타겟
센티미터	센치미터	심포지엄	심포지움
알코올	알콜	난센스	넌센스
액세서리	악세사리	색소폰	색스폰
액셀러레이터	악셀레이터	마사지	맛사지
앰뷸런스	앰블란스	피에로	삐에로
어댑터	아답터	메시지	메세지
엔도르핀	엔돌핀	팸플릿	팜플렛
재킷	자켓	카탈로그	카달로그
주스	쥬스	인디언	인디안
초콜릿	초콜렛	워크숍	워크샵
카펫	카페트	윈도	윈도우
캐러멜	카라멜	트리(tree)	추리
커피숍	커피샵	지그재그	지그자그
케이크	케잌	스티로폼	스치로폼
케첩	케찹	데생	뎃생
코미디언	코메디언	밸런타인데이	발렌타인데이
콤플렉스	컴플렉스	새시(sash)	샤시
클라이맥스	클라이막스	요구르트	요쿠르트
프라이팬	후라이팬	파일	화일
피날레	휘날레	다이내믹	다이나믹
필름	필림	앙케트	앙케이트

02 고전문학

01 고대 문학

(1) 설화 문학(서사 문학)

① **신화** : 민족신이나 건국신에 대한 신앙 상징으로써 신성하고 진실한 것으로 믿는 이야기이다.

> 📖 단군, 해모수, 금와, 동명왕, 박 혁거세, 수로왕 등의 조국(肇國) 신화

② **전설** : 비범한 인물의 위대한 업적이 산, 나무, 바위 등 구체적인 증거물과 결합되어 전해지며, 역사성 · 진실성이 있는 것으로 믿어지는 이야기이다.

> 📖 온달 설화, 연오랑 세오녀 설화

③ **민담** : 흥미와 교훈 위주의 이야기로 조상의 슬기와 기지와 해학이 담겨 있으며 허구성과 독창성을 지닌 이야기이다.

> 📢 **근원 설화**
> ㉠ 구토 설화 → 별주부전
> ㉡ 방이 설화 → 흥부전
> ㉢ 연권녀 설화(효녀 지은) → 심청전
> ㉣ 열녀 설화(도미의 처, 설씨녀 설화), 신원 설화, 암행어사 설화 → 춘향전
> ㉤ 조신 설화 → 몽유록계 소설(구운몽 등)
> ㉥ 지하국 대적 퇴치 설화 → 홍길동전

(2) 고대 가요(古代歌謠)

① **발생** : 음악, 무용, 시가의 종합이었던 원시 종합 예술에서 개인적이고 서정적인 내용을 노래하는 '시가'가 분리되면서 고대 서정 가요가 발생하였다.

② **특징**

㉠ 구전되다가 한역(漢譯)되어 전하는 고대 가요의 정확한 형태는 알 수 없지만 한역을 근거로 살펴볼 때 4행시였던 것으로 추정된다.

㉡ 고대 서정 가요는 배경 설화 속에 삽입되어 전하는 경우가 대부분이다(서사 문학과 시가 문학이 완전히 분리되지 않은 상태임을 보임).

ⓒ 고대 가요는 집단적 서정 가요로부터 개인적 서정 가요로의 변천 과정을 보인다.
- 집단적 서정 가요 : 구지가 → 해가
- 개인적 서정 가요 : 황조가, 공무도하가

③ 주요 작품

작품	연대	작자	내용	출전
공무도하가	고조선	백수광부의 처	물에 빠져 죽은 남편을 애도하면서 부른 노래	해동역사
황조가	고구려 유리왕	고구려 유리왕	꾀꼬리의 정다운 모습을 보고 실연의 슬픔을 노래	삼국사기
구지가	신라 유리왕	구간 등	새로운 임금을 맞는 주술적인 노래. 노동요	삼국유사
해가(사)	신라 성덕왕	강릉의 백성들	수로 부인을 구원하기 위한 주술적인 노래	삼국유사
정읍사	백제	행상인의 처	행상 나간 남편의 신변을 걱정하여 부른 노래	악학궤범

TIP 부전 가요
ⓐ 고구려 : 내원성가, 연양가, 명주가
ⓑ 백제 : 지리산가, 무등산가, 선운산가, 방등산곡
ⓒ 신라 : 도솔가, 희소곡, 치술령곡, 대악, 원사, 목주가

(3) 향가

① **정의** : 향가(鄕歌)란 본래 중국의 노래에 대한 우리말 노래를 의미하는 말이나, 오늘날에는 한자의 음과 훈을 빌려서 향찰(鄕札)로 표기한 신라의 노래를 이르는 것이 보통이다.

② **발생** : 유리왕 5년에 도솔가가 지어진 것이 가악(歌樂)의 시초라 하였으나, 현존하는 것은 진평왕 때 만들어진 서동요가 최고(最古)의 작품이다.

TIP 향가계 고려 가요
ⓐ 도이장가(悼二將歌) : 예종이 고려의 개국 공신인 김낙, 신숭겸을 추도한 8구체 형식의 노래이며, 서경 팔관회에서 불려졌다.
ⓑ 정과정(鄭瓜亭) : 정서가 동래에 귀양가서 쓴 충신연주지사로 유배 문학의 효시이다. 곡조명은 '삼진작'이며 10구체 형식의 노래이다.

③ **의의**
ⓐ 최초의 국문 시가이자 개인 창작시이다.
ⓑ 신라어 연구의 중요한 자료가 된다.
ⓒ 표기법은 외래 문화를 주체적으로 수용ㆍ발전시킨 좋은 예가 된다.

④ **형식**
ⓐ 4구체 : 초기의 형식으로 민요와 동요의 정착형이다.
예 서동요, 풍요, 헌화가, 도솔가
ⓑ 8구체 : 4구체에서 발전된 형태로 과도기적 형식이다.
예 처용가, 모죽지랑가

ⓒ 10구체
- 향가 중에서 가장 세련되며 완성된 형식이다.
- 비연시(非聯詩)이며, 내용상 3단 구성을 취하고 낙구 첫머리에 감탄사가 쓰인다.
- 흔히 '사뇌가'라고 하는데, 사뇌가는 숭고미(崇高美)를 주된 미적 특질로 하는 서정시이며, 화랑(花郎) 사회의 이상이나 불교 사상이 그 배경을 이루고 있다.
  ▣ 제망매가, 원왕생가, 찬기파랑가, 천수대비가, 원가, 안민가, 우적가, 보현십원가

⑤ 향가 수록 문헌 : 삼국유사(三國遺事)에 14수, 균여전에 11수가 전한다.

⑥ 향가집 : 9세기 후반인 진성 여왕 때 위홍과 대구화상이 향가집인 삼대목(三代目)을 편찬했다고 하나 전해지지 않는다.

⑦ 삼국 유사에 전하는 향가 14수 : 서동요(薯童謠), 혜성가(彗星歌), 풍요(風謠), 원왕생가(願往生歌), 모죽지랑가, 헌화가, 원가(怨歌), 도솔가, 제망매가(祭亡妹歌), 안민가(安民歌), 찬기파랑가(讚耆婆郎歌), 도천수대비가, 우적가(遇賊歌), 처용가(處容歌)

02 고대 시대의 문학

(1) 고려 가요(고려 속요)

① 성격 : 평민들이 향유한 평민 문학으로 그들의 진솔한 감정과 당시 사회상이 잘 반영되어 있다.

② 형식 : 대부분 분연체(연장체, 분절체, 분장체)로 3·3·2조, 3·3·4조, 4·4·4조 등의 음수율과 3음보의 율격으로 되어 있으며, 각 연 끝에 후렴구가 붙어 있고, 율조가 매우 유려하다.

③ 내용 : 현세적, 향락적이어서 남녀 간의 연정을 노래한 것이 대부분이다. 이 때문에 조선의 유학자들은 속요를 남녀상열지사(男女相悅之詞)라 하여 많이 버렸다.

④ 의의 : 아름다운 우리말 배움과 유려한 율조, 소박한 표현, 함축적 의미, 꾸밈없는 생활 감정의 표출 등으로 하여 국문학사상 백미로 평가된다.

⑤ 주요 작품

작품	성격	출전	내용
사모곡	효심(孝心)	악장가사, 시용향악보	곡조명은 엇노리. 목주가와 연관됨
상저가		시용향악보	백결 선생의 대악의 후신. 방아노래, 노동요
동동	송도(頌禱)	악학궤범	월령체(달거리 형식) 노래의 효시
정석가		악장가사, 시용향악보	불가능한 상황 설정으로 만수 무강 송축

처용가	축사(逐邪)	악학궤범, 악장가사	향가 처용가에서 발전한 희곡적 노래
청산별곡	현실 도피	악장가사, 시용향악보	비애, 고독, 도피, 체념을 노래
가시리	별리(別離)의 정한(情恨)	악장가사, 시용향악보	이별의 한(恨), 체념, 기다림의 전통적 여심(女心)을 노래. 일명 귀호곡
서경별곡	별리(別離)의 정한(情恨)	악장가사, 시용향악보	강물, 나룻터의 공간에서 이루어진 극적 이별
유구곡	애조(愛鳥)	시용향악보	벌곡조와 유사. 정치 풍자

TIP 고려 가요와 경기체가의 공통점과 차이점
㉠ 공통점 : 3음보의 율격, 분연체, 후렴구
㉡ 차이점
　• 고려 가요 : 서정 장르, 평민 문학, 비정형, 구비성
　• 경기체가 : 교술 장르, 귀족 문학, 정형, 기록성

(2) 경기체가

① 형식
　㉠ 음수율은 제1·2행이 3·3·4조, 제3·4행은 4·4·4조, 제5·6행은 4·4·4·4조로 고정되어 있으며, 음보율은 3음보이다.
　㉡ 각 연은 4행의 전대절과 2행의 후소절로 나뉜다.
　㉢ 분연체(분장체)이며 각 연의 끝에 '경(景)긔 엇더ᄒ니잇고' 또는 '경기하여'라는 후렴구가 붙는다.

② 내용 : 대체로 고답적, 풍류적, 향락적인 내용을 담고 있다.

③ 의의 : 경기체가는 운율적으로는 음악적이지만 내용에 문학성이 없으며, 한시도 우리 나라의 시도 아닌 중간적인 존재로써 일종의 기형적인 문학이다. 그러나 한국적인 자연스러운 운율과 정제된 형식미를 갖추고 있어 조선 시대까지 한학자들이 애용한 시 형식이다.

④ 주요 작품 : 한림별곡(한림제유), 관동별곡·죽계별곡(안축)이 있다.

(3) 시조

① 정의 : 3장 6구 45자 내외로 된 우리 고유의 대표적인 정형시이다.

② 형성
　㉠ 고려 중엽에 발생하여 고려 말기에 형식이 완성되었다.
　㉡ 향가에서 기원하여 고려 속요의 분장 과정을 거치면서 형성된 것으로 추측된다(민요→10구체 향가→고려 가요→시조).

③ 형식 : 3·4조 또는 4·4조, 3장 6구 45자 내외의 4음보, 종장의 첫 음보는 3음절로 고정되었다.

④ **의의** : 처음에는 단아하고 간결한 형식이 사대부 계층의 취향에 맞아서 발달했지만, 향유층이 점차 확대되어 구비 문학으로 승화되었다.

⑤ **주요 작가** : 이조년(다정가), 정몽주(단심가), 이방원(하여가), 우탁(한정가), 원천석(회고가) 등이 있다.

(4) 패관 문학

① **정의** : 패관 문학은 민간의 가담항설(街談巷說) 등을 주제로 한 문학을 가리킨다.

② **특징** : 소설의 전신으로 개인 창작이 아니며, 내용도 다양하다(채록자의 생각이 가미됨).

③ **주요 작품**

작품	연대	작자	내용
수이전	문종	박인량	부전(不傳). 최초의 순수 설화집. 연오랑 세오녀, 호원 등 9편이 삼국유사, 해동고승전에 전함
백운소설	고종	이규보	시화, 문담(文談)을 기록
파한집	고종	이인로	시화, 문담, 기사, 고사를 기록
보한집	고종	최자	파한집의 자매편. 사실(史實), 기녀의 이야기
역옹패설	고려 말	이제현	익재난고 권말에 수록. 기문(異聞), 기사(奇事). 시문, 서화, 인물에 대한 이야기

(5) 가전체 문학

① **정의** : 계세 징인(戒世懲人)을 목적으로 사물을 의인화하여 傳(전)의 형식으로 지은 것을 말한다.

② **특징** : 어떤 사물을 역사적 인물처럼 의인화시켜서 그 가계와 생애 및 개인의 성품 등을 기록하는 전의 양식이다(개인 창작, 설화와 소설의 교량적 역할).

③ **주요 작품**

작품	연대	작자	내용
국순전	인종	임춘	술을 의인화하여 술이 사람에게 미치는 영향을 씀
공방전	인종	임춘	엽전을 의인화하여 탐재(貪財)를 경계함
국선생전	고종	이규보	술을 의인화하여 군자(君子)의 처신을 경계함
청강사자 현부전	고종	이규보	거북을 의인화하여 어진 사람의 행적을 그림
죽부인전	공민왕	이곡	죽부인을 의인화하여 절개를 나타냄

(6) 한문학

① **한문학 융성의 배경**: 고려 시대는 과거 제도의 실시, 불교 문학의 발달, 주자학의 도입, 국자감·수사원의 설치 등으로 국문학사상 한문학이 가장 융성했던 시기이다.

② **주요 작품**

작품	연대	작자	내용
동명왕편	명종 23년	이규보	장편 영웅 서사시로 서사 문학의 백미
제왕운기	충렬왕	이승휴	상권에는 중국 역대 사적을 칠언시로, 하권은 우리 나라 역대 사적을 칠언과 오언으로 엮은 민족 서사시
동국이상국집	고종	이규보	전 53권의 문집으로, 전집에는 부(賦), 시(時), 송(頌) 등이, 후집에는 시, 찬(讚), 서(書), 기(記) 등이 수록
해동고승전	고종 2년	각훈	고구려·신라 때의 고승의 전기. 우리 나라 최초의 승전(僧傳)

03 조선 전기의 문학

(1) 악장

① **정의**: 조선 초 궁중의 연락(宴樂)이나 종묘제악(宗廟祭樂)에 쓰인 주악(奏樂)의 가사로, 일정한 형태상 특징보다는 조선 왕조를 송축하는 내용에 의해 설정된 장르이다.

② **형식**: 기본형으로 2절 4구의 형식을 갖춘 것이 전형적인 악장(용비어천가, 월인천강지곡)이지만, 변조형으로 기존 문학 형식에 송축적 내용 또는 종묘제악용 가사만을 붙인 악장들이 있다(속요체, 경기체가체, 한시체).

③ **내용**: 조선 건국의 정당성 홍보, 새로운 문물 제도 찬양, 임금의 만수무강 기원, 자손 번영을 축원하였다(목적성이 강한 문학, 송축의 노래).

④ **소멸**: 궁중 연회 등 특수한 목적에 사용하여 귀족 계층만 향유하였고 평민층에 확대되지 않아 소멸되었다.

⑤ **주요 작품**
　　㉠ **한시체**: 납씨가(정도전), 문덕곡(정도전), 정동방곡(정도전), 봉황음(윤회)이 있다.
　　㉡ **신체**: 용비어천가(정인지·권제), 월인천강지곡(세종)이 있다.
　　㉢ **속요체**: 신도가(정도전), 감군은(상진), 유림가(윤회)가 있다.
　　㉣ **경기체가체**: 상대별곡(권근), 화산별곡(변계량)이 있다.

(2) 번역 문학

① **정의** : 중국에서 들어온 불경(佛經), 경서(經書), 문학(文學)류 등을 훈민정음 창제와 더불어 우리말로 번역한 것을 말한다.

② **의의**
   ㉠ 중국 문학이 소개되어 우리 문학 영역이 확대되었다.
   ㉡ 조선 초기 국어 연구의 귀중한 자료가 된다.
   ㉢ 국문학과 중국 문학의 비교 연구 자료가 된다.

③ **주요 작품**
   ㉠ 불경 : 석보상절(수양대군), 월인석보(세조)가 있다.
   ㉡ 경서 : 내훈(소혜왕후), 소학언해(교정청 학자)가 있다.
   ㉢ 문학서 : 분류두공부시언해(유윤겸 · 조위 · 의침)가 있다.
   ㉣ 기타 : 구급방언해(미상)가 있다.

(3) 시조

① **전개** : 고려 말에 완성된 시조는 한글 창제와 더불어 사대부들의 교양물로 널리 애창되면서 국문학의 대표적인 장르가 되었다.

② **특징**
   ㉠ **영역 확대** : 처음에는 충의(忠義)를 주제로 출발하여 점차 애정과 도학의 세계에까지 나아갔다.
   ㉡ **자연미의 발견**(자연에 도학적 의미 부여) : 정국이 안정되고 왕조의 기틀이 잡힌 뒤로는 유교 사상과 함께 노장(老莊)의 무위자연(無爲自然)에 영향을 받아 자연 속에서 한가롭고 평화로운 자연미를 완성하게 되었다.
   ㉢ **강호가도**(江湖歌道) : 자연에 도학적인 의미를 부여하여 그것과의 일치를 추구하였다.
   • 영남가단(嶺南歌壇) : 심성(心性)을 닦는 것을 우위로 내세웠다. 시문보다 선비로서 마땅히 실행해야 할 도리를 찾자는 강호가도를 구현하였다(이현보, 주세붕, 이황, 권호문).
   • 호남가단(湖南歌壇) : 풍류(風流) 중심으로 자기 합리화의 성명 없이 작품을 통해 감회를 드러내었고, 도리를 따지지 않고 풍류를 자랑하였다(송순, 김인후, 김성원, 정철).
   ㉣ **교방 시조의 발전** : 기녀들의 고독과 한의 정서가 정교하고 아름답게 표현되었다.
   ㉤ 연시조가 등장하였다.

③ **주요 작품** : 희고가(길재 · 원천석), 강호사시가(맹사성), 충의가(성삼문 · 박팽년), 오륜가(주세붕), 도산십이곡(이황), 고산구곡가(이이), 훈민가(정철), 장진주사(정철)가 대표적이다.

(4) 가사

① **정의** : 3(4) · 4조, 4음보의 연속체이고 운문으로 된 교술 시가(교훈적 내용)이다.

② **발생** : 경기체가의 붕괴 과정에서 발생하였다는 설과 4음보 연속체인 교술 민요가 문자로 정착되는 과정에서 발생하였다는 설이 있다(고려 말엽 전후에 발생하여 조선 시대에 본격적으로 발전).

③ **내용** : 서정적인 것과 서사적인 것이 있는데, 서사적인 작품은 다분히 수필적인 성격을 띠고 있다. 조선 전기의 가사는 대체로 유교적 충의 사상과 자연 친화 의식을 내용으로 하고 있다.

④ **효시** : 조선 성종 때 불우헌 정극인이 쓴 상춘곡으로 보고 있다.

⑤ **의의**
   ㉠ 시조와 더불어 조선조 양반 문학을 대표하는 문학 형식이다.
   ㉡ 산문과 운문의 중간적 성격을 지닌 과도기적 문학(형식의 율문성과 내용의 산문성)이다.

⑥ **주요 작품** : 상춘곡(정극인), 면앙정가(송순), 성산별곡 · 관동별곡 · 사미인곡 · 속미인곡(정철)이 대표적이다.

(5) 고대 소설

① **정의** : 설화(신화, 민담, 전설), 패관 문학, 가전체 등을 바탕으로 구전되다가(구비 문학) 중국의 전기(傳奇), 화본(話本) 등의 영향을 받아 생겨난 산문 문학이다.

② **특징**
   ㉠ 낭독하기에 알맞은 4 · 4조의 가사체투를 갖추었다.
   ㉡ 전형적인 인물이 설정되었다.
   ㉢ 문장 표현이 문어체(文語體)로써 사물을 극히 미화시켰다.
   ㉣ 주제가 권선징악이며, 일상적 · 현실적인 것과 거리가 먼 신비로운 것을 그렸다.
   ㉤ 사건의 전개가 우연적이고, 사건의 결말은 행복하게 끝나는 것이다.

③ **주요 작품** : 금오신화(김시습), 화사 · 수성지 · 원생몽유록(임제)이 있다.

04 조선 후기의 문학

(1) 시조

① **전개** : 평민 의식과 산문 정신의 성장으로 사설시조가 등장하였다.

> **TIP** 사설시조
> 조선 후기에 성행한 평민 문학의 백미로 3장 중 2구 이상이 평시조보다 길며 이야기가 담겨 있다. 최초의 작품은 정철의 장진주사이다.

② 특징

    ㉠ **평민들의 참여로 산문화 경향을 띠었다.**

    ㉡ **시조창**: 18세기에 새로 등장한 대중적 창법으로 전문 가객이 아니더라도 쉽게 부를 수 있는데, 이후 문학상의 명칭으로 쓰였다.

    ㉢ **전문 가객의 등장**: 시조를 창작하고 곡조를 얹어 부르는 한편, 가단을 형성하고 시조집을 편찬하여 시조 부흥에 기여하였다.

    ㉣ **가단의 형성**: 시조가 창곡(唱曲) 위주로 변모해 갔다[경정산 가단(김천택, 김수장), 승평계 가단(박효관, 안민영), 노가재 가단(김수장 중심) 등].

        TIP 3대 시조집
        청구영언, 해동가요, 가곡원류

③ **주요 시조집**: 청구영언(김천택), 해동가요(김수장), 고금가곡(송계연월옹), 병와가곡집(이형상), 가곡원류(박효관 · 안민영)가 대표적이다.

④ **주요 작품**: 조홍시가(박인로), 우후요 · 산중신곡 · 어부사시사(윤선도), 영매가(안민영)가 있다.

(2) 가사

① 특징

    ㉠ **현실적인 문제에 대한 관심의 확대**: 기행 가사와 유배 가사

    ㉡ **여성 및 평민 작자층의 성장**: 사대부 부녀자들에 의해 창작 · 향유된 규방 가사와 평민층의 가사

    ㉢ **주제와 표현 양식이 다변화되었다.**

② 갈래

    ㉠ **기행 가사**: 중국과 일본, 국내를 다녀와서 견문을 기록한 가사이다.
        예 김인겸의 일동장유가, 홍순학의 연행가 등

    ㉡ **유배 가사**: 유배지의 체험을 기록한 가사이다.
        예 인조환의 만언사, 김진형의 북천가, 송주석의 북관곡, 이수광의 조천가 등

    ㉢ **전쟁 가사**: 전쟁의 체험을 읊은 가사로, 왜적에의 적개심이 드러나며 평화를 추구하였다.
        예 박인로의 태평사, 선상탄 등

    ㉣ **내방 가사**: 규방의 부녀자들에 의해 창작되고 향수된 가사로 여인들의 섬세한 감정과 현실 생활을 노래한다.
        예 계녀가, 사친가, 화전가, 이별가 등

    ㉤ **평민 가사**: 서민 생활을 주제로 하는 작자 미상의 가사이다.
        예 상사별곡, 권주가, 춘면곡 등

③ **주요 작품**: 고공가(허전), 고공답주인가(이원익), 태평사 · 선상탄 · 누항사 · 독락당 · 영남가(박인로), 일동장유가(김인겸), 만언사(안조환), 농가월령가(정학유), 북천가(김진형), 연행가(홍순학)가 있다.

(3) 고대 소설

① 전개

    ㉠ 평민의 자각, 산문 정신, 현실주의 사고 등의 영향으로 한층 발달하였다.

    ㉡ 최초의 국문 소설인 홍길동전이 나오면서 한글 소설이 나타났다.

    ㉢ 숙종 때 김만중의 구운몽과 사씨남정기가 나오면서 소설의 수준이 한층 격상되었다.

    ㉣ 영 · 정조 시대에 박지원의 풍자 단편과 평민 소설이 나타나면서 고대 소설의 전성기를 이루었다.

② 특징

    ㉠ **주제** : 대부분이 권선징악(勸善懲惡)이다.

    ㉡ **구성** : 평면적 구성, 일대기적 구성, 행복한 결말

    ㉢ **문체** : 문어체, 설화체, 역어체, 담화체, 구송체, 서술체 등

    ㉣ **인물** : 평면적 · 전형적 · 유형적 · 비범한 인물

    ㉤ **사건** : 비현실적, 우연적

    ㉥ **배경** : 중국(양반 소설), 우리 나라(평민 소설), 시간적으로 과거

    ㉦ **사상** : 무속화된 유 · 불 · 선 사상

    ㉧ **묘사** : 구체적 사실의 결여, 지극히 상투적 · 추상적

    ㉨ **작자 · 연대** : 대부분 미상(未詳)

③ 주요 작품

구분	특징	작품
군담 소설	전쟁을 소재로 하여 주인공의 무용담을 그린 소설	임진록, 유충렬전, 조웅전, 장국진전, 임경업전, 박씨전, 곽재우전 등
사회 소설	사회 제도의 모순을 비판한 소설	홍길동전, 전우치전, 허생전, 양반전 등
애정 소설	남녀 간의 애정 문제를 다룬 소설	운영전, 구운몽, 옥루몽, 춘향전, 숙향전, 숙영낭자전 등
풍자 소설	시대, 사회, 인물의 결함이나 과오 등을 풍자한 소설	요로원야화기, 배비장전, 이춘풍전 등
가정 소설	봉건적인 가정 내의 갈등을 다룬 소설	사씨남정기, 장화홍련전, 장풍운전 등
설화 소설	구비전승되어온 설화를 소재로 한 소설	왕랑반혼전, 흥부전, 심청전, 삼설기, 장끼전 등

(4) 고대 수필

① 특징

    ㉠ 민간과 궁중에서 함께 쓰여졌다.

    ㉡ 처음에는 한문, 나중에는 순 한글로 쓰였다.

    ㉢ 궁중 수필은 여성 특유의 섬세 · 우아한 표현으로 곡진한 정서와 인간미가 넘친다.

② 의의

    ㉠ 내간체 · 역어체 · 담화체 문장이 형성되었다.

    ㉡ 양란 전후를 구분 짓는 특성, 즉 운문에서 산문으로 흐르는 하나의 맥을 짚을 수 있다.

③ 갈래

    ㉠ **한글 수필** : 조선 후기의 운문적인 어투에서 탈피하려는 각성에 의해 이루어졌으며, 일기 · 기행 · 내간 등이 이에 속한다.

    ㉡ **한문 수필** : 고려조와 조선 전기의 패관 문학 작품들을 비롯하여 조선 후기의 문집이 이에 속한다. 홍만종의 시화총림 · 순오지, 김만중의 서포만필, 박지원의 열하일기 등이 유명하다.

④ 주요 작품

구분	종류
궁정수상	계축일기, 인현왕후전, 한중록(혜경궁 홍씨)
일기	산성일기, 의유당일기
기행	연행록(김창업), 을병연행록(홍대용), 무오연행록(서유문)
전기	윤씨행장(김만중)
서간	우념재수서(이봉한), 한산유찰(양주 조씨)
기타	어우야담(유몽인), 요로원야화기(박두세)
제문	조침문(유씨), 제문(숙종)

(5) 판소리

① **유래** : 그 기원에 관해서도 많은 논란이 있는데, 현재까지는 전라도 중심의 세습무들이 부르는 서사 무가에서 나왔다는 견해가 가장 유력하다.

② 특징

    ㉠ 서민들의 현실적인 생활을 주로 그리고 있다.

    ㉡ 창가의 내용에는 극적 요소가 많고 민속적이며, 그 체제는 희곡적이며, 문체는 운문체이다.

    ㉢ 풍자와 해학 등 골계적인 내용과 비장미, 숭고미 등이 다양하게 드러나 있다.

    ㉣ 판소리는 구비 문학이기 때문에 부분의 독자성이 성립한다.

    ㉤ 주제는 크게 이면적 주제와 표면적 주제로 나눌 수 있다.

    ㉥ 평민 계층이 사용하는 욕설이나 비속어 등과 양반 계층이 주로 사용하는 한문구나 한자 성어 등이 공존한다.

    TIP 판소리 구성의 3요소와 4대 요소

        ㉠ 판소리 구성의 3요소 : 창(唱), 아니리, 너름새(발림)

        ㉡ 판소리의 4대 요소 : 창(唱), 아니리, 너름새(발림), 추임새

③ 가창 방식
  ㉠ 창자인 광대와 반주자인 고수의 두 사람에 의해 진행된다.
  ㉡ 광대는 고수의 장단에 맞춰 창과 아니리를 섞어가며 노래를 하면서 사설에 맞춰 너름새를 곁들이고, 고수는 추임새로 광대의 흥을 돋우어 준다.
  ㉢ 사건의 전개에 꼭 필요한 서사 부분은 주로 아니리로 하며, 서정이나 묘사 부분은 창으로 한다.

④ 용어
  ㉠ 광대 : 노래를 부르는 사람
  ㉡ 고수 : 북을 치며 장단을 맞추는 사람
  ㉢ 아니리 : 노래 도중에 말로 하는 부분
  ㉣ 너름새(발림) : 노래를 부르며 하는 몸 동작
  ㉤ 추임새 : 고수나 청중들이 창 도중에 흥에 겨워 내는 탄성

⑤ 장단 : 진양조 < 중몰이(중모리) < 중중몰이(중중모리) < 잦은몰이(자진모리) < 휘몰이(휘모리)

⑥ 의의
  ㉠ 양반 문학과 서민 문학을 통합하는 근대 문학적 위치에 있다.
  ㉡ 판소리계 소설로 이행하여 설화를 소설로 정착시켰다.

⑦ 작품
  ㉠ 판소리 12마당 : 춘향가, 심청가, 흥보가, 수궁가, 적벽가, 변강쇠 타령, 배비장 타령, 강릉매화전, 옹고집전, 장끼 타령, 왈짜 타령(무숙이 타령), 가짜 신선 타령(숙영낭자전)
  ㉡ 판소리 6마당 : 춘향가, 심청가, 흥보가, 수궁가, 적벽가, 변강쇠 타령
  ㉢ 판소리계 소설 : 흥부전, 심청전, 별주부전(토끼전), 춘향전, 변강쇠전(가루지기전), 장끼전, 배비장전, 옹고집전

(6) 가면극

① 전개 : 삼국 시대의 기악(伎樂)이나 오기(五伎)에 그 연원을 두고, 고려 시대의 산대잡극, 조선 시대의 산대도감극 등의 여러 형태로 전승되었다.

② 내용 : 양반 계층에 대한 풍자, 승려의 파계에 대한 조소, 처첩 간의 갈등, 서민들의 빈궁상 등 평민들의 저항 의식을 담고 있다.

③ 특징
  ㉠ 시간과 공간을 자유롭게 선택·변화시킬 수 있으며, 두 개의 사건을 한 무대에서 보여줄 수 있다.
  ㉡ 관중이나 악사는 극에 개입함으로써 극적 환상이 차단되고, 이에 따라 관중은 객관적 비판자의 입장에 서게 된다.
  ㉢ 대사는 말과 노래가 섞여 있고 극적 요소(춤, 행동)가 풍부하다.

ⓔ 언어는 일상적인 구어를 기초로 하며, 관용적인 한문구나 직설적인 비속어가 사용되는 등 양반성과 평민성이 함께 드러난다.

ⓜ 새로운 사회로 지향하고자 하는 민중 의식이 드러난다.

(7) 민요

① 특징

ⓐ **구전성** : 설화와 마찬가지로, 문자에 의한 기록과 무관하게 입에서 입으로 전승되었다.

ⓑ **서정성** : 농축된 정서를 직접적으로 표출한다.

ⓒ **서민성** : 서민의 생활 감정이 포함된 비전문적인 양식이다.

ⓓ **형식미** : 불려지기 적합하도록 율격이나 형식이 일정한 정형성을 띤다.

② 형식

ⓐ 두 연이 대칭 구조를 이룬다.

ⓑ 3·4조 또는 4·4조의 율격을 지닌다.

ⓒ 민속·음악·문학의 복합체이다.

ⓓ 가창 형식과 시가 형태가 긴밀한 관계를 가진다.

ⓜ 가창 방식은 선후창, 교환창, 독창, 합창으로 구분된다.

③ 내용

ⓐ 민중들의 일상 생활의 정한이 잘 나타나 있다.

ⓑ 노동요에는 일하는 즐거움과 보람이 꾸밈없이 소박하게 나타난다.

ⓒ 생활상의 고통도 드러난다.

ⓓ 비기능요에는 남녀 이별의 정한이 주조를 이룬다.

④ 주요 작품

ⓐ **노동요** : 논매기 노래, 타작 노래, 해녀 노래 등

ⓑ **의식요** : 지신밟기요, 상여 노래, 달구질 노래 등

ⓒ **유희요** : 강강술래, 줄다리기 노래, 널뛰기 노래, 놋다리 노래 등

ⓓ **비기능요** : 아리랑, 강원도 아리랑, 정선 아리랑, 밀양 아리랑 등

(8) 잡가

① **정의** : 조선 후기에 발생하여 개화기까지 불리었던 창곡의 한 형태로, 주로 하류 계층의 유흥적인 노래를 말한다(가사, 민요, 시조의 영향을 받아 발생).

② **형식** : 4·4조의 가사 형식이지만 파격이 심하고 한자어나 중국 고사 등의 유식한 표현이 많다.

③ **내용** : 자연의 경치, 남녀 간의 애정, 풍자, 익살, 해학, 삶의 애환 등

④ 향유 계층 : 서민층에서 향유되었고, 사당패나 광대 등의 전문적인 소리꾼에 의해 불리어졌다.

05 주요 작품의 이해

① 어학적인 글

(1) 훈민정음(訓民正音)

① **창제자** : 세종 대왕(1379 ~ 1450) - 조선 4대 임금. 1420년 집현전을 설치하여 학문을 장려하고 훈민정음을 창제 · 반포하였다. 월인천강지곡을 비롯하여 용비어천가, 고려사, 석보상절 등 많은 책을 편찬하였으며, 해시계 등 새로운 과학 기구의 발명 제작과 음악을 장려하여 아악의 기초를 확립하였다. 국방에도 힘써 6진을 설치하는 등 내정, 외치, 문화 등 찬란한 업적을 남겼다.

② **창제의 목적**
  ㉠ 훈민정음 어지(御旨)에서 밝힌 '자주(自主) · 애민(愛民) · 실용(實用) 정신'을 구현한다.
  ㉡ 우리 나라 한자음의 정리와 표기를 통일한다.

> 🔊**TIP** 훈민정음 명칭의 변천
> ㉠ 훈민정음(訓民正音) : 창제 당시에 세종이 붙인 정식 이름으로 '백성을 가르치는 바른 소리'라는 뜻이다.
> ㉡ 정음(正音) : 훈민정음을 줄여서 부른 이름이다.
> ㉢ 언문(諺文) : 훈민정음을 낮추어 부른 이름이다.
> ㉣ 반절(反切) : 최세진(崔世珍)의 훈몽자회(訓蒙字會) 범례(凡例)에 "언문자모는 세속에서 일컫는 바의 반절(反切) 27자다."라고 한 데에서 비롯된 이름이다.
> ㉤ 국문(國文) : 갑오개혁 이후 국어의 존엄성을 자각하게 된 뒤부터 생긴 이름이다.
> ㉥ 한글 : 주시경이 붙인 이름으로 '하나의 글', '바른 글', '위대한 글'이라는 뜻이다.

③ **연대** : 세조 5년(1459)

④ **주제** : 훈민정음 창제의 취지

⑤ **사상** : 자주 정신, 애민 정신, 실용 정신

⑥ **특징** : 간결하고 분명하며, 지시적인 의미만을 사용하였다.

(2) 용비어천가(龍飛御天歌)

① 시기

    ㉠ 창작 시기 : 세종 27년(1445)

    ㉡ 간행 시기

      • 초간본 : 세종 29년(1447)

      • 중간본 : 광해군 4년(1612) − 만력본, 효종 10년(1659) − 순치본, 영조 41년(1765) − 건륭본

② **작자** : 정인지(1396 ~ 1478), 권제(1387 ~ 1445), 안지(1377 ~ 1464) 등

③ **창작 동기**

    ㉠ 조선 건국의 정당성 천명 및 민심 수습을 수습하려 하였다.

    ㉡ 후대 왕에 대한 권계(勸戒), 왕권의 확립을 목적으로 하였다.

    ㉢ 훈민정음의 실용성 여부를 시험하고자 하였다.

    ㉣ 나라말에 대해 존엄성을 부여하려 하였다.

④ **의의**

    ㉠ 훈민정음으로 기록된 최초의 작품이다.

    ㉡ 세종 당시, 즉 15세기 국어 연구에 귀중한 자료가 된다.

    ㉢ 국문으로 된 최초의 악장 문학이다.

    ㉣ 월인천강지곡과 쌍벽을 이루는 악장 문학의 대표작이다.

⑤ **표기상의 특징**

    ㉠ 종성부용초성의 원칙에 따라 8종성 외에 'ㅈ, ㅊ, ㅍ'이 종성으로 쓰였다.

    ㉡ 모음 조화가 철저하게 지켜졌다.

    ㉢ 사잇소리 표기가 훈민정음 언해본보다 엄격하게 지켜졌다.

    ㉣ 'ㅸ, ㆆ, ㆅ, ㅿ, ㅇ, ㆍ' 등이 모두 쓰였다.

    ㉤ 원문에는 방점이 찍혀 있다.

    ㉥ 동국정운식 한자음을 전제로 하여 조사와 어미를 붙여 썼다.

    ㉦ 15세기 문헌 중 가장 고형을 유지하고 있다.

(3) 두시언해(杜詩諺解)

① 원제(原題) : 분류두공부시(分類杜工部詩)언해로 두보의 시를 내용별로 분류하였다는 의미이다. 이는 25권 17책으로 되어 있다.

② 작자 : 두보(杜甫, 712 ~ 770)

③ 의의
   ㉠ 국문학상 최초의 번역 시집이다.
   ㉡ 국어학상 초간본과 중간본이 약 150년의 차이가 있어 임란 전후의 국어의 변화를 살피는 데 중요한 자료가 된다.
   ㉢ 한시 및 한문학 연구의 자료가 된다.

(4) 소학언해(小學諺解)

① 원전(소학)
   ㉠ 연대 : 중국 남송(南宋) 효종 14년(1187)
   ㉡ 편저자 : 유자징
   ㉢ 목적 : 주자의 지시에 따라 아동들에게 수신예절(修身禮節)과 충효신자(忠孝信者)의 사적을 가르치기 위해 여러 경서에서 뽑아 엮었다.
   ㉣ 내용
     • 입교(入敎) : 가르침을 베품
     • 명륜(明倫) : 인륜을 밝힘
     • 경신(敬身) : 몸가짐을 삼감
     • 계고(稽古) : 성현의 고사 인용
     • 가언(嘉言) : 교훈이 되는 말
     • 선행(善行) : 착한 행실

② 의의 : 중세 국어의 마지막 문헌 자료로서의 가치(16세기 국어)가 있다.

③ 표기상 특징
   ㉠ 'ㅿ'은 거의 소멸, 단 'ㆁ'은 사용되었다.
   ㉡ 방점이 사용되었고 성조 체계는 혼란을 보이기 시작하였다.
   ㉢ 모음 조화 현상이 파괴되었다.
   ㉣ 끊어적기가 많이 보인다.
   ㉤ 명사형 어미 '-기'가 등장하였다.
   ㉥ 명사형 어미 '-옴 / -움'에서 '-오 / -우'의 탈락이 보인다.
   ㉦ 한자 옆에 한글을 병기(竝記)하였다.

❷ 고대 가요

(1) 구지가(龜旨歌)

① 작자 : 구간(九干)

② 갈래 : 4구체, 한역 시가

③ 연대 : 신라 유리왕 19년(42)

④ 주제 : 수로왕의 강림 기원

⑤ 성격 : 주술요(呪術謠), 노동요(勞動謠), 집단 무가

⑥ 의의 : 현재 전하는 가장 오래된 집단 무가(巫歌)이며 주술성을 가진 현전 최고의 노동요(勞動謠)이다.

(2) 공무도하가(公無渡河歌)

① 작자 : 백수 광부(白首狂夫)의 처(妻)

② 갈래 : 한역가(漢譯歌), 서정시, 개인적인 서정 가요

③ 연대 : 고조선(古朝鮮)

④ 주제 : 임을 여읜 슬픔, 남편의 죽음을 애도

⑤ 성격 : 개인적, 서정적

⑥ 의의 : 황조가와 함께 우리 나라 최고의 서정 가요이며 원시적 · 집단적 서사시에서 서정시로 옮아가는 과도기적 작품이다.

(3) 정읍사(井邑詞)

① 작자 : 어느 행상의 처

② 갈래 : 백제 가요, 속요(俗謠)

③ 연대 : 백제 시대(고려 시대로 보는 설도 있음)

④ 주제 : 행상 나간 남편의 무사귀환(안전)을 기원

⑤ 성격 : 민요적

⑥ 의의
　㉠ 현전하는 유일한 백제의 노래이다.
　㉡ 한글로 기록되어 전하는 가장 오래된 노래이다.
　㉢ 시조 형식의 원형을 가진 노래이다(4음보의 형태).

③ 향가

(1) 서동요(薯童謠)

① **작자** : 서동(백제 무왕)

② **갈래** : 4구체 향가

③ **연대** : 신라 진평왕 때

④ **주제** : 선화 공주의 은밀한 사랑, 선화 공주를 꾀어내기 위한 참요

⑤ **성격** : 참요(讖謠 - 있지도 않은 사실을 날조하여 헐뜯는 노래), 동요(童謠)

⑥ **의의**

　　㉠ 현전 최고(最古)의 향가 작품이다.
　　㉡ 배경 설화에 신화적인 요소가 있는 향가이다.
　　㉢ 향가 중 민요체를 대표하는 작품이다.

(2) 제망매가(祭亡妹歌)

① **작자** : 월명사

② **갈래** : 10구체 향가

③ **연대** : 신라 경덕왕 때

④ **주제** : 죽은 누이에 대한 추모의 정

⑤ **성격** : 추도가(追悼歌), 애상적, 종교적(불교적)

⑥ **의의**

　　㉠ 향가 중 찬기파랑가와 함께 표현 기교 및 서정성이 뛰어나다.
　　㉡ 불교의 윤회 사상이 기저를 이루고 있다.
　　㉢ 정제된 10구체 향가로 비유성이 뛰어나 문학성이 높다.

④ 고려 가요

(1) 가시리

① **작자** : 미상

② **갈래** : 고려 가요

③ 연대 : 고려 시대

④ 주제 : 이별의 정한

⑤ 형태 : 전 4 연의 연장체(분연체)

⑥ 운율 : 3 · 3 · 2조의 3음보

⑦ 성격 : 이별의 노래, 민요풍

⑧ 의의 : 이별의 애달픔을 소박한 정조로 노래한 이별가의 절조

(2) 청산별곡

① 작자 : 미상

② 갈래 : 고려 가요, 장가, 서정시

③ 연대 : 고려 시대

④ 주제 : 삶의 고뇌와 비애, 실연(失戀)의 애상, 삶의 고통과 그 극복에의 지향성, 현실에의 체념

⑤ 형태 : 전 8 연의 분절체, 매연 4구 3 · 3 · 2조의 3음보

⑥ 성격 : 평민 문학, 도피 문학

⑦ 의의 : 고려 가요 중 서경별곡과 함께 비유성과 문학성이 가장 뛰어나며, 고려인들의 삶의 애환을 반영한 작품이다.

❺ 시조

(1) 고시조

① **강호사시가**

ㄱ 작자 : 맹사성

ㄴ 갈래 : 평시조, 연시조(전 4 수)

ㄷ 주제 : 강호 한정(江湖閒情), 안분지족하는 은사의 유유자적한 생활과 임금의 은혜에 감사함

ㄹ 성격 : 강호가, 강호 한정가, 강호 연군가

ㅁ 의의 : 국문학사상 최초의 연시조(聯詩調)로서 이황의 도산십이곡과 이이의 고산구곡가에 영향을 준 작품이다.

② **도산십이곡**

ㄱ 작자 : 이황

ㄴ 갈래 : 평시조, 연시조(전 12 수)

     ⓒ **주제** : 전 6곡(자연에 동화된 생활), 후 6곡(학문 수양 및 학문에 힘쓸 것을 다짐)

     ⓔ **성격** : 교훈가

③ **어부사시사**

     ㉠ **작자** : 윤선도

     ⓛ **갈래** : 연시조[춘 · 하 · 추 · 동 각 10수(전 40 수)]

     ⓒ **주제** : 강호의 한정(閑情). 철따라 펼쳐지는 자연의 경치와 어부(漁父) 생활의 흥취

     ⓔ **성격** : 강호한정가

❻ 가사

(1) 상춘곡(賞春曲)

① **작자** : 정극인(1401 ~ 1481) − 성종 때의 학자. 문인. 호는 불우헌

② **갈래** : 강호 가사, 양반 가사, 정격 가사

③ **연대** : 창작 − 성종(15세기), 표기 − 정조(18세기)

④ **주제** : 봄 경치의 완상과 안빈낙도(安貧樂道)

⑤ **형태** : 39행, 79구, 매행 4음보(단, 제12 행은 6음보)의 정형 가사로, 4음보 연속체

⑥ **성격** : 묘사적, 예찬적, 서정적

⑦ **의의** : 가사 문학의 효시, 송순의 면앙정가에 영향을 주었다.

(2) 관동별곡(關東別曲)

① **작자** : 정철(1536~1593) − 시인. 호는 송강

② **갈래** : 기행 가사, 정격 가사, 양반 가사

③ **연대** : 창작 − 선조 13년(1580), 표기 − 숙종

④ **주제** : 관동 지방의 절경과 풍류

⑤ **형태** : 3 · 4조의 4음보(295구)

⑥ **문체** : 가사체, 운문체, 화려체

⑦ **의의** : 서정적인 기행 가사로 우리말의 아름다움을 승화시킨 작품이다.

(3) 유산가(遊山歌)

① 작자 : 미상

② 갈래 : 잡가, 교술 시가, 평민 가사 계통의 잡가

③ 연대 : 조선 후기(18세기로 추정)

③ 주제 : 봄 경치의 완상과 예찬

④ 형태 : 4음보격의 가사와 비슷

⑤ 의의 : 가사의 정형이 무너지고 새로운 시가 형식을 모색하는 과정을 보여 주며 조선 후기 유행한 잡가(雜歌) 중 대표작이다.

❼ 한시

(1) 한시의 종류

① 고체시(古體詩) : 당나라 이전에 널리 쓰여졌던 시의 형태로 한시의 작법(作法)의 제약이 없이 자유로운 한시의 형태이다.

　　㉠ 시경(詩經) : 공자가 중국 고대의 민요나 궁중에서 사용하던 노랫말들을 모아 정리해 놓은 책이다. 한 문장(一句)이 네 자(四字)로 구성됨이 기본이나 그 이상으로 된 것도 있었다.

　　㉡ 초사(楚辭) : 중국 고대 남방 지방에서 널리 쓰여졌던 시의 형태로 기본 형태는 한 문장(一句)이 여섯 자(六字)이나 그 이상이나 이하로도 지어졌다.

　　㉢ 고시(古詩) : 근체시(近體詩)가 형성되기 이전까지의 시의 형태로 5언 고시(五言古詩)와 7언 고시(七言古詩)가 있다. 한 문장(一句)이 다섯 또는 일곱 자로 구성됨이 기본이나 길거나 짧게, 자유롭게 구성할 수 있다. 동일한 글자를 쓰는 것이 허용되었으며 율시와 같은 엄격한 법칙이 없었다.

② 근체시(近體詩) : 당나라 이후에 널리 쓰여졌던 시의 형태로 한시의 작법(作法)이 엄격했던 한시의 형태이다.

　　㉠ 5언 절구(五言絶句) : 한 문장(一句)이 다섯 자(五字)로 구성된 4행(四行)으로 지어진 시

　　㉡ 5언 율시(五言律詩) : 한 문장(一句)이 다섯 자(五字)로 구성된 8행(八行)으로 지어진 시

　　㉢ 5언 배율(五言排律) : 한 문장(一句)이 다섯 자(五字)로 구성된 12행(十二行)으로 지어진 시

　　㉣ 7언 절구(七言絶句) : 한 문장(一句)이 일곱 자(七字)로 구성된 4행(四行)으로 지어진 시

　　㉤ 7언 율시(七言律詩) : 한 문장(一句)이 일곱 자(七字)로 구성된 8행(八行)으로 지어진 시

　　㉥ 7언 배율(七言排律) : 한 문장(一句)이 일곱 자(七字)로 구성된 12행(十二行)으로 지어진 시

(2) 주요 작품의 이해

① 與隋將于仲文詩(여수장우중문시)

　　㉠ 작자 : 을지문덕

　　㉡ 형식 : 5언 고시(五言古詩)

　　㉢ 주제 : 적장에 대한 조롱

　　㉣ 압운 : 理, 止

　　㉤ 의의 : 현전하는 우리 나라 최고의 한시

② 絕句(절구)

　　㉠ 작자 : 두보(712 ~ 770)

　　㉡ 형식 : 5언 절구(五言絕句)

　　㉢ 주제 : 객지에서 느끼는 고향에 대한 그리움

　　㉣ 압운 : 然, 年

③ 子夜吳歌(자야오가)

　　㉠ 작자 : 이백(701 ~ 762)

　　㉡ 형식 : 5언 고시(五言古詩)

　　㉢ 주제 : 남편을 기다리는 여인의 정

　　㉣ 압운 : 聲, 情, 征

④ 送人(송인)

　　㉠ 작자 : 정지상(? ~ 1135)

　　㉡ 형식 : 7언 절구(七言絕句)

　　㉢ 주제 : 이별의 정한

　　㉣ 압운 : 多, 歌, 波

❽ 고대 소설

(1) 구운몽(九雲夢)

① **작자** : 김만중(1637 ~ 1692) - 조선 후기의 문신. 호는 서포. 작품에 구운몽, 사씨남정기 등이 있다.

② **갈래** : 고대 소설, 국문 소설, 염정 소설, 몽자류 소설, 영웅 소설

③ **연대** : 숙종 15년(1689) 남해 유배시

④ **주제** : 인생 무상의 자각과 불법에의 귀의

⑤ **배경** : 당나라 때, 중국

⑥ **시점** : 전지적 작가 시점

⑦ **의의** : 몽자류 소설의 효시

⑧ **근원 설화** : 조신 설화

⑨ **아류작** : 옥루몽, 옥련몽

⑩ **사상** : 유 · 불 · 선 사상

(2) 허생전(許生傳)

① **작자** : 박지원(1737 ~ 1805) – 호는 연암. 양반 사대부의 위선과 무능을 풍자한 작품을 많이 썼다. 문집에 열하일기(熱河日記), 연암집 등이 있다.

② **갈래** : 고대 소설, 한문 소설, 풍자 소설, 단편 소설, 액자 소설

③ **연대** : 정조 4년(1780) 중국 여행 후

④ **주제** : 양반 및 위정자들의 무능력에 대한 비판과 자아 각성의 제시

⑤ **배경** : 17세기 효종 때, 서울을 중심으로 한반도 전역, 장기, 무인도

⑥ **시점** : 전지적 작가 시점

⑦ **의의** : 조선 시대 사실주의 소설의 전형을 보여 주고 있다.

(3) 춘향전(春香傳)

① **작자** : 미상

② **갈래** : 고대 소설, 염정 소설, 판소리계 소설

③ **주제** : 신분을 초월한 남녀 간의 사랑, 지배 계층에 대한 서민의 항거

④ **배경** : 조선 후기, 전라도 남원

⑤ **시점** : 전지적 작가 시점

⑥ **의의** : 고대 소설 중 가장 사실적이며, 풍자적 · 해학적이다.

⑨ 고대 수필

(1) 아기설(啞器說)

① **작자** : 안정복(1712 ~ 1791) - 조선 후기의 실학자. 호는 순암(順菴). 특히 과거의 역사·지리학을 비판하고 우리 역사의 정통성과 자주성을 강조하였다. 저서에 동사강목, 순암집, 가례집해 등이 있다.

② **갈래** : 설(說), 고대 수필

③ **주제** : 때에 맞게 말을 할 줄 아는 지혜의 필요성

④ **성격** : 교훈적, 풍자적, 비판적

(2) 동명일기(東溟日記)

① **작자** : 의유당(1727 ~ 1823) - 조선 후기 여류 문인. 우리 문학사에서 수필 문학의 독특한 경지를 개척한 탁월한 여류 문인이다.

② **갈래** : 고대 수필(여류 수필), 기행문

③ **주제** : 귀경대에서 본 일출의 장관

④ **성격** : 묘사적, 사실적, 주관적

⑤ **의의** : 고대 수필 중 여류 수필의 백미이다. 순 한글 기행 수필로 세밀한 관찰과 사실적 묘사가 뛰어나며, 특히 일출장관의 묘사가 탁월하다.

⑩ 봉산탈춤

① **갈래** : 민속극, 가면극, 탈춤 대본, 전통극

② **주제** : 무능한 양반에 대한 풍자

③ **성격** : 해학적, 풍자적, 서민적

④ **특징** : 익살과 풍자가 풍부하게 나타나며 근대적 서민 의식을 반영하고 있다.

03 현대문학

01 개화기 문학(1894 ~ 1907)

(1) 창가(唱歌)

① **정의** : 개화 가사에 기원을 두고 찬송가 및 일본의 영향 아래 새로운 시가 형태를 취한 노래로서 가사에서 신체시로 옮겨 가는 과도기적 시가 형태로 '창가 가사'라고도 한다.

② **형식** : 초기에는 주로 가사체(歌辭體)의 4·4조였고, 후기에 7·5, 8·5, 6·5조 등으로 자유로운 리듬이 나타났다.

③ **내용** : 애국 사상, 평등 사상, 개화 사상, 독립 사상, 신교육 사상 등으로 다양하다.

④ **주요 발표지** : 〈독립신문〉, 〈소년〉, 〈청춘〉 등의 신문이나 잡지

⑤ **주요 작품** : 교훈가(최재우), 애국가(이용우), 경부철도가·한양가·세계일주가(최남선), 권학가(미상) 등이 대표적이다.

> 📢 **최초의 민간 신문 〈독립신문〉**
> ㉠ 순 국문을 사용하였다.
> ㉡ 개화 운동을 적극적으로 전개하였다.
> ㉢ 민중 의식을 대변하고 애국심을 함양하였다.
> ㉣ 문학 작품을 발표할 수 있는 공간을 제공하였다.
> ㉤ 1883년에 간행된 〈한성순보〉가 한문으로 표기되고 정부 기관에 의해 주관된 것에 반해, 순 국문으로 표기된 민간 신문이다.

(2) 신체시(新體詩)

① **형식** : 3·4조가 기본이 되는 구형을 깨뜨리고 7·5조 또는 3·4·5조의 새로운 형태를 취하고 있다. 자유시에 한 발 다가선 형태이다.

② **내용** : 개화 의식, 자주 독립과 민족 정신, 신교육, 남녀 평등 등의 사상을 담고 있는 것이 대부분이다.

③ 의의

　　㉠ 갑오개혁을 분수령으로 하여 그 이전의 시가와 구분하는 뜻에서 부르게 된 것으로, 창가 가사보다 율조면(律調面)에서 자유로운 시의 형태이기는 하나, 완전한 자유시로서의 근대시에는 이르지 못하는 형태를 지녔다.

　　㉡ 창가(唱歌) 가사와 근대시의 과도기적 형태이다.

④ 주요 작품 : 최남선의 해에게서 소년에게(1908 〈소년〉, 최초의 신체시) · 신 대한 소년(1909) · 구작 3편(1909), 이광수의 우리 영웅(1910) · 옥중호걸 등이 있다.

(3) 신소설(新小說)

① 특징 : 현대 소설적 요소를 보이나, 고대 소설의 요소를 완전히 탈피하지는 못하였다.

> **TIP** 신소설의 양면성
> ㉠ 고대 소설의 잔재 : 사건의 우연성, 문어체, 진행적(순차적) 구성, 평면적 인물
> ㉡ 현대 소설의 성격 : 허구성, 언문 일치 접근, 묘사성, 산문성

② 주제

　　㉠ 근대적 문명에 대한 동경

　　㉡ 신교육 사상의 고취

　　㉢ 기성 인습에 대한 비판 : 미신 타파, 자유 결혼

　　㉣ 민족의 자주와 독립에 대한 염원

③ 주요 작품

　　㉠ 창작 신소설

　　• 이인직 : 혈의 누(1906), 모란봉(1913), 귀의성(1906), 치악산(1908), 은세계(1908)

　　• 안국선 : 공진회, 금수회의록(1908)

　　• 이해조 : 빈상설(1908), 자유종(1910)

　　• 최찬식 : 추월색(1912), 안의성(1912)

　　㉡ 번안 신소설

　　• 이해조 : 철세계(1908)

　　• 구연학 : 설중매(1908)

　　• 조중환 : 장한몽(1913)

　　• 이상협 : 해왕성(1916)

　　㉢ 고대 소설의 개작 : 이해조의 소양정(昭陽亭)(1912, 소양정기), 옥중화(獄中花)(1912, 춘향전), 강상련(江上蓮)(1912, 심청전), 연(燕)의 각(脚)(1913, 흥부전), 토(兎)의 간(肝)(1916, 별주부전)

02 1910년대의 문학(1908 ~ 1919)

(1) 시대 개관

① 일제 강점기로서 민족 의식이 제고(提高)되던 때로, 신문학의 흐름이 계속되면서도 서구 문학의 영향을 받아 새로운 기법과 의식을 담은 현대 문학이 출현하였다.

② 민족 계몽 의식을 주제로 한 문학이 등장하였다.

③ 서구 문학의 기법과 의식이 수용되었고, 태서문예신보를 통하여 서구 문예 사조가 소개되기 시작하였다.

④ **신체시와 자유시의 등장** : 1908년 최남선의 해에게서 소년에게라는 신체시가 등장하였으며, 〈태서문예신보〉에 김억의 봄은 간다, 1919년 주요한의 불놀이가 발표되면서 자유시가 등장하게 되었다.

⑤ **현대 소설의 등장** : 1917년 이광수의 장편 소설 무정(無情)이 〈매일 신보〉에 연재되면서 본격적인 현대 소설의 문이 열렸다.

⑥ **신극 운동의 전개** : 1908년에 극단 '원각사'의 출현으로 신극 운동이 막을 올린 후 '혁신단', '문수성' 등의 극단이 잇달아 창단되면서 초보적인 신극 운동이 전개되었다.

⑦ 육당 최남선과 춘원 이광수에 의해 문학 활동이 주도되어 2인 문단 시대라고 한다.

(2) 시

① **특징**
  ㉠ 김억, 황석우 등이 프랑스의 상징시를 번역 · 소개하였다.
  ㉡ 주요한, 김억 등이 자유시를 창작하여 하나의 시 형태로 정착시켰다.

② **내용** : 계몽성과 비예술성에 의존한 초기의 신체시에서 벗어나 개인의 정서를 주로 읊었다.

③ **주요 작품** : 김억의 봄은 간다, 주요한의 불놀이, 황석우의 벽모의 묘 등이 있다.

(3) 소설

① **특징**
  ㉠ 언문 일치에 가깝다.
  ㉡ 사건, 인물의 묘사가 사실적이다.
  ㉢ 내용상 계몽성(신교육, 자유 연애 등)을 띠었다.

② **단편 소설** : 이광수의 어린 희생(1910) · 소년의 비애(1917) · 어린 벗에게(1917), 현상윤의 한의 일생(1914) · 핍박(1917) 등이 발표되었다.

③ **장편 소설** : 최초의 현대 장편 소설인 무정이 〈매일신보〉(1917)에 연재되었다.

03 1920년대의 문학(1920 ~ 1930)

(1) 시대 개관

① 3 · 1 운동, 좌익 이데올로기의 등장, 본격적인 서구 문예 사조의 유입 등이 문학에 상당한 영향을 끼쳤다.

② 1920년 〈조선일보〉와 〈동아일보〉가 창간되었고, 〈창조〉, 〈백조〉, 〈개벽〉 등 동인지와 종합지가 간행됨으로써 문학의 저변이 확대되었으며, 전문 문학인의 등장으로 문학적 기반이 확립되었다(본격적인 현대 문학이 모색됨).

③ **예술로서의 문학 추구** : 문학을 계몽의 수단으로부터 분리시켜 예술 본연의 문학으로 위상을 정립시켰다. 이 시기의 전반기에는 낭만주의의 경향을 보였으나, 후반기에는 이를 극복하고 현실을 객관적으로 인식하려는 사실주의의 경향을 보였다.

④ **계급 문학의 대두와 국민 문학파의 등장** : 좌익 이데올로기를 바탕으로 '신경향파'가 등장하자, 민족주의에 바탕을 두고 우리의 전통을 계승하고자 하는 '국민 문학파'가 등장하여 '신경향파'를 계승한 '카프'와 대립하였다.

> **TIP** 계급주의 문학과 국민 문학파
>
> ㉠ 계급주의 문학(예맹파, 프로 문학)
> - **신경향파(新傾向派)** : 1923년 경 낭만주의에 반동하여 사회주의적 사상을 배경으로 나타난 유파로 이들의 작품 내용상 특징은 계급주의 의식, 무산 계급의 문학으로써 빈곤, 반항, 투쟁 등이다. 김기진, 박영희, 최서해, 주요섭 등의 작가가 있으며 주로 〈개벽〉을 중심으로 활동하였다.
> - **카프(KAPF, 조선 프롤레타리아 예술가 동맹)** : 1925년 신경향파가 조직한 보다 조직적이며 목적성을 갖춘 단체이다. 소위 "예술을 무기로 하여 조선 민족의 계급적 해방을 목적으로 한다."는 행동 강령을 내세워 전투적인 태세를 갖추었다. 1935년 해산되었으며, 김기진, 박영희, 임화, 백철, 안함광, 조명희, 한설야, 이기영, 권한 등이 참여하였다.
> ㉡ **국민 문학** : 계급 문학의 세력에 대항하여 민족주의 문학을 주장하고, 전통을 존중하여 국민적인 공동 의식을 중시하던 문학 활동을 지칭한다. 주요 작가로는 최남선, 이광수, 김동인, 양주동, 이병기, 이은상 등이 있으며 〈조선 문단〉을 중심으로 활동하였다.

(2) 시

① **낭만적 · 퇴폐적 상징시의 유행** : 3 · 1 운동의 실패에 따른 좌절과 이 시대에 소개된 낭만주의, 상징주의, 퇴폐주의 등의 영향으로 감상적 · 퇴폐적 상징시가 유행하였다.

② **신경향파 시의 등장** : 카프 결성 후 박영희, 김기진 등에 의해 시도되었으나, 지나친 사회주의적 이념의 강조로 문학적으로는 실패하였다.

③ **자유시의 확립** : 최초의 자유시인 주요한의 불놀이가 〈창조〉의 창간호에 발표된 이후로 활발하게 전개되었다.

④ **민요시 운동** : 홍사용은 민요시를 통해 민족 문학의 현대적 계승을 시도하였고, 이외에 이상화와 김억, 김소월에 의해 시도되었다.

⑤ 한국의 전통시와 서구적 현대시의 기법을 도입한 시인으로 김소월과 한용운이 활동하였다.

⑥ **시조 부흥 운동의 전개** : 최남선, 이병기, 정인보, 이은상 등에 의해 현대 시조의 길이 열렸다.

⑦ **주요 작자와 작품** : 김억의 오뇌의 무도(최초의 근대 번역 시집) · 해파리의 노래(최초의 근대 개인 시집), 주요한의 불놀이(상징주의 영향), 김소월의 진달래꽃 · 초혼, 이상화의 나의 침실로, 홍사용의 나는 왕이로소이다, 김동환의 국경의 밤(최초의 현대 서사시), 한용운의 님의 침묵 등이 있다.

(3) 소설

① 개성의 자각으로 현대 소설이 확립되었다.
- ㉠ 완전한 언문 일치가 확립되었다(김동인).
- ㉡ 묘사가 치밀해졌다(치밀한 구성, 인상적 결말 처리).
- ㉢ 사실주의 수법이 등장하였다.

② **단편 소설의 확립** : 김동인, 현진건, 나도향 등에 의해 개성의 자각과 시대의 괴로움을 포착하는 단편 소설이 확립되었다.

③ 계급주의 문학으로 큰 성과를 거두었다.
- ㉠ 소재를 궁핍한 생존 문제에 두고 가진 자와 못 가진 자를 대립시켰다.
- ㉡ 폭력으로 결말을 삼는 경향이 많았다(진정한 계급주의 문학으로 성장하기 위해서는 긴 시간이 필요하였음).

④ **주요 작자와 작품** : 김동인의 감자 · 배따라기, 전영택의 화수분, 염상섭의 삼대 · 표본실의 청개구리, 현진건의 빈처 · 운수 좋은 날, 나도향의 벙어리 삼룡이, 주요섭의 사랑 손님과 어머니, 최서해의 홍염 등이 있다.

(4) 주요 동인지 및 잡지

잡지	창간 연대	주요 동인	특징
창조	1919	김동인, 주요한, 전영택	최초의 순 문예 동인지. 구어체 문장의 확립. 이광수·최남선의 계몽 문학 배척, 예술적 순수 문학 지향. 소설에서의 사실주의·자연주의 도입, 시에서는 상징주의·낭만주의를 추구. 김동인의 처녀작 약한 자의 슬픔, 주요한의 불놀이가 실림
개벽	1920	박영희, 김기진	월간 교양 잡지. 천도교에서 발행. 진달래꽃, 빼앗긴 들에도 봄은 오는가, 표본실의 청개구리가 실림
폐허	1920	황석우, 오상순, 염상섭, 김억	퇴폐성 문학의 대표적 동인지. 시 중심의 활동
장미촌	1921	황석우, 변영로, 박종화, 박영희	최초의 시 전문 동인지. 〈폐허〉와 〈백조〉의 교량적 역할을 함
백조	1922	박종화, 현진건, 이상화, 나도향, 홍사용, 박영희	시에서 감상적 낭만주의가 주조를 이루었고, 소설에서는 사실주의 경향을 띰
금성	1923	양주동, 이장희	시 중심 동인지
영대	1924	주요한, 김억, 김소월, 이광수	순 문예지. 〈창조〉의 후신
조선 문단	1924	방인근, 이광수	동인지의 성격을 탈피하고, 추천제를 둔 문예 종합지. 국민 문학파가 활동, 시조 부흥 운동 전개
해외 문학	1927	김진섭, 정인섭, 김광섭, 이하윤	외국 문학에 대한 최초의 본격적인 번역 소개지. 해외 문학파가 활동. 순수 문학의 모태. 극예술 연구회 조직

04 1930년대의 문학(1931~1944)

(1) 시대 개관

① 문학 활동의 기반이 확충되고 예술적 기교가 발달하였다.

② 신문이나 잡지의 수가 늘어나 작품이 발표될 수 있는 지면이 확대되어 활발한 문학 활동이 이루어졌다.

③ 말기에는 일제의 광적인 탄압으로 문학 활동이 크게 위축되었다.

④ 목적 문학의 퇴조와 순수 문학의 발달 : 일제의 좌익 세력에 대한 탄압과 자체의 비판으로 카프(KAPF)가 해산되고 문학의 순수성과 예술성을 지향하는 '시문학파'와 '구인회'의 활동이 활발하였다.

⑤ 현실에 대한 지적 인식을 바탕으로 한 주지적 경향 : 인간의 문제, 생사의 문제, 도시 문명의 모습, 농촌과 도시의 삶 등을 다룬 작품들이 많이 발표되었다.

⑥ 문학적 기교의 성숙 : 문학에 대한 시각이 다양화되고, 서구 문학과 사조(주지주의, 다다이즘)를 수용함으로써 전대의 문학에 비해 한층 성숙된 문학적 기교를 구사하였다.

⑦ 새로운 기법의 등장 : 날개의 작가 이상의 초현실주의가 대표적이다. 그리고 현실 비판을 위주로 했던 리얼리즘도 다양해졌는데, 박태원의 천변 풍경은 '리얼리즘의 확대와 심화'라는 평가를 받기도 하였다.

> **TIP** 순수시 계열의 동인지
> 〈시문학〉, 〈문예 월간〉, 〈문학〉 등

(2) 시

① 순수 서정시에의 지향
  ㉠ 〈시문학〉을 중심으로 박용철, 김영랑, 정지용, 정인보, 신석정, 이하윤 등이 카프의 계급주의에 반발하여 순수시를 썼다.
  ㉡ 〈구인회〉도 목적 문학에 반대하여 예술성과 문장의 형식미를 중시하였다.
  ㉢ 순수시의 특징
  • 언어의 선택이 매우 엄격하였다.
  • 영롱한 언어미를 추구하고 세련된 기교를 사용하였다.
  • 예술 지상주의, 유미주의적 경향을 보인다.
  • 새로운 공감각적 기법을 사용하였다.
  ㉣ 주요 작자와 작품 : 김영랑의 모란이 피기까지는, 정지용의 향수·유리창, 박용철의 떠나가는 배, 이하윤의 들국화 등이 있다.

② 모더니즘의 주지적 경향
  ㉠ 1926년 이후 주지주의, 다다이즘, 초현실주의 등 이미지를 중시하는 새로운 움직임이 전개되었다.

ⓛ 감성 위주의 '음악성'에서 지성 위주의 '회화성'으로의 변모를 보였다.

ⓒ 대표 작가와 경향

- 영·미의 이미지즘 수용 : 김광균, 장만영, 김기림, 정지용 등
- 프랑스의 초현실주의 수용 : 이상, 이시우 등
- 김기림(金起林) : 모더니즘 시론(詩論)을 시로써 실험
- 김광균(金光均) : 이미지즘이라는 신선한 기법으로 시단에 충격을 줌
- 이상(李縮) : 다다이즘, 초현실주의 시와 소설. 의식의 흐름 수법 사용

ⓔ 주요 작자와 작품 : 김기림의 바다와 나비, 김광균의 추일서정·와사등, 이상의 거울 등이 있다.

③ 생명파의 등장

ⓐ 1936년 창간된 〈시인 부락〉의 동인이었던 서정주, 김동리 등과 〈생리〉에서 활동한 유치환을 가리키며 '인생파'라고도 한다.

ⓑ 생명 의식의 고양과 인생의 궁극적 의미의 추구에 주력하였다.

ⓒ 주요 작자와 작품 : 서정주의 국화 옆에서·자화상, 유치환의 바위·깃발 등이 있다.

④ 청록파의 등장

ⓐ 박목월, 조지훈, 박두진을 일컫는 명칭으로 '자연파'라고도 한다.

ⓑ 1940년 경 거의 같은 시기에 〈문장〉으로 등단하였다.

ⓒ 해방 후 청록집(1946)이라는 합동 시집을 간행하였다.

ⓔ 각각 작품 경향은 다르나 전통적인 율감으로 한국적 자연관을 표출하였다.

ⓜ 주요 작자와 작품 : 박목월의 나그네·청노루, 박두진의 해·향현, 조지훈의 봉황수·승무 등이 있다.

⑤ 반(反)도시적 경향의 전원적 목가시(牧歌詩) : 목가적 전원시를 쓴 일련의 시인들이 등장하여 도시적 삶에서 벗어나 농촌 또는 자연의 세계에 대한 동경을 표현함으로써 자연 친화적인 태도를 보였다.

⑥ 저항과 참회의 시인 : 이육사(광야, 청포도)와 윤동주(서시, 참회록, 자화상)는 일제 말기의 문학적 공백기에 민족적인 의지와 양심을 지켜준 대표적 시인이며, 일제 치하에 한국 저항시의 맥을 형성하고 있다.

⑦ 여류 시인의 본격적 등장 : 여성적인 정념(情念)의 표출을 주로 한 모윤숙, 절제의 아름다움을 보인 노천명 등과 같은 여류 시인이 등장하였다.

(3) 소설

① 소설의 다양화

ⓐ 토속성의 탐구 → 농촌과 농민의 생활

ⓑ 순수 문학 → 〈구인회〉의 성립

ⓒ 역사의 재조명 → 역사 소설의 발흥과 야담으로서의 전락

ⓔ 지식인의 고민 → 심리 소설

ⓜ 도시 생활의 관심 → 세태, 풍속 소설, 관찰 문학론

② **장편 소설의 창작** : 장편 소설의 창작에 대한 관심이 높아지면서, 깊이 있는 현실 탐구와 사회적 전형의 창조가 이루어졌다. 대표적인 작품으로 염상섭의 삼대(三代), 심훈의 상록수, 채만식의 탁류 · 태평 천하, 현진건의 무영탑, 강경애의 인간 문제 등이 있다.

③ **농촌 소설의 등장과 확산**

　㉠ **농촌 계몽 소설** : 1931년부터 일어난 브나로드 운동의 영향을 받아 계몽 운동이 전개되면서 이광수의 흙, 심훈의 상록수 등의 작품이 발표되었다.

　㉡ **향토적 농촌 소설** : 향토색 짙은 농촌의 삶과 자연과의 합일을 지향한 이효석의 메밀꽃 필 무렵, 김유정의 동백꽃, 이무영의 제1과 제1장 등이 발표되었다.

　㉢ **현실 비판적 농촌 소설** : 일제 강점하에서 고통스러운 현실을 드러낸 김정한의 사하촌(寺下村) · 옥심이 등의 작품이 발표되었다.

> **TIP** 브나로드(V Narod) 운동과 농촌 소설
> ㉠ 태동 : 1870년, 러시아에서 귀족 청년과 학생들이 주동이 되고 농민이 주체가 되어 일어난 사회 개혁 운동으로 'V Narod'는 '민중 속으로'라는 뜻을 지니고 있다. 1930년대 초, 이러한 영향을 우리 나라에도 파급시키려고 〈동아일보〉 등에서 계몽 사업을 벌였는데, 단순한 농촌 계몽 운동에 그치지 않고 민족 각성 운동으로 확산되었다.
> ㉡ 문학적 영향 : 이 운동의 지원책으로 이광수가 흙을 발표하였고, 농민 운동을 제재로 한 현상 장편 소설 모집에 심훈의 상록수가 당선되는 등 농촌 소설의 확산을 가져왔다.

④ **역사 소설의 창작** : 역사에서 제재를 취하여 허구성과 통속성을 부여한 소설로, 일제의 검열을 피하면서도 민족 의식을 고취하려는 의도에서 쓰여졌다. 이광수의 마의 태자, 김동인의 운현궁의 봄, 박종화의 금삼의 피, 현진건의 무영탑 등이 있다.

⑤ **도시 공간을 무대로 한 도시 소설** : 도시성(都市性)이 내포하고 있는 병리적인 제요소와 도시적인 세태를 제시하고 관찰하고자 한 소설이다. 이상의 날개, 박태원의 천변 풍경, 소설가 구보 씨의 일일, 채만식의 레디 메이드 인생, 이효석의 장미 병들다, 유진오의 김 강사와 T 교수 등이 있다.

⑥ **가족사 소설의 등장** : 역사적 흐름 속에 놓인 가족의 운명을 그린 소설들이 쓰여졌다. 염상섭의 삼대, 채만식의 태평 천하 등이 있다.

⑦ **카프(KAPF) 문학 등 사회주의 경향의 작품의 퇴조** : 1930년대 들어 일제의 탄압이 가혹해짐에 따라 카프가 해산되었다. 이후 카프에 소속된 문인들은 세태나 풍속을 비판하는 소설, 자기의 내면을 반성하는 소설 등으로 주제를 바꾸었다.

⑧ **주요 작자와 작품** : 김유정의 봄봄 · 동백꽃, 채만식의 태평 천하, 이효석의 메밀꽃 필 무렵, 이상의 날개, 김동리의 무녀도 · 역마, 황순원의 학, 심훈의 상록수 등이 있다.

(4) 희곡과 시나리오

① 해외 문학파를 중심으로 근대 사실주의극 단체인 '극예술연구회(劇藝術硏究會)(1931)'가 결성되고, 본격적 현대극이 공연되었다.

② 민족 의식을 고취하기 위한 사실주의 희곡이 창작·공연되었다.

③ 희곡 작품으로 유치진의 토막·소를 극예술연구회에서 공연하였으며, 임선규의 사랑에 속고 돈에 울고 등의 통속극과 대중 영화가 활발히 제작되었다.

(5) 수필

① **본격적인 수필 이론의 소개** : 해외 문학파와 외국 문학을 전공한 이양하 등에 의해 외국의 수필 및 그 이론이 도입되었다.

② **전문적인 수필가의 등장** : 수필이 독자적 장르로 인식되고 전문적인 수필가가 등장하면서, 수필이 하나의 독립된 장르로 자리를 잡았다.

③ **주요 작자와 작품** : 이양하의 신록 예찬, 김진섭의 인생 예찬, 이희승의 청춘 수제 등의 수준 높은 작품들이 발표되었다.

(6) 주요 동인지 및 잡지

잡지	창간 연대	주요 동인	특징
시문학	1930	박용철, 김영랑 신석정, 이하윤 정지용	시 전문 동인지. 1920년대의 목적 문학에 반발하여 언어의 미감과 음악성을 추구하는 순수 서정시를 지향하여 시의 수준을 높임. 〈문예 월간〉(1931), 〈시원〉(1935) 등으로 계승됨
문학	1934	박용철	순수 문학을 주장한 문예지
시원	1935	모윤숙, 노천명 김광섭, 김상용	순수 문학을 추구한 시 전문지
시인 부락	1936	서정주, 김동리	시 전문 동인지. 인간과 생명 자체의 근원성에 대한 집요한 관심을 보임
자오선	1937	김광균, 이육사	시 전문. 모든 경향과 유파 초월
문장	1939	이병기	월간 종합 문예지. 범문단적인 작품발표 및 고전 발굴에 주력. 특히 신인 추천 제도를 두어 우수한 신인을 발굴. 청록파와 김상옥, 이호우 등 시조 시인 배출
인문 평론	1939	최재서	월간 문예지로 최재서가 주도. 작품 발표 및 비평 활동에 주력하여 우리 문학의 수준을 높이는 데 공헌함. 후에 〈국민 문학〉으로 개칭하여 친일 어용지로 전락

05 해방 이후의 문학(1945년 해방 이후)

(1) 해방 공간의 문학(광복 ~ 6 · 25)

① 시대 개관

- ㉠ **이념의 논쟁의 심화** : 우리 문학계는 좌익과 우익으로 분열되어, '민족 문제와 계급 문제', '문학의 순수성과 시대성 현실성 문제'를 보는 시각차를 드러냄으로써 논쟁이 심화되어 대립적 갈등을 나타내었다.
- ㉡ **문학의 발전의 저해** : 이데올로기의 갈등은 문학가들을 양분시켰고, 이로 인해 양 진영은 민족 문학과 계급 문학으로 나뉘어 대립함으로써 순수한 문학 발전의 저해 요인으로 작용하였다.
- ㉢ 일제 치하에서의 절박한 삶의 체험과 고향을 잃은 자들의 귀향 의식을 표현하는 작품들이 많았다.

② 시

- ㉠ **민족주의적 경향** : 민족주의 계열에서는 조국과 민족에 대한 애정을 주조로 하는 작품을 발표하였다.
    - 예 박종화의 청자부, 정인보의 담원 시조, 김억의 민요 시집, 김상옥의 초적(草笛)
- ㉡ **청록파의 시집 발간** : 해방 전에 등단하여 자연과의 교감을 추구하던 박목월, 박두진, 조지훈 등이 청록집(1946)을 내어 해방 전의 시와 해방 후의 시를 연결하는 역할을 하였다.
- ㉢ **유고 시집의 발간** : 일제 강점하에서 끝까지 민족혼을 노래했던 고인들의 시집이 간행되었다.
    - 예 이육사의 육사 시집, 이상화의 상화 시집, 윤동주의 하늘과 바람과 별과 시
- ㉣ **생명파의 시집 발간** : 1930년대 후반, 생명 의식의 앙양을 부르짖고 나왔던 생명파의 시인들이 시집을 내놓아, 이후 시사(詩史)의 중요한 골격을 이루었다.
- ㉤ **모더니즘의 계승** : 1930년대 중반 모더니즘 경향을 계승해 도시와 문명을 소재로, 시각적 이미지와 관념의 조화를 시도한 〈후반기〉 동인이 생겨 새로운 도시와 시민들의 합창(1949)이라는 공동 시집을 간행하였다. 김경린, 박인환, 김수영 등이 대표적 문인이다.

③ 소설

- ㉠ **귀향 의식의 반영** : 해방 후 해외 동포들이 귀환하게 되면서 고향을 찾게 되는 의식을 그린 작품으로, 당시의 사회 현실을 반영하였다.
    - 예 김동리의 혈거 부족(穴居部族), 정비석의 귀향, 엄흥섭의 귀향일지
- ㉡ **식민지의 삶을 극복하고자 하는 작품** : 고통스러웠던 일제 강점기를 반성의 체험으로 승화시키고자 한 작품이다.
    - 예 채만식의 논 이야기, 계용묵의 바람은 그냥 불고
- ㉢ **분단 의식의 형상화** : 삼팔선의 분단 문제 및 미군의 주둔과 소련군의 군정을 그렸다.
    - 예 채만식의 역로, 염상섭의 삼팔선 · 이합(離合), 계용묵의 별을 헨다
- ㉣ **순수 의식, 순수 문학의 지향** : 문학의 사회적 기능이나 관계는 고려함이 없이 평범하거나 보편적인 문제를 다룬 작품이다.
    - 예 염상섭의 두 파산(破産), 김동리의 역마 · 달

ⓜ 해방 직후부터 대한 민국 정부 수립(1948. 8. 15)까지의 사회적 혼란, 좌·우 이데올로기의 대립을 다룬 작품이 양산되었다. 채만식의 민족의 죄인이나 이태준의 해방 전후는 일제 때 친일파로 행세하던 자들이 해방을 맞이하면서 겪어야 했던 당혹감, 양심적인 문인들이 소극적으로나마 친일의 행적을 남겼던 일에 대한 자기 반성적인 소설이다.

④ **수필** : 수필집이 간행되었다.
　　ⓜ 박종화의 청태집(靑笞集), 이광수의 돌베개, 김진섭의 인생 예찬, 이양하의 이양하 수필집

⑤ **희곡** : 일제 강점기 이래 침체를 벗어나지 못했으나, 일제 강점기의 삶과 항일 투쟁을 재구성하는 데 주력하였다.
　　ⓜ 유치진의 조국·원술랑, 오영진의 살아 있는 이중생 각하, 김영수의 혈맥, 김동식의 유민가, 함세덕의 고목, 이광래의 독립군, 시나리오로 윤봉춘의 유관순

(2) 1950년대의 문학

① **시대 개관**
　㉠ **전쟁 체험의 문학 등장** : 전쟁의 체험과 전후의 사회 현실에 대한 인식을 바탕으로, 전쟁으로 인한 물질적 피해와 정신적인 피폐, 인간성 상실의 문제, 분단 현실의 아픔, 절망적인 시대 상황 등을 형상화한 작품들이 쓰여졌다.
　㉡ 전쟁의 체험을 바탕으로 한 현실 참여의 주지주의 문학과 전통 지향적인 순수 문학의 두 가지 커다란 흐름을 형성하였다.
　㉢ **실존주의 문학의 영향** : 서구의 실존주의 문학을 수용하면서 인간의 본질 문제, 실존의 탐구 등을 다룬 작품들이 발표되었다.

② **시**
　㉠ **전쟁 체험의 형상화** : 6·25라는 전쟁 체험을 시로 형상화하였으며 전후의 가치관 또는 새로운 인간상을 제시하였다.
　　ⓜ 유치환의 보병과 더불어, 조지훈의 다부원에서, 구상의 적군 묘지 앞에서, 김종문의 벽(壁)
　㉡ **현실 참여 의식의 반영** : 모더니스트 중에는 1950년대 후반 이후 사회 참여 의식을 강하게 드러내는 시를 쓰는 경향이 증폭되었다. 이러한 경향은 이후 '순수와 참여'라는 문학 논쟁의 중요한 문제가 되었다.
　　ⓜ 박인환의 목마와 숙녀, 김수영의 달나라의 장난, 조향의 바다의 층계 등
　㉢ **문명 비판적 성향의 시** : 전후의 비참한 현실이나 사회 부조리, 불안 의식 등을 작품화하였다.
　　ⓜ 구상, 신동문, 신동엽 등
　㉣ **전통적 순수시의 추구** : 현실 인식의 주지적 경향과 함께 한국 현대시의 맥을 형성한 것은 전통적 순수시를 계승·발전시킨 것이다.
　　ⓜ 유치환, 박목월, 박두진, 박성룡, 서정주, 박재삼, 이성교 등
　㉤ **주지적 서정시의 발표** : 현실에 대한 지적 인식을 바탕으로 도회적 서정시를 썼다. 기법면에서 주지주의적 경향을 보이면서도 주로 서정성을 추구하는 데 초점을 맞추었다.
　　ⓜ 김광림, 전봉건, 김종삼 등

ⓗ 기타

- 이동주 : 애(哀), 원(怨), 한(恨)이라는 한국의 전통적 정서를 추구하였다.
- 송욱 : 현실 생활에서 비뚤어진 모습을 반영하는 비시적 일상어를 대담하게 시 속에 끌어들이는 특성을 보였다.
- 조병화 : 현실 긍정, 인간성 옹호의 인생파적 로맨티시즘을 형성하였다.

ⓢ 주요 작자와 작품 : 김수영의 풀, 김춘수의 꽃 · 꽃을 위한 서시 등이 있다.

③ 소설

ⓐ 전쟁을 배경으로 한 작품이 많이 쓰여졌다.

　　예 황순원의 장편 카인의 후예 · 나무들 비탈에 서다, 단편 곡예사 · 학, 이범선의 학마을 사람들, 김동리의 귀환 장정 · 흥남 철수

ⓑ 전후 사회와 현실에 대한 다양한 인식과 새로운 인간상을 제시하였다.

　　예 김동리의 밀다원 시대, 황순원의 카인의 후예, 안수길의 제3 인간형, 손창섭의 비 오는 날, 김성한의 백지의 기록, 이범선의 학마을 사람들, 하근찬의 수난 이대

ⓒ 부조리한 현실을 고발하고 적극적 참여 의식을 보였다.

　　예 김성한의 바비도, 오상원의 모반, 전광용의 꺼삐딴 리, 선우휘의 불꽃, 박경리의 불신 시대, 송병수의 쑈리킴, 김광식의 212호 주택, 이호철의 파열구

ⓓ 인간의 본질적인 삶을 다룬 순수 소설도 쓰였다.

　　예 오영수의 갯마을, 한무숙의 감정이 있는 심연, 전광용의 흑산도, 강신재의 절벽 등

ⓔ 주요 작자와 작품 : 장용학의 요한 시집, 김성한의 바비도, 오영수의 갯마을, 박경리의 토지 · 김약국의 딸들, 전광용의 꺼삐딴 리, 이범선의 오발탄 · 학마을 사람들 등이 있다.

④ 희곡

ⓐ 서구의 표현 기법을 도입하여 다양하고 새롭게 발전하였다.

ⓑ 전후의 현실 인식과 현실 참여 의식을 보였다.

ⓒ 인간의 삶과 감동을 다룬 순수 희곡도 발표되었다.

ⓓ 주요 작품 : 유치진의 나도 인간이 되련다, 임희재의 꽃잎을 먹고 사는 기관차, 차범석의 불모지, 하유상의 젊은 세대의 백서, 이용찬의 가족 등이 있다.

⑤ 수필

ⓐ 문학적 향기가 높은 작품들이 많이 발표되었다.

ⓑ 사회적 불안이나 가치관의 상실을 다룬 교훈적 수필이 발표되었다.

ⓒ 예술적 기교를 바탕으로 한 서정적 수필도 발표되었다.

ⓓ 주요 작품 : 이희승의 벙어리 냉가슴, 피천득의 산호와 진주, 조지훈의 지조론(志操論), 유달영의 인간 발견 등이 있다.

⑥ 비평 : 서구의 구조주의(構造主義) 비평 방법이 유입되면서 작품의 예술적 가치를 규명하려는 경향이 우세하였다. 순수 참여의 문제, 전통의 계승 문제, 현대 문학의 기점 문제 등의 논쟁이 활발하게 논의되었다.

(3) 1960년대 이후의 문학

① 시대 개관

　　㉠ 4 · 19와 5 · 16이라는 정치적 격동기를 겪으면서, 이를 배경으로 1950년대의 문학을 계승 · 발전시키면서 보다 성숙된 현대 문학으로의 발전을 꾀했다.

　　㉡ 문학의 현실 참여 문제에 관심이 고조되었다.

　　㉢ 민족 분단에 대한 인식이 새롭게 전개되었다.

　　㉣ 사실주의 경향의 문학이 주류를 이루었다.

　　㉤ 문학의 순수성을 지향하는 서정주의와 기교주의의 문학이 뚜렷한 맥을 형성하였다

　　㉥ 1960년대 순수 · 참여 논쟁 : 문학과 정치 · 사회 상황과의 관련에 대하여 이형기, 이어령, 유종호가 '순수'를, 김우종, 김병걸 등이 '참여'적 입장을 견지하였다.

② 시

　　㉠ 사회 부패에 대한 고발과 비판의 기능을 수행하였다.

　　　　예 김수영의 풀, 신동엽의 껍데기는 가라, 신경림의 농무 등

　　㉡ 순수 서정과 시의 예술적 기교를 추구하기도 하였다.

　　　　예 • 시의 전통성 계승 : 서정주, 김광섭, 박두진, 조지훈, 박목월, 박재삼, 이동주, 김남조, 조병화, 박성룡 등

　　　　　 • 시의 예술적 기교 추구 : 김춘수, 전봉건, 송욱, 신동엽, 문덕수, 김광림 등

　　㉢ 현대 시조가 발달하였다.

　　　　예 김상옥의 사향 · 봉선화, 이호우의 개화, 정완영의 조국, 이영도의 낙화

③ 소설

　　㉠ 전쟁의 상흔과 민족의 비극을 조명하였다.

　　　　예 황순원의 나무들 비탈에 서다, 오상원의 황선 지대, 강용준의 철조망

　　㉡ 현실 비판 인식이 확산되었다.

　　　　예 김정한의 모래톱 이야기, 전광용의 꺼삐딴 리, 하근찬의 왕릉과 주둔군

　　㉢ 역사에 대한 반성으로 현실에 대한 각성을 촉구하였다.

　　　　예 안수길의 북간도, 김정한의 수라도, 김성한의 이성계, 서기원의 혁명, 하근찬의 일본도

　　㉣ 순수 지향의 소설이 발표되었다.

　　　　예 김동리의 등신불, 김승옥의 서울, 1964년 겨울, 이청준의 병신과 머저리

06 주요 작품의 이해

(1) 진달래꽃

① **작자** : 김소월(1902 ~ 1934) – 시인. 본명은 정식(廷湜). 김억의 영향으로 문단에 등단하여 전통적 정서와 민중적 정감을 여성적 어조, 민요적 율조로 표현하였다. 1922년 '개벽'에 대표작 진달래꽃을 발표하였으며, 작품에 초혼, 산유화, 진달래꽃, 접동새, 먼 후일, 길 등이 있고, 시집에 진달래꽃, 소월 시집 등이 있다.

② **갈래** : 자유시, 서정시, 민요시, 낭만시

③ **주제** : 이별의 정한(情恨)과 그 승화

④ **성격** : 낭만적, 향토적, 여성적

⑤ **특징** : 이별의 슬픔을 인종(忍從)을 통해 극복해 내는 여인을 시적 화자로 설정하여 전통적인 정한(情恨)을 노래한 작품이다. 전통적 율격과 정서를 계승하고, 향토적 소재를 구사하는 등 민요시의 대표작이라 할 만하다. 중심 소재인 '진달래꽃'은 시적 화자의 아름답고 희생적인 사랑의 표상이요, 떠나는 임에 대한 원망과 슬픔, 정성과 사랑의 상징이다.

(2) 님의 침묵

① **작자** : 한용운(1879 ~ 1944) – 시인. 승려. 독립 운동가. 법호는 만해(卍海). 3 · 1 운동 때 민족 대표 33인의 하나로 독립 선언서에 서명했고 옥고를 치르면서 투사로 활약하였다. 서정성이 짙으며 철학적 · 종교적이면서도 연가풍의 특징을 지닌 시를 많이 지었으며, 작품에 님의 침묵, 나룻배와 행인, 알 수 없어요, 복종 등이 있고, 시집에 님의 침묵 등이 있다.

② **갈래** : 자유시, 서정시

③ **주제** : 임에 대한 영원한 사랑

④ **성격** : 낭만적, 상징적, 의지적

⑤ **특징** : 불교적 비유와 고도의 상징적 수법, 독특한 언어 표현과 기법으로 일제에 대한 저항 의식, 민족에 대한 불사조와 같은 애정이 혼연 일체가 되어 나타난 작품이다.

(3) 남(南)으로 창(窓)을 내겠소

① **작자** : 김상용(1902 ~ 1951) – 시인. 호는 월파(月坡). 1930년 〈동아일보〉에 무상, 그러나 거문고의 줄은 없고나를 발표하여 문단에 등단하였다. 작품에 굴뚝 노래, 눈 오는 아침, 괭이, 기도 등이 있고, 시집에 망향이 있다.

② **갈래** : 자유시, 서정시, 전원시

③ **주제** : 전원 생활을 통한 달관의 삶

④ **성격** : 낭만적, 전원적, 자연 친화적, 관조적

⑤ **특징** : 전원으로 돌아가 자연과 더불어 소박하게 살고자 하는 삶의 자세가 잘 형상화된 우리 나라 전원시의 대표작이라 할 수 있다. 안분지족(安分知足)의 삶의 태도와 남(南)이 주는 밝고 건강한 이미지가 돋보인다.

(4) 유리창(琉璃窓) 1

① **작자** : 정지용(1902~1590) - 시인. 〈시문학〉 동인이며 섬세한 이미지와 잘 짜여진 시어로 1930년대를 대표한 시인이다. 초기에는 이미지즘의 작품을 썼고, 후기에는 동양적 관조의 세계를 주로 형상화하였다. 작품에 고향, 바다, 유리창 등이 있고, 시집에 정지용 시집, 백록담 등이 있다.

② **갈래** : 자유시, 서정시

③ **주제** : 죽은 아이에 대한 그리움과 슬픔(자식을 잃은 아버지의 비애)

④ **성격** : 서정적, 상징적, 회화적, 감각적

⑤ **특징** : 자식을 잃은 슬픔과 죽은 자식에 대한 그리움을 선명한 이미지를 통해 감각적으로 형상화하고 있다. 선명하고 참신한 이미지, 감각적이고 세련된 시어 등이 두드러진다.

(5) 모란이 피기까지는

① **작자** : 김영랑(1903 ~ 1950) - 시인. 본명은 윤식(允植). 박용철과 더불어 순수 서정시 운동을 주도하였으며, 언어의 섬세한 조탁에 의한 국어의 심미적 가치 개발에 주력하였다. 작품에 내 마음을 아실 이, 독(毒)을 차고, 돌담에 속삭이는 햇발, 북 등이 있고, 시집에 영랑 시집, 영랑 시선 등이 있다.

② **갈래** : 서정시, 자유시

③ **주제** : 소망이 이루어지기를 기다림. 아름다움에 대한 추구

④ **성격** : 유미적, 낭만적

⑤ **특징** : '모란'에 대한 집착과 애정이 아름다운 시어와 여성적인 섬세함과 부드러움을 통하여 표현된 유미주의적 작품이다.

(6) 여승

① **작자** : 백석(1912 ~ 1995) - 시인. 본명은 백기행. 평북 정주 출생. 초기 시는 정주 지방의 사투리를 구사하거나 토속적인 소재들을 시어로 채택하여 파괴되지 않은 농촌 공동체의 정서를 드러내거나, 동화적 세계관을 표현하고 있으며 이후에는 여행 중에 접한 풍물을 표현하는 기행시나 모더니즘 계열의 시를 창작하였다. 작품에 「여우난곬족」, 「통영」, 「고향」, 「적막강산」, 「북방에서」 등이 있고, 시집에 「사슴」 등이 있다.

② 갈래 : 자유시, 서정시

③ 주제 : 여승의 비극적인 삶

④ 성격 : 서사적, 애상적, 회상적, 감각적, 사실적

⑤ 특징 : 일제 강점기에 살았던 한 여인의 불우한 삶을 통해, 당시 우리 민족의 비참한 생활상을 간접적으로 고발하고 있는 작품이다.

(7) 광야(曠野)

① **작자** : 이육사(1904 ~ 1944) – 시인. 본명은 원록(源祿). 1937년 신석초, 윤곤강, 김광균 등과 〈자오선〉을 발간하였고 독립 투쟁에 헌신하다 결국 북경 감옥에서 옥사하였다. 작품에 절정, 황혼, 자야곡, 교목 등이 있고, 시집에 육사 시집이 있다.

② **갈래** : 자유시, 서정시

③ **주제** : 조국 광복에의 신념과 의지

④ **성격** : 의지적, 저항적, 상징적, 지사적

⑤ **특징** : 남성적 어조로 강인한 의지와 태도를 잘 나타내고 있으며 의인법, 비유법 등을 사용하여 심상을 역동적으로 제시하고 있다. 조국의 밝은 미래를 위해 기꺼이 자신을 희생하겠다는 각오가 엿보인다.

(8) 새들도 세상을 뜨는구나

① **작자** : 황지우(1952 ~) – 시인, 전 대학총장. 이제까지의 전통적인 시와는 전혀 다른 형식과 내용으로 풍자시의 새로운 지평을 열었다. 기호, 만화, 사진, 다양한 서체 등을 사용하여 시 형태를 파괴하는 기법을 쓰기도 한다. 작품으로는 「연혁」, 「대답 없는 날들을 위하여」, 「게눈 속의 연꽃」, 「뼈아픈 후회」 등이 있다.

② **갈래** : 자유시, 서정시

③ **주제** : 자유를 억압하는 암울한 현실에 대한 풍자

④ **성격** : 현실 비판적, 참여적

⑤ **특징** : 억압적인 시대 현실에서 비롯된 시인의 갈등을 보여 주는 작품으로, 시간적 구성, 대립적 이미지를 사용하여 주제를 효과적으로 구현하였다.

(9) 참회록(懺悔錄)

① **작자** : 윤동주(1917 ~ 1945) – 시인. 항일 운동을 하다 체포되어 후쿠오카 형무소에서 옥사하였다. 일제 강점기에 식민지의 슬픔 및 자아 의식을 표현하였으며, 작품에 서시, 자화상, 십자가, 쉽게 쓰여진 시 등이 있고, 유고 시집에 하늘과 바람과 별과 시가 있다.

② 갈래 : 자유시, 서정시

③ 주제 : 역사에 대한 책임감과 자아 성찰

④ 성격 : 자기 고백적, 반성적, 상징적, 의지적

⑤ 특징 : 식민지하의 백성으로서 욕된 삶에 대한 자책과 참회, 조국 광복에의 희구를 표현하면서 자아 성찰적 자세와 미래 지향적 의지를 드러낸다.

⑩ 그 날이 오면

① 작자 : 심훈(1901 ~ 1936) - 시인. 소설가. 영화인. 언론인. 본명은 대섭(大燮). 충남 당진에서 '상록학원'을 설립하여 농촌 계몽에 힘썼다. 시에 「오오 조선의 날이여!」 등이 있고, 소설에 「상록수」, 「영원의 미소」, 「직녀성」 등이 있다.

② 갈래 : 자유시, 서정시

③ 주제 : 조국 광복에의 간절한 염원

④ 성격 : 저항적, 희생적, 의지적, 역동적

⑤ 특징 : 일제 강점기에 나온 저항시로 주제가 선명하게 드러나면서, 시인의 일제에 대한 저항 정신과 조국 광복에 대한 의지가 굳건하게 드러나고 있다.

⑪ 메밀꽃 필 무렵

① 작자 : 이효석(1907 ~ 1942) - 소설가. 호는 가산(可山). 〈구인회〉 동인으로 초기에는 동반 작가로서 현실 고발의 리얼리즘적인 성향을 보였으나, 1933년 이후부터는 시적 서정적 경지의 토착적 자연주의와 탐미적 관능주의의 경향을 보였다. 작품에 돈(豚), 산, 수탉, 화분 등이 있다.

② 갈래 : 단편 소설, 순수 소설

③ 주제 : 장돌뱅이의 삶을 통해 본 인간 본연의 애정

④ 성격 : 낭만적, 서정적, 탐미적, 묘사적

⑤ 시점 : 전지적 작가 시점

⑥ 특징 : 1936년에 발표된 이효석의 대표작으로, 달밤의 정경을 배경으로 인간과 자연의 세계가 조화를 이루는 특유의 자연적 화해가 성적 묘사와 함께 낭만적이면서 서정적으로 그려졌다.

⑫ 봄봄

① 작자 : 김유정(1908 ~ 1937) - 소설가. 순 문예 단체인 〈구인회(九人會)〉에 가입하여 활동하기도 하였으며, 작품에 소낙비, 산골 나그네, 노다지, 금 따는 콩밭, 동백꽃, 만무방 등이 있다.

② 갈래 : 단편 소설, 농촌 소설

③ 주제 : 교활한 장인과 어리숙한 데릴사위 사이의 해학적 갈등상

④ 성격 : 해학적, 토속적

⑤ 시점 : 1인칭 주인공 시점

⑥ 특징 : 일제 강점기의 궁핍한 농촌 현실을 배경으로, 혼인 문제를 둘러싼 '나'와 장인과의 갈등을 해학과 풍자를 통해 향토성 짙게 표현한 작품이다.

⒀ 태평 천하

① 작자 : 채만식(1902 ~ 1950) − 소설가. 호는 백릉(白菱). 초기에는 동반자적 경향을 보였고 후기에는 사회와 개인에 대한 풍자적 내용의 소설을 주로 썼다. 작품에 탁류, 레디 메이드 인생, 치숙, 역로, 논 이야기 등이 있다.

② 갈래 : 장편 소설, 풍자 소설, 사회 소설, 가족사 소설

③ 주제 : 일제하 중산층 인물의 타락한 삶의 모습

④ 성격 : 비판적, 풍자적,

⑤ 시점 : 전지적 작가 시점

⑥ 특징 : 1938년 천하 태평춘이라는 제목으로 〈조광〉지에 연재된 소설로, 염상섭의 삼대와 마찬가지로 평민 출신 대지주 집안이 세대 간의 가치관의 차이로 인해 붕괴되어 가는 과정과 타락한 삶의 방식을 풍자와 반어를 통해 비판하고 있는 작품이다.

⒁ 광장

① 작자 : 최인훈(1936 ~) − 소설가. 1950년대 문학의 한 주류를 이루고 있는 피난민 의식을 통해 민족 분단에서 오는 이데올로기 문제를 분석하고 해명하는 데 주력하였다. 작품에 웃음소리, 소설가 구보씨의 일일, 회색인 등이 있다.

② 갈래 : 장편 소설

③ 주제 : 분단의 과정과 비극 속에서 고뇌하는 지식인의 모습

④ 성격 : 관념적, 철학적

⑤ 시점 : 전지적 작가 시점

⑥ 특징 : 분단 문제에 본격적으로 접근한 대표적인 작품으로, 민족의 분단을 이념적 갈등으로 파악하고 그 선택의 기로에서 방황하는 인간상을 제시하고 있다. 또한 남북의 이데올로기에 대한 객관적 반성과 그 초월의 지향, 상황의 비극성을 형상화하고 있다.

(15) 장마

① **작자** : 윤흥길(1942 ~) – 소설가. 절도 있는 문체로 주로 현실의 왜곡, 부조리, 기괴함 등을 잘 드러내는 작품을 썼다. 작품에 아홉 켤레의 구두로 남은 사나이, 기억 속의 들꽃, 황혼의 집, 묵시의 바다, 하루는 이런 일이 등이 있다.

② **갈래** : 중편 소설

③ **주제** : 한국 전쟁 중에 빚어진 한 가정의 비극과 극복

④ **성격** : 서사적, 회상적

⑤ **시점** : 1인칭 관찰자 시점

⑥ **특징** : 6 · 25 전쟁이라는 비극적인 역사의 소용돌이 속에서 극단적으로 대립하던 두 할머니의 화해 과정을 통해 분단 극복의 한 방향을 문학적으로 형상화한 작품이다.

(16) 딸깍발이

① **작자** : 이희승(1896 ~ 1990) – 국어학자. 수필가. 호는 일석(一石). 조선어 학회 간부로서 한글 운동에 헌신하다가 일본 경찰에 피검되어 투옥되었다. 국어학의 초석을 닦는 한편, 시와 수필 등을 창작하였다. 작품에 시집 박꽃, 수필집 벙어리 냉가슴 · 소경의 잠꼬대 등이 있다.

② **갈래** : 수필

③ **주제** : 딸깍발이 정신의 현대적 계승

④ **성격** : 교훈적, 비판적, 해학적, 사회적

⑤ **문체** : 간결체

⑥ **특징** : 조선 시대 선비의 생활관과 가치관을 새롭게 조명하여 현대인의 타산적인 태도를 경계하고 있는 글이다

(17) 산정무한(山情無限)

① **작자** : 정비석(1911 ~ 1991) – 시인. 소설가. 수필가. 초기에는 토속적 삶의 세계를, 중반 이후에는 달라진 세태의 풍속을 형상화하여 대중적 호응을 크게 얻었다. 화려하고 유려한 문체로 대상을 사실적으로 묘사한 수필을 주로 썼다. 작품에 단편 소설 성황당, 장편 소설 자유 부인, 수필집 비석(飛石)과 금강산의 대화 등이 있다

② **갈래** : 수필, 기행문

③ **주제** : 금강산 기행에서 느낀 무한한 산정(山情)

④ **성격** : 낭만적, 감상적, 회고적

⑤ 문체 : 화려체, 만연체

⑥ 특징 : 가을철의 금강산 여행 체험을 기록한 기행 수필로서, 금강산의 절경에 대한 탁월한 묘사와 낭만적이고 회고적인 감화를 참신하면서도 화려하고 섬세한 문체로 표현함으로써 기행문의 차원을 한 단계 승화시킨 작품이다.

⒅ 신록예찬(新綠禮讚)

① 작자 : 이양하(1904 ~ 1963) – 수필가. 영문학자. 현대 수필의 개척자이며, 1930년대 주지주의 문학 이론을 소개하였다. 작품에 나무, 신록 예찬, 나무의 위의 등의 수필이 있고, 수필집에 이양하 수필집, 시집에 마음과 풍경 등이 있다.

② 갈래 : 수필

③ 주제 : 신록의 아름다움 예찬

④ 성격 : 주정적, 관조적, 예찬적, 사색적, 감각적

⑤ 문체 : 만연체, 우유체

⑥ 특징 : 담담한 필치의 사색적인 글로, 인간과 자연을 조감하면서 인생을 이야기한 명상적 · 긍정적인 삶의 태도가 드러난다. 또한, 서정성이 담긴 낭만적인 글로 비유법과 대조법을 구사하여 표현의 묘미를 살리고 있으며, 자연을 소재로 하여 자연에 몰입하는 친화적 태도를 보이고 있다.

04 서구문학

(1) 문예사조의 두 근원

구분	헬레니즘(hellenism)	헤브라이즘(hebraism)
근원	그리스의 정신과 문화	헤브라이인적 사상과 문화
특징	인간 중심, 보편성, 이성, 육체적, 본능적, 현실적	신 중심, 개성, 감성, 영혼적, 금욕적, 이상적
관련사조	문예부흥, 고전주의, 사실주의, 자연주의, 주지주의	낭만주의, 상징주의

(2) 서구 문예사조

① **고전주의**(古典主義, classicism) … 17~18세기 아리스토텔레스의 '시학'에 대한 면밀한 주석과 함께 시작되었고, 고대 그리스 · 로마의 고전 작품들을 모범으로 삼고 거기에 들어 있는 공통적인 특징들을 재현하려는 경향이다.

② **낭만주의**(浪漫主義, romanticism) … 고전주의의 몰개성적 성격에 반발하여 독일, 프랑스에서 일어나 영국으로 전파되었다. 이성적이기보다는 감정적이고, 객관적이기보다는 주관적이며, 현실적이기보다는 낭만적인 경향을 띤다.

③ **사실주의**(寫實主義, realism) … 낭만주의의 비현실적 성격에 반발하여 19세기에 일어난 사조로, 사물을 있는 그대로 정확하게 관찰하고 객관적으로 묘사하려는 경향이다.

④ **자연주의**(自然主義, naturalism) … 19세기 사실주의의 급진적인 경향으로 자연 과학적 결정론에 바탕을 두고 있다. 인간도 자연물처럼 인과율이라는 자연 법칙에 따라 환경 본능 유전 인자 등에 의해 그 일생이 운명적으로 결정된다고 보는 사상을 배경으로 한다.

⑤ **상징주의**(象徵主義, symbolism) … 19세기 말에서 20세기 초에 걸쳐 프랑스에서 일어난 사조로, 사물, 정서, 사상 등을 상징을 통해 암시적으로 표현하려는 경향이다.

⑥ **유미주의**(唯美主義, aestheticism) … 미의 창조를 목표로 19세기 후반에 나타난 사조이고, 이는 탐미주의라고도 하며 넓은 의미의 낭만주의에 포함된다.

⑦ **초현실주의**(超現實主義, surrealism) ··· 프로이드의 정신분석학의 영향으로, '자동기술법'을 바탕으로 하여 무의식의 세계를 표출하려는 경향인 초현실주의가 다다이즘을 흡수하여 일어났다.

⑧ **실존주의**(實存主義) ··· 전후의 허무 의식에서 벗어나려는 실존적 자각(자아 발견)과 건설적인 휴머니즘을 추구한다.

⑨ **다다이즘**(dadaism) ··· 20세기에 들어와서 현실적 속박으로부터 해방되려는 의지를 보인 사조로, 현대 지식인의 정신적 불안과 공포에 대한 저항이 프랑스를 중심으로 전개되었다.

⑩ **모더니즘**(modernism) ··· 19세기 말엽부터 유럽의 소시민적 지식인들 사이에 일어나 20세기 이후에 크게 성행한 사조로서 기존의 사실주의와 유물론적 세계관, 전통적 신념으로부터 벗어나려는 전반적인 새로운 문화 운동으로 극단적인 개인주의, 도시 문명이 가져다 준 인간성 상실에 대한 문제의식 등에 기반을 둔 다양한 문예 사조를 통칭한다.

(3) 르네상스 문학

유럽 중세로부터 근세에 이르는 과도기 동안 인간중심주의를 구가하는 그리스 · 로마의 고전주의 정신에 입각하여 일어난 문학으로, 중세를 통하여 동로마 제국과 접촉을 가졌던 이탈리아에서 먼저 일어나, 전 유럽에 파급되었다. 중세는 그리스 · 로마 문학에 대하여 그리 무지하였던 것은 아니고, 특히 13세기에는 고대를 알고자 하는 상당한 노력을 기울였다. 그러나 그것은 어디까지나 그리스도교를 통하여 본 고대였고, 인간의 육체나 감각을 멸시해온 중세는 고대의 예술미를 인식하는 안목은 지니지 못한 한계를 보였다.

(4) 국제펜클럽(International PEN)

문학을 통하여 상호 이해를 촉진하려는 국제적인 문학가단체이다. 'PEN'은 극작가 · 시인(playwright, poet)의 P, 수필가 · 편집자(essayist, editor)의 E, 소설가(novelist)의 N을 가리키며, 나아가 전체로서는 '펜(pen)'을 의미한다. 문필생활에 있어서의 정치 · 사상 · 신앙에 의한 차별을 부정하고 자유를 주장하고 있다.

(5) 셰익스피어의 4대 비극

셰익스피어의 4대 비극에 해당하는 작품은 햄릿, 오셀로, 리어왕, 맥베스이다.

① **햄릿**(Hamlet) ··· 주인공을 통해 사색과 행동, 진실과 허위, 신념과 회의 등의 틈바구니 속에서 삶을 초극하고자 하는 모습이 제시되었다.

② **오셀로**(Othello) ··· 흑인 장군인 주인공의 아내에 대한 애정이 이아고(Iago)의 간계에 의해 무참히 허물어지는 과정을 그린 작품이다.

③ **리어왕**(King Lear) ··· 늙은 왕의 세 딸에 대한 애정의 시험이라는 설화적 모티브를 바탕으로 하고 있으나, 혈육 간의 유대의 파괴가 우주적 질서의 붕괴로 확대되는 과정을 그린 비극이다.

④ **맥베스(Mecbeth)** … 권위의 야망에 이끌린 한 무장의 왕위찬탈과 그것이 초래하는 비극적 결말을 그린 작품이다.

(6) 세계 3대 단편작가

작가	특징
애드가 앨런 포 (1809~1849)	미국의 시인, 소설가, 비평가로 활동했으며 대표작으로 주미주의 시 「애너벨 리」, 괴기추리소설 「어셔가의 몰락」, 상징주의 시론 「시의 원리」 등이 있다.
모파상 (1850~1893)	프랑스의 자연주의 소설가로 객관적 묘사와 명확하고 솔직한 문장이 특징적이다. 대표작으로 「목걸이」, 「여자의 일생」 등이 있다.
안톤 체호프 (1860~1904)	러시아의 소설가, 극작가로 활동했으며 특히 지식층의 단면을 간결한 문체로 표현하였다. 대표작으로 「광야」, 「초원」, 「갈매기」 등이 있다.

> **TIP** 우리나라 3대 단편작가 … 김동인, 현진건, 이효석

(7) 동반자문학(同伴者文學)

러시아혁명(1917)년 이후부터 신경제 정책(NEP)이 끝날 때까지 문단의 큰 세력을 이뤘던 러시아의 우익문학이다. 혁명에는 찬성하지만 마르크스주의나 프롤레타리아 문학에는 적극적으로 가담하지 않는 자유주의적 성향을 보인다.

> **TIP** 개인주의를 중시하며 작품의 주인공으로 인텔리를 등장시키는 특징이 있다.

(8) 쉬르레알리즘 문학(surrealism literature)

초현실주의 문학으로 제1차 대전 이후 다다이즘에 뒤이어 태동한 전위적 예술운동이다. 전통적 예술형식과 인습적 사회 관념을 부정하는 다다이즘의 정신을 이어받았으며, 꿈과 무의식의 내면세계에서 떠오르는 비합리적 이미지를 그대로 기술하는 자동기술을 도입했다. 앙드레 브르통이 제창했으며 엘뤼아르, 아라공, 콕토 등을 대표적 초현실주의자로 꼽을 수 있다.

(9) 정오(正午)의 문학

프랑스의 실존주의작가 카뮈의 사상으로, 살려고 하는 육체의 요구와 절대를 추구하는 정신의 요구 중어느 한쪽으로도 쏠리지 않는 긴장의 모럴·절도의 모럴·한계의 모럴을 표현하는 것이다. 모순의 명석한 인식과 부조리에 대한 올바른 반항을 중추로 하는 사상이다.

⑽ 하드보일드(hard-boiled)문학

1930년을 전후하여 미국문학에 등장한 새로운 사실주의수법이다. 원래 '계란을 완숙하다'라는 뜻의 형용사이지만, 전의(轉意)되어 '비정' 또는 '냉혹'이란 뜻의 문학용어가 되었다. 개괄적으로 자연주의적 · 폭력적인 테마나 사건을 무감정의 냉혹한 자세로, 또는 도덕적 판단을 전면적으로 거부한 비개인적인 시점에서 묘사하는 것이다. 헤밍웨이의 「무기여 잘 있거라」, D. 해밋의 「플라이 페이퍼」 등이 대표적이다.

⑾ 해빙기문학(解氷期文學)

20세기 중반 구소련의 공식적이고 형식적인 당문학에 반발하여 자유주의적인 사조를 펼치며 독재주의 정책을 비난하고 개성을 살린 소련 현역작가들의 작품활동이다. 대표작품에는 에렌부르크의 「해빙기」, 솔제니친의 「이반데니소비치의 하루」, 파스테르나크의 「닥터 지바고」 등이 있다.

⑿ 페미니즘(feminism)문학

남성위주로 성립된 사회체제가 주는 억압으로부터 여성을 해방시키는 것을 목적으로 하는 사상적 조류에서 비롯된 문학이다. 우리나라에서는 1980년대 후반 여성해방문학론의 전개에 따라 활발한 논의를 보게 되었다.

⒀ 아스팔트(asphalt)문학 *

나치스가 정권을 잡게 되자 문학의 숙청을 단행하였는데, 이때 반나치적인 문학에 대해 나치스측에서 붙인 명칭이다. 당시의 사회주의적 내지는 국제적 · 세계주의적 경향의 문학에 대하여 향토감 · 국가관이 결여된 문학이라는 이유로 나치스측이 그렇게 명명하여 금지시켰다.

⒁ 레지스탕스(resistance)문학

제2차 세계대전 중 프랑스의 반나치스 저항문학으로, 초기에는 패전의 슬픔만을 표현하다가 저항의 자세가 적극적인 표현으로 바뀌면서는 비합법적 출판에 의존하게 되었다. 이런 상황하에서 집필 · 출판되었기 때문에 인쇄가 용이하고 운반이 간편한 시나 단편, 중편소설이 주를 이루었다. 시집에는 「아라공의 엘사의 눈동자」, 소설에는 「트리오레의 아비뇽의 연인들」 등이 있다.

⒂ 앙가주망(engagement)

'자기구속' 또는 '사회참여'를 뜻하는 프랑스 실존주의학파의 용어로, 사회참여문학을 말한다. 제2차 세계대전 때 자신들의 신념에 따라 사회적 투쟁에 참가한 레지스탕스문학이 그 대표적인 예이다.

⑯ 카타르시스(catharsis)

아리스토텔레스의 시학 제6장 비극의 정의 가운데 부분에서 나오는 용어이다. 비극이 그리는 주인공의 비참한 운명에 의해서 관중의 마음에 두려움과 연민의 감정이 격렬하게 유발되고, 그 과정에서 이들 인간적 정념이 어떠한 형태로든지 순화된다고 하는 일종의 정신적 정화작용이다.

⑰ 트리비얼리즘(trivialism)

평범하고 통속적인 일을 의미하는 것으로, 쇄말주의라고도 번역되며 일상생활에서 별로 쓸모없는 평범한 사상을 샅샅이 그리는 문학을 경멸해서 하는 말이다.

⑱ 패러디(parody)

원작을 풍자적으로 비평하거나 익살스럽게 하기 위해 문체·어구 등을 흉내낸 작품으로, 어떤 음률에 다른 가사를 붙여 부르는 노래인 경우에도 지칭된다. 때로는 원작의 명성에 편승하여 자기의 의도를 효과적으로 표현하기 위해 사용되기도 한다.

⑲ 알레고리(allegory)

'풍유' 또는 '우유'로 번역될 수 있는 말로, 표면적으로는 인물과 배경·행위 등 통상적인 이야기요소를 다 갖추고 있으면서 그 이면에는 정신적·도덕적·역사적 의미가 전개되는 이중구조로 된 글이나 작품을 말한다. 스펜서의 「페어리 퀸」, 버니언의 「천로역정」 등이 대표적인 작품이다.

05 한자·한문

01 한자의 이해

(1) 한자의 3요소
한자는 표의 문자로서 모양(形)·소리(音)·뜻(義)의 3요소를 갖추고 있는 것이 그 특징이다.

(2) 육서(六書)

① 상형 문자(象形文字) : 구체적인 사물의 모양을 본떠서 만든 글자를 말한다.
> 예 日, 月, 山, 人, 木, 水, 手, 足, 鳥 등

② 지사 문자(指事文字) : 추상적인 생각이나 뜻을 점이나 선으로 나타낸 글자를 말한다.
> 예 一, 二, 三, 四, 五, 七, 八, 九 , 上, 中, 下, 本, 末, 天 등

③ 회의 문자(會意文字) : 둘 이상의 글자를 뜻끼리 모아 새로운 뜻을 나타낸 글자를 말한다.
> ㉠ 목(木) + 목(木) = 림(林) : 나무와 나무가 합쳐져 수풀을 이룸
> ㉡ 인(人) + 목(木) = 휴(休) : 나무 옆에 사람이 쉬고 있으니 휴식한다는 뜻
> 예 信 ,東, 好, 林, 休, 男 등

④ 형성 문자(形聲文字) : 뜻을 나타내는 글자와 음을 나타내는 글자를 합쳐 새로운 뜻을 나타낸 글자를 말한다.
> 예 心(뜻) + 生(음) = 性(성품 성), 門(음) + 口(뜻) = 問(물을 문)

⑤ 전주 문자(轉注文字) : 이미 만들어진 글자를 가지고 유추하여 다른 뜻으로 쓰는 글자를 말한다.
> 예 • 相 : 서로(상), 재상(상), 도울(상), 지팡이(상)
> • 樂 : 풍류(악), 즐거울(락), 좋아할(요)

⑥ 가차 문자(假借文字) : 이미 있는 글자의 뜻과는 관계없이 음이나 형태를 빌려다 쓰는 글자를 말한다.
> 예 • 음만 빌리는 경우 : 印度(인도 − India), 亞細亞(아세아 − Asia)
> • 형태만 빌리는 경우 : 弗(불 − $)

(3) 한자어의 구성

① **병렬 관계**(竝列關係) : 같은 품사를 가진 한자끼리 연이어 결합된 한자어의 짜임을 말한다.

   ㉠ **유사 관계**(類似關係) : 뜻이 같거나 비슷한 한자끼리 연이어 결합된 한자어의 짜임

   예 家屋(가옥), 群衆(군중), 星辰(성신), 土地(토지), 海洋(해양), 繪畵(회화), 到達(도달), 引導(인도)

   ㉡ **대립 관계**(對立關係) : 뜻이 서로 반대 또는 상대되는 한자끼리 연이어 결합된 한자어의 짜임

   예 賞罰(상벌), 上下(상하), 善惡(선악), 因果(인과), 陰陽(음양), 天地(천지), 加減(가감), 多少(다소)

   ㉢ **대등 관계**(對等關係) : 뜻이 서로 대등한 한자끼리 연이어 결합된 한자어의 짜임

   예 父母(부모), 松柏(송백), 仁義(인의), 忠孝(충효), 眞善美(진선미), 紙筆硯墨(지필연묵)

   ㉣ **첩어 관계**(疊語關係) : 똑같은 글자가 겹쳐 이루어진 한자어의 짜임

   예 代代(대대), 年年(연년), 正正堂堂(정정당당)

   ㉤ **융합 관계**(融合關係) : 한자의 뜻이 융합되어 쪼갤 수 없는 관계

   예 光陰(광음), 琴瑟(금실), 春秋(춘추)

   ㉥ **일방 관계**(一方關係) : 한자가 병렬되었으나 한쪽의 뜻만 나타내는 말

   예 國家(국가), 多少(다소) – 조금(少의 뜻만 작용), 緩急(완급) – 위급함(急의 뜻만 작용)

② **수식 관계**(修飾關係) : 꾸미는 말과 꾸밈을 받는 말로 결합된 한자어의 짜임을 말한다.

   ㉠ **관형어**(冠形語) **+ 체언**(體言)

   예 家事(가사), 城門(성문), 吉夢(길몽), 明月(명월), 外貨(외화), 流水(유수)

   ㉡ **부사어**(副詞語) **+ 용언**(用言)

   예 廣告(광고), 徐行(서행), 雲集(운집), 疾走(질주), 必勝(필승)

③ **주술 관계**(主述關係) : 주어와 서술어의 관계로 결합된 한자어의 짜임을 말한다. 주어는 행위의 주체가 되고 서술어는 행위, 동작, 상태 등을 나타낸다. 문장의 조건을 갖추었으면서도 한자어의 역할을 한다.

   예 國立(국립), 夜深(야심), 人造(인조), 日出(일출), 年少(연소), 品貴(품귀)

④ **술목 관계**(述目關係) : 서술어와 목적어의 관계로 결합된 한자어의 짜임을 말한다. 이 때의 서술어는 행위나 동작을 나타내고, 목적어는 그 대상이 된다.

   예 交友(교우), 讀書(독서), 修身(수신), 愛國(애국), 成功(성공), 作文(작문)

⑤ **술보 관계**(述補關係) : 서술어와 보어의 관계로 결합된 한자어의 짜임을 말한다. 서술어는 행위나 동작을 나타내고 보어는 서술어를 도와 부족한 뜻을 완전하게 해준다.

   예 歸家(귀가), 登山(등산), 多情(다정), 有名(유명), 非凡(비범)

02 한자어

(1) 잘못 읽기 쉬운 한자어

ㄱ

可矜 가긍 　苛斂 가렴 　恪別 각별 　看做 간주 　姦慝 간특 　戡定 감정 　降下 강하
改悛 개전 　坑道 갱도 　釀出 양출 　揭示 게시 　更張 경장 　更迭 경질 　競合 경합
誇示 과시 　誇張 과장 　刮目 괄목 　壞滅 괴멸 　攪亂 교란 　句節 구절

ㄴ

內人 나인 　拿捕 나포 　烙印 낙인 　難澁 난삽 　捺印 날인 　捏造 날조 　濫觴 남상
來往 내왕 　鹿皮 녹비 　鹿茸 녹용 　賂物 뇌물 　漏泄 누설 　訥辯 눌변 　凜凜 늠름
稜線 능선

ㄷ

茶菓 다과 　茶店 다점 　團欒 단란 　簞食 단사 　踏襲 답습 　遝至 답지 　撞着 당착
對峙 대치 　陶冶 도야 　挑戰 도전 　淘汰 도태 　瀆職 독직 　獨擅 독천 　鈍濁 둔탁
登攀 등반

ㅁ

莫逆 막역 　蔓延 만연 　魅力 매력 　邁進 매진 　驀進 맥진 　萌芽 맹아 　蔑視 멸시
明澄 명징 　木瓜 모과 　牡友 모우 　木鐸 목탁 　杳然 묘연 　巫覡 무격 　拇印 무인
未洽 미흡

ㅂ

撲滅 박멸 　撲殺 박살 　剝奪 박탈 　反駁 반박 　頒布 반포 　潑剌 발랄 　拔萃 발췌
幇助 방조 　拜謁 배알 　便秘 변비 　兵站 병참 　報酬 보수 　布施 보시 　敷衍 부연
忿怒 분노 　焚香 분향 　不朽 불후 　沸騰 비등 　譬喻 비유 　憑藉 빙자

ㅅ

詐欺 사기 　辭典 사전 　奢侈 사치 　索漠 삭막 　數數 삭삭 　撒布 살포 　相殺 상쇄
省略 생략 　書簡 서간 　逝去 서거 　棲息 서식 　先塋 선영 　洗滌 세척 　遡及 소급

猜忌 시기	示唆 시사	諡號 시호	辛辣 신랄	迅速 신속	呻吟 신음

ㅇ

阿諂 아첨	齷齪 악착	斡旋 알선	謁見 알현	隘路 애로	濾過 여과	役割 역할
永劫 영겁	誤謬 오류	嗚咽 오열	歪曲 왜곡	窯業 요업	凹凸 요철	容喙 용훼
雨雹 우박	蹂躪 유린	遊說 유세	吟味 음미	凝結 응결	凝視 응시	義捐 의연
移徙 이사	弛緩 이완	一括 일괄	一切 일체			

ㅈ

自刎 자문	孜孜 자자	箴言 잠언	暫定 잠정	將帥 장수	障碍 장애	裝塡 장전
沮止 저지	傳播 전파	奠幣 전폐	措置 조치	憎惡 증오	桎梏 질곡	叱責 질책
執拗 집요						

ㅊ

捉來 착래	刹那 찰나	斬新 참신	懺悔 참회	暢達 창달	漲溢 창일	闡明 천명
喘息 천식	尖端 첨단	諦念 체념	追悼 추도	推薦 추천	秋毫 추호	衷心 충심
熾烈 치열						

ㅌ

拓本 탁본	度支 탁지	綻露 탄로	彈劾 탄핵	眈溺 탐닉	攄得 터득	慟哭 통곡
洞察 통찰	堆敲 퇴고	堆積 퇴적				

ㅍ

破綻 파탄	瓣得 판득	覇權 패권	敗北 패배	膨脹 팽창	平坦 평탄	閉塞 폐색
抛棄 포기	褒賞 포상	捕捉 포착	輻輳 폭주	標識 표지	風味 풍미	諷刺 풍자
跛立 피립						

ㅎ

割引 할인	陜川 합천	行列 항렬	肛門 항문	降將 항장	偕老 해로	解弛 해이
諧謔 해학	享樂 향락	絢爛 현란	忽然 홀연	廓然 확연	滑走 활주	恍惚 황홀
膾炙 회자	嚆矢 효시	嗅覺 후각	萱堂 훤당	毀損 훼손	麾下 휘하	恤兵 휼병
欣快 흔쾌	恰似 흡사	犧牲 희생	詰難 힐난			

(2) 동자이음어(同字異音語)

覺 ┌ 깨달을 각 : 覺醒(각성)
　 └ 꿈깰 교 : 覺眼(교안)

覺 ┌ 깨달을 각 : 覺醒(각성)
　 └ 꿈깰 교 : 覺眼(교안)

乾 ┌ 하늘 건 : 乾坤(건곤)
　 └ 마를 간 : 乾物(간물)

見 ┌ 볼 견 : 見學(견학)
　 └ 드러날 현 : 謁見(알현)

龜 ┌ 거북 귀 : 龜趺(귀부)
　 └ 땅이름 구 : 龜浦(구포)

內 ┌ 안 내 : 室內(실내)
　 └ 궁궐 나 : 內人(나인)

丹 ┌ 붉을 단 : 丹靑(단청)
　 └ 꽃이름 란 : 牡丹(모란)

單 ┌ 홀로 단 : 簡單(간단)
　 └ 오랑캐임금 선 : 單于氏(선우씨)

讀 ┌ 읽을 독 : 讀書(독서)
　 └ 구절 두 : 句讀(구두)

樂 ┌ 즐길 락 : 娛樂(오락)
　 └ 좋아할 요 : 樂山(요산)

木 ┌ 나무 목 : 草木(초목)
　 └ 모과 모 : 木瓜(모과)

復 ┌ 회복할 복 : 復舊(복구)
　 └ 다시 부 : 復活(부활)

北 ┌ 북녘 북 : 南北(남북)
　 └ 패할 배 : 敗北(패배)

索 ┌ 찾을 색 : 搜索(수색)
　 └ 적막할 삭 : 索莫(삭막)

食 ┌ 먹을 식 : 食事(식사)
　 └ 밥 사 : 簞食(단사)

什 ┌ 열 사람 십 : 什長(십장)
　 └ 세간 집 : 什器(집기)

降 ┌ 내릴 강 : 降等(강등)
　 └ 항복할 항 : 降服(항복)

降 ┌ 내릴 강 : 降等(강등)
　 └ 항복할 항 : 降服(항복)

更 ┌ 다시 갱 : 更新(갱신)
　 └ 고칠 경 : 變更(변경)

句 ┌ 글귀 구 : 文句(문구)
　 └ 글귀 귀 : 句節(귀절)

洞 ┌ 동리 동 : 洞里(동리)
　 └ 구멍 동 : 洞窟(동굴)

金 ┌ 쇠 금 : 金庫(금고)
　 └ 성씨 김 : 金氏(김씨)

宅 ┌ 집안 댁 : 宅內(댁내)
　 └ 집 택 : 住宅(주택)

度 ┌ 법도 도 : 制度(제도)
　 └ 헤아릴 탁 : 忖度(촌탁)

率 ┌ 비례 률 : 比率(비율)
　 └ 거느릴 솔 : 統率(통솔)

說 ┌ 말씀 설 : 說明(설명)
　 └ 달랠 세 : 遊說(유세)

反 ┌ 돌이킬 반 : 反擊(반격)
　 └ 뒤침 번 : 反沓(번답)

否 ┌ 아니 부 : 否定(부정)
　 └ 막힐 비 : 否運(비운)

寺 ┌ 절 사 : 寺刹(사찰)
　 └ 내관 시 : 內侍(내시)

塞 ┌ 막을 색 : 閉塞(폐색)
　 └ 변방 새 : 要塞(요새)

殺 ┌ 죽일 살 : 殺人(살인)
　 └ 감할 쇄 : 相殺(상쇄)

省 ┌ 살필 성 : 反省(반성)
　 └ 덜 생 : 省略(생략)

識 ┌ 알 식 : 識見(식견)
　 └ 기록할 지 : 標識(표지)

惡 ┌ 악할 악 : 惡魔(악마)
　 └ 미워할 오 : 憎惡(증오)

葉 ┌ 잎 엽 : 落葉(낙엽)
　 └ 성 섭 : 葉氏(섭씨)

切 ┌ 끊을 절 : 切斷(절단)
　 └ 모두 체 : 一切(일체)

車 ┌ 수레 차 : 自動車(자동차)
　 └ 수레 거 : 車馬費(거마비)

合 ┌ 합할 합 : 合同(합동)
　 └ 흡 흡 : 五合(오흡)

辰 ┌ 때 신 : 生辰(생신)
　 └ 별 진 : 辰宿(진수)

若 ┌ 같을 약 : 若干(약간)
　 └ 땅이름 야 : 般若(반야)

易 ┌ 쉬울 이 : 容易(용이)
　 └ 바꿀 역 : 貿易(무역)

參 ┌ 참여할 참 : 參加(참가)
　 └ 석 삼 : 參拾(삼십)

則 ┌ 법칙 칙 : 規則(규칙)
　 └ 곧 즉 : 然則(연즉)

行 ┌ 갈 행 : 行軍(행군)
　 └ 항렬 항 : 行列(항렬)

(3) 상대어(相對語) · 반대어(反對語)

- 强(굳셀 강) ↔ 弱(약할 약)
- 去(갈 거) ↔ 來(올 래)
- 傑(뛰어날 걸) ↔ 拙(못날 졸)
- 京(서울 경) ↔ 鄕(시골 향)
- 屈(굽을 곡) ↔ 沆(대항할 항)
- 勤(부지런할 근) ↔ 怠(게으를 태)
- 諾(승락할 낙) ↔ 拒(물리칠 거)
- 禍(재앙 화) ↔ 福(복 복)
- 貸(빌릴 대) ↔ 借(빌 차)
- 鈍(둔할 둔) ↔ 敏(민첩할 민)
- 瞭(밝을 료) ↔ 曖(희미할 애)
- 忙(바쁠 망) ↔ 閑(한가할 한)
- 問(물을 문) ↔ 答(답할 답)
- 美(아름다울 미) ↔ 醜(추할 추)
- 虛(빌 허) ↔ 實(찰 실)
- 悲(슬플 비) ↔ 喜(기쁠 희)
- 勝(이길 승) ↔ 敗(패할 패)
- 新(새 신) ↔ 舊(옛 구)

- 開(열 개) ↔ 閉(닫을 폐)
- 建(세울 건) ↔ 壞(무너뜨릴 괴)
- 儉(검소할 검) ↔ 奢(사치할 사)
- 輕(가벼울 경) ↔ 重(무거울 중)
- 貴(귀할 귀) ↔ 賤(천할 천)
- 禽(날짐승 금) ↔ 獸(길짐승 수)
- 難(어려울 난) ↔ 易(쉬울 이)
- 斷(끊을 단) ↔ 繼(이을 계)
- 同(같을 동) ↔ 異(다를 이)
- 得(얻을 득) ↔ 失(잃을 실)
- 利(이로울 리) ↔ 害(해로울 해)
- 賣(팔 매) ↔ 買(살 매)
- 好(좋을 호) ↔ 惡(미워할 오)
- 潑(활발할 발) ↔ 萎(시들 위)
- 賢(어질 현) ↔ 愚(어리석을 우)
- 貧(가난할 빈) ↔ 富(넉넉할 부)
- 視(볼 시) ↔ 聽(들을 청)
- 深(깊을 심) ↔ 淺(얕을 천)

- 逆(거스를 역) ↔ 順(좇을 순)
- 凹(오목할 요) ↔ 凸(볼록할 철)
- 優(뛰어날 우) ↔ 劣(못날 렬)
- 陰(그늘 음) ↔ 陽(볕 양)
- 戰(싸울 전) ↔ 和(화목할 화)
- 淨(깨끗할 정) ↔ 汚(더러울 오)
- 興(일어날 흥) ↔ 亡(망할 망)
- 可決(가결) ↔ 否決(부결)
- 謙虛(겸허) ↔ 倨慢(거만)
- 屈服(굴복) ↔ 抗拒(항거)
- 漠然(막연) ↔ 確然(확연)
- 反目(반목) ↔ 和睦(화목)
- 非凡(비범) ↔ 平凡(평범)
- 永劫(영겁) ↔ 刹那(찰나)
- 愚昧(우매) ↔ 賢明(현명)

- 厭(싫을 염) ↔ 樂(좋아할 요)
- 友(벗 우) ↔ 敵(원수 적)
- 隱(숨을 은) ↔ 顯(나타날 현)
- 因(까닭 인) ↔ 果(결과 과)
- 絕(끊을 절) ↔ 續(이을 속)
- 靜(고요할 정) ↔ 騷(시끄러울 소)
- 統(합칠 통) ↔ 分(나눌 분)
- 謙遜(겸손) ↔ 傲慢(오만)
- 供給(공급) ↔ 需要(수요)
- 歸納(귀납) ↔ 演繹(연역)
- 模糊(모호) ↔ 分明(분명)
- 潑剌(발랄) ↔ 萎縮(위축)
- 勝利(승리) ↔ 敗北(패배)
- 昇進(승진) ↔ 左遷(좌천)
- 漸進(점진) ↔ 急進(급진)

(4) 중요 어휘

① 나이에 관한 어휘

나이	어휘	나이	어휘
10대	沖年(충년)	15세	志學(지학)
20세	弱冠(약관)	30세	而立(이립)
40세	不惑(불혹)	50세	知天命(지천명)
60세	耳順(이순)	70세	古稀(고희)
77세	喜壽(희수)	88세	米壽(미수)
99세	白壽(백수)	100세	期願之壽(기원지수)

② 가족의 호칭

구분	본인		타인	
	생존시	사 후	생존시	사 후
父(아버지)	家親(가친) 嚴親(엄친) 父主(부주)	先親(선친) 先考(선고) 先父君(선부군)	春府丈(춘부장) 椿丈(춘장) 椿堂(춘당)	先大人(선대인) 先考丈(선고장) 先人(선인)
母(어머니)	慈親(자친) 母生(모생) 家慈(가자)	先妣(선비) 先慈(선자)	慈堂(자당) 大夫人(대부인) 萱堂(훤당)	先大夫人(선대부인) 先大夫(선대부)
子(아들)	家兒(가아) 豚兒(돈아) 迷豚(미돈)	亡兒(망아)	令郎(영랑) 令息(영식) 令胤(영윤)	
女(딸)	女息(여식)		令愛(영애) 令孃(영양)	

03 한자 성어

ⓒ

- 刻骨難忘(각골난망) : 입은 은혜에 대한 고마움을 뼛속 깊이 새기어 잊지 않음
- 刻舟求劍(각주구검) : 판단력이 둔하여 세상일에 어둡고 어리석다는 말
- 甘呑苦吐(감탄고토) : 달면 삼키고 쓰면 뱉는다는 뜻으로 신의(信義)를 돌보지 않고 사리(私利)를 꾀한다는 말
- 甲男乙女(갑남을녀) : 보통의 평범한 사람들
- 改過遷善(개과천선) : 지나간 허물을 고치고 착하게 됨
- 隔靴搔癢(격화소양) : 신을 신은 채 가려운 발바닥을 긁음과 같이 일의 효과를 나타내지 못함을 이르는 말
- 牽强附會(견강부회) : 이치에 맞지 않는 말을 억지로 끌어 붙여 자기의 주장하는 조건에 맞도록 함
- 見物生心(견물생심) : 물건을 보면 욕심이 생긴다는 말
- 見危致命(견위치명) : 나라의 위태로움을 보고는 목숨을 아끼지 않고 나라를 위하여 싸움
- 結草報恩(결초보은) : 죽어 혼령이 되어도 은혜를 잊지 않고 갚음
- 鷄卵有骨(계란유골) : 달걀 속에도 뼈가 있다는 뜻으로 뜻밖에 장애물이 생김을 이르는 말
- 孤掌難鳴(고장난명) : 손바닥 하나로는 소리가 나지 않는다는 뜻으로 상대가 없이 혼자 힘으로 일하기 어렵다는 말
- 苦盡甘來(고진감래) : 고생 끝에 낙이 온다는 말
- 曲學阿世(곡학아세) : 그릇된 학문을 하여 세속에 아부함
- 過猶不及(과유불급) : 지나친 것은 미치지 못한 것과 같다는 말

- 管鮑之交(관포지교) : 제(薺)나라 관중(管仲)과 포숙(鮑叔)의 사귐이 매우 친밀했다는 고사에서 유래한 말로, 친구끼리의 매우 두터운 사귐을 이르는 말
- 刮目相對(괄목상대) : 눈을 비비고 다시 본다는 말로, 다른 사람의 학문이나 덕행이 크게 진보한 것을 말함
- 矯角殺牛(교각살우) : 뿔을 고치려다 소를 죽인다는 뜻으로, 작은 일에 힘쓰다 큰 일을 망친다는 말
- 敎學相長(교학상장) : 가르쳐 주거나 배우거나 다 나의 학업을 증진시킨다는 뜻
- 九折羊腸(구절양장) : 아홉 번 꼬부라진 양의 창자라는 뜻으로, 산길 따위가 몹시 험하게 꼬불꼬불한 것을 이르는 말
- 群鷄一鶴(군계일학) : 닭의 무리 속에 끼어 있는 한 마리의 학이란 뜻으로 평범한 사람 가운데서 뛰어난 사람을 일컫는 말
- 近墨者黑(근묵자흑) : 먹을 가까이하면 검어진다는 뜻으로 나쁜 사람과 사귀면 그 버릇에 물들기 쉽다는 말
- 錦衣還鄕(금의환향) : 비단 옷을 입고 고향으로 돌아온다는 뜻으로 타향에서 크게 성공하여 자기 집으로 돌아감을 이르는 말

- 爛商公論(난상공론) : 여러 사람들이 잘 의논함
- 難兄難弟(난형난제) : 누구를 형이라 하고 누구를 동생이라 해야 할지 분간하기 어렵다는 뜻으로 사물의 우열이 없다는 말
- 南柯一夢(남가일몽) : 꿈과 같이 헛된 한때의 부귀영화
- 男負女戴(남부여대) : 남자는 짐을 등에 지고 여자는 짐을 머리에 인다는 뜻으로 가난에 시달린 사람들이 살 곳을 찾아 떠돌아 사는 것을 이르는 말
- 囊中之錐(낭중지추) : 주머니 속에 든 송곳이라는 뜻으로 재주가 뛰어난 사람은 숨어 있어도 저절로 사람들이 알게 됨을 이르는 말
- 綠衣紅裳(녹의홍상) : 연두 저고리에 다홍 치마라는 뜻으로 곱게 차려 입은 젊은 아가씨의 복색을 이르는 말
- 弄瓦之慶(농와지경) : 딸을 낳은 기쁨
- 弄璋之慶(농장지경) : 아들을 낳은 기쁨
- 累卵之危(누란지위) : 달걀을 쌓아 놓은 것과 같이 매우 위태함

- 多岐亡羊(다기망양) : 길이 여러 갈래여서 양을 잃다는 뜻으로 학문의 길이 다방면이어서 진리를 깨치기 어려움을 이르는 말
- 多多益善(다다익선) : 많으면 많을수록 좋음
- 斷機之戒(단기지계) : 학문을 중도에 그만둔다는 것은 짜던 베의 끊음과 같다는 맹자 어머니의 교훈
- 簞食瓢飮(단사표음) : 도시락 밥과 표주박 물, 즉 변변치 못한 살림을 가리키는 말로 청빈한 생활을 이름
- 大器晩成(대기만성) : 큰 그릇은 이루어짐이 더디다는 뜻으로 크게 될 사람은 성공이 늦다는 말
- 塗炭之苦(도탄지고) : 진흙탕이나 숯불에 빠졌다는 뜻으로 몹시 고생스러움을 일컬음
- 同病相憐(동병상련) : 처지가 서로 비슷한 사람끼리 서로 동정하고 도움
- 同床異夢(동상이몽) : 같은 처지와 입장에서 저마다 딴 생각을 함

- 登高自卑(등고자비) : 높은 곳에 오르려면 낮은 곳에서부터 오른다는 뜻으로, 일을 순서대로 하여야 함을 이르는 말
- 得隴望蜀(등롱망촉) : 농(隴)나라를 얻고 나니 촉(觸)나라를 갖고 싶다는 뜻으로, 인간의 욕심은 한이 없음을 비유해 이르는 말
- 燈下不明(등하불명) : 등잔 밑이 어둡다는 뜻으로 가까이 있는 것이 오히려 알아내기 어려움을 이르는 말

ㅁ

- 磨斧爲針(마부위침) : 아무리 이루기 힘든 일이라도 끊임없는 노력과 끈기 있는 인내가 있으면 성공하고야 만다는 뜻
- 馬耳東風(마이동풍) : 남의 말을 귀담아 듣지 않고 흘려 버림
- 萬頃蒼波(만경창파) : 한없이 넓고 푸른 바다
- 明明白白(명명백백) : 아주 똑똑하게 나타나 의문의 여지가 없음을 이르는 말
- 明若觀火(명약관화) : 불을 보는 듯이 환하게 분명히 알 수 있음
- 矛盾撞着(모순당착) : 같은 사람의 문장이나 언행이 앞뒤가 서로 어그러져서 모순됨
- 目不忍見(목불인견) : 차마 눈 뜨고 볼 수 없는 참상이나 꼴불견
- 門前成市(문전성시) : 권세를 드날리거나 부자가 되어 집문 앞이 찾아오는 손님들로 가득 차서 시장을 이룬 것 같음

ㅂ

- 拍掌大笑(박장대소) : 손바닥을 치면서 크게 웃음
- 拔本塞源(발본색원) : 폐단의 근원을 아주 뽑아서 없애 버림
- 傍若無人(방약무인) : 언행이 방자하고 제멋대로 행동하는 사람
- 背恩忘德(배은망덕) : 은혜를 잊고 도리어 배반함
- 白骨難忘(백골난망) : 죽어서도 잊지 못할 큰 은혜를 입음
- 百年河淸(백년하청) : 아무리 세월이 가도 일을 해결할 희망이 없음
- 夫唱婦隨(부창부수) : 남편이 창을 하면 아내도 따라 하는 것이 부부 화합의 도리라는 것
- 附和雷同(부화뇌동) : 제 주견이 없이 남이 하는 대로 그저 무턱대고 따라함
- 氷炭之間(빙탄지간) : 얼음과 숯불처럼 서로 화합될 수 없음

ㅅ

- 四面楚歌(사면초가) : 한 사람도 도우려는 자가 없이 고립되어 곤경에 처해 있음
- 沙上樓閣(사상누각) : 모래 위에 세운 누각이라는 뜻으로, 기초가 튼튼하지 못하여 오래 견디지 못할 일이나 물건을 이르는 말
- 事必歸正(사필귀정) : 무슨 일이든지 결국은 옳은 대로 돌아간다는 뜻
- 死後藥方文(사후약방문) : 이미 때가 늦음
- 殺身成人(살신성인) : 절개를 지켜 목숨을 버림
- 三顧草廬(삼고초려) : 유비가 제갈량을 세 번이나 찾아가 군사로 초빙한 데에서 유래한 말로 인재를 얻기 위해 끈기 있게 노력한다는 말

- 三遷之敎(삼천지교) : 맹자의 어머니가 아들의 교육을 위하여 세 번 거처를 옮겼다는 고사에서 유래하는 말로 생활 환경이 교육에 있어 큰 구실을 한다는 말
- 桑田碧海(상전벽해) : 뽕나무밭이 변하여 바다가 된다는 뜻으로 세상일의 변천이 심하여 사물이 바뀜을 비유하는 말
- 塞翁之馬(새옹지마) : 세상일은 복이 될지 화가 될지 예측할 수 없다는 말
- 雪上加霜(설상가상) : 눈 위에 또 서리가 덮인다는 뜻으로 불행이 엎친 데 덮친 격으로 거듭 생김을 이르는 말
- 說往說來(설왕설래) : 서로 변론(辯論)을 주고 받으며 옥신각신함
- 首丘初心(수구초심) : 고향을 그리워하는 마음을 일컫는 말
- 水深可知 人心難知(수심가지 인심난지) : 물의 깊이는 알 수 있으나 사람의 속마음은 헤아리기가 어렵다는 뜻
- 水魚之交(수어지교) : 교분이 매우 깊은 것을 말함[君臣水魚(군신수어)]
- 脣亡齒寒(순망치한) : 입술이 없으면 이가 시린 것처럼 서로 돕던 이가 망하면 다른 한쪽 사람도 함께 위험하다는 말
- 是是非非(시시비비) : 옳고 그름을 가림
- 識字憂患(식자우환) : 아는 것이 탈이라는 말로 학식이 있는 것이 도리어 근심을 사게 됨을 이름
- 十匙一飯(십시일반) : 열 사람이 한 술씩 보태면 한 사람 먹을 분량이 된다는 뜻으로 여러 사람이 힘을 합하면 한 사람을 쉽게 도울 수 있다는 말

◎

- 我田引水(아전인수) : 제 논에 물대기. 자기에게 유리하도록 행동하는 것
- 安貧樂道(안빈낙도) : 빈궁한 가운데 편안하게 생활하여 도(道)를 즐김
- 羊頭狗肉(양두구육) : 양의 머리를 내걸고 개고기를 판다는 뜻으로 겉모양은 훌륭하나 속은 변변치 않음을 이르는 말
- 漁父之利(어부지리) : 도요새가 조개를 쪼아 먹으려다 둘 다 물리어 서로 다투고 있을 때 어부가 와서 둘을 잡아갔다는 고사에서 나온 말로 둘이 다투는 사이에 제 3 자가 이득을 보는 것
- 言中有骨(언중유골) : 예사로운 말 속에 깊은 뜻이 있음
- 緣木求魚(연목구어) : 나무에 올라가 물고기를 구하듯 불가능한 일을 하고자 할 때를 비유하는 말
- 烏飛梨落(오비이락) : 까마귀 날자 배 떨어진다는 뜻으로 공교롭게도 어떤 일이 같은 때에 일어나 남의 의심을 받게 됨을 이르는 말
- 傲霜孤節(오상고절) : 서릿발 속에서도 굴하지 않고 외로이 지키는 절개라는 뜻으로 국화를 두고 하는 말
- 五十步百步(오십보백보) : 양자 간에 차이는 있으나 본질적으로는 같다는 뜻
- 溫故知新(온고지신) : 옛것을 익히고 나아가 새것을 앎
- 臥薪嘗膽(와신상담) : 섶에 누워 자고 쓴 쓸개를 씹는다는 뜻으로 원수를 갚고자 고생을 참고 견딤을 이르는 말
- 樂山樂水(요산요수) : '智者樂水 仁者樂山(지자요수 인자요산)'의 준말로 지혜 있는 자는 사리에 통달하여 물과 같이 막힘이 없으므로 물을 좋아하고, 어진 자는 의리에 밝고 산과 같이 중후하여 변하지 않으므로 산을 좋아한다는 말
- 欲速不達(욕속부달) : 일을 속히 하려고 하면 도리어 이루지 못한다는 말
- 龍頭蛇尾(용두사미) : 처음엔 그럴 듯하다가 끝이 흐지부지되는 것
- 牛耳讀經(우이독경) : 쇠 귀에 경 읽기라는 뜻으로 아무리 가르치고 일러 주어도 알아듣지 못함을 이르는 말[牛耳誦經 何能諦聽(우이송경 하능체청)]
- 有備無患(유비무환) : 어떤 일에 미리 준비가 있으면 걱정이 없다는 말

- 以心傳心(이심전심) : 마음과 마음이 서로 통함
- 李下不整冠(이하부정관) : 자두나무 아래에서는 갓을 고쳐 쓰지 말라는 뜻으로 남에게 의심받을 일을 하지 않도록 주의하라는 말
- 益者三友(익자삼우) : 사귀어 이롭고 보탬이 되는 세 벗으로 정직한 사람, 신의 있는 사람, 학식 있는 사람을 가리킴
- 一擧兩得(일거양득) : 하나의 행동으로 두 가지의 성과를 거두는 것
- 日就月將(일취월장) : 나날이 다달이 진보함

- 張三李四(장삼이사) : 장씨(張氏)의 삼남(三男)과 이씨(李氏)의 사남(四男)이라는 뜻으로 평범한 사람을 가리키는 말
- 賊反荷杖(적반하장) : 도둑이 도리어 매를 든다는 뜻으로 잘못한 사람이 도리어 잘한 사람을 나무라는 경우에 쓰는 말
- 轉禍爲福(전화위복) : 화를 바꾸어 복이 되게 한다는 뜻으로 궂은 일을 당하였을 때 그것을 잘 처리하여 좋은 일이 되게 하는 것
- 切磋琢磨(절차탁마) : 학문과 덕행을 갈고 닦음을 가리키는 말
- 頂門一鍼(정문일침) : 정수리에 침을 놓는다는 뜻으로 따끔한 비판이나 충고를 뜻함
- 井底之蛙(정저지와) : 우물 안 개구리. 견문이 좁고 세상 형편을 모름
- 朝三暮四(조삼모사) : 간사한 꾀로 사람을 속여 희롱함. 눈앞에 당장 나타나는 차별만 알고 그 결과가 같음을 모름
- 鳥足之血(조족지혈) : 새 발의 피. 양이 아주 적음
- 晝耕夜讀(주경야독) : 낮에 일하고 밤에 공부함. 바쁜 틈을 타서 어렵게 공부를 함
- 走馬加鞭(주마가편) : 달리는 말에 채찍을 더한다는 뜻으로 잘하는 사람에게 더 잘하도록 하는 것을 일컬음
- 走馬看山(주마간산) : 말을 달리면서 산을 본다는 말로 바빠서 자세히 보지 못하고 지나침을 뜻함
- 竹馬故友(죽마고우) : 죽마를 타고 놀던 벗, 즉 어릴 때 같이 놀던 친한 친구
- 地鹿爲馬(지록위마) : 중국 진나라의 조고(趙高)가 이세 황제(二世皇帝)의 권력을 농락하려고 일부러 사슴을 말이라고 속여 바쳤다는 고사에서 유래한 것으로 윗사람을 농락하여 권세를 마음대로 함을 가리킴
- 進退維谷(진퇴유곡) : 앞으로 나아갈 수도 뒤로 물러설 수도 없이 꼼짝할 수 없는 궁지에 빠짐[進退兩難(진퇴양난)]

- 滄海桑田(창해상전) : 푸른 바다가 변하여 뽕밭으로 된다는 뜻으로 세상일이 덧없이 바뀜을 이르는 말[桑田碧海(상전벽해)]
- 天高馬肥(천고마비) : 하늘이 높고 말이 살찐다는 뜻으로 가을철을 일컫는 말
- 千慮一得(천려일득) : 아무리 바보같은 사람일지라도 한 가지쯤은 좋은 생각이 있다는 말
- 千慮一失(천려일실) : 여러 번 생각하여 신중하고 조심스럽게 한 일에도 때로는 한 가지 실수가 있음을 이르는 말
- 千載一遇(천재일우) : 천 년에나 한번 만날 수 있는 기회, 즉 좀처럼 얻기 어려운 기회
- 靑出於藍(청출어람) : 쪽에서 우러난 푸른 빛이 쪽보다 낫다는 뜻으로 제자가 스승보다 더 뛰어남을 이르는 말
- 草綠同色(초록동색) : 풀과 녹색은 같은 빛임. 같은 처지나 같은 유의 사람들은 그들끼리 함께 행동한다는 말
- 寸鐵殺人(촌철살인) : 조그만 쇠붙이로 사람을 죽인다는 뜻으로 간단한 말이나 문장으로 사물의 가장 요긴한 데를 찔러 듣는 사람을 감동하게 하는 것

• 針小棒大(침소봉대) : 바늘을 몽둥이라고 말하듯 과장해서 말하는 것

• 他山之石(타산지석) : 다른 산에서 나는 하찮은 돌도 자기의 옥(玉)을 가는 데에 도움이 된다는 뜻으로 다른 사람의 하찮은 언행일지라도 자기의 지덕을 연마하는 데에 도움이 된다는 말
• 卓上空論(탁상공론) : 실현성이 없는 허황된 이론
• 吐盡肝膽(토진간담) : 솔직한 심정을 숨김없이 모두 말함

• 破竹之勢(파죽지세) : 대를 쪼개는 것처럼 거침없이 나아가는 세력
• 風樹之嘆(풍수지탄) : 부모가 이미 세상을 떠나 효도할 수 없음을 한탄함
• 風前燈火(풍전등화) : 바람 앞의 등불처럼 매우 위급한 경우에 놓여 있음을 일컫는 말
• 匹夫匹婦(필부필부) : 평범한 남자와 평범한 여자

• 下石上臺(하석상대) : 아랫돌을 빼서 윗돌을 괴고 윗돌을 빼서 아랫돌을 괸다는 뜻으로 임시변통으로 이리저리 둘러 맞춤을 말함
• 緘口無言(함구무언) : 입을 다물고 아무런 말이 없음
• 含哺鼓腹(함포고복) : 배불리 먹고 즐겁게 지냄
• 咸興差使(함흥차사) : 심부름을 시킨 뒤 아무 소식이 없거나 회답이 더디 올 때 쓰는 말
• 孑孑單身(혈혈단신) : 의지할 곳 없는 외로운 홀몸
• 螢雪之功(형설지공) : 중국 진나라의 차윤(車胤)이 반딧불로 글을 읽고 손강(孫康)은 눈(雪)의 빛으로 글을 읽었다는 고사에서 유래된 말로 고생하면서도 꾸준히 학문을 닦은 보람을 이르는 말
• 好事多魔(호사다마) : 좋은 일에는 방해가 되는 일이 많다는 뜻
• 虎死留皮(호사유피) : 범이 죽으면 가죽을 남김과 같이 사람도 죽은 뒤 이름을 남겨야 한다는 말[豹死留皮(표사유피)]
• 浩然之氣(호연지기) : 잡다한 일에서 해방된 자유로운 마음. 하늘과 땅 사이에 넘치게 가득찬 넓고도 큰 원기. 공명정대하여 조금도 부끄러울 바 없는 도덕적 용기
• 換骨奪胎(환골탈태) : 얼굴이 이전보다 더 아름다워짐. 선인의 시나 문장을 살리되, 자기 나름의 새로움을 보태어 자기 작품으로 삼는 일
• 會者定離(회자정리) : 만나면 반드시 헤어짐
• 後生可畏(후생가외) : 후진들이 젊고 기력이 있어 두렵게 여겨짐
• 興盡悲來(흥진비래) : 즐거운 일이 다하면 슬픔이 옴, 즉 흥망과 성쇠가 엇바뀜을 일컫는 말

04 속담

- 가까운 제 눈썹 못 본다 : 멀리 보이는 것은 용케 잘 보면서도 자기 눈앞에 가깝게 보이는 것은 오히려 잘 못 본다는 뜻
- 가난한 집 제사 돌아오듯 한다 : 힘들고 괴로운 일이 자주 닥쳐옴을 일컫는 말
- 간다간다 하면서 아이 셋 낳고 간다 : 하던 일을 말로만 그만둔다고 하고서 실제로는 그만두지 못하고 질질 끈다는 말
- 갈치가 갈치 꼬리 문다 : 친근한 사이에 서로 모함한다는 말
- 거미줄로 방귀동이 듯 한다 : 일을 함에 있어 건성으로 형용만 하는 체 하는 말
- 굽은 나무가 선산을 지킨다 : 쓸모없어 보이는 것이 오히려 제 구실을 한다는 뜻
- 굿하고 싶지만 맏며느리 춤추는 것 보기 싫다 : 무엇을 하려고 할 때 자기 마음에 들지 않는 미운 사람이 참여하여 기뻐함이 보기 싫어서 꺼려한다는 말
- 그물이 열 자라도 벼리가 으뜸이다 : 아무리 수가 많아도 주장되는 것이 없으면 소용이 없다는 뜻

- 나무는 큰 나무 덕을 못 보아도 사람은 큰 사람의 덕을 본다 : 뛰어난 인물에게서는 알게 모르게 가르침이나 영향을 받게 된다는 말
- 내 발등의 불을 꺼야 아비 발등의 불을 끈다 : 급할 때는 남의 일보다 자기 일을 먼저 하기 마련이라는 뜻
- 노름에 미치면 신주도 팔아먹는다 : 노름에 깊이 빠져든 사람은 노름 돈을 마련하기 위해 수단과 방법을 가리지 않고 나쁜 짓까지 해 가면서 노름하게 된다는 뜻
- 놀부 제사지내듯 한다 : 몹시 인색하고 고약한 짓을 한다는 뜻

③

- 다리가 위에 붙었다 : 일이 반대로 되어 아무짝에도 소용이 없다는 뜻
- 도둑놈 개 꾸짖듯 한다 : 남에게 들리지 않게 입 속으로 중얼거림
- 도둑의 때는 벗어도 자식의 때는 못 벗는다 : 자식의 잘못을 그 부모가 지지 않을 수 없다는 뜻
- 들은 풍월 얻은 문자다 : 자기가 직접 공부해서 배운 것이 아니라 보고 들어서 알게 된 글임
- 등잔불에 콩 볶아 먹는 놈 : 어리석고 옹졸하며 하는 짓마다 보기에 답답한 일만 하는 사람을 두고 이름
- 디딜방아질 삼 년에 엉덩이춤만 배웠다 : 디딜방아질을 오랫동안 하다보면 엉덩이춤도 절로 추게 된다는 뜻

ㅁ

- 망신살이 무지갯 살 뻗치듯 한다 : 큰 망신을 당하여 많은 사람으로부터 심한 원망과 욕을 먹게 되었을 때 쓰는 말
- 명태 한 마리 놓고 딴전 본다 : 본래 하고 있는 일과는 전혀 상관없는 일을 하고 있다는 말
- 문전 나그네 흔연 대접 : 어떤 신분의 사람이라도 자기를 찾아온 사람은 친절히 대하라는 말
- 물방아 물도 서면 언다 : 무슨 일이든 꾸준하고 부지런하게 하지 않으면 안 된다는 말

- 뱁새는 작아도 알만 잘 낳는다 : 작아도 제 구실 못하는 법이 없다는 뜻
- 버들가지가 바람에 꺾일까 : 부드러운 것이 단단한 것보다 더 강하다는 뜻
- 벌거벗고 환도 찬다 : 체면이나 예절을 차리지 않고 볼썽사납게 덤벙댐을 이르는 말
- 분다 분다 하니 하루 아침에 왕겨 석 섬 분다 : 잘한다고 추어주니까 무작정 자꾸 한다는 뜻
- 뺨을 맞아도 은가락지 낀 손에 맞는 것이 좋다 : 이왕 욕을 당하거나 복종할 바에야 지위가 높고 덕망이 있는 사람에게 당하는 것이 낫다는 말

- 사자 어금니 같다 : 아주 든든하고 믿음직한 것을 비유적으로 이르는 말
- 산 개가 죽은 정승보다 낫다 : 아무리 구차하고 천한 신세라도 죽는 것보다는 사는 것이 낫다는 말
- 산 호랑이 눈썹 : 도저히 얻을 수 없는 것을 얻으려 하는 것
- 새도 날려면 움츠린다 : 어떤 일이든지 사전에 만반의 준비가 있어야 한다는 뜻
- 새 옷도 두드리면 먼지 난다 : 아무리 청백한 사람이라도 속속들이 파헤쳐 보면 부정이 드러남
- 섣달 그믐날 개밥 퍼주듯 한다 : 남에게 음식을 후하게 준다는 뜻
- 소매 긴 김에 춤춘다 : 별로 생각이 없던 일이라도 그 일을 할 조건이 갖추어졌기 때문에 하게 될 때 쓰는 말
- 시루에 물 퍼붓기 : 아무리 비용을 들이고 애를 써도 효과가 나타나지 않음
- 씻어놓은 흰 죽사발 같다 : 얼굴이 희고 키가 헌칠함을 비유적으로 이르는 말

- 안방에 가면 시어머니 말이 옳고 부엌에 가면 며느리 말이 옳다 : 각각 일리가 있어 그 시비를 가리기 어렵다는 말
- 언 발에 오줌 누기 : 눈앞에 급한 일을 피하기 위해서 하는 임시변통이 결과적으로 더 나쁘게 되었을 때 하는 말
- 염불 못하는 중이 아궁이에 불 땐다 : 무능한 사람은 같은 계열이라도 가장 천한 일을 하게 됨
- 오소리 감투가 둘이다 : 한 가지 일에 책임질 사람은 두 명이 있어서 서로 다툰다는 뜻
- 오동나무 보고 춤춘다 : 성미가 급하여 빨리 서둔다는 뜻
- 이사가는 놈이 계집 버리고 간다 : 가장 중요한 것을 소홀히 하거나 빠뜨리는 경우를 비꼬아 이르는 말

- 자는 범 침 주기 : 그대로 가만 두었으면 아무 일도 없었을 것을 공연히 건드려서 일을 저질러 위태롭게 된다는 말
- 장가들러 가는 놈이 불알 떼어놓고 간다 : 가장 긴요한 것을 잊어버린다는 말
- 장구치는 놈 따로 있고 고개 까딱이는 놈 따로 있나? : 저 혼자서 할 수 있는 일을 남에게 나누어 하자고 할 때 핀잔주는 말
- 죽 푸다 흘려도 솥 안에 떨어진다 : 일이 제대로 안 되어 손해를 본 것 같지만 따지고 보면 결코 손해는 없다는 뜻
- 쥐 잡으려다가 장독 깬다 : 조그만 일을 하려다가 큰일을 그르친다는 말

- 참새가 허수아비 무서워 나락 못 먹을까 : 일을 하려면 다소의 위험 정도는 감수해야 한다는 뜻
- 책망은 몰래하고 칭찬은 알게 하랬다 : 남을 책망할 때에는 다른 사람이 없는 데에서 하고 칭찬할 때에는 다른 사람 보는 앞에서 하여 자신감을 심어주라는 뜻
- 처갓집에 송곳 차고 간다 : 처갓집 밥은 꼭꼭 눌러 담았기 때문에 송곳으로 파야 먹을 수 있다는 말로, 처갓집에서는 사위 대접을 극진히 한다는 뜻
- 천둥에 개 놀라듯 한다 : 몹시도 놀라서 허둥대며 정신을 못 차리고 날뛴다는 뜻
- 촌놈은 밥그릇 큰 것만 찾는다 : 무식한 사람은 어떠한 물건의 질은 무시하고 그저 양이 많은 것만 요구한다는 뜻
- 칠 년 가뭄에 하루 쓸 날 없다 : 오랫동안 날씨가 개고 좋다가도 모처럼 무슨 일을 하려고 하면 비가 온다는 말

- 콩 볶아 먹다가 가마솥 터뜨린다 : 작은 이익을 탐내다가 도리어 큰 해를 입는다는 말
- 콩 심은 데 콩 나고 팥 심은 데 팥 난다 : 원인에 따라서 결과가 생긴다는 말
- 콩으로 메주를 쑨다 하여도 곧이 듣지 않는다 : 거짓말을 잘하여 신용할 수 없다는 말

- 평생 신수가 편하려면 두 집을 거느리지 말랬다 : 두 집 살림을 차리게 되면 대부분 집안이 항상 편하지 못하다는 뜻
- 포도청 문고리도 빼겠다 : 겁이 없고 대담한 사람을 두고 하는 말
- 핑계 없는 무덤 없다 : 무슨 일이라도 반드시 핑계거리는 있다는 말

ㅎ

- 함박 시키면 바가지 시키고, 바가지 시키면 쪽박 시킨다 : 어떤 일을 윗사람이 아랫사람에게 시키면 그는 또 제 아랫사람에게 다시 시킨다는 말
- 항우도 댕댕이 덩굴에 넘어진다 : 비록 힘이 세더라도 방심하여 조심하지 않으면 실수를 할 수 있으므로 작고 보잘 것 없다 하여 깔보아서는 안 된다는 말
- 허허해도 빚이 열닷냥이다 : 겉으로는 쾌활하고 낙천적인 듯하나 속으로는 근심이 가득하다는 뜻
- 호랑이에게 개 꾸어 주기 : 빌려주면 다시 받을 가망이 없다는 말

05 고유어

- **가시다** : 변하여 없어지다.
- **가탈** : 일이 순편히 진행되지 못하게 방해하는 조건
- **갊다** : 간직하다.
- **갗** : 가죽
- **객적다** : 공연한 짓으로 부질없고 싱겁다.
- **거멀못** : 나무, 그릇 등의 금간 데나 벌어질 염려가 있는 곳에 걸쳐 박는 못
- **겅성드뭇하다** : 많은 것이 헤어져 군데군데 있다.
- **겻불** : 겨를 태우는 불
- **고즈너기** : 슬그머니(표준말은 아니지만 문학 작품에 자주 쓰임)
- **곬** : 한쪽으로 트인 길
- **구저분하다** : 거칠고 더럽다.
- **구트나** : 구태여
- **궂다** : 언짢고 거칠다. 날씨가 나쁘다.
- **기틀** : 일의 가장 중요한 고비
- **길마** : 짐을 싣기 위하여 소의 등에 얹는 틀
- **길쌈** : 피륙을 짜는 일
- **깃들이다** : 보금자리에 들어 살다.
- **껄끄럽다** : 껄껄하여 미끄럽지 못하다. 꺼끄러기(벼나 보리 등의 수염) 같은 것이 몸에 붙어 살이 따끔거리다.

- **낫잡다** : 좀 넉넉하게 치다. '낫'은 길게 발음함
- **느껍다** : 어떤 느낌이 일어나다.
- **늙마** : 늙어가는 무렵. '늘그막과 같은 뜻

ⓒ

- **다리** : 여자의 머리숱을 많게 하려고 덧넣는 머리
- **대거리** : 서로 번갈아 일함
- **더기** : 고원의 평평한 곳. 본래는 '덕'
- **더치다** : 병이 도지다.
- **도다녀오다** : 갔다가 지체하지 않고 올 길을 빨리 오다.
- **돝** : 돼지
- **뒤지다** : 샅샅이 더듬어 뒤져서 찾다.

- **되우** : 매우 심하게
- **두메** : 깊은 산골
- **둔치** : 물가의 언덕 또는 강이나 호수 따위에 물이 있는 곳의 가장자리
- **드리없다** : 일정하지 않다. 대중없다.
- **듣다** : 물방울이 떨어지다.
- **뚱기차다** : 깨닫지 못하는 사람에게 눈치채게 깨우쳐 주다.
- **뜨악하다** : 마음이 선뜻 내키지 않다.

(ㅁ)

- **마뜩하다** : 제법 마음에 들 만하다.
- **마른일** : 바느질이나 길쌈 따위와 같이 손에 물을 묻히지 아니하고 하는 일
- **머쓱하다** : 무안을 당하거나 흥이 꺾여 어색하고 열없다.
- **모지라지다** : 물건의 끝이 닳아서 없어지다.
- **모집다** : 허물이나 결함 따위를 명백하게 지적하다.
- **목대잡다** : 여러 사람을 거느리고 일을 시키거나 지휘하다.
- **미립** : 경험을 통하여 얻은 묘한 이치나 요령
- **미투리** : 삼, 노 따위로 삼은 신
- **민틋하다** : 울퉁불퉁한 곳이 없이 평평하고 비스듬하다.
- **및다** : '미치다'의 준말

(ㅂ)

- **버성기다** : 벌어져서 틈이 나다.
- **버캐** : 액체 속에 섞였던 염분이 엉겨서 뭉쳐진 찌꺼기
- **벅벅이** : 틀림없이 그러하리라고 미루어 헤아리는 뜻을 나타내는 말
- **벌다** : 틈이 생겨서 사이가 뜨다.
- **벼리** : 그물 위쪽 코를 꿰어 잡아당기는 동아줄
- **벼리다** : 연장의 무딘 날을 불에 달궈 날카롭게 하다.
- **볏** : 닭이나 꿩의 이마 위에 세로로 붙은 살조각
- **보습** : 쟁기에 달린 삽 모양의 쇳조각
- **복장** : 가슴의 한복판
- **북받치다** : 속에서 치밀어 오르다.
- **불리다** : 쇠를 달구어 단련하다.

- **사립문** : 나뭇가지를 엮어서 만든 문
- **새우다** : 시기하다.
- **설핏하다** : 거칠고 성기다.
- **성깃하다** : 사이가 배지 않고 뜨다. 조금 성긴 것 같다.
- **소담하다** : 음식이 넉넉하여 보기에도 아름답고 먹음직하다.
- **솟보다** : 물건을 잘 살피지 않고 비싸게 사다.
- **수더분하다** : 성질이 순하고 소박하다.
- **숫접다** : 순박하고 수줍어하는 태도가 있다.
- **시나브로** : 모르는 사이에 조금씩 조금씩. 다른 일을 하는 사이사이에
- **시앗** : 남편의 첩

（ㅇ）

- **아이다** : 빼앗기다.
- **알토란같다** : 내용이 충실하다. 살림이 오붓한 경우에도 쓰임. '알토란'은 털을 다듬은 토란
- **앙바틈하다** : 짤막하고 딱 바라지다.
- **어줍다** : 언어와 동작이 부자연하고 시원스럽지 못하다.
- **어쭙지않다** : 하는 짓이 분수에 넘쳐 비웃을 만하다.
- **얼쭝거리다** : 가까이 돌며 그럴듯한 말로 자주 아첨하다.
- **에끼다** : 주고 받을 물건이나 일을 비겨 없애다.
- **에다** : 예리한 연장으로 도려내다.
- **여염집** : 보통 사람의 살림집
- **여울** : 물살이 세게 흐르는 곳
- **오롯하다** : 온전하다.
- **옹골지다** : 실속 있게 꽉 차다. 옹골지고 기운찬 것을 '옹골차다'라고 함
- **외우** : 외지게. 멀리
- **이드거니** : 분량이 흐뭇하게
- **이러구러** : 우연히 이러하게 되어
- **이울다** : 꽃이나 나뭇잎이 시들다.

（ㅈ）

- **자발없다** : 참을성이 없고 경솔하다. '자발머리없다'라고도 함
- **잣다** : 물레를 돌려 실을 뽑다.
- **재다** : 동작이 굼뜨지 아니하다.
- **저어하다** : 두려워하다.

- **주접들다** : 잔병이 많아 자라지 못하다.
- **지척거리다** : 힘없이 다리를 끌며 억지로 걷다.

ㅊ

- **차반** : 음식. 구차한 집에서 없으면 굶다가 생기면 뒷일을 생각하지 않고 많이 먹을 때 '범의 차반'이라 함
- **채반** : 싸릿개비를 걸어서 만든 납작하고 울이 없는 그릇
- **초들다** : 입에 올려서 말하다.
- **총** : 말의 갈기와 꼬리의 털
- **추김** : 가만히 있는 사람을 꾀어 끌어냄
- **추렴** : 모임이나 놀음의 비용으로 각자가 얼마씩 내어 거둠. '출렴(出斂)'에서 나온 말
- **치레** : 잘 매만져서 모양을 내는 일

ㅋ

- **켜** : 물건을 포개어 놓은 층
- **켯속** : 일의 갈피

ㅌ

- **태가다** : 그릇에 깨진 금이 나다. 그릇의 깨진 금을 '태'라고 함
- **퇴물림** : 퇴박맞은 물건
- **투미하다** : 어리석고 둔하다.
- **트레바리** : 까닭없이 남에게 반대하기를 좋아하는 성미
- **틀수하다** : 성질이 넓고 깊다.

ㅎ

- **함치르르** : 곱고 윤이 나는 모양
- **헛헛하다** : 속이 비어 배고픈 느낌이 있다. 헛헛한 증세를 '헛헛증'이라 함
- **헤식다** : 단단하지 못하여 헤지기 쉽다.
- **호젓하다** : 무서운 느낌이 날 만큼 쓸쓸하다.
- **화수분** : 재물이 자꾸 생겨 아무리 써도 줄지 않음
- **화장** : 옷의 겨드랑이로부터 소매까지의 길이
- **휘휘하다** : 너무 쓸쓸하여 무서운 느낌이 있다. '휘하다'라고도 함

출제 예상 문제

1 밑줄 친 단어의 표준말 사용이 올바른 것은?

① 개나리봇짐을 지고 서울로 떠났다.
② 거기 재떨이 좀 이리 가져오렴.
③ 가랭이가 찢어져라 하고 도망간다.
④ 이 책의 머릿말 좀 써 주세요.

> **TIP** ① 개나리봇짐 → 괴나리봇짐
> ③ 가랭이 → 가랑이
> ④ 머릿말 → 머리말

2 다음 중 의미 전달에 있어서 중의성 없이 바르게 한 문장은?

① 윤호는 영지가 신나게 춤을 추는 것을 보았다.
② 준수가 수진이에게 준 선물을 빼앗았다.
③ 어제 창민이에게 준 책이 없어졌다.
④ 나는 유천이 그림을 보고 감명을 받았다.

> **TIP** ② 준수가 자신이 수진이에게 준 선물을 도로 빼앗은 것인지 또는 다른 사람이 수진이에게 준 선물을 준수가 빼앗은 것인지 확실하지 않다.
> ③ 창민이에게 준 책이 없어진 시점이 어제인지 또는 책을 준 것이 어제인지 분명하지 않다.
> ④ 유천이가 소유하고 있는 그림인지 또는 유천이를 그린 그림인지 알 수 없다.

3 다음 중 표준어로 맞는 것은?

① 미쟁이
② 아지랑이
③ 상치쌈
④ 웃어른

> **TIP** ① 미장이
> ③ 상추쌈
> ④ 웃어른

Answer 1.② 2.① 3.②

4 다음 중 표준말이 아닌 것은?

① 등클   ② 우렁쉥이

③ 부지깽이   ④ 시렁

> **TIP** ① '등걸'의 충북 사투리이다.

5 다음 외래어 표기가 맞게 표기된 것은?

① 텔레비젼   ② 코미디

③ 플랭카드   ④ 파이팅

> **TIP** ① 텔레비전
> ③ 플래카드
> ④ 파이팅

6 다음 중 순우리말에 해당하는 것은?

① 빵   ② 수라상

③ 고무   ④ 보라매

⑤ 술

> **TIP** ① 포르투갈어
> ②④ 몽골어(원)
> ③ 프랑스

7 밑줄 친 단어와 같은 뜻으로 바꾸어 쓸 수 있는 말은?

> 돛이 오르자 썰물에 <u>갈바람</u>을 맞으며 배는 조용히 미끄러져 나갔다.

① 샛바람　　　　　　　　　② 하늬바람
③ 마파람　　　　　　　　　④ 된바람

> **TIP** 하늬바람 … 서쪽에서 부는 바람으로, 주로 농촌이나 어촌에서 이르는 말이다.
> ① 샛바람 : 동쪽에서 부는 바람을 뜻한다.
> ③ 마파람 : 남쪽에서 부는 바람을 뜻한다.
> ④ 된바람 : 북쪽에서 부는 바람을 뜻한다.
> ※ 갈바람 … '가을바람'의 준말로, 뱃사람들이 서쪽에서 부는 바람을 이르는 말이다.

8 다음 문장에서 밑줄 친 관용 표현이 문맥에 어울리지 않는 것은?

① <u>입추의 여지</u>가 없을 정도로 공연장에는 관람객이 많았다.
② <u>쇠털같이 많은</u> 날에 왜 그리 서두릅니까?
③ 형편이 넉넉해지자 <u>묵주머니가 됐다</u>며 자랑을 늘어놓는다.
④ 이번 시험을 잘 보았으니 합격은 <u>떼어 놓은 당상</u>이다.

> **TIP** 묵주머니가 되다 … 일이나 물건, 사람 따위가 망치거나 못쓰게 됨을 이르는 말이다. 문맥상 주머니가 두둑해졌다, 주머니 사정이 좋아졌다 등이 적절하다.
> ① 입추의 여지가 없다 : 빈틈이 없다, 발 들여 놓을 틈도 없다.
> ② 쇠털같이 많은 날 : 수효가 셀 수 없이 많음을 이른다.
> ④ 떼어 놓은 당상 : 변할 턱도 없고, 다른 곳으로 갈 리도 없다는 의미로 그렇게 될 것이니 조금도 염려하지 말라는 의미이다.

Answer 7.② 8.③

9 밑줄 친 겹받침의 발음이 옳지 않은 것은?

① 밤하늘이 참 밝다. [박따]
② 감이 익지 않아 대단히 떫다. [떨: 따]
③ 우리는 그 책을 읽고, 큰 감명을 받았다. [일꼬]
④ 그는 흥에 겨워 시를 읊고, 장구를 쳤다. [을꼬]

> **TIP** 겹받침 'ㄺ, ㄻ, ㄿ'은 어말 또는 자음 앞에서 각각 'ㄱ, ㅁ, ㅂ'으로 발음한다. 따라서 읊고는 [읍꼬]가 된다. 단, 예외로 'ㄺ'은 용언의 어간 끝음절일 때 이어지는 어미가 'ㄱ'이면 'ㄹ'로 발음되어 [일꼬]가 된다.

10 맞춤법이 옳은 문장은?

① 아침 일찍 왠일이니?
② 사탕을 열두 째 먹었다.
③ 그 사실을 염두해라
④ 겉잡아서 십만 원은 든다.

> **TIP** ① 왠일이니 → 웬일이니
> ② 열두 째 → 열둘째
> ③ 염두해라 → 염두에 두어라
> ④ 그저 → 거저

11 높임법의 사용이 옳지 않은 것은?

① 교장 선생님의 말씀이 계시겠습니다.
② (형이 동생에게)○○야, 할머니께 그걸 드렸니?
③ 언니, 할머니께서 오라셔.
④ 부장님께서는 아들이 둘이시다.

> **TIP** 계시겠습니다 → 있으시겠습니다

Answer 9.④ 10.④ 11.①

12 본말과 준말의 연결로 옳지 않은 것은?

① 나는 : 난

② 넉넉하지 않다 : 넉넉치 않다

③ 디디고 : 딛고

④ 생각하건대 : 생각건대

> **TIP** 어간 끝음절 '하'가 줄어들 때에는 교체 없이 준 대로 적는다. 따라서 '넉넉하지 않다'는 '넉넉지 않다'가 된다.

13 손목이나 발목의 잘록한 부분을 나타내는 말은?

① 한둔   ② 회목

③ 살장   ④ 곁반

> **TIP** ① **한둔** : 한데서 밤을 지냄, 야숙
> ③ **살장** : 광산 구덩이 속에서 동발과 띳장 사이에 끼워서 흙과 돌 따위가 떨어지지 않게 하는 나무나 널빤지
> ④ **곁반** : 수라상에 딸린, 물그릇 따위를 놓는 작은 상

14 국어 순화의 입장에서 고칠 필요가 없는 문장은?

① 도시락 반찬으로 꼬치안주를 가지고 와서 맛있게 먹었다.

② 한강 고수부지에 체육공원을 만들었다.

③ 고속도로 노견에 차를 세웠다.

④ 앙꼬가 있는 빵만 먹는다.

> **TIP** ② 고수부지 → 둔치
> ③ 노견 → 갓길
> ④ 앙꼬 → 팥소

Answer 12.② 13.② 14.①

15 다음 중 판소리와 서양음악에 대한 설명으로 옳지 않은 것은?

① 판소리는 관객의 개입이 가능하나, 서양음악은 가능하지 않다.
② 판소리에서 '더늠'은 서양음악의 '못갖춘마디'와 같다.
③ 판소리에서 소리의 빠르기를 조정하는 사람인 '고수(鼓手)'는 서양음악의 지휘자와 같은 역할을 한다.
④ 판소리는 서양음악과 달리 짜여진 각본이 없다.

> **TIP** ② 판소리의 '더늠'은 판소리 명창들이 작곡하여 자신의 장기로 부르는 대목을 말한다.

16 다음 글이 설명하고자 하는 것은?

구비문학에서는 기록문학과 같은 의미의 단일한 작품 내지 원본이라는 개념이 성립하기 어렵다. 윤선도의 '어부사시사'와 채만식의 '태평천하'는 엄밀하게 검증된 텍스트를 놓고 이것이 바로 그 작품이라 할 수 있지만, '오누이 장사 힘내기' 전설이라든가 '진주 낭군' 같은 민요는 서로 조금씩 다른 종류의 구연물이 다 그 나름의 개별적 작품이면서 동일 작품의 변이형으로 인정되기도 하는 것이다. 이야기꾼은 그의 개인적 취향이나 형편에 따라 설화의 어떤 내용을 좀 더 실감 나게 손질하여 구연할 수 있으며, 때로는 그 일부를 생략 혹은 변경할 수 있다. 모내기할 때 부르는 '모노래'는 전승적 가사를 많이 이용하지만, 선창자의 재간과 그때그때의 분위기에 따라 새로운 노래 토막을 끼워 넣거나 일부를 즉흥적으로 개작 또는 창작하는 일도 흔하다.

① 구비문학의 현장성
② 구비문학의 유동성
③ 구비문학의 전승성
④ 구비문학의 구연성

> **TIP** ② 구비문학은 계속적으로 변하며, 그 변화가 누적되어 개별적인 작품이 존재하는 특징을 지니므로 유동문학(流動文學), 적층문학(積層文學)이라고도 한다.

17 다음 설명 중 옳지 않은 것은?

① 향가는 삼국유사에 14수, 균여전에 11수가 전한다.
② 경기체가는 민요적 시가로 장가, 여요, 속요 등으로도 불린다.
③ 악장은 목적성이 강한 문학으로 귀족계층만 향유하다가 소멸되었다.
④ 맹사성의 강호사시가는 최초의 연시조이다.

> **TIP** ② 고려가요에 대한 설명이다.

Answer　15.②　16.②　17.②

18 조선 후기의 문학에 대한 다음 설명 중 옳지 않은 것은?

① 봉산탈춤과 같은 민속극이 성행하였다.

② 한중록, 인현왕후전 등의 궁정 수필이 창작되었다.

③ 실사구시의 사상을 배경으로 구체적 현실을 대상으로 한 작품들이 양산되었다.

④ 강호가도(江湖歌道) 계열의 작품이 유행하고 개인 시조집의 편찬이 시작되었다.

⑤ 서민정신과 산문정신의 발흥으로 엄격한 정격(正格) 형식보다는 느슨한 변격(變格) 형식이 유행하였다.

> **TIP** ④ 강호가도와 관련된 문학작품이 많이 쓰여진 때는 조선 전기이며, 최초의 개인 시조집은 1926년에 발행된 최남선의 '백팔번뇌'이다.
> ※ 조선 후기 문학의 특징
> ㉠ 실학 사상의 대두로 구체적이고 사실적인 서민 문학이 발달하였다.
> ㉡ 관념적인 운문 문학에서 사실적인 산문 문학으로 발전하였다.
> ㉢ 한글 소설이 발생하여 크게 발달하였다.
> ㉣ 평민 가사, 내방 가사, 장편 기행 가사가 성행하였다.
> ㉤ 판소리, 탈춤, 잡가가 성행하였다.
> ㉥ 작가의 범위가 확대되었다(평민, 부녀자 중심).

19 다음 중 고려 가요의 특징에 해당하는 것은?

① 조선 후기의 평민 의식이 반영되어 있다.

② 분절체이며 후렴구가 있다.

③ 산문 정신과 실학 사상의 영향을 받았다.

④ 4구체 → 8구체 → 10구체로 형식이 완성되어 갔다.

> **TIP** ①③ 조선 후기의 문학 ② 고려의 가요 ④ 신라의 향가
> ※ 고려 가요의 특징
> ㉠ 대부분 3음보 율격의 분절체로, 분절마다 후렴구가 있다.
> ㉡ 운율이 아름답고 표현이 소박하다.
> ㉢ 당시 평민들의 순수하고 진솔한 감정이 잘 표현되어 있다.
> ㉣ 우리말을 잘 구사하고 있다.

Answer 18.④ 19.②

20 다음 중 「제망매가」에 대한 설명으로 옳지 않은 것은?

① 의식요의 성격을 엿볼 수 있다.

② 도교적 신앙을 바탕으로 한 추모시이다.

③ 인생의 무상함이 잘 드러나 있다.

④ 유한자인 인간의 한계를 종교적 믿음으로 극복하고 있다.

> **TIP** 「제망매가」는 불교적 윤회사상을 바탕으로 한 작품이다.

21 다음에서 유배(流配) 가사만으로 묶인 것은?

① 북천가, 한양가, 조천가

② 북천가, 북관곡, 만언사

③ 연행가, 만언사, 일동장유가

④ 연행가, 관동별곡, 일동장유가

> **TIP** 유배 가사는 유배지의 체험을 기록한 가사로 만분가, 북천가, 북관곡, 만언사가 있다.
> ㉠ 만분가 : 무오사화 때 조위가 유배지인 전남 순천에서 지은 유배 가사
> ㉡ 북관곡 : 숙종 때 송주석이 조부인 송시열의 덕원 유배에 따라가 지은 유배 가사
> ㉢ 만언사 : 정조 때 안조원이 추자도로 귀양가서 겪은 참상을 노래한 유배 가사
> ㉣ 북천가 : 철종 때 김진형이 함경도 명천에 귀양갔다가 돌아오기까지의 생활과 견문을 쓴 유배 가사

22 다음 중 구지가에 대한 설명으로 옳지 않은 것은?

① 시가사상 최초의 서정시이다.

② 주술성이 강한 영신 군가이다.

③ 군왕의 출현을 기원하는 집단적 무요이다.

④ 가락국의 건국 신화와 관계가 있는 노동요이다.

> **TIP** ① 구지가는 영신 군가로서 개인적 서정보다는 집단적 서정을 노래한 것이다.

23 다음 중 용비어천가를 악장으로 바꾼 내용이 아닌 것은?

① 여민락

② 치화평

③ 취풍형

④ 태평송

> **TIP** ④ 태평송은 신라 진덕 여왕이 당의 태평을 기린 외교시이다.
> ※ 용비어천가의 악장
> ㉠ **여민락(與民樂)** : 제1～4 장과 제125 장의 한역가를 가사로 하여 연주
> ㉡ **치화평(致和平)** : 제1～16 장과 제125 장의 국문 가사를 연주
> ㉢ **취풍형(醉豊亨)** : 제1～8 장과 제125 장의 국문 가사를 연주

24 다음 향가 작품 중 형식이 같은 것끼리 바르게 짝지어진 것은?

① 안민가, 풍요

② 혜성가, 헌화가

③ 처용가, 모죽지랑가

④ 서동요, 제망매가

> **TIP** 향가의 형식
> ㉠ **4구체** : 서동요, 풍요, 헌화가
> ㉡ **8구체** : 모죽지랑가, 처용가
> ㉢ **10구체** : 제망매가, 안민가, 혜성가

25 다음 중 향가에 대한 설명으로 옳지 않은 것은?

① 삼국유사에 14수가 전하고 있다.

② 가장 정제된 형식은 10구체이다.

③ 한자로 기록된 우리 나라 최고의 시가이다.

④ 좁은 개념으로는 향찰로 표기된 신라 시대의 노래를 지칭한다.

> **TIP** ③ 향가는 향찰로 표기된 우리 고유의 시가이다.

Answer 23.④ 24.③ 25.③

26 다음 중 고려 가요(속요)에 대한 설명으로 옳지 않은 것은?

① 고려 시대 평민들이 부르던 민요적 시가이다.

② 악학궤범, 악장가사 등에 전하고 있다.

③ 구전되다가 조선 초에 훈민정음으로 기록되었다.

④ 작품으로 서경별곡, 가시리, 한림별곡 등이 있다.

> **TIP** ④ 한림별곡은 경기체가이다.

27 다음 중 고려 가요와 경기체가의 공통점은?

① 한문구의 나열이 많다.

② 남녀 간의 애정을 묘사한 작품이 많다.

③ 향유 계층이 동일하다.

④ 대체로 분절체이며, 후렴구를 가졌다.

> **TIP** 고려 가요와 경기체가의 공통점 … 3음보, 후렴구 발달, 분장체(분절체)

28 다음 설명과 관계 있는 작품은?

> • 현실 도피적(現實逃避的)인 노장적 퇴폐 사상을 주조(主潮)로 한다.
> • 고려 후기 신흥 사대부들의 활기찬 감정과 의식세계를 노래하였다.
> • 사물이나 경치를 나열함으로써 신흥 사대부들의 호탕한 기상을 드러내고 있다.

① 성산별곡   ② 면앙정가

③ 한림별곡   ④ 서경별곡

> **TIP** 경기체가에 대한 설명이다.
> ① 가사
> ② 가사
> ③ 경기체가
> ④ 고려 가요

Answer   26.④   27.④   28.③

29 청산별곡에 대한 다음 설명 중 옳지 않은 것은?

① 전체는 8연으로 구성되어 있다.

② 고려 가요 중에 백미로 꼽는다.

③ 남녀상열지사(男女相悅之詞)에 해당한다.

④ 현실 도피적인 생활상과 실연의 애정이 담긴 노래이다.

> **TIP** ③ 남녀상열지사(男女相悅之詞)는 '남녀가 서로 사랑하면서 즐거워하는 가사'라는 뜻으로, 조선 시대에 사대부들이 고려 가요를 낮잡아 이르던 말이다. 남녀 간의 애정을 표현한 저속한 고려 가요는 문헌에 싣지 못한다고 하여 문헌에서 삭제하기도 하였다. 남녀상열지사에 해당하는 작품에는 이상곡, 만전춘, 쌍화점이 있다.

30 다음 중 현대 문학의 시대별 특징을 잘못 기술하고 있는 것은?

① 1920년대는 본격적인 서구 문예 사조가 유입되어 문학의 저변이 다양해졌으며, 창조를 비롯한 동인지 중심의 문예 활동이 두드러졌다.

② 1930년대는 목적 문학이 퇴조하면서 시문학파, 생명파 등의 시 유파가 등장하였으며, 구인회를 중심으로 예술적 가치를 추구하는 소설들이 발표되었다.

③ 1940년대는 아름다운 우리말로 사상과 감정을 미학적으로 표현하였으며, 민족 문학의 회생을 지적으로 승화하였다.

④ 1950년대는 분단과 전쟁이라는 절망적인 시대 상황과 그 속에서 배태된 인간의 실존적 문제를 작품에 담아내고자 했다.

⑤ 1960년대는 현실 참여 문학을 통해 사회 현실에 대한 성찰과 비판, 분단 현실에 대한 심화된 인식 등을 표현하고자 했다.

> **TIP** 1940년대 문학의 특징
> ㉠ 우리 문학계는 좌익과 우익으로 분열되어 '민족문제와 계급문제', '문학의 순수성과 시대성 · 현실성문제'를 보는 시각차를 드러냄으로써 논쟁이 심화되어 대립적 갈등을 나타내었다.
> ㉡ 이데올로기의 갈등은 문학가들을 양분시켰고 이로 인해 양 진영은 민족 문학과 계급 문학으로 나뉘어 대립함으로써 순수한 문학 발전의 저해 요인으로 작용하였다.
> ㉢ 일제 치하에서의 절박한 삶의 체험과 고향을 잃은 자들의 귀향의식을 표현하는 작품들이 많았다.

31 다음 작품을 발표연대순으로 바르게 연결한 것은?

① 운수 좋은 날 – 태평천하 – 광장 – 난쟁이가 쏘아 올린 작은 공

② 운수 좋은 날 – 태평천하 – 난쟁이가 쏘아 올린 작은 공 – 광장

③ 태평천하 – 운수 좋은 날 – 광장 – 난쟁이가 쏘아 올린 작은 공

④ 태평천하 – 운수 좋은 날 – 난쟁이가 쏘아 올린 작은 공 – 광장

> **TIP** 작품별 발표연대
> ㉠ 현진건의 운수 좋은 날 : 1924년 '개벽' 48호에 발표되었다.
> ㉡ 채만식의 태평천하 : 1938년 '조광'에 '태평천하춘'이라는 제목으로 연재되었다.
> ㉢ 최인훈의 광장 : 1960년 잡지 '새벽'에 중편으로 발표되었으나 단행본으로 간행되면서 장편으로 개작되었다.
> ㉣ 조세희의 난쟁이가 쏘아 올린 작은 공 : 1976년 '문학과 지성'에 발표되었다.

32 한국 근대 시사에 가장 크게 영향을 끼친 시인으로 바르게 짝지어진 것은?

① 김소월 – 서정주 – 김지하 – 박노해　　② 김소월 – 정지용 – 김수영 – 김지하

③ 김소월 – 한용운 – 정지용 – 김영랑　　④ 김소월 – 서정주 – 황지우 – 신경림

> **TIP** 근대시란 개화기 이후부터 8·15광복까지 쓰여진 시로, 1920년대 한용운은 '님의 침묵'에서 임을 상실한 슬픔을 기다림의 의지로 승화시켜 독특한 사상시의 세계를 개척하였으며, 김소월은 '진달래꽃'에서 민요적 율격에 우리 민족 고유의 서정을 담아 내어 서정시의 기틀을 다졌다. 1930년대 김영랑의 '모란이 피기까지는'은 대표적인 순수시로, 순수 서정의 세계를 열어 보였으며, 정지용은 근대시의 감각적인 모더니스트 시인으로, 사물을 감각적으로 포착하여 시의 언어로 표현해 내고, 거기에 감정을 이입할 수 있는 능력을 지니고 있었다.

33 다음 설명 중 사실과 맞지 않는 것은?

① 이무영은 농촌소설을 많이 쓴 작가이다.

② 정지용은 해외문학파에 속하는 시인이다.

③ 최초의 신소설은 이인직이 쓴 '혈의 누'이다.

④ 김소월은 동인지 '영대'에 참여하여 활동하였다.

⑤ 이효석은 한때 동반자 작가로 일컬어진 적이 있다.

> **TIP** ② 정지용은 처음에 시문학 동인을 결성하여 활동하였고 후에 구인회를 결성하기도 하였다.
> ※ **해외문학** … 외국문학에 대한 최초의 본격적인 번역 소개지로 순수문학의 모태가 되었으며 극예술 연구회를 조직하기도 하였다. 주요 작가로는 김진섭, 정인섭, 김광섭, 이하윤 등이 활동하였다.

Answer 31.① 32.③ 33.②

34 다음 중 작가와 작품에 대한 설명으로 옳지 않은 것은?

① 계용묵 – '백치 아다다', '병풍에 그린 닭이', '마부' 등을 통해 인간의 선량함과 무지로 인해 당하는 피해를 잘 그렸다.

② 김유정 – '금따는 콩밭', '땡볕', '봄봄' 등을 통해 식민지 지식인의 무기력한 모습을 비판적으로 그렸다.

③ 김정한 – '사하촌', '수라도', '모래톱 이야기' 등의 작품을 통해 민중들의 고통과 그의 항거정신을 보여준다.

④ 김동리 – '바위', '무녀도', '황토기' 등을 통해 인간의 운명과 구원에 대해 다루었다.

⑤ 이효석 – '돈', '들', '메밀꽃 필 무렵'에서 향토적 분위기를 중심으로 독특한 세계관을 형성하였다.

> **TIP** 김유정의 작품으로는 '금따는 콩밭', '땡볕', '봄봄' 등이 있으며, 향토적이고 토속적인 세계관이 잘 나타난다.

35 다음 중 창가에 대한 설명으로 옳지 않은 것은?

① 새 문물 제도를 노래하였다.

② 완전한 자유시의 형태를 취했다.

③ 집단적 이상의 현실 문제를 다루고 있다.

④ 가사, 민요의 형식에 변형을 시도하였다.

> **TIP** ② 3 · 4조에서 조금 자유로워진 형식을 보이고 있으나 완전하게 자유롭지는 못했다.

Answer 34.② 35.②

36 다음 중 신체시 작품이 아닌 것은?

① 동심가
② 극웅행
③ 우리 영웅
④ 해에게서 소년에게

> **TIP** ① 동심가는 이중원의 작품으로 개화 가사이다(1896).
> ※ **신체시** … 갑오개혁 이후 나타난 새로운 시 형식으로 개화 가사, 창가 등의 종래의 시 형식을 탈피하여 자유로운 율조로 새로운 사상을 담으려 했던 실험적 · 과도기적 시 형태이다. 작품으로는 최남선의 해에게서 소년에게 · 신 대한 소년 · 구 작 3편, 이광수의 우리 영웅 · 극웅행 · 옥중호걸 등이 있다.

37 다음 중 신소설의 특징으로 옳지 않은 것은?

① 산문체 문장을 써서 언문 일치에 근접하였다.
② 필연적 인과 관계에 의해 사건이 전개되었다.
③ 역전적 구성(逆轉的構成) 등의 새로운 방법을 시도하였다.
④ 설명적 · 설화적 서술 방법에서 묘사적 방법으로 전환하였다.

> **TIP** ② 신소설에서 사건은 우연적으로 발생한다.

38 다음 중 '태서문예신보'에 대한 설명으로 옳지 않은 것은?

① 최초의 시 동인지
② 자유시 개척의 견인차
③ 서구시, 시론의 번역 · 소개
④ 김억, 황석우, 장두철 등이 집필

> **TIP** ① 최초의 시 동인지는 '장미촌'이다.
> ※ **태서문예신보**
> ㉠ 최초의 주간 문예지
> ㉡ 처음에는 종합지로 출발하였으나 문예지로 전환
> ㉢ 해외 문학을 번역 · 소개, 해외 문학의 동정 소개
> ㉣ '폐허', '백조' 등의 시 동인지 출현에 영향을 줌
> ㉤ 김억이 프랑스 상징시 오뇌의 무도를 번역하여 발

Answer 36.① 37.② 38.①

39 다음 중 이해조의 자유종에 대한 설명으로 옳지 않은 것은?

① 정치적인 소설이다.

② 일본인들이 적극적으로 후원해 준 작품이다.

③ 문장도 지문도 없이 순전히 대화만으로 구성된 소설이다.

④ '부녀의 해방', '한자 폐지', '지방과 적서의 차별 타파' 등을 주된 내용으로 한다.

> **TIP** ② 일본인들이 그 당시 사회를 비판하였다고 하여 판매 금지 조치를 내린 작품이다.

40 해에게서 소년에게에 대한 다음 설명 중 옳지 않은 것은?

① 1908년 '소년' 창간호에 발표되었다.

② 전 6 연으로 되어 있는 계몽적인 작품이다.

③ 창가의 정형률을 벗어난 완전한 자유시 형태를 취하고 있다.

④ 의인화된 서정적 자아 '파도'를 통해 소년을 찬미한 작품이다.

> **TIP** ③ 최남선의 해에게서 소년에게는 신체시의 대표적인 작품으로 정형시에서 자유시로 넘어가는 과도기적 형태를 취하고 있다. 창가 가사보다 율조면에서 자유로운 시의 형태이기는 하나, 완전한 자유시로서의 근대시에는 이르지 못하는 형태를 지녔다.

41 다음 중 1930년대 활동했던 생명파 작가와 동인지는?

① 김영랑, 박용철 – 시문학

② 서정주, 유치환 – 시문학

③ 서정주, 김동리 – 시인 부락

④ 김진섭, 이헌구 – 해외 문학

> **TIP** 1936년 창간된 '시인 부락'의 동인이었던 서정주, 김동리 등과 '생리'에서 활동한 유치환을 가리켜 생명파라고 하며, 이들은 생명 의식의 고양과 인생의 궁극적 의미의 추구에 주력하였다.

42 다음 중 이광수의 무정에 대한 설명으로 옳지 않은 것은?

① 최초의 근대적 장편 소설이다.

② '만세보'에 연재되었다.

③ 계몽주의 성격을 띠고 있다.

④ 근대적 개인주의에 바탕을 두고 있다.

> **TIP** ② 이광수의 무정은 '매일신보'에 연재되었다.
> **이광수의 무정** … 최초의 현대 장편 소설로 언문 일치의 문장, 새로운 애정관, 교육자적 작가의 개입, 신구 가치관의 대립 등 근대화 과정에서 나타난 현실상을 민족주의적 열정과 계몽의식으로 그려내고 있다.

43 다음 중 김유정의 동백꽃에 대한 설명으로 옳지 않은 것은?

① 산골 마을을 배경으로 순수한 사랑을 그리고 있다.

② 생성의 삶과 붕괴(파멸)의 삶을 대조적으로 나타내었다.

③ 불구적 남녀 관계의 설정을 통해 1930년대의 식민지적 상황을 간접적으로 보여 주었다.

④ 마름과 소작농의 관계 설정을 통해 농촌의 궁핍상과 가난의 문제를 실감나게 보여 주었다.

> **TIP** ② 식민지하의 전통적 가치관을 지닌 순박한 인물이 몰락해 가는 모습과 이에 대응되는 인물을 설정하여 현실을 타개해 가는 모습을 대조적으로 보여 주는 채만식의 탁류에 대한 설명이다.

44 다음 중 1930년대의 농촌 계몽 소설과 관계있는 것은?

① 황순원의 소나기

② 정한숙의 금당벽화

③ 오영수의 갯마을

④ 심훈의 상록수

> **TIP** **농촌을 제재로 한 소설** … 심훈의 상록수, 이광수의 흙, 박화성의 한귀(旱鬼), 이무영의 제1과 제1장, 박영준의 모범 경작 생, 김정한의 사하촌 등

45 이 상은 「말괄량이 삐삐」로 알려진 스웨덴 아동문학 작가를 기리기 위해 스웨덴 예술위원회에서 작가 이름을 따, 매년 수여하는 아동문학상이다. 2020년에 백희나 작가의 「구름빵」이 수상하게 되면서 더욱 화제가 된 상의 이름은 무엇인가?

① 이그 노벨상

② 맨부커 상

③ 아스트리드 린드그렌상

④ 국제안데르센 상

> **TIP** ① **이그 노벨상**: 하버드대학의 과학잡지에서 기발한 연구나 이색적인 업적 등에 수여하는 상이다.
> ② **맨부커상**: 영국 최고 권위를 자랑하는 문학이다. 1969년 영국의 부커사(Booker)가 제정한 문학상으로 영어로 창작되어 영국에서 출간된 책 중에서 수상작을 선정하는 맨부커상, 영어로 번역된 영국 출간 작품에 상을 수여하는 맨부커상 인터내셔널 부문으로 나뉜다.
> ④ **국제안데르센상**: 아동문학의 발전과 향상을 위하여 창설된 상이다. 1956년(제1회) 이래 2년마다 그동안 각국에서 발표된 우수작품을 심사하여 그 중 최우수작 1점에 대하여 대상을 수여한다.

46 다음 중 「오만과 편견」의 작가로 옳은 것은?

① 생텍쥐페리

② 헤르만 헤세

③ 헤밍웨이

④ 제인 오스틴

> **TIP** 「오만과 편견」은 제인 오스틴이 생전에 출간한 네 편의 소설 중 두 번째 작품으로, 현재까지도 독자들의 사랑을 받는 영문학의 고전이다.
> ① 생텍쥐페리의 주요 작품은 「어린왕자」이다.
> ② 헤르만 헤세의 주요 작품은 「데미안」이다.
> ③ 헤밍웨이의 주요 작품은 「노인과 바다」이다.

47 「이성과 감성」의 저자의 저서로 옳지 않은 것은?

① 「오만과 편견」
② 「소피의 일기」
③ 「에마」
④ 「맨스필드 파크」

> **TIP** 1811년 오랜 기간 끝에 「이성과 감성」이 출간되었다. 이후 1797년에 완성한 「첫인상」을 개고한 「오만과 편견」이 1813년에 출간되었다. 1814년에는 「맨스필드 파크」, 1815년에는 「에마」가 연이어 출간되었다.
> ② 「소피의 일기」는 중국 문학가 딩링의 1928년 작품이다.

48 다음 중 데카당스(Decadence)와 관계없는 문예사조는?

① 관능주의
② 퇴폐주의
③ 탐미주의
④ 고전주의

> **TIP** 데카당스(Decadence)는 19세기 후반의 회의적인 사상과 퇴폐적인 경향이 문학에 반영된 세기말적 문학을 말한다. 관능적인 미를 추구하고 예술지상주의적, 탐미적 문학의 특징을 갖는다.

49 2020년 노벨 문학상을 수상한 작가는?

① 파트리크 모디아노
② 밥 딜런
③ 피터 한트케
④ 루이즈 글릭

> **TIP** 루이즈 글릭 … 1968년 시집 「맏이」로 등단하였다. 2020년 노벨 문학상 수상자로, 역대 노벨 문학상 수상자 117명 중 16번째 여성이자 미국 출신으로는 10번째 수상자이다. 스웨덴 한림원은 개별적 실존을 보편적으로 만드는 분명한 시적 목소리를 냈다고 선정이유를 밝혔다.
> ① 파트리크 모디아노 : 프랑스 작가로 2014년에 노벨 문학상을 수상하였다.
> ② 밥 딜런 : 미국 작가로 2016년에 노벨 문학상을 수상하였다.
> ③ 피터 한트케 : 오스트리아 작가로 2019년에 노벨 문학상을 수상하였다.

Answer   47.② 48.④ 49.④

50 밑줄 친 부분의 한자가 나머지 셋과 다른 것은?

① 백주에 일어난 사건에 주민들은 모두 경악했다.

② 그녀는 자신의 결백을 입증하기 위해 노력했다.

③ 그의 소식을 알려고 백방으로 수소문하고 다녔다.

④ 형은 시험지의 여백을 활용하여 수학문제를 풀었다.

> **TIP** ③ **백방(百方)**: 여러 가지 방법. 온갖 수단과 방도
> ① **백주(白晝)**: 환한 밝은 낮
> ② **결백(潔白)**: 깨끗하고 흼. 행동이나 마음씨가 조촐하여 아무런 허물이 없음
> ④ **여백(餘白)**: 글씨를 쓰거나 그림을 그리고 남은 빈자리

51 밑줄 친 부분의 한자어로 적절하지 않은 것은?

> 코로나가 갖고 온 변화는 ㉠침체된 것처럼 보이는 삶 – ㉡위축된 경제와 단절된 관계와 불투명한 미래까지 – 에서부터 일상의 작은 규칙들, 마스크를 쓰고 손을 씻고 사회적 거리두기를 하는 것 등 삶의 전반에 크고 작은 영향을 끼쳤다. 그것이 우리 눈앞에 펼쳐진 코로나 이후의 맞닥뜨린 냉혹한 현실이지만 반대급부도 분명 존재한다. 가만히 들여다보면 차가운 현실의 이면에는 분명 또 다른 내용의 속지가 숨겨져 있다. 코로나로 인해 '국가의 감염병 예방 시스템이 새롭게 정비되고 ㉢방역 의료체계가 발전하고 환경오염이 줄고'와 같은 거창한 것은 ㉣차치하고라도 당장, 홀로 있음의 경험을 통해서 내 자신의 마음 들여다보기가 가능해졌다.

① ㉠ 沈滯

② ㉡ 萎縮

③ ㉢ 紡疫

④ ㉣ 且置

> **TIP** ③ 紡疫 → 防疫: 전염병이 발생하거나 유행하는 것을 미리 막는 일

52 ㉠ ~ ㉣의 한자 표기로 옳은 것은?

> 과학사를 들춰 보면 기존의 학문 체계에 ㉠도전했다가 낭패를 본 인물들의 이야기를 자주 만날 수 있다. 대표적인 인물이 천동설을 부정하고 지동설을 주장한 갈릴레이이다. 천동설을 ㉡지지하던 당시의 권력층은 그들의 막강한 힘을 이용하여 갈릴레이를 신의 권위에 도전하는 이단자로 욕하고 목숨까지 위협했다. 갈릴레이가 영원한 ㉢침묵을 ㉣맹세하지 않고 계속 지동설을 주장했더라면 그는 단두대의 이슬로 사라졌을지도 모른다.

① ㉠ 逃戰

② ㉡ 持地

③ ㉢ 浸黙

④ ㉣ 盟誓

> **TIP** ④ 맹세는 일정한 약속이나 목표를 꼭 실천하겠다고 다짐함을 뜻하는데, 盟 맹세할 맹, 誓 맹세할 서(세)이다. 따라서 맹세의 표기는 올바르다.
> ① '정면으로 맞서 싸움을 걺', '어려운 사업이나 기록 경신 따위에 맞섬'을 비유적으로 이르는 말을 뜻하는 '도전'은 挑戰과 같이 쓰는 것이 옳다.
> ② '어떤 사람이나 단체 따위의 주의·정책·의견 따위에 찬동하여 이를 위하여 힘을 씀. 또는 그 원조'를 뜻하는 지지는 支持로 쓰는 것이 옳다.
> ③ '어떤 일에 대하여 그 내용을 밝히지 아니하거나 비밀을 지킴. 또는 그런 상태'를 뜻하는 침묵은 沈黙으로 쓰는 것이 옳은 표기이다.

53 밑줄 친 부분의 한자 표기가 잘못된 것은?

① 그는 여러 차례 TV 출연으로 유명세(有名勢)를 치렀다.

② 누가 먼저 할 것인지 복불복(福不福)으로 정하기로 했다.

③ 긴박한 상황이라 대증요법(對症療法)을 쓸 수밖에 없었다.

④ 사건의 경위(經緯)는 알 수 없지만, 결과만 본다면 우리에게 유리하다.

> **TIP** 유명세(有名稅)의 세는 '稅(세금 세)'를 쓴다. 유명세(有名稅)의 의미가 '세상에 이름이 널리 알려져 있는 탓으로 당하는 불편이나 곤욕을 속되게 이르는 말'이기 때문이다.

54 괄호 안에 공통으로 들어갈 한자는?

> 回( ) : 원래의 상태로 돌이키거나 원래의 상태를 되찾음
> ( )命 : 명령을 받고 일을 처리한 사람이 그 결과를 보고함
> ( )活 : 죽었다가 다시 살아남

① 復
② 死
③ 生
④ 歸

TIP • 回復(회복) : 원래의 상태로 돌이키거나 원래의 상태를 되찾음
• 復命(복명) : 명령을 받고 일을 처리한 사람이 그 결과를 보고함
• 復活(부활) : 죽었다가 다시 살아남
① 復 : 회복할 복, 다시 부
② 死 : 죽을 사
③ 生 : 날 생
④ 歸 : 돌아갈 귀

55 밑줄 친 부분에 들어갈 한자어로 가장 적절한 것은?

> _____(이)란 이익과 관련된 갈등을 인식한 둘 이상의 주체들이 이를 해결할 의사를 가지고 모여서 합의에 이르기 위해 대안들을 조정하고 구성하는 공동 의사 결정 과정을 말한다.

① 協贊
② 協奏
③ 協助
④ 協商

TIP ④ 협상 : 어떤 목적에 부합되는 결정을 하기 위하여 여럿이 서로 논의함
① 협찬 : 힘을 합하여 도움. 어떤 일 따위에 재정적으로 도움을 줌
② 협주 : 독주 악기와 관현악이 합주하면서 독주 악기의 기교가 돋보이게 연주함
③ 협조 : 힘을 보태어 도움

Answer 54.① 55.④

56 다음 중 호칭이 바르지 않은 것은?

① 仁兄 – 벗을 높이어 부를 때

② 萱堂 – 살아계신 자기 어머니

③ 家親 – 살아계신 자기 아버지

④ 春府丈 – 살아계신 남의 아버지

> **TIP** ② 萱堂(훤당) … 살아계신 남의 어머니를 높여 부르는 말이다.

57 밑줄 친 말의 한자 표기가 맞는 것은?

> 이런 샌님의 생각으로는 청렴 개결(淸廉介潔)을 생명으로 삼는 선비로서 재물을 알아서는 안 된다. 어찌 감히 이해를 따지고 가릴 것이냐. 오직 예의·염치(廉恥)가 있을 뿐이다. 인(仁)과 의(義) 속에 살다가 인과 의를 위하여 죽는 것이 떳떳하다. 백이와 숙제를 배울 것이요, 악비(岳飛)와 문천상(文天祥)을 본받을 것이다. 이리하여 마음에 음사(淫邪)를 생각하지 않고, 입으로 재물을 말하지 않는다. 어디 가서 <u>취대</u>하여 올 주변도 못 되지마는, 애초에 그럴 생각을 염두에 두는 일이 없다.

① 取貸   ② 取待

③ 就貸   ④ 就待

> **TIP** 取貸(취대) … 돈을 돌려서 꾸어 주거나 꾸어 씀

58 다음 중 가장 많은 나이를 가리키는 한자어는?

① 이순(耳順)   ② 불혹(不惑)

③ 희수(喜壽)   ④ 미수(米壽)

> **TIP** ① 60세
> ② 40세
> ③ 77세
> ④ 88세

Answer 56.② 57.① 58.④

59 다음 중 서로 반대의 뜻을 가진 한자는?

① 非, 常

② 可, 觀

③ 過, 用

④ 優, 劣

> **TIP** ④ 優(뛰어날 우) ↔ 劣(못할 렬)

60 다음 글에서 밑줄 친 단어를 한자로 바르게 쓴 것은?

이번에 ㉠제시한 개선 방안이 ㉡미흡하여 공무원 ㉢연금 개혁이 ㉣지연되고 있다.

① ㉠題示

② ㉡未吸

③ ㉢捐金

④ ㉣遲延

> **TIP** ① 제시(提示) : 어떤 의사를 말이나 글로 나타내어 보임
> ② 미흡(未洽) : 흡족하지 못하거나 만족스럽지 않음
> ③ 연금(年金) : 국가나 사회에 특별한 공로가 있거나 일정기간 동안 국가기관에 복무한 사람에게 해마다 주는 돈

61 다음 중 한자의 음이 잘못된 것은?

① 模倣 – 모방

② 忖度 – 촌탁

③ 釀出 – 갹출

④ 改悛 – 개준

> **TIP** ④ 改悛(개전) : 행실이나 태도의 잘못을 뉘우치고 마음을 바르게 고쳐먹음

Answer 59.④ 60.④ 61.④

62 다음 (   ) 안에 알맞은 한자는?

> 국장으로부터 決(   )를 받았다.

① 載　　　　　　　　　　　② 裁
③ 濟　　　　　　　　　　　④ 栽

> **TIP** ② 決裁(결재) : 결정할 권한이 있는 상관이 부하가 제출한 안건을 검토하여 허가하거나 승인함

63 다음 글에서 [   ]에 들어갈 말로 가장 적절한 것은?

> 동양의 유토피아는 몇 가지 유형으로 나뉜다. [   ] 유형 유토피아는 중국의 시인 도연명(陶淵明)의 소설체 산문 '도화원기'에 등장한다. 무릉 땅에 사는 어부가 강물을 따라 산으로 들어갔는데 복숭아 꽃이 만발한 곳을 지나자 산의 막다른 곳에서 동굴이 나타났다. 동굴을 통과하니 별천지가 전개되고 모두가 행복하게 살아가는 마을이 나타났다. 어부는 그들로부터 환대를 받았다. 집으로 돌아가야 할 때 그는 나중에 다시 찾아갈 생각으로 산길에 표시를 해 놓았다. 그러나 다시 살펴보니 표식이 모두 없어져 결국 [   ]으로 돌아갈 수 없게 되었다는 것이다.

① 安分知足　　　　　　　　② 簞瓢陋巷
③ 武陵桃源　　　　　　　　④ 風月主人

> **TIP** 도연명의 '도화원기'에서 이상향이나 별천지를 비유적으로 이르는 말로 '武陵桃源(무릉도원)'이라는 표현이 유래되었다.
> ① 安分知足(안분지족) : 편안한 마음으로 제 분수를 지키며 만족할 줄을 앎
> ② 簞瓢陋巷(단표누항) : 누항에서 먹는 한 그릇의 밥과 한 바가지의 물이라는 뜻으로, 선비의 청빈한 생활을 이르는 말
> ④ 風月主人(풍월주인) : 맑은 바람과 밝은 달 따위의 아름다운 자연을 즐기는 사람

64 다음 한자의 음이 모두 옳은 것은?

① 膏肓(고망), 分別(분별)　　② 錯誤(착오), 誘惑(수혹)
③ 暴惡(포악), 看過(간고)　　④ 傀儡(괴뢰), 遝至(답지)

> **TIP** ① 膏肓(고황) ② 誘惑(유혹) ③ 看過(간과)

Answer　62.②　63.③　64.④

65 (가)에 들어갈 한자성어로 가장 적절한 것은?

> 이 책에서는 일상에서 일어나는 우연한 사건이나 깜짝 놀랄 만한 일들도 모두 통계나 수학으로 설명할 수 있다며 많은 사례를 제시한다. 제시되는 통계적·수학적 개념들도 상식의 수준에서 충분히 이해할 만하다. 그래서 무엇보다 재미가 있다. 다만 가끔은 신비로워야 할 세상사를 모두 일련의 법칙으로 풀어내는 방식에 다소간의 저항감을 갖는 독자도 있을 것이다. 또한, 책에 등장하는 일부 사례들은 고개를 갸우뚱하게 한다. 예를 들어, '로또 복권의 모든 경우의 수를 전부 구입하면 그중의 하나는 반드시 1등 당첨이 된다.'라는 내용이 나오는데, 개념적으로 이해는 되지만 현실의 국면에서는 이치에 맞지 않을 수도 있는 사례를 통해 주장을 피력하는 것은 아닌가 하여, ___(가)___ (이)라는 말을 떠올리게 한다.

① 目不識丁

② 牽强附會

③ 緣木求魚

④ 不問可知

TIP 지문의 마지막문장에서 '현실의 국면에서 이치에 맞지 않을 수도 있는 사례를 통해 주장을 피력하는 것은 아닌가 하여'라는 말로 미루어 보아 (가)에 들어갈 적절한 한자 성어는 ② 견강부회(牽强附會)임을 알 수 있다.

② 견강부회(牽强附會): 이치에 맞지 않는 말을 억지로 끌어다 붙임
① 목불식정(目不識丁): 눈을 뜨고도 고무래를 알아보지 못한다는 뜻으로, 아주 무식함을 비유하는 말
③ 연목구어(緣木求魚): 나무에 올라가 물고기를 구한다는 뜻으로, 불가능한 일을 굳이 하려고 함을 비유하는 말
④ 불문가지(不問可知): 묻지 아니하여도 알 수 있음

Answer　65.②

66 다음 내용과 관계있는 한자성어로 가장 거리가 먼 것은?

> 선비는 단순한 지식 습득에 목적을 두지 않고 아는 것을 실천하는 것에 중점을 두고 있다. 또한 선비는 개인의 이익보다 사회 정의를 생각하며 행동하고 살아간다. 자신의 인격을 완성하고 그것을 통해 모든 사람에게 평안한 삶을 살게 하는 것이 그들의 궁극적 목적이다. 선비가 갖추어야 할 덕목은 많지만 상호 연결되어 있다. 자신을 낮추는 자세, 타인을 존중하는 마음, 검소하고 청렴결백한 삶 등이 하나로 연결되어 있는 것이다.

① 見利思義
② 勞謙君子
③ 修己安人
④ 梁上君子

TIP 선비의 덕목과 가장 먼 한자성어를 골라야 한다.
④ 梁上君子(양상군자) : 들보 위의 군자라는 뜻으로, 도둑을 완곡하게 이르는 말
① 見利思義(견리사의) : 눈앞의 이익을 보면 의리를 먼저 생각함
② 勞謙君子(노겸군자) : 애쓰고 노력하면서도 겸손한 선비
③ 修己安人(수기안인) : 스스로를 갈고 닦아 사람을 평안하게 하는 것

67 다음 작품과 가장 관련 있는 한자성어는?

> 이고 진 저 늙은이 짐 풀어 나를 주오
> 나는 젊었거늘 돌인들 무거울까
> 늙기도 설워라커늘 짐을조차 지실까

① 朋友有信
② 長幼有序
③ 君臣有義
④ 夫婦有別

TIP 제시된 정철의 훈민가 16수는 어른 공경의 중요성을 가르치고 있는 교훈적 작품이다. 그러므로 어른과 아이 사이의 순서가 있어야 함을 제시한 장유유서(長幼有序)의 의미가 통하는 한자성어이다.
① 붕우유신(朋友有信) : 친구 사이에 지켜야 할 도리는 믿음이다.
③ 군신유의(君臣有義) : 임금과 신하 사이의 도리는 의리에 있다.
④ 부부유별(夫婦有別) : 남편과 아내 사이에는 분별이 있어야 한다.

Answer 66.④ 67.②

68 다음 ( ) 속에 들어갈 말로 가장 적절한 것은?

> 방랑시인 김삿갓의 시는 해학과 풍자로 가득 차 있는데, 무슨 시든 단숨에 써 내리는 一筆揮之인데 다 가히 ( )의 상태라서 일부러 꾸미지 않았는데도 자연스럽고 아름답다.

① 花朝月夕   ② 韋編三絕
③ 天衣無縫   ④ 莫無可奈

> **TIP** 괄호에 들어갈 말은 '일부러 꾸미지 않았는데 자연스럽고 아름답다'는 의미를 내포하고 있어야 한다.
> ① 花朝月夕(화조월석): 꽃 피는 아침과 달 밝은 밤이라는 뜻으로, 경치가 좋은 시절을 이름
> ② 韋編三絕(위편삼절): 한 권의 책을 몇 십 번이나 되풀이해서 읽음
> ③ 天衣無縫(천의무봉): 천사의 옷은 꿰맨 흔적이 없다는 뜻으로, 일부러 꾸민 데 없이 자연스럽고 아름다우면서 완전함
> ④ 莫無可奈(막무가내): 도무지 어찌할 수 없음

69 밑줄 친 부분과 어울리는 한자 성어는?

> 초승달이나 보름달은 보는 이가 많지마는, 그믐달은 보는 이가 적어 그만큼 외로운 달이다. 객창한 등(客窓寒燈)에 정든 님 그리워 <u>잠 못 들어 하는 분이나</u>, 못 견디게 쓰린 가슴을 움켜잡은 무슨 한(恨) 있는 사람이 아니면, 그 달을 보아 주는 이가 별로 없을 것이다.

① 동병상련(同病相憐)
② 불립문자(不立文字)
③ 각골난망(刻骨難忘)
④ 오매불망(寤寐不忘)

> **TIP** '오매불망'은 '자나 깨나 잊지 못함'의 의미이다.
> ① 같은 병을 앓는 사람끼리 서로 가엾게 여긴다는 뜻으로, 어려운 처지에 있는 사람끼리 서로 가엾게 여김을 이르는 말
> ② 불도의 깨달음은 마음에서 마음으로 전하는 것이므로 말이나 글에 의지하지 않는다는 말
> ③ 남에게 입은 은혜가 뼈에 새길 만큼 커서 잊히지 아니함

Answer 68.③ 69.④

70 고유어인 것은?

① 고생   ② 얼굴

③ 사탕   ④ 포도

     ②는 순우리말이고 ①③④는 모두 한자어이다.
     ① **고생**(苦生) : 쓸 고, 날 생 사탕
     ③ **사탕**(沙糖/砂糖) : 모래 사, 사탕 탕(당)
     ④ **포도**(葡萄) : 포도 포, 포도 도

71 '자신의 힘을 헤아리지 못하고 강한 적에게 덤비는 무모한 행동'을 비유하는 말로, 아래 〈보기〉에서 유래된 것은?

──────────── 〈보기〉 ────────────

　　계철(季徹)이 껄껄 웃으면서 말하였다. "만약 선생의 말을 제왕(帝王)의 덕(德)에다 비추어 본다면 마치 사마귀가 앞다리를 벌리고 수레바퀴 앞에 버티고 서 있는 것이나 같은 것이니, 반드시 당해 낼 수 없을 것입니다. 또는 그렇게 한다면 곧 그 자신이 위험에 처하게 될 것입니다. 그는 높은 누대(樓臺)를 갖게는 되겠지만 일이 많아질 것이고, 그에게로 몰려드는 사람만이 많아질 것입니다."

① 붕정만리(鵬程萬里)

② 문경지교(刎頸之交)

③ 당랑거철(螳螂拒轍)

④ 와신상담(臥薪嘗膽)

     TIP 당랑거철은 제 역량을 생각하지 않고, 강한 상대나 되지 않을 일에 덤벼드는 무모한 행동거지를 비유적으로 이르는 말이다.
     ① **붕정만리** : '산천만리(山川萬里)'와 같은 뜻으로 산을 넘고 내를 건너 아주 먼 거리
     ② **문경지교** : 생사를 같이할 수 있는 아주 가까운 사이, 또는 그런 친구
     ④ **와신상담** : 원수를 갚거나 마음먹은 일을 이루기 위하여 온갖 어려움과 괴로움을 참고 견딤

72 다음 글에 적합한 고사 성어는?

우리 대표팀은 올림픽 예선에서 놀랄 만한 성과를 거두었다. 예선전이 있기 전 주전 선수들의 부상이 있었고 감독의 교체가 있었으며 그러다 보니 대표팀 내부의 심리적인 갈등도 꽤 있었다. 사실 국민 모두 이번 올림픽 예선은 탈락이라는 수모를 겪지 않으면 그나마 다행이라고 생각하고 있었던 것이다. 그러나 대표팀의 모든 코치진과 선수들은 그들에 대한 국민들의 희망을 저버리지 않고 위기를 기회로 전환한 것이다. 그래서인지 대표팀은 들뜨지 않고 본선에서의 진정한 승리, 즉 금메달을 향해 더욱 가열차게 땀방울을 흘리고 있다고 한다. 코치진도 더 강도 높은 훈련을 통해 경기력 향상을 위해 매진하고 있는 것이다.

① 走馬加鞭
② 走馬看山
③ 切齒腐心
④ 見蚊拔劍

TIP **주마가편(走馬加鞭)** … 달리는 말에 채찍질 한다는 뜻으로, 잘하는 사람을 더욱 장려함을 이르는 말이다.
② **주마간산(走馬看山)** : 말을 타고 달리며 산천을 구경한다는 뜻. 자세히 살피지 않고 대충대충 보고 넘김
③ **절치부심(切齒腐心)** : 몹시 분하여 이를 갈며 속을 썩이는 것
④ **견문발검(見蚊拔劍)** : 모기를 보고 칼을 뺀다는 뜻. 보잘 것 없는 작은 일에 지나치게 큰 대책을 세움/조그만 일에 화를 내는 소견이 좁은 사람

73 다음의 글에서 (   ) 안에 들어갈 말로 적절한 것은?

> 내가 원하는 우리 민족의 사업은 결코 세계를 무력으로 정복하거나 경제력으로 지배하려는 것이 아니다. 오직 사랑의 문화, 평화의 문화로 우리 스스로 잘 살고 인류 전체가 의좋게, 즐겁게 살도록 하는 일을 하자는 것이다. 어느 민족도 일찍이 그러한 일을 한 이가 없으니 그것은 공상(空想)이라고 하지 마라. 일찍이 아무도 한 자가 없기에 우리가 하자는 것이다. 이 큰 일은 하늘이 우리를 위하여 남겨 놓으신 것임을 깨달을 때에 우리 민족은 비로소 제 길을 찾고 제 일을 알아본 것이다. 나는 우리나라의 청년 남녀가 모두 과거의 조그맣고 좁다란 생각을 버리고, 우리 민족의 큰 사명에 눈을 떠서, 제 마음을 닦고 제 힘을 기르기로 낙을 삼기를 바란다. 젊은 사람들이 모두 이 정신을 가지고 이 방향으로 힘을 쓸진댄 30년이 못하여 우리 민족은 (   )하게 될 것을 나는 확신하는 바다.

① 刮目相對   ② 明若觀火
③ 面從腹背   ④ 興亡盛衰

TIP ① **괄목상대(刮目相對)**: 눈을 비비고 다시 본다는 뜻으로 남의 학식이나 재주가 생각보다 부쩍 진보한 것을 이르는 말
② **명약관화(明若觀火)**: 밝기가 불을 보는 것과 같다는 뜻으로, 의심할 여지없이 매우 분명하다는 말
③ **면종복배(面從腹背)**: 겉으로는 복종하는 체하면서 내심으로는 배반함
④ **흥망성쇠(興亡盛衰)**: 흥하고 망함과 성하고 쇠함

74 다음 말의 풀이가 바르지 않은 것은?

① 갈음 – 둘로 나누다.
② 가멸다 – 재산이 많다.
③ 구쁘다 – 먹고 싶은 생각이 나다.
④ 갈무리 – 물건을 잘 정리하여 간수하다.

TIP ① **갈음**: 본디 것 대신에 다른 것으로 바꾸다.

Answer   73.③ 74.①

75 다음 중 뜻이 비슷한 속담이 아닌 것은?

① 꿩 먹고 알 먹는다 – 도랑 치고 가재 잡고

② 오동나무 보고 춤춘다 – 우렁도 두렁은 넘는다.

③ 얕은 내도 깊게 건너라 – 돌다리도 두들겨 보고 건너라.

④ 가랑잎이 솔잎보고 바스락거린다고 한다 – 똥 묻은 개가 겨 묻은 개 나무란다.

TIP ① 한 가지 일로 두 가지 효과를 얻음
② "오동나무 보고 춤춘다."는 성질이 매우 급하다는 뜻이고 "우렁도 두렁은 넘는다."는 비록 어리석은 사람이라도 한두 가지의 재능은 지니고 있다는 말이다.
③ 모든 일을 언제나 조심해서 하라는 말
④ 자기 나쁜 점을 모르고 오히려 다른 사람을 탓한다는 말

Answer 75.②

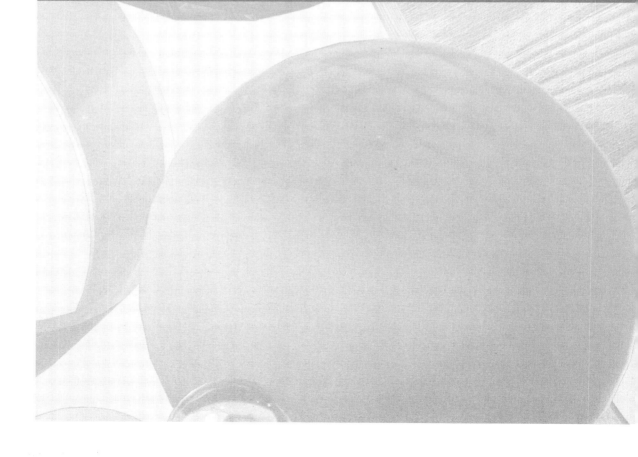

PART

02 한국사

01 선사 시대의 문화와 국가의 형성

01 선사 시대의 전개

❶ 선사 시대의 세계

(1) 신석기 문화

농경과 목축의 시작으로 식량 생산 등의 경제활동을 전개하여 인류의 생활모습·양식이 크게 변화하였다.

(2) 청동기 문명의 발생

기원전 3,000년경을 전후로 4대 문명이 형성되었는데 청동기 시대에는 관개농업이 발달하였다. 청동기가 사용되었으며, 도시가 출현하고, 문자를 사용하고, 국가가 형성되었다.

❷ 우리나라의 선사 시대

(1) 우리 민족의 기원

우리 조상들은 만주와 한반도를 중심으로 동북아시아에 넓게 분포하였으며, 신석기 시대부터 청동기 시대를 거쳐 민족의 기틀이 형성되었다.

(2) 구석기 시대

① **생활** ⋯ 주먹도끼·찍개·팔매돌 등은 사냥도구이고, 긁개·밀개 등은 대표적인 조리도구이며, 뗀석기와 동물의 뼈나 뿔로 만든 뼈도구를 사용하여 채집과 사냥을 하면서 생활하였다.

② **주거** ⋯ 동굴이나 바위 그늘에서 살거나 강가에 막집을 짓고 살았는데 후기의 막집에는 기둥자리, 담자리, 불땐 자리가 남아 있고 집터의 규모는 작은 것은 3 ~ 4명, 큰 것은 10명이 살 수 있을 정도의 크기였다.

③ **사회** … 무리생활을 했으며 평등한 공동체적 생활을 하였다.

④ **종교, 예술** … 풍성한 사냥감을 얻기 위한 주술적 의미로서 석회암이나 동물의 뼈 또는 뿔 등에 고래와 물고기를 새긴 조각품을 만들었다.

(3) 신석기 시대

① **경제** … 활이나 창을 이용한 사냥과 작살, 돌이나 뼈로 만든 낚시 등을 이용한 고기잡이를 하였으며, 또한 가락바퀴나 뼈바늘이 출토되는 것으로 의복이나 그물을 제작하였다.

② **토기** … 이른 민무늬토기, 덧무늬토기, 눌러찍기토기 등이 발견되며 빗살무늬토기는 밑모양이 뾰족하며 크기가 다양하고, 전국 각지에 널리 분포되어 있다.

③ **주거** … 바닥이 원형 또는 둥근 네모꼴인 움집에서 4 ~ 5명 정도의 가족이 거주하였다. 남쪽으로 출입문을 내었으며, 화덕이나 출입문 옆에는 저장구덩을 만들어 식량이나 도구를 저장하였다.

④ **사회** … 혈연을 바탕으로 한 씨족이 족외혼을 통해 부족을 형성하였고, 평등한 사회였다.

⑤ **원시신앙의 출현**
　㉠ **애니미즘** : 자연현상, 자연물에 영혼이 있다고 믿어 재난을 피하거나 풍요를 기원하는 것으로 태양과 물에 대한 숭배가 대표적이다.
　㉡ **영혼, 조상숭배** : 사람이 죽어도 영혼은 없어지지 않는다는 믿음을 말한다.
　㉢ **샤머니즘** : 인간과 영혼 또는 하늘을 연결시켜 주는 존재인 무당과 그 주술을 믿는 것이다.
　㉣ **토테미즘** : 자기 부족의 기원을 특정 동물과 연결시켜 그것을 숭배하는 믿음이다.

02 국가의 형성

❶ 고조선과 청동기 문화

(1) 청동기의 보급

① **사회 변화** … 생산경제의 발달, 청동기 제작과 관련된 전문 장인의 출현, 사유재산제도와 계급이 발생하게 되었다.

② **유물**
　㉠ **석기** : 반달돌칼, 바퀴날도끼, 홈자귀
　㉡ **청동기** : 비파형 동검과 화살촉 등의 무기류, 거친무늬거울, 팔주령

    ⓒ **토기** : 미송리식 토기, 민무늬토기, 붉은간토기

    ⓔ **무덤** : 고인돌, 돌널무덤, 돌무지무덤

(2) 철기의 사용

① **철기문화의 보급** … 철제 농기구의 사용으로 농업이 발달하여 경제 기반이 확대되었으며, 철제 무기와 철제 연모의 사용으로 청동기는 의식용 도구로 변하였다.

② **유물** … 명도전, 오수전, 반량전을 통하여 중국과의 활발한 교류를 알 수 있으며 경남 창원 다호리 유적에서 나온 붓을 통해 한자를 사용했음을 알 수 있다.

③ **청동기의 독자적 발전** … 비파형 동검은 세형 동검으로, 거친무늬거울은 잔무늬거울로 형태가 변하였으며 거푸집도 전국의 여러 유적에서 발견되고 있다.

(3) 청동기 · 철기 시대의 생활

① **경제생활의 발전** … 조, 보리, 콩, 수수 등 밭농사 중심이었지만 일부 저습지에서 벼농사가 시작되었다. 또한 사냥이나 고기잡이도 여전히 하고 있었지만 농경의 발달로 점차 그 비중이 줄어들었고 돼지, 소, 말 등의 가축의 사육이 증가되었다.

② **주거생활의 변화**

    ⓐ **집터 유적** : 대체로 앞쪽에는 시냇물이 흐르고 뒤쪽에는 북서풍을 막아 주는 나지막한 야산이 있는 곳에 우물을 중심으로 자리잡고 있다.

    ⓑ **정착생활의 규모의 확대** : 집터는 넓은 지역에 많은 수가 밀집되어 취락형태를 이루고 있으며, 이는 농경의 발달과 인구의 증가로 정착생활의 규모가 점차 확대되었음을 보여 주는 것이다.

③ **사회생활의 변화** … 여성은 가사노동, 남성은 농경 · 전쟁에 종사하였다. 생산력의 증가에 따른 잉여생산물은 빈부의 격차와 계급의 분화를 촉진하였고 이는 무덤의 크기와 껴묻거리의 내용에 반영되었다.

④ **고인돌의 출현** … 고인돌은 청동기 시대의 계급사회의 발생을 보여주는 대표적인 무덤으로 북방식 고인돌이 전형적인 형태이며 우리나라 전역에 걸쳐 분포되어 있는데 당시 지배층이 가진 정치권력과 경제력을 잘 반영해 주고 있다.

⑤ **군장의 출현** … 정치, 경제력이 우세한 부족이 선민사상을 가지고 주변의 약한 부족을 통합하거나 정복하고 공납을 요구하였으며 군장이 출현하게 되었다.

(4) 청동기 · 철기 시대의 예술

청동으로 만든 도구의 모양이나 장식에는 미의식과 생활모습이 표현되었고, 흙으로 빚은 사람이나 짐승모양의 토우는 본래의 용도 외에도 풍요를 기원하는 주술적 의미를 가지고 있다. 울주반구대 바위그림은 사냥과 고기잡이의 성공과 풍성한 수확을 기원하였음을 알 수 있고, 고령 양전동 알터 바위그림은 태양 숭배와 풍요를 기원하는 의미를 가진다.

(5) 단군과 고조선

① **고조선의 건국(B.C. 2333)** … 족장사회에서 가장 먼저 국가로 발전한 고조선은 단군왕검이 건국하였다.

② **고조선의 발전** … 초기에는 요령지방, 후기에는 대동강 유역의 왕검성 중심으로 독자적인 문화를 이룩하면서 발전하였다. 부왕, 준왕 같은 강력한 왕이 등장하여 왕위를 세습하였고 상(相), 대부(大夫), 장군 등의 관직을 두었으며 요서지방을 경계로 하여 연(燕)과 대립하였다.

(6) 위만의 집권

① **위만 조선의 성립 및 발전** … 준왕을 축출하고 중국 유이민 집단인 위만이 왕이 되었으며 지리적인 이점을 이용한 중계무역의 이득을 독점하기 위해 한과 대립하였다.

② **고조선의 멸망(B.C. 108)** … 위만 조선에 위협을 느낀 한의 무제는 대규모 침략을 강행하였으나 고조선은 한의 군대에 맞서 완강하게 대항하였고, 장기간의 전쟁으로 지배층의 내분이 일어나 결국 왕검성이 함락되어 멸망하였다. 고조선이 멸망하자 한은 고조선의 일부 지역에 군현을 설치하여 지배하고자 하였으나 고구려의 공격으로 소멸되었다.

(7) 고조선의 사회

① **8조법과 사회상** … 권력과 경제력의 차이 및 사유 재산의 발생은 형벌과 노비가 생겨나게 하였다.

② **한 군현의 엄한 율령 시행** … 한 군현의 설치 후 억압과 수탈을 당하던 토착민들은 이를 피하여 이주하거나 단결하여 한 군현에 대항하였다. 이에 한 군현은 엄한 율령을 시행하여 자신들의 생명과 재산을 보호하려 하였으며 법 조항도 60여 조로 증가시켜 풍속도 각박해져 갔다.

② 여러 나라의 성장

(1) 부여

① **정치**

    ㉠ 왕 아래에는 가축의 이름을 딴 마가, 우가, 저가, 구가와 대사자, 사자 등의 관리가 있었다.

    ㉡ 가(加)는 저마다 따로 행정구획인 사출도를 다스리고 있어서 왕이 직접 통치하는 중앙과 합쳐 5부를 이루었다.

    ㉢ 왕의 권력이 미약하여 제가들이 왕을 추대·교체하기도 하였고, 수해나 한해로 농사가 잘 되지 않으면 그 책임을 왕에게 묻기도 하였다. 그러나 왕이 나온 대표 부족의 세력은 매우 강해서 궁궐, 성책, 감옥, 창고 등의 시설을 갖추고 있었다.

② **법률**(부여의 4조목)

    ㉠ 살인자는 사형에 처하고, 그 가족은 데려다 노비로 삼는다.

    ㉡ 절도죄를 지은 자는 12배의 배상을 물린다.

    ㉢ 간음한 자는 사형에 처한다.

    ㉣ 부인이 투기가 심하면 사형에 처하되, 그 시체는 산 위에 버린다. 단, 그 여자의 집에서 시체를 가져가려면 소·말을 바쳐야 한다.

③ **풍습**

    ㉠ 순장 : 왕이 죽으면 많은 사람들을 껴묻거리와 함께 묻는 순장의 풍습이 있었다.

    ㉡ 흰 옷을 좋아했고, 형사취수와 일부다처제 풍습이 있었다.

    ㉢ 은력(殷曆)을 사용하였다.

    ㉣ 제천행사 : 12월에 하늘에 제사를 지내고 노래와 춤을 즐기는 영고를 열었다.

    ㉤ 우제점복 : 소를 죽여 그 굽으로 길흉을 점치기도 하였다.

(2) 고구려

① **정치** … 왕 아래 상가, 고추가 등의 대가들이 있었으며, 대가들은 독립적인 세력을 유지하였다. 이들은 각기 사자, 조의, 선인 등의 관리를 거느리고 있었다.

② **풍속**

    ㉠ 서옥제 : 혼인을 정한 뒤 신부집의 뒤꼍에 조그만 집을 짓고 거기서 자식을 낳고 장성하면 아내를 데리고 신랑집으로 돌아가는 제도이다.

    ㉡ 제천행사 : 10월에는 추수감사제인 동맹을 성대하게 열었다.

    ㉢ 조상신 제사 : 건국 시조인 주몽과 그 어머니 유화부인을 조상신으로 섬겨 제사를 지냈다.

(3) 옥저와 동예

① **옥저** ··· 비옥한 토지를 바탕으로 농사를 지었으며, 어물과 소금 등 해산물이 풍부하였으며 민며느리제와 골장제(가족공동무덤)가 유행하였다.

② **동예**

　⊙ **경제** ··· 단궁(활)과 과하마(조랑말), 반어피(바다표범의 가죽) 등이 유명하였다.
　ⓒ **풍속** ··· 무천이라는 제천행사를 10월에 열었으며 족외혼을 엄격하게 지켰다. 또한 각 부족의 영역을 함부로 침범하지 못하게 하고 만약 침범하면 노비와 소, 말로 변상하게 하였는데 이를 책화제도라고 한다.

(4) 삼한

① **진(辰)의 성장과 발전** ··· 고조선 남쪽지역에는 일찍부터 진이 성장하고 있었는데 고조선 사회의 변동에 따라 대거 남하해 온 유이민에 의하여 새로운 문화가 보급되어 토착문화와 융합되면서 진이 발전하여 마한, 변한, 진한의 연맹체들이 나타나게 되었다.

② **삼한의 제정 분리** ··· 정치적 지배자 외에 제사장인 천군이 있었다. 그리고 신성지역으로 소도가 있었는데, 이곳에서 천군은 농경과 종교에 대한 의례를 주관하였다.

③ **삼한의 경제·사회상**

　⊙ 두레조직을 통하여 여러 가지 공동작업을 하였다.
　ⓒ **제천행사** : 5월의 수릿날과 10월에 계절제를 열어 하늘에 제사를 지냈다.
　ⓒ **변한의 철 생산** : 철이 많이 생산되어 낙랑, 왜 등에 수출하였고 교역에서 화폐처럼 사용되기도 하였다. 마산의 성산동 등지에서 발견된 야철지는 제철이 성하였음을 보여주고 있다.

O2 통치구조와 정치활동

01 고대의 정치

① 고대국가의 성립

(1) 초기의 고구려

① **성장** : 졸본성에서 주변 소국을 통합하여 성장하였으며, 국내성으로 도읍을 옮겼다.

② **지배체제의 정비**
  ㉠ **태조왕(1세기 후반)** : 옥저와 동예를 복속하고, 독점적으로 왕위를 세습하였으며 통합된 여러 집단들은 5부 체제로 발전하였다.
  ㉡ **고국천왕(2세기 후반)** : 부족적인 전통의 5부가 행정적 성격의 5부로 개편되었고 왕위가 형제상속에서 부자상속으로 바뀌었으며, 족장들이 중앙귀족으로 편입하는 등 중앙집권화와 왕권 강화가 진전되었다.

(2) 초기의 백제

① **건국(B.C. 18)** : 한강 유역의 토착민과 고구려 계통의 북방 유이민의 결합으로 성립되었는데, 우수한 철기문화를 보유한 유이민 집단이 지배층을 형성하였다.

② **고이왕(3세기 중엽)** : 한강 유역을 완전히 장악하고, 중국의 문물을 수용하였다. 율령을 반포하였으며 관등제를 정비하고 관복제를 도입하는 등 지배체제를 정비하였다.

(3) 초기의 신라

① **건국(B.C. 57)** : 경주의 토착집단과 유이민집단의 결합으로 건국되었다.

② **발전** : 박·석·김의 3성이 번갈아 왕위를 차지하다가 주요 집단들이 독자적인 세력 기반을 유지하면서 유력 집단의 우두머리는 왕(이사금)으로 추대되었다.

③ **지배체제의 정비**(내물왕, 4세기) : 활발한 정복활동을 통해 낙동강 유역으로 영역을 확장하고 김씨가 왕위를 세습하였으며 마립간의 칭호를 사용하였다.

(4) 초기의 가야

① **위치** : 낙동강 하류의 변한지역에서는 철기문화를 토대로 한 정치집단들이 등장하였다.

② **전기 가야연맹**(금관가야 중심) : 김해를 주축으로 하여 경남해안지대에 소국연맹체를 형성하였는데 농경문화의 발달과 철의 생산(중계무역 발달)으로 경제적인 발전을 이루었다. 그러나 백제와 신라의 팽창으로 세력이 약화되어(4세기 초) 고구려군의 가야지방 원정으로 몰락하게 되었다. 이에 따라 중심세력이 해체되어 낙동강 서쪽 연안으로 축소되었다.

❷ 삼국의 발전과 통치체제

(1) 삼국의 정치적 발전

① **고구려** … 4세기 미천왕 때 서안평을 점령하고 낙랑군을 축출하여 압록강 중류를 벗어나 남쪽으로 진출할 수 있는 발판을 마련하였고, 고국원왕 때는 전연과 백제의 침략으로 국가적 위기를 맞기도 하였다. 4세기 후반 소수림왕 때에는 불교의 수용, 태학의 설립, 율령의 반포로 중앙집권국가로의 체제를 강화하였다.

② **백제** … 4세기 후반 근초고왕은 마한의 대부분을 정복하였으며, 황해도 지역을 두고 고구려와 대결하기도 하였다. 또한 낙동강 유역의 가야에 지배권을 행사하였고, 중국의 요서지방과 산둥지방, 일본의 규슈지방까지 진출하였으며 왕위의 부자상속이 시작되었다.

③ **신라**
　㉠ **지증왕**(6세기 초) : 국호(사로국 → 신라)와 왕의 칭호(마립간 → 왕)를 변경하고, 수도와 지방의 행정구역을 정리하였으며 대외적으로 우산국(울릉도)을 복속시켰다.
　㉡ **법흥왕**(6세기 중엽) : 병부의 설치, 율령의 반포, 공복의 제정 등으로 통치질서를 확립하였다. 또한 골품제도를 정비하고, 새로운 세력을 포섭하고자 불교를 공인하였다. 독자적 연호인 건원을 사용하여 자주국가로서의 위상을 높였고 금관가야를 정복하여 영토를 확장시켜 중앙집권체제를 완비하였다.

(2) 삼국 간의 항쟁

① **고구려의 대제국 건설**
　㉠ **광개토대왕**(5세기) : 영락이라는 연호를 사용하였고 만주지방에 대한 대규모 정복사업을 단행하였으며, 백제를 압박하여 한강 이남으로 축출하였다. 또한 신라에 침입한 왜를 격퇴함으로써 한반도 남부에까지 영향력을 확대하였다.

  ⓛ **장수왕**(5세기) : 남북조의 교류 및 평양 천도(427)를 단행하여 백제의 수도인 한성을 함락하였다. 죽령 ~ 남양만 이북을 확보하여 광개토대왕비와 중원고구려비를 건립하였다. 이후 한강 유역으로 진출하였는데 만주와 한반도에 걸친 광대한 영토를 차지하여 중국과 대등한 지위의 대제국을 건설하였다.

② **백제의 중흥**

  ㉠ 5세기 후반 문주왕은 고구려의 남하정책으로 대외팽창이 위축되고 무역활동이 침체되어 서울을 웅진으로 천도하게 되고, 동성왕은 신라와 동맹을 강화하여 고구려에 대항, 무령왕은 지방의 22담로에 왕족을 파견 하여 지방통제를 강화하는 등 체제를 정비하고자 하였다.

  ⓛ **성왕**(6세기 중반) : 사비로 천도하고, 남부여로 국호를 개칭하고 중앙은 22부, 수도는 5부, 지방은 5방 으로 정비하였다. 불교를 진흥시키고, 일본에 전파하였으며, 중국의 남조와 교류하였다.

③ **신라의 발전**(진흥왕, 6세기)

  ㉠ **체제 정비** : 화랑도를 국가적 조직으로 개편하고, 불교를 통해 사상적 통합을 꾀하였다.

  ⓛ **영토 확장** : 한강 유역을 장악하여 경제적 기반을 강화하고 전략적 거점을 확보할 수 있었고 중국 교섭 의 발판이 되었다. 북으로는 함경도, 남으로는 대가야를 정복하였고, 단양적성비와 진흥왕순수비를 건립 하였다.

(3) 삼국의 통치체제

① **통치조직의 정비** … 삼국의 초기에는 부족 단위 각 부의 귀족들이 독자적으로 관리를 거느리는 방식으로 귀 족회의에서 국가의 중요한 일을 결정하였는데 후에는 왕을 중심으로 한 통치체제로 왕의 권한이 강화되었고, 관등제와 행정구역이 정비되어 각 부의 귀족들은 왕권 아래 복속되고, 부족적 성격이 행정적 성격으로 개편 되었다.

② **관등조직 및 중앙관제**

구분	관등	수상	중앙관서	귀족합의제
고구려	10여 관등	대대로(막리지)	–	제가회의
백제	16관등	상좌평	6좌평, 22부(시비천도 이후)	정사암회의
신라	17관등	상대등	병부, 집사부	화백회의

③ **지방제도**

  ㉠ **지방조직**

구분	수도	지방(장관)	특수행정구역
고구려	5부	5부(욕살)	3경(평양성, 국내성, 한성)
백제	5부	5방(방령)	22담로(지방 요지)
신라	6부	5주(군주)	2소경(충주 중원경, 강릉 동원경)

ⓛ **지방제도의 정비** : 최상급 지방행정단위로 부와 방 또는 주를 두고 지방장관을 파견하였고, 그 아래의 성이나 군에도 지방관을 파견하여 지방민을 직접 지배하였으나, 말단 행정단위인 촌은 지방관을 파견하지 않고 토착세력을 촌주로 삼았다. 그러나 대부분의 지역은 중앙정부의 지배가 강력히 미치지 못하여 지방세력가들이 지배하게 되었다.

④ **군사조직** … 지방행정조직이 그대로 군사조직이기도 하여 각 지방의 지방관은 곧 군대의 지휘관(백제의 방령, 신라의 군주)이었다.

③ 대외항쟁과 신라의 삼국통일

(1) 고구려와 수·당의 전쟁

① **수와의 전쟁**(612) … 고구려의 요서지방 선제공격으로 수의 문제와 양제는 고구려를 침입하였으나, 을지문덕이 살수에서 큰 승리를 거두었다.

② **당과의 전쟁**(645) … 당 태종은 요동의 여러 성을 공격하고 전략상 가장 중요한 안시성을 공격하였으나 고구려에 의해 패하였다.

(2) 백제와 고구려의 멸망

① **백제의 멸망**(660) … 정치질서의 문란과 지배층의 향락으로 국방이 소홀해진 백제는 황산벌에서 신라에게 패하면서 결국 사비성이 함락되고 말았다. 복신과 흑치상지, 도침 등은 주류성과 임존성을 거점으로 하여 사비성과 웅진성을 공격하였으나 나·당연합군에 의하여 진압되었다.

② **고구려의 멸망**(668) … 지배층의 분열과 국력의 약화로 정치가 불안정한 틈을 타고 나·당연합군의 침입으로 평양성이 함락되었다. 검모잠과 고연무 등은 한성과 오골성을 근거지로 평양성을 탈환하였으나 결국 실패하였다.

(3) 신라의 삼국통일

① **과정** … 당은 한반도에 웅진도독부, 안동도호부, 계림도독부를 설치하여 한반도를 지배하려 하였으나 신라·고구려·백제 유민의 연합으로 당 주둔군을 공격하여 매소성과 기벌포싸움에서 승리를 거두게 되고 당군을 축출하여 삼국통일(676)을 이룩하였다.

② **삼국통일의 의의와 한계** … 당의 축출로 자주적 성격을 인정할 수 있으며 고구려와 백제 문화의 전통을 수용하여 민족문화 발전의 토대를 마련하였다는 점에서 큰 의의가 있으나 외세의 협조를 받았다는 점과 대동강에서 원산만 이남에 국한된 불완전한 통일이라는 점에서 한계성을 가진다.

❹ 남북국시대의 정치 변화

(1) 통일신라의 발전

① **왕권의 전제화**
    ㉠ **무열왕** : 통일과정에서 왕권을 강화하였으며 이후 직계자손이 왕위를 계승하게 되었다.
    ㉡ **유교정치이념의 수용** : 통일을 전후로 유교정치이념이 도입되었고, 중앙집권적 관료정치의 발달로 왕권이 강화되어 갔다.
    ㉢ **집사부 시중의 기능 강화** : 상대등의 세력을 억제하였고 왕권의 전제화가 이루어졌다.
    ㉣ **신문왕** : 관료전의 지급, 녹읍의 폐지, 국학을 설립하여 유교정치이념을 확립시켰다.

② **정치세력의 변동** … 6두품은 학문적 식견을 바탕으로 왕의 정치적 조언자로 활동하거나 행정실무를 총괄하였다. 이들은 전제왕권을 뒷받침하고, 학문·종교분야에서 활약하였다.

③ **전제왕권의 동요** … 8세기 후반부터 진골귀족세력의 반발로 녹읍제가 부활하고, 사원의 면세전이 증가되어 국가재정의 압박을 가져왔다. 귀족들의 특권적 지위 고수 및 향락과 사치가 계속되자 농민의 부담은 가중되었다.

(2) 발해의 건국과 발전

① **건국** … 고구려 출신의 대조영이 길림성에 건국하였다. 지배층은 고구려인, 피지배층은 말갈인으로 구성되었으나 일본에 보낸 국서에 고려 또는 고려국왕이라는 칭호를 사용하였고, 고구려 문화와 유사성이 있다는 점에서 고구려 계승의식이 나타나고 있다.

② **발전**
    ㉠ **영토 확장(무왕)** : 동북방의 여러 세력을 복속시켜 북만주 일대를 장악하였고, 당의 산둥반도를 공격하고, 돌궐·일본과 연결하여 당과 신라에 대항하였다.
    ㉡ **체제 정비(문왕)** : 당과 친선관계를 맺고 문물을 수입하였는데 중경에서 상경으로 천도하였고, 신라와의 대립관계를 해소하려 상설교통로를 개설하였으며 천통(고왕), 인안(무왕), 대흥(문왕), 건흥(선왕) 등 독자적인 연호를 사용하였다.
    ㉢ **중흥기(선왕)** : 요동지방으로 진출하였으며 남쪽으로는 신라와 국경을 접할 정도로 넓은 영토를 차지하고, 지방제도를 완비하였다. 당에게서 '해동성국'이라는 칭호를 받았다.
    ㉣ **멸망** : 거란의 세력 확대와 귀족들의 권력투쟁으로 국력이 쇠퇴하자 거란에 멸망당하였다.

(3) 남북국의 통치체제

① 통일신라

  ㉠ **중앙정치체제** : 전제왕권의 강화를 위해 집사부 시중의 지위 강화 및 집사부 아래에 위화부와 13부를 두고 행정업무를 분담하였으며, 관리들의 비리와 부정 방지를 위한 감찰기관인 사정부를 설치하였다.

  ㉡ **유교정치이념의 수용** : 국학을 설립하였다.

  ㉢ **지방행정조직의 정비(신문왕)** : 9주 5소경으로 정비하여 중앙집권체제를 강화하였으며 지방관의 감찰을 위하여 외사정을 파견하였고 상수리제도를 실시하였으며, 향·부곡이라 불리는 특수행정구역도 설치하였다.

  ㉣ **군사조직의 정비**

  • 9서당 : 옷소매의 색깔로 표시하였는데 부속민에 대한 회유와 견제의 양면적 성격이 있다.

  • 10정 : 9주에 각 1정의 부대를 배치하였으나 한산주에는 2정(남현정, 골내근정)을 두었다.

② 발해

  ㉠ **중앙정치체계** : 당의 제도를 수용하였으나 명칭과 운영은 독자성을 유지하였다.

  • 3성 : 정당성(대내상이 국정 총괄), 좌사정, 우사정(지·예·신부)

  • 6부 : 충부, 인부, 의부, 자부, 예부, 신부

  • 중정대(감찰), 문적원(서적 관리), 주자감(중앙의 최고교육기관)

  ㉡ **지방제도** : 5경 15부 62주로 조직되었고, 촌락은 주로 말갈인 촌장이 지배하였다.

  ㉢ **군사조직** : 중앙군(10위), 지방군

(4) 신라 말기의 정치 변동과 호족세력의 성장

① **전제왕권의 몰락** … 진골귀족들의 반란과 왕위쟁탈전이 심화되고 집사부 시중보다 상대등의 권력이 더 커졌으며 지방민란의 발생으로 중앙의 지방통제력이 더욱 약화되었다.

② **농민의 동요** … 과중한 수취체제와 자연재해는 농민의 몰락을 가져오고, 신라 정부에 저항하게 되었다.

③ **호족세력의 등장** … 지방의 행정·군사권과 경제적 지배력을 가진 호족세력은 성주나 장군을 자처하며 반독립적인 세력으로 성장하였다.

④ **개혁정치** … 6두품 출신의 유학생과 선종의 승려가 중심이 되어 골품제 사회를 비판하고 새로운 정치이념을 제시하였다. 지방의 호족세력과 연계되어 사회 개혁을 추구하였다.

02 중세의 정치

❶ 중세사회의 성립과 전개

⑴ 고려의 성립과 민족의 재통일

① **고려의 건국** … 왕건은 송악의 호족으로서 처음에는 궁예 휘하로 들어가 한강 유역과 나주지방을 점령하여 후백제를 견제하였는데 궁예의 실정을 계기로 정권을 장악하게 되었으며, 고구려의 후계자임을 강조하여, 국호를 고려라 하고 송악에 도읍을 세웠다.

② **민족의 재통일** … 중국의 혼란기를 틈타 외세의 간섭 없이 통일이 성취되었다.

⑵ 태조의 정책

① **취민유도**(取民有度)**정책** … 조세경감, 노비해방 및 빈민구제기관인 흑창을 설치하였다.

② **통치기반 강화**
  ㉠ 관제 정비 : 태봉의 관제를 중심으로 신라와 중국의 제도를 참고하여 정치제도를 만들고, 개국공신과 호족을 관리로 등용하였다.
  ㉡ 호족 통합 : 호족과 정략결혼을 하였으며 그들의 향촌지배권을 인정하고, 공신들에게는 역분전을 지급하였다.
  ㉢ 호족 견제 : 사심관제도(우대)와 기인제도(감시)를 실시하였다.
  ㉣ 통치 규범 : 정계, 계백료서를 지어 관리들이 지켜야 할 규범을 제시하였고, 후손들이 지켜야 할 교훈이 담긴 훈요 10조를 남겼다.

③ **북진정책** … 고구려를 계승하였음을 강조하여 국호를 고려라 하고 국가의 자주성을 강조하기 위해 천수(天授)라는 연호를 사용하였다.

⑶ 광종의 개혁정치

왕권의 안정과 중앙집권체제를 확립하기 위하여 노비안검법, 과거제도 실시, 공복제도, 불교 장려, 제위보의 설치, 독자적인 연호 사용 및 송과의 문화적 · 경제적 목적에서 외교관계를 수립하였으나, 군사적으로는 중립적 자세를 취하였다.

⑷ 유교적 정치질서의 강화

① **최승로의 시무 28조** … 유교정치이념을 강조하고 지방관의 파견과 문벌귀족 중심의 정치를 이루게 되었다.

② **성종의 중앙집권화** … 6두품 출신의 유학자를 등용, 12목에 지방관의 파견, 향리제도 실시, 국자감과 향교의 설치 및 과거제도를 실시하고 중앙통치기구는 당, 태봉, 신라, 송의 관제를 따랐다.

② 통치체제의 정비

(1) 중앙의 통치조직

① 정치조직(2성 6부)

　　㉠ 2성

　　　• 중서문하성 : 중서성과 문하성의 통합기구로 문하시중이 국정을 총괄하였다.
　　　　– 재신 : 2품 이상의 고관으로 백관을 통솔하고 국가의 중요정책을 심의·결정하였다.
　　　　– 낭사 : 3품 이하의 관리로 정책을 건의하거나, 정책 집행의 잘못을 비판하는 일을 담당하였다.
　　　• 상서성 : 실제 정무를 나누어 담당하는 6부를 두고 정책의 집행을 담당하였다.

　　㉡ **중추원(추부)** : 군사기밀을 담당하는 2품 이상의 추밀과 왕명 출납을 담당하는 3품의 승선으로 구성되었다.

　　㉢ **삼사** : 화폐와 곡식의 출납에 대한 회계업무만을 담당하였다.

　　㉣ **어사대** : 풍속을 교정하고 관리들의 비리를 감찰하는 감찰기구이다.

　　㉤ **6부** : 상서성에 소속되어 실제 정무를 분담하던 관청으로 각 부의 장관은 상서, 차관은 시랑이었다.

② 귀족 중심의 정치

　　㉠ **귀족합좌 회의기구**(중서문하성의 재신, 중추원의 추밀)

　　　• 도병마사 : 재신과 추밀이 함께 모여 회의로 국가의 중요한 일을 결정하는 곳이다. 국방문제를 담당하는 임시기구였으나, 도평의사사(도당)로 개편되면서 구성원이 확대되고 국정 전반에 걸친 중요사항을 담당하는 최고 정무기구로 발전하였다.
　　　• 식목도감 : 임시기구로서 재신과 추밀이 함께 모여 국내 정치에 관한 법의 제정 및 각종 시행규정을 다루던 회의기구였다.

　　㉡ **대간(대성)제도** : 어사대의 관원과 중서문하성의 낭관으로 구성되었다. 비록 직위는 낮았지만 왕, 고위관리들의 활동을 지원하거나 제약하여 정치 운영의 견제와 균형을 이루었다.

　　　• 서경권 : 관리의 임명과 법령의 개정이나 폐지 등에 동의하는 권리를 말한다.
　　　• 간쟁 : 왕의 잘못을 말로 직언하는 것을 말한다.
　　　• 봉박 : 잘못된 왕명을 시행하지 않고 글로 써서 되돌려 보내는 것을 말한다.

(2) 지방행정조직의 정비

① 정비과정

　　㉠ 초기 : 호족세력의 자치로 이루어졌다.

　　㉡ 성종 : 12목을 설치하여 지방관을 파견하였다.

　　㉢ 현종 : 4도호부 8목으로 개편되어 지방행정의 중심이 되었고, 그 후 전국을 5도와 양계, 경기로 나눈 다음 그 안에 3경·4도호부·8목을 비롯하여 군·현·진을 설치하였다.

② 지방조직

　　㉠ 5도(일반행정구역) : 상설 행정기관이 없는 일반 행정 단위로서 안찰사를 파견하여 도내의 지방을 순찰하게 하였다. 도에는 주와 군(지사)·현(현령)이 설치되고, 주현에는 지방관을 파견하였지만 속현에는 지방관을 파견하지 않았다.

　　㉡ 양계(군사행정구역) : 북방의 국경지대에는 동계와 북계의 양계를 설치하여 병마사를 파견하고, 국방상의 요충지에 군사특수지역인 진을 설치하였다.

　　㉢ 8목 4도호부 : 행정과 군사적 방비의 중심적인 역할을 맡은 곳이다.

　　㉣ 특수행정구역

　　　• 3경 : 풍수설과 관련하여 개경(개성), 서경(평양), 동경(경주, 숙종 이후 남경)에 설치하였다.

　　　• 향·소·부곡 : 천민의 집단거주지역이었다.

　　㉤ 지방행정 : 실제적인 행정사무는 향리가 실질적으로 처리하여 지방관보다 영향력이 컸다.

　　　　예 속현, 향, 소, 부곡

(3) 군역제도와 군사조직

① 중앙군

　　㉠ 2군 6위 : 국왕의 친위부대인 2군과 수도 경비와 국경 방어를 담당하는 6위로 구성되었다.

　　㉡ 직업군인 : 군적에 올라 군인전을 지급받고 군역을 세습하였으며, 군공을 세워 신분을 상승시킬 수 있는 중류층이었다. 이들은 상장군, 대장군 등의 무관이 지휘하였다.

② 지방군

　　㉠ 주진군(양계) : 상비군으로 좌군, 우군, 초군으로 구성되어 국경을 수비하는 의무를 지녔다.

　　㉡ 주현군(5도) : 지방관의 지휘를 받아 치안과 지방방위·노역에 동원되었고 농민으로 구성하였다.

(4) 관리임용제도

① 과거제도(법적으로 양인 이상이면 응시가 가능)

　　㉠ 제술과 : 문학적 재능과 정책을 시험하는 것이다.

　　㉡ 명경과 : 유교경전에 대한 이해능력을 시험하는 것이다.

　　㉢ 잡과 : 기술관을 선발하는 것으로 백정이나 농민이 응시하였다.

ⓔ 한계와 의의 : 능력 중심의 인재 등용과 유교적 관료정치의 토대 마련의 계기가 되었으나 과거출신자보다 음서출신자가 더 높이 출세할 수 밖에 없었고, 무과는 실시하지 않았다.

② **음서제도** … 공신과 종실의 자손 외에 5품 이상의 고관의 자손은 과거를 거치지 않고 관직에 진출할 수 있는 제도이다.

❸ 문벌귀족사회의 성립과 동요

(1) 문벌귀족사회의 성립

① 지방호족 출신이 중앙관료화된 것으로, 신라 6두품 계통의 유학자들이 과거를 통해 관직에 진출하여 성립되었으며, 대대로 고위관리가 되어 중앙정치에 참여하게 되고, 과거와 음서를 통해 관직을 독점하였다.

② **문벌귀족사회의 모순**

ⓞ **문벌귀족의 특권** : 정치적으로 과거와 음서제를 통해 고위 관직을 독점하며 경제적으로 과전, 공음전, 사전 등의 토지 겸병이 이루어지고, 사회적으로 왕실 및 귀족들 간의 중첩된 혼인관계를 이루었다.

ⓛ **측근세력의 대두** : 과거를 통해 진출한 지방 출신의 관리들이 국왕을 보좌하면서 문벌귀족과 대립하였다.

ⓒ **이자겸의 난, 묘청의 서경천도운동** : 문벌귀족과 측근세력의 대립으로 발생한 사건들이다.

(2) 이자겸의 난과 서경천도운동

① **이자겸의 난**(1126) … 문종 ~ 인종까지 경원 이씨가 80여년간 권력을 독점하였다. 여진(금)의 사대관계 요구에 이자겸 정권은 굴복하여 사대관계를 유지하였으나, 인종의 척준경 회유로 이자겸의 왕위찬탈반란은 실패로 돌아가게 되었다. 그 결과 귀족사회의 동요가 일어나고 묘청의 서경천도운동의 계기가 되었다.

② **묘청의 서경천도운동**(1135) … 서경(평양) 천도, 칭제건원, 금국 정벌을 주장하였으나 문벌귀족의 반대에 부딪혔으며, 김부식이 이끄는 관군에 의해 진압되고 말았다.

(3) 무신정권의 성립

① **무신정변**(1170) … 숭문천무정책으로 인한 무신을 천시하는 풍조와 의종의 실정이 원인이 되어 문신 중심의 귀족사회에서 관료체제로 전환되는 계기가 되었으며 전시과체제가 붕괴되고 무신에 의해 토지의 독점이 이루어져 사전과 농장이 확대되었다.

② **사회의 동요** … 무신정권에 대한 반발로 김보당의 난과 조위총의 난이 일어났으며, 신분해방운동으로 농민(김사미·효심의 난)·천민의 난(망이·망소이의 난)이 일어났다.

③ 최씨 정권

　㉠ 최씨 정권의 기반
　　• 정치적 : 교정도감(최충헌)과 정방(최우), 서방(최우)을 중심으로 전개되었다.
　　• 경제적 : 광대한 농장을 소유하였다.
　　• 군사적 : 사병을 보유하고 도방을 설치하여 신변을 경호하였다.
　㉡ 한계 : 정치적으로 안정되었지만 국가통치질서는 오히려 약화되었다.

❹ 대외관계의 변화

(1) 거란의 침입과 격퇴

① 고려의 대외정책 … 친송배요정책으로 송과는 친선관계를 유지했으나 거란은 배척하였다.

② 거란의 침입과 격퇴
　㉠ 1차 침입 : 서희의 담판으로 강동 6주를 확보하였으며, 거란과 교류관계를 맺었다.
　㉡ 2차 침입 : 고려의 계속되는 친송정책과 강조의 정변을 구실로 침입하여 개경이 함락되었고, 현종의 입조(入朝)를 조건으로 퇴군하였다.
　㉢ 3차 침입 : 현종의 입조(入朝)를 거부하여 다시 침입하였으나 강감찬이 귀주대첩으로 큰 승리를 거두어 양국은 강화를 맺었다.
　㉣ 결과 및 영향 : 고려, 송, 거란 사이의 세력 균형을 유지되고 고려는 나성과 천리장성(압록강 ~ 도련포)을 축조하여 수비를 강화하였다.

(2) 여진 정벌과 9성 개척

기병을 보강한 윤관의 별무반이 여진을 토벌하여 동북 9성을 축조하였으나 고려를 침략하지 않고 조공을 바치겠다는 조건을 수락하면서 여진에게 9성을 돌려주었다. 그러나 여진은 더욱 강해져 거란을 멸한 뒤 고려에 대해 군신관계를 요구하자 현실적인 어려움으로 당시의 집권자 이자겸은 금의 요구를 받아들였다.

(3) 몽고와의 전쟁

① 몽고와의 전쟁
　㉠ 원인 : 몽고의 과중한 공물 요구와, 몽고의 사신 저고여가 피살되는 사건이 일어났다.
　㉡ 몽고의 침입
　　• 제1차 침입(1231) : 몽고 사신의 피살을 구실로 몽고군이 침입하였고 박서가 항전하였으나, 강화가 체결되고 철수되었다.
　　• 제2차 침입(1232) : 최우는 강화로 천도하였고, 용인의 김윤후가 몽고의 장군 살리타를 죽이고 몽고 군대는 쫓겨갔다.

- 제3차 ~ 제8차 침입(1235 ~ 1257) : 농민, 노비, 천민들의 활약으로 몽고를 끈질기게 막아냈다.
  - ⓒ **결과** : 전 국토가 황폐화되고 민생이 도탄에 빠졌으며 대장경(초판)과 황룡사의 9층탑이 소실되었다.
② **삼별초의 항쟁(1270 ~ 1273)** … 몽고와의 굴욕적인 강화를 맺는 데 반발하여 진도로 옮겨 저항하였고, 여 · 몽연합군의 공격으로 진도가 함락되자 다시 제주도로 가서 김통정의 지휘 아래에 계속 항쟁하였으나 여 · 몽연합군에 의해 진압되었다.

(4) 홍건적과 왜구의 침입

① **홍건적의 격퇴** … 제1차 침입은 모거경 등 4만 군이 서경을 침입하였으나, 이승경, 이방실 등이 격퇴하였고 제2차 침입은 사유 등 10만 군이 개경을 함락하였으나, 정세운, 안우, 이방실 등이 격퇴하였다.

② **왜구의 침략** … 잦은 왜구의 침입에 따른 사회의 불안정은 시급히 해결해야 할 국가적 과제였다. 왜구를 격퇴하고 이 문제를 해결하는 과정에서 신흥무인세력이 성장하였다.

⑤ 고려후기의 정치 변동

(1) 원(몽고)의 내정 간섭

① **정치적 간섭**
  - ㉠ **일본 원정** : 두 차례의 원정에 인적 · 물적 자원이 수탈되었으나 실패하였다.
  - ㉡ **영토의 상실과 수복**
    - **쌍성총관부** : 원은 화주(영흥)에 설치하여 철령 이북 땅을 직속령으로 편입하였는데, 1356년(공민왕 5) 유인우가 무력으로 탈환하였다.
    - **동녕부** : 자비령 이북 땅에 차지하여 서경에 두었는데, 1290년(충렬왕 16) 고려의 간청으로 반환되었다.
    - **탐라총관부** : 삼별초의 항쟁을 평정한 후 일본 정벌 준비를 위해 제주도에 설치하고(1273) 목마장을 두었다. 1301년(충렬왕 27) 고려에 반환하였다.
  - ㉢ **관제의 개편** : 관제를 격하시키고(3성→첨의부, 6부→4사) 고려를 부마국 지위의 왕실호칭을 사용하게 하였다.
  - ㉣ **원의 내정 간섭**
    - **다루가치** : 1차 침입 때 설치했던 몽고의 군정지방관으로 공물의 징수 · 감독 등 내정간섭을 하였다.
    - **정동행성** : 일본 원정준비기구로 설치된 정동행중서성이 내정간섭기구로 남았다. 고려 · 원의 연락기구였다.
    - **이문소** : 정동행성에 설립된 사법기구로 고려인을 취조 · 탄압하였다.
    - **응방** : 원에 매를 생포하여 조달하는 기구였으나 여러 특권을 행사해 폐해가 심하였다.

② **사회 · 경제적 수탈** … 금 · 은 · 베 · 인삼 · 약재 · 매 등의 막대한 공물의 부담을 가졌으며, 몽고어 · 몽고식 의복과 머리가 유행하고, 몽고식 성명을 사용하는 등 풍속이 변질되었다.

(2) 공민왕의 개혁정치

① **반원자주정책** … 친원세력의 숙청, 정동행서 이문소를 폐지, 몽고식 관제의 폐지, 원의 연호·몽고풍을 금지, 쌍성총관부를 공격하여 철령 이북의 땅을 수복하고 요동지방을 공격하여 요양을 점령하였다.

② **왕권강화책** … 정방을 폐지, 성균관을 통한 유학교육을 강화 및 과거제도를 정비하고 신돈을 등요하여 전민변정도감을 설치한 개혁은 권문세족들의 경제기반을 약화시키고 국가재정수입의 기반을 확대하였다.

③ **개혁의 실패원인** … 개혁추진세력인 신진사대부 세력이 아직 결집되지 못한 상태에서 권문세족의 강력한 반발을 효과적으로 제어하지 못하였고, 원나라의 간섭 등으로 인해 실패하고 말았다.

(3) 신진사대부의 성장

① 학문적 실력을 바탕으로 과거를 통하여 중앙에 진출한 지방의 중소지주층과 지방향리 출신이 많았다. 성리학을 수용하였으며, 불교의 폐단을 비판하였고 권문세족의 비리와 불법을 견제하였다. 신흥무인세력과 손을 잡으면서 사회의 불안과 국가적인 시련을 해결하고자 하였다.

② **한계** … 권문세족의 인사권 독점으로 관직의 진출이 제한되었고, 과전과 녹봉도 제대로 받지 못하는 등 경제적 기반이 미약하다는 한계를 가졌다.

(4) 고려의 멸망

우왕 말에 명은 쌍성총관부가 있던 땅에 철령위를 설치하여 명의 땅으로 편입하겠다고 통보하였다. 이에 최영은 요동정벌론을, 이성계는 4불가론을 주장하여 대립하였는데 최영의 주장에 따라 요동정벌군이 파견되었으나 위화도 회군으로 이성계가 장악하였다. 결국 급진개혁파(혁명파)는 정치적 실권을 장악하고 온건개혁파를 제거 한 후 도평의사사를 장악하여 공양왕의 왕위를 물려받아 조선을 건국하였다.

03 근세의 정치

① 근세사회의 성립과 전개

(1) 국왕 중심의 통치체제정비와 유교정치의 실현

① **태조** … 국호를 '조선'이라 하고 수도를 한양으로 천도하였다. 3대 정책으로 숭유억불정책, 중농억상정책, 사대교린정책을 실시하였다.

② **태종** … 왕권 확립을 위해 개국공신세력을 견제하고 숙청하였으며 6조직계제를 실시, 사간원을 독립시켜 대신들을 견제하고 신문고를 설치, 양전사업의 실시 및 호패법을 시행하였다. 사원전을 몰수하고 노비 해방과 사병을 폐지하였다.

③ **세종** … 집현전을 설치, 한글 창제 및 6조직계제를 폐지하고 의정부서사제(재상합의제)로 정책을 심의하였으며, 국가행사를 오례에 따라 거행하였다.

(2) 문물제도의 정비

① **세조** … 왕권의 재확립과 집권체제의 강화를 위하여 6조직계제를 실시하고 집현전과 경연을 폐지하였으며, 「경국대전」의 편찬에 착수하였다.

② **성종** … 홍문관의 설치, 경연의 활성화 및 「경국대전」의 완성 · 반포를 통하여 조선의 기본통치방향과 이념을 제시하였다.

② 통치체제의 정비

(1) 중앙정치체제

① **양반관료체제의 확립** … 「경국대전」으로 법제화하고 문 · 무반이 정치와 행정을 담당하게 하였으며, 18품계로 나누어 당상관(관서의 책임자)과 당하관(실무 담당)으로 구분하였다.

② **의정부와 6조**
　㉠ **의정부** : 최고 관부로서 재상의 합의로 국정을 총괄하였다.
　㉡ **6조** : 직능에 따라 행정을 분담하였다.
　　• 이조 : 문관의 인사(전랑이 담당), 공훈, 상벌을 담당하였다.
　　• 호조 : 호구, 조세, 회계, 어염, 광산, 조운을 담당하였다.
　　• 예조 : 외교, 교육, 문과과거, 제사, 의식 등을 담당하였다.
　　• 병조 : 국방, 통신(봉수), 무과과거, 무관의 인사 등을 담당하였다.
　　• 형조 : 형률, 노비에 대한 사항을 담당하였다.
　　• 공조 : 토목, 건축, 수공업, 도량형, 파발에 대한 사항을 담당하였다.

③ **언론학술기구** … 삼사로 정사를 비판하고 관리들의 부정을 방지하였다.
　㉠ **사간원(간쟁) · 사헌부(감찰)** : 서경권(관리 임명에 대한 동의권)을 행사하였다.
　㉡ **홍문관** : 학문적으로 정책 결정을 자문하는 기구이다.

④ **왕권강화기구** … 왕명을 출납하는 승정원과 큰 죄인을 다스리는 국왕 직속인 의금부, 서울의 행정과 치안을 담당하는 한성부가 있다.

⑤ **그 밖의 기구** … 역사서의 편찬과 보관을 담당하는 춘추관, 최고 교육기관인 성균관 등이 있다.

(2) 지방행정조직

① **지방조직** … 전국을 8도로 나누고, 하부에 부·목·군·현을 설치하였다.

　㉠ **관찰사(감사)** : 8도의 지방장관으로서 행정, 군사, 감찰, 사법권을 행사하였다. 수령에 대한 행정을 감찰하는 역할을 담당하였다.

　㉡ **수령** : 부, 목, 군, 현에 임명되어 관내 주민을 다스리는 지방관으로서 행정, 사법, 군사권을 행사하였다.

　㉢ **향리(아전)** : 6방에 배속되어 향역을 세습하면서 수령을 보좌하였다.

② **향촌사회**

　㉠ **면·리·통** : 향민 중에서 책임자를 선임하여, 수령의 명령을 받아 인구 파악과 부역 징발을 주로 담당하게 하였다.

　㉡ **양반 중심의 향촌사회질서 확립**

　　• 경재소 : 유향소와 정부간 연락을 통해 유향소를 통제하여 중앙집권을 효율적으로 강화하였다.

　　• 유향소(향청) : 향촌양반의 자치조직으로 좌수와 별감을 선출하고, 향규를 제정하며, 향회를 통한 여론의 수렴과 백성에 대한 교화를 담당하였다.

(3) 군역제도와 군사조직

① **군역제도**

　㉠ **양인개병제** : 양인(현직 관료와 학생을 제외한 16세 이상 60세 이하의 남자)의 신분이면 누구나 병역의 의무를 지는 제도이다.

　㉡ **보법** : 정군(현역 군인)과 보인(정군의 비용 부담)으로 나눈다.

　㉢ **노비** : 권리가 없으므로 군역이 면제되고, 특수군(잡색군)으로 편제되었다.

② **군사조직**

　㉠ **중앙군(5위)** : 궁궐과 서울을 수비하며 정군을 중심으로 갑사(시험을 거친 직업군인)나 특수병으로 지휘책임을 문관관료가 맡았다.

　㉡ **지방군** : 병영(병마절도사)과 수영(수군절도사)으로 조직하였다.

　㉢ **잡색군** : 서리, 잡학인, 신량역천인(신분은 양인이나 천한 일에 종사), 노비 등으로 조직된 일종의 예비군으로 유사시에 향토 방위를 담당한다. (농민은 제외)

③ **교통·통신체계의 정비**

　㉠ **봉수제(통신)** : 군사적 목적으로 설치하였으며, 불과 연기를 이용하여 급한 소식을 알렸다.

　㉡ **역참** : 물자 수송과 통신을 위해 설치되어 국방과 중앙집권적 행정 운영이 한층 쉬워졌다.

(4) 관리등용제도

① **과거** … 문과는 예조에서 담당하였으며 무과는 병조에서 담당하고 28명을 선발하였다. 또한 잡과는 해당 관청에서 역과, 율과, 의과, 음양과의 기술관을 선발하였다.

② **취재** … 재주가 부족하거나 나이가 많아 과거 응시가 어려운 사람이 특별채용시험을 거쳐 하급 실무직에 임명되는 제도이다.

③ **음서와 천거** … 과거를 거치지 않고 고관의 추천을 받아 간단한 시험을 치른 후 관직에 등용되거나 음서를 통하여 관리로 등용되는 제도이다. 그러나 천거는 기존의 관리들을 대상으로 하였고, 음서도 고려시대에 비하여 크게 줄어들었다. 문과에 합격하지 않으면 고관으로 승진하기 어려웠다.

④ **인사관리제도의 정비**
  ㉠ 상피제 : 권력의 집중과 부정을 방지하였다.
  ㉡ 서경제 : 사헌부와 사간원에서 관리 임명시에 심사하여 동의하는 절차로서 5품 이하 관리 임명시에 적용하는 것이다.
  ㉢ 근무성적평가 : 하급관리의 근무성적평가는 승진 및 좌천의 자료가 되었다.

③ 사림의 대두와 붕당정치

(1) 훈구와 사림

① **훈구세력** … 조선 초기 문물제도의 정비에 기여하였으며 고위관직을 독점 및 세습하고, 왕실과의 혼인으로 성장하였다.

② **사림세력** … 여말 온건파 사대부의 후예로서 길재와 김종직에 의해 영남과 기호지방에서 성장한 세력으로 대부분이 향촌의 중소지주이다.

(2) 사림의 정치적 성장

① **사화의 발생**
  ㉠ 무오사화(1498), 갑자사화(1504) : 연산군의 폭정으로 발생하였으며 영남 사림은 몰락하게 되었다.
  ㉡ 조광조의 개혁정치 : 현량과를 실시하여 사림을 등용하여 급진적 개혁을 추진하였다. 위훈삭제사건으로 훈구세력을 약화시켰으며, 공납의 폐단을 시정, 불교와 도교행사를 폐지하고, 소학교육을 장려하고, 향약을 보급하였다. 그러나 훈구세력의 반발을 샀으며 기묘사화(1519)로 조광조는 실각되고 말았다.
  ㉢ 을사사화(1545) : 중종이 다시 사림을 등용하였으나 명종 때 외척 다툼으로 을사사화가 일어나고 사림은 축출되었다.

② 결과 … 사림은 정치적으로 위축되었으나 중소지주를 기반으로 서원과 향약을 통해 향촌에서 세력을 회복하게 되었다.

(3) 붕당의 출현(사림의 정계 주도)

① 동인과 서인 … 척신정치의 잔재를 청산하기 위한 방법을 둘러싸고 대립행태가 나타났다.
  ㉠ 동인 : 신진사림 출신으로서 정치 개혁에 적극적이며 수기(修己)를 강조하고 지배자의 도덕적 자기 절제를 강조하고 이황, 조식, 서경덕의 학문을 계승하였다.
  ㉡ 서인 : 기성사림 출신으로서 정치 개혁에 소극적이며 치인(治人)에 중점을 두고 제도 개혁을 통한 부국안민에 힘을 썼고 이이, 성혼의 문인들을 중심으로 구성되었다.

② 붕당의 성격과 전개 … 정파적 성격과 학파적 성격을 지닌 붕당은 초기에는 강력한 왕권으로의 형성이 불가능하였으나, 중기에 이르러 왕권이 약화되고 사림정치가 전개되면서 붕당이 형성되었다.

(4) 붕당정치의 전개

① 동인의 분당은 정여립의 모반사건을 계기로 세자책봉문제를 둘러싸고 시작되었다. 남인은 온건파로 초기에 정국을 주도하였으며 북인은 급진파로 임진왜란이 끝난 뒤부터 광해군 때까지 정권을 장악하였다.

② 광해군의 개혁정치 … 명과 후금 사이의 중립외교를 펼쳤으며, 전후복구사업을 추진하였으나 무리한 전후복구사업으로 민심을 잃은 광해군과 북인세력은 서인이 주도한 인조반정으로 몰락하였다.

③ 주로 서인이 집권하여 남인 일부가 연합하고, 상호비판 공존체제가 수립되었던 것이 서인과 남인의 경신환국으로 정치 공존이 붕괴되었다.

(5) 붕당정치의 성격

비변사를 통한 여론 수렴이 이루어졌으며, 3사의 언관과 이조전랑의 정치적 비중이 증대되었고 재야의 여론이 수렴되어 재야의 공론주도자인 산림이 출현하였고, 서원과 향교를 통한 수렴이 이루어졌다. 그러나 국가의 이익보다는 당파의 이익을 앞세워 국가 발전에 지장을 주기도 하였고, 현실문제보다는 의리와 명분에 치중하였으며 지배층의 의견만을 정치에 반영하였다.

④ 조선 초기의 대외관계

(1) 명과의 관계
명과의 관계에서는 사대외교를 중국 이외의 주변 민족에게는 교린정책을 기본으로 하였다.

(2) 여진과의 관계

① 대여진정책 … 회유책으로 귀순을 장려하였고, 북평관을 세워 국경무역과 조공무역을 허락하였다. 강경책으로는 본거지를 토벌하고 국경지방에 자치적 방어체제를 구축하여 진 · 보를 설치하였다.

② 북방개척

  ○ 4군 6진 : 최윤덕, 김종서 등은 압록강에서 두만강에 이르는 4군 6진을 설치하였다.

  ○ 사민정책 : 삼남지방의 주민을 강제로 이주시켜 북방 개척과 국토의 균형 있는 발전을 꾀하였다.

  ○ 토관제도 : 토착인을 하급관리로 등용하는 것이다.

(3) 일본 및 동남아시아와의 관계

① 대일관계

  ○ 왜구의 토벌(1419) : 수군을 강화하고 화약무기를 개발해 오던 조선은 왜구가 무역을 요구해오자 제한된 무역을 허용하였으나 왜구의 계속된 약탈로 이종무가 쓰시마섬을 토벌하였다.

  ○ 교린정책 : 3포(부산포, 제포, 염포)를 개항하여, 계해약조를 맺고 조공무역을 허용하였다.

② 동남아시아와의 교역 … 조공, 진상의 형식으로 물자 교류를 하고 특히 불경, 유교경전, 범종, 부채 등을 류큐(오키나와)에 전해주어 류큐의 문화 발전에 기여하였다.

⑤ 양 난의 극복과 대청관계

(1) 왜군의 침략

① 조선의 정세

  ○ 왜구 약탈 : 3포왜란(임신약조) → 사량진왜변(정미약조) → 을묘왜변(교역 중단)

  ○ 국방대책 : 3포왜란 이후 군사문제를 전담하는 비변사가 설치되었다.

  ○ 16세기 말 : 사회적 혼란이 가중되면서 국방력이 약화되어 방군수포현상이 나타났다

② 임진왜란(1592) … 왜군 20만이 기습하고 정발과 송상현이 분전한 부산진과 동래성의 함락과 신립의 패배로 국왕은 의주로 피난하였다. 왜군은 평양, 함경도까지 침입하였고 명에 파병을 요청하였다.

(2) 수군과 의병의 승리

① 수군의 승리

  ○ 이순신(전라좌수사)의 활약 : 판옥선과 거북선을 축조하고, 수군을 훈련시켰다.

    ○ **남해의 재해권 장악** : 옥포(거제도)에서 첫 승리를 거두고, 사천(삼천포, 거북선을 이용한 최초의 해전), 당포(충무), 당항포(고성), 한산도대첩(학익진 전법) 등지에서 승리를 거두어 남해의 제해권을 장악하였고 전라도지방을 보존하였다.

② **의병의 항쟁**

    ㉠ **의병의 봉기** : 농민이 주축이 되어 전직관리, 사림, 승려가 주도한 자발적인 부대였다.

    ㉡ **전술** : 향토지리와 조건에 맞는 전술을 사용하였다. 매복, 기습작전으로 아군의 적은 희생으로 적에게 큰 타격을 주었다.

    ㉢ **의병장** : 곽재우(의령), 조헌(금산), 고경명(담양), 정문부(길주), 서산대사 휴정(평양, 개성, 한성 등), 사명당 유정(전후 일본에서 포로 송환) 등이 활약하였다.

    ㉣ **전세** : 관군이 편입되어 대일항전이 조직화되고 전력도 강화되었다.

(3) 전란의 극복과 영향

① **전란의 극복**

    ㉠ **조·명연합군의 활약** : 평양성을 탈환하고 행주산성(권율) 등지에서 큰 승리를 거두었다.

    ㉡ **조선의 군사력 강화** : 훈련도감과 속오군을 조직하였고 화포 개량과 조총을 제작하였다.

    ㉢ **휴전회담** : 왜군은 명에게 휴전을 제의하였으나, 무리한 조건으로 3년 만에 결렬되었다.

    ㉣ **정유재란** : 왜군은 조선을 재침하였으나 이순신에게 명량·노량해전에서 패배하였다.

② **왜란의 영향**(1957)

    ㉠ **국내적 영향** : 인구와 농토가 격감되어 농촌의 황폐화가 진행되었다. 민란의 발생 및 공명첩의 대량 발급으로 인하여 신분제의 동요, 납속의 실시, 토지대장과 호적이 소실되었다. 또한 경복궁, 불국사, 서적, 실록 등의 문화재가 소실·약탈당했으며, 일본을 통하여 조총, 담배, 고추, 호박 등이 전래되었다.

    ㉡ **국제적 영향** : 일본은 문화재를 약탈하고, 성리학자와 도공을 납치하여 일본 문화가 발전하는 계기가 되었으나 명은 여진족의 급성장으로 인하여 쇠퇴하였다.

(4) 광해군의 중립외교

① **내정개혁** ··· 양안(토지대장)과 호적을 재작성하여 국가재정기반을 확보하고, 산업을 진흥하였다. 「동의보감」(허준)을 편찬하고 소실된 사고를 5대 사고로 재정비하였다.

② **대외정책** ··· 임진왜란 동안 조선과 명이 약화된 틈을 타 여진이 후금을 건국(1616)하였다. 후금은 명에 대하여 전쟁을 포고하고 명은 조선에 원군을 요청하였으나, 조선은 명의 원군 요청을 적절히 거절하면서 후금과 친선정책을 꾀하는 중립적인 정책을 취하였다. 광해군의 중립외교는 국내에 전쟁의 화가 미치지 않아 왜란 후의 복구사업에 크게 기여하였다.

(5) 호란의 발발과 전개

① **정묘호란**(1627) ··· 명의 모문룡 군대의 가도 주둔과 이괄의 난 이후 이괄의 잔당이 후금에 건너가 조선 정벌을 요구한 것으로 발생하였다. 후금의 침입에 정봉수, 이립 등이 의병으로 활약하였다. 후금의 제의로 쉽게 화의(정묘조약)가 이루어져 후금의 군대는 철수하였다.

② **병자호란**(1636) ··· 후금의 군신관계 요구에 조선이 거부한 것이 발단이 되어 발생하였다. 삼전도에서 항복하고 청과 군신관계를 맺게 되었으며, 소현세자와 봉림대군이 인질로 끌려갔다.

(6) 북벌운동의 전개

① 서인세력(송시열, 송준길, 이완 등)은 군대를 양성하는 등의 계획을 세웠으나 실천하지 못하였다.

② **효종의 북벌계획** ··· 이완을 훈련대장으로 임명하고 군비를 확충하였으나 효종의 죽음으로 북벌계획은 중단되었다.

04 정치상황의 변동

① 통치체제의 변화

(1) 정치구조의 변화

① **비변사의 기능 강화** ··· 중종 초 여진족과 왜구에 대비하기 위해 설치한 임시기구였으나, 임진왜란을 계기로 문무고관의 합의기구로 확대되었다. 군사뿐만 아니라 외교, 재정, 사회, 인사 등 거의 모든 정무를 총괄하였으며, 왕권의 약화, 의정부 및 6조 기능의 약화를 초래하였다.

② **정치 운영의 변질** ··· 3사는 공론을 반영하기보다 각 붕당의 이해관계를 대변하기에 급급하고 이조 · 병조의 전랑 역시 상대 붕당을 견제하는 기능으로 변질되어 붕당 간의 대립을 격화시켰다.

(2) 군사제도의 변화

① 중앙군(5군영)

　㉠ **훈련도감** : 삼수병(포수 · 사수 · 살수)으로 구성되었으며, 직업적 상비군이었다.

　㉡ **어영청** : 효종 때 북벌운동의 중추기관이 되었다. 기 · 보병으로 구성되며, 지방에서 교대로 번상하였다.

　㉢ **총융청** : 북한산성 등 경기 일대의 방어를 위해 속오군으로 편성되었다.

　㉣ **수어청** : 정묘호란 후 인조 때 설치되어 남한산성을 개축하고 이를 중심으로 남방을 방어하기 위해 설치되었다.

ⓜ 금위영 : 숙종 때 수도방위를 위해 설치되었다. 기·보병 중심의 선발 군사들로 지방에서 교대로 번상케 하였다.

② **지방군**(속오군)
   ㉠ **지방군제의 변천**
     • 진관체제 : 세조 이후 실시된 체제로 외적의 침입에 효과가 없었다.
     • 제승방략체제 : 유사시에 필요한 방어처에 각 지역의 병력을 동원하여 중앙에서 파견되는 장수가 지휘하게 하는 방어체제이다.
     • 속오군체제 : 진관을 복구하고 속오법에 따라 군대를 정비하였다.
   ㉡ **속오군** : 양천혼성군(양반, 농민, 노비)으로서, 농한기에 훈련하고 유사시에 동원되었다.

(3) 수취제도의 개편

① **전세제도의 개편** … 전세를 풍흉에 관계없이 1결당 미곡 4두로 고정시키는 영정법은 전세율이 다소 낮아졌으나 농민의 대다수인 전호들에게는 도움이 되지 못하였고, 전세 외에 여러 가지 세가 추가로 징수되어 조세의 부담은 증가하였다.

② **공납제도의 개편** … 방납의 폐단으로 토지의 결수에 따라 미, 포, 전을 납입하는 대동법을 시행하였는데 그 결과 농민의 부담을 감소하였으나 지주에게 부과된 대동세가 소작농에게 전가되는 경우가 있었다. 조세의 금납화 촉진, 국가재정의 회복 및 상공업의 발달과 상업도시의 발전을 가져왔다. 그러나 진상·별공은 여전히 존속하였다.

③ **군역제도의 개편** … 균역법(군포 2필→1필)의 실시로 일시적으로 농민부담은 경감되었으나 폐단의 발생으로 인하여 전국적인 저항을 불러왔다.

❷ 정쟁의 격화와 탕평정치

(1) 탕평론의 대두
공리공론보다 집권욕에만 집착하여 균형관계가 깨져서 정쟁이 끊이지 않고 사회가 분열되었으며, 이에 강력한 왕권을 토대로 세력 균형을 유지하려는 탕평론이 제기되었다. 숙종은 공평한 인사 관리를 통해 정치집단 간의 세력 균형을 추구하려 하였으나 명목상의 탕평책에 불과하여 편당적인 인사 관리로 빈번한 환국이 발생하였다.

(2) 영조의 탕평정치
① 탕평파를 육성하고, 붕당의 근거지인 서원을 정리하였으며, 이조전랑의 후임자 천거제도를 폐지하였다. 그 결과 정치권력은 국왕과 탕평파 대신에게 집중되었다. 또한 균역법의 시행, 군영의 정비, 악형의 폐지 및 사형수에 대한 삼심제 채택, 「속대전」을 편찬하였다.

② 한계 … 왕권으로 붕당 사이의 다툼을 일시적으로 억제하기는 하였으나 소론 강경파의 변란(이인좌의 난, 나주괘서사건)획책으로 노론이 권력을 독점하게 되었다.

(3) 정조의 탕평정치

① **정치세력의 재편** … 탕평책을 추진하여 벽파를 물리치고 시파를 고루 기용하여 왕권의 강화를 꾀하였다. 또한 영조 때의 척신과 환관 등을 제거하고, 노론과 소론 일부, 남인을 중용하였다.

② **왕권 강화 정책** … 규장각의 육성, 초계문신제의 시행, 장용영의 설치, 수원 육성, 수령의 권한 강화, 서얼과 노비의 차별 완화, 금난전권 폐지, 「대전통편」, 「동문휘고」, 「탁지지」 등을 편찬하였다.

❸ 정치질서의 변화

(1) 세도정치의 전개(19세기)

정조가 죽은 후 정치세력 간의 균형이 다시 깨지고 몇몇 유력가문 출신의 인물들에게 집중되었다. 순조 때에는 정순왕후가 수렴청정을 하면서 노론 벽파가 정권을 잡았으나, 정순왕후가 죽자 순조의 장인인 김조순을 중심으로 안동 김씨의 세도정치가 시작되었으며 헌종, 철종 때까지 풍양 조씨, 안동 김씨의 세도정치가 이어졌다.

(2) 세도정치의 폐단

① 수령직의 매관매직으로 탐관오리의 수탈이 극심해지고 삼정(전정, 군정, 환곡)이 문란해졌다. 그 결과 농촌 경제는 피폐해지고, 상품화폐경제는 둔화되었다.

② **세도정치의 한계** … 고증학에 치중되어 개혁의지를 상실하였고 지방의 사정을 이해하지 못했다.

❹ 대외관계의 변화

(1) 청과의 관계

① **북벌정책** … 17세기 중엽, 효종 때 추진한 것으로 청의 국력 신장으로 실현가능성이 부족하여 정권 유지의 수단이 되기도 하였으나 양난 이후의 민심 수습과 국방력 강화에 기여하였다.

② **북학론의 대두** … 청의 국력 신장과 문물 융성에 자극을 받아 18세기 말 북학파 실학자들은 청의 문물 도입을 주장을 하였다. 사신들은 천리경, 자명종, 화포, 만국지도, 천주실의 등의 신문물과 서적을 소개하였다.

(2) 일본과의 관계

① 대일외교관계

　　㉠ **기유약조**(1609) : 임진왜란 이후 도쿠가와 막부의 요청으로 부산포에 왜관을 설치하고, 대일무역이 행해졌다.

　　㉡ **조선통신사 파견** : 17세기 초 이후부터 200여 년간 12회에 걸쳐 파견하였다. 외교사절의 역할뿐만 아니라 조선의 선진학문과 기술을 일본에 전파하였다.

② **울릉도와 독도** … 숙종 때 안용복이 일본으로 건너가 일본 막부에게 울릉도와 독도가 조선 영토임을 확인받고 돌아왔다. 그 후 조선 정부는 울릉도의 주민 이주를 장려하였고, 울릉도에 군을 설치하고 관리를 파견하여 독도까지 관할하였다.

03 경제구조와 경제생활

01 고대의 경제

❶ 삼국의 경제생활

(1) 삼국의 경제정책

① **정복활동과 경제정책** … 정복지역의 지배자를 내세워 공물을 징수하였고 전쟁포로들은 귀족이나 병사에게 노비로 지급하였다.

② **수취체제의 정비** … 노동력의 크기로 호를 나누어 곡물·포·특산물 등을 징수하고 15세 이상 남자의 노동력을 징발하였다.

③ **농민경제의 안정책** … 철제 농기구를 보급하고, 우경이나·황무지의 개간을 권장하였으며, 저수지를 축조하였다.

④ **수공업** … 노비들이 무기나 장신구를 생산하였으며, 수공업 생산을 담당하는 관청을 설치하였다.

⑤ **상업** … 도시에 시장이 형성되었으며, 시장을 감독하는 관청을 설치하였다.

⑥ **국제무역** … 왕실과 귀족의 수요품을 중심으로 공무역의 형태로 이루어졌다. 고구려는 남북조와 북방민족을 대상으로 하였으며 백제는 남중국, 왜와 무역하였고 신라는 한강 확보 이전에는 고구려, 백제와 교류하였으나 한강 확보 이후에는 당항성을 통하여 중국과 직접 교역하였다.

(2) 경제생활

① **귀족의 경제생활** … 자신이 소유한 토지와 노비, 국가에서 지급받은 녹읍과 식읍을 바탕으로 하였으며 귀족은 농민의 지배가 가능하였으며, 기와집, 창고, 마구간, 우물, 주방을 설치하여 생활하였다.

② **농민의 경제생활** … 자기 소유의 토지(민전)나 남의 토지를 빌려 경작하였으며, 우경이 확대되었다. 그러나 수취의 과중한 부담으로 생활개선을 위해 농사기술을 개발하고 경작지를 개간하였다.

❷ 남북국시대의 경제적 변화

(1) 통일신라의 경제정책

① 수취체제의 변화

    ㉠ 조세 : 생산량의 10분의 1 정도를 수취하였다.

    ㉡ 공물 : 촌락 단위로 그 지역의 특산물을 징수하였다.

    ㉢ 역 : 군역과 요역으로 이루어져 있었으며, 16 ~ 60세의 남자를 대상으로 하였다.

② 민정문서

    ㉠ 작성 : 정부가 농민에 대한 조세와 요역 부과 자료의 목적으로 작성된 것으로 추정되며, 자연촌 단위로 매년 변동사항을 조사하여 3년마다 촌주가 작성하였다. 토지의 귀속관계에 따라 연수유전답, 촌주위답, 관모전답, 내시령답, 마전 등으로 분류되어 있다.

    ㉡ 인구조사 : 남녀별, 연령별로 6등급으로 조사하였다. 양인과 노비, 남자와 여자로 나누어 기재되어 있다.

    ㉢ 호구조사 : 9등급으로 구분하였다.

③ 토지제도의 변화

    ㉠ 관료전 지급(신문왕) : 식읍을 제한하고, 녹읍을 폐지하였으며 관료전을 지급하였다.

    ㉡ 정전 지급(성덕왕) : 왕토사상에 의거 백성에게 정전을 지급하고, 구휼정책을 강화하였다.

    ㉢ 녹읍 부활(경덕왕) : 녹읍제가 부활되고 관료전이 폐지되었다.

(2) 통일신라의 경제

① 경제 발달

    ㉠ 경제력의 성장

       • 중앙 : 동시(지증왕) 외에 서시와 남시(효소왕)가 설치되었다.

       • 지방 : 지방의 중심지나 교통의 요지에서 물물교환이 이루어졌다.

    ㉡ 무역의 발달

       • 대당 무역 : 나 · 당전쟁 이후 8세기 초(성덕왕)에 양국관계가 재개되면서 공무역과 사무역이 발달하였다. 수출품은 명주와 베, 해표피, 삼, 금 · 은세공품 등이었고 수입품은 비단과 책 및 귀족들이 필요로 하는 사치품이었다.

       • 대일 무역 : 초기에는 무역을 제한하였으나, 8세기 이후에는 무역이 활발하였다.

       • 국제무역 : 이슬람 상인이 울산을 내왕하였다.

       • 청해진 설치 : 장보고가 해적을 소탕하였고 남해와 황해의 해상무역권을 장악하여 당, 일본과의 무역을 독점하였다.

② 귀족의 경제생활
 ㉠ 귀족의 경제적 기반 : 녹읍과 식읍을 통해 농민을 지배하여 조세와 공물을 징수하고, 노동력을 동원하였으며 국가에서 지급한 것 외에도 세습토지, 노비, 목장, 섬을 소유하기도 하였다.
 ㉡ 귀족의 일상생활 : 사치품(비단, 양탄자, 유리그릇, 귀금속)을 사용하였으며 경주 근처의 호화주택과 별장(안압지, 포석정 등)을 소유하였다.

③ 농민의 경제생활
 ㉠ 수취의 부담 : 전세는 생산량의 10분의 1 정도를 징수하였으나, 삼베·명주실·과실류를 바쳤고, 부역이 많아 농사에 지장을 초래하였다.
 ㉡ 농토의 상실 : 8세기 후반 귀족이나 호족의 토지 소유 확대로 토지를 빼앗겨 남의 토지를 빌려 경작하거나 노비로 자신을 팔거나, 유랑민이나 도적이 되기도 하였다.
 ㉢ 향, 부곡민 : 농민보다 많은 부담을 가졌다.
 ㉣ 노비 : 왕실, 관청, 귀족, 사원(절) 등에 소속되어 물품을 제작하거나, 일용 잡무 및 경작에 동원되었다.

(3) 발해의 경제 발달

① 수취제도
 ㉠ 조세 : 조·콩·보리 등의 곡물을 징수하였다.
 ㉡ 공물 : 베·명주·가죽 등 특산물을 징수하였다.
 ㉢ 부역 : 궁궐·관청 등의 건축에 농민이 동원되었다.

② 귀족경제의 발달 ⋯ 대토지를 소유하였으며, 당으로부터 비단과 서적을 수입하였다.

③ 농업 ⋯ 밭농사가 중심이 되었으며 일부지역에서 철제 농기구를 사용하고, 수리시설을 확충하여 논농사를 하기도 하였다.

④ 목축·수렵·어업 ⋯ 돼지·말·소·양을 사육하고, 모피·녹용·사향을 생산 및 수출하였으며 고기잡이도구를 개량하고, 숭어, 문어, 대게, 고래 등을 잡았다.

⑤ 수공업 ⋯ 금속가공업(철, 구리, 금, 은), 직물업(삼베, 명주, 비단), 도자기업 등이 발달하였다.

⑥ 상업 ⋯ 도시와 교통요충지에 상업이 발달하고, 현물과 화폐를 주로 사용하였으며, 외국 화폐가 유통되기도 하였다.

⑦ 무역 ⋯ 당, 신라, 거란, 일본 등과 무역하였다.
 ㉠ 대당 무역 : 산둥반도의 덩저우에 발해관을 설치하였으며, 수출품은 토산품과 수공업품(모피, 인삼, 불상, 자기)이며 수입품은 귀족들의 수요품인 비단, 책 등이었다.
 ㉡ 대일 무역 : 일본과의 외교관계를 중시하여 활발한 무역활동을 전개하였다.
 ㉢ 신라와의 관계 : 필요에 따라 사신이 교환되고 소극적인 경제, 문화 교류를 하였다.

02 중세의 경제

❶ 경제 정책

(1) 전시과 제도

① **특징** ··· 토지소유권은 국유를 원칙으로 하나, 사유지가 인정되었다. 수조권에 따라 공·사전을 구분하여 수조권이 국가에 있으면 공전, 개인·사원에 속해 있으면 사전이라 하였으며 경작권은 농민과 외거노비에게 있었다. 관직 복무와 직역에 대한 대가로 지급되었기 때문에 세습이 허용되지 않았다.

② **토지제도의 정비과정**
- ㉠ **역분전**(태조) : 후삼국 통일과정에서 공을 세운 사람들에게 충성도와 인품에 따라 경기지방에 한하여 지급하였다.
- ㉡ **시정전시과**(경종) : 관직이 높고 낮음과 함께 인품을 반영하여 역분전의 성격을 벗어나지 못하였고 전국적 규모로 정비되었다.
- ㉢ **개정전시과**(목종) : 관직만을 고려하여 지급하는 기준안을 마련하고, 지급량도 재조정하였으며, 문관이 우대되었고 군인전도 전시과에 규정하였다.
- ㉣ **경정전시과**(문종) : 현직 관리에게만 지급하고, 무신에 대한 차별대우가 시정되었다.
- ㉤ **녹과전**(원종) : 무신정변으로 전시과체제가 완전히 붕괴되면서 관리의 생계 보장을 위해 지급하였다.
- ㉥ **과전법**(공양왕) : 권문세족의 토지를 몰수하여 공전에 편입하고 경기도에 한해 과전을 지급하였다. 이로써 신진사대부의 경제적 토대가 마련되었다.

(2) 토지의 소유

고려는 국가에 봉사하는 대가로 관료에게 전지와 시지를 차등있게 나누어 주는 전시과와 개인 소유의 토지인 민전을 근간으로 운영하였다.

❷ 경제활동

(1) 귀족의 경제생활

대대로 상속받은 토지와 노비, 과전과 녹봉 등이 기반이 되었으며 노비에게 경작시키거나 소작을 주어 생산량의 2분의 1을 징수하고, 외거노비에게 신공으로 매년 베나 곡식을 징수하였다.

(2) 농민의 경제생활

민전을 경작하거나, 국유지나 공유지 또는 다른 사람의 토지를 경작하여, 품팔이를 하거나 가내 수공업에 종사하였다. 삼경법이 일반화되었고 시비법의 발달, 윤작의 보급 및 이앙법이 남부지방에서 유행하였다.

(3) 수공업자의 활동

① **관청수공업** … 공장안에 등록된 수공업자와 농민 부역으로 운영되었으며, 주로 무기, 가구, 세공품, 견직물, 마구류 등을 제조하였다.

② **소(所)수공업** … 금, 은, 철, 구리, 실, 각종 옷감, 종이, 먹, 차, 생강 등을 생산하여 공물로 납부하였다.

③ **사원수공업** … 베, 모시, 기와, 술, 소금 등을 생산하였다.

④ **민간수공업** … 농촌의 가내수공업이 중심이 되었으며(삼베, 모시, 명주 생산), 후기에는 관청수공업에서 제조하던 물품(놋그릇, 도자기 등)을 생산하였다.

(4) 상업활동

① **도시** … 개경, 서경(평양), 동경(경주) 등 대도시에 서적점, 약점, 주점, 다점 등의 관영상점이 설치되었고 비정기 시장도 활성화되었으며 물가조절 기구인 경사서가 설치되었다.

② **지방** … 관아 근처에서 쌀이나 베를 교환할 수 있는 시장이 열렸으며 행상들의 활동도 두드러졌다.

③ **사원** … 소유하고 있는 토지에서 생산한 곡물과 승려나 노비들이 만든 수공업품을 민간에 판매하였다.

④ **고려 후기** … 벽란도가 교통로와 산업의 중심지로 발달하였고, 국가의 재정수입을 늘리기 위하여 소금의 전매제가 실시되었고, 관청·관리 등은 농민에게 물품을 강매하거나, 조세를 대납하게 하였다.

(5) 화폐 주조와 고리대의 유행

① 자급자족적 경제구조로 유통이 부진하였고 곡식이나 삼베가 유통의 매개가 되었으며, 장생고라는 서민금융기관을 통해 사원과 귀족들은 폭리를 취하여 부를 확대하였는데 이로 인하여 농민은 토지를 상실하거나 노비가 되기도 하였다.

② **보(寶)** … 일정한 기금을 조성하여 그 이자를 공적인 사업의 경비로 충당하는 것을 말한다.
  ㉠ **학보**(태조) : 학교 재단
  ㉡ **광학보**(정종) : 승려를 위한 장학재단
  ㉢ **경보**(정종) : 불경 간행
  ㉣ **팔관보**(문종) : 팔관회 경비
  ㉤ **제위보**(광종) : 빈민 구제
  ㉥ **금종보** : 현화사 범종주조 기금

(6) 무역활동

① 공무역을 중심으로 발전하였으며, 벽란도가 국제무역항으로 번성하게 되었다.

② 고려는 문화적 · 경제적 목적으로 송은 정치적 · 군사적 목적으로 친선관계를 유지하였으며 거란과 여진과는 은과 농기구, 식량을 교역하였다. 일본과는 11세기 후반부터 김해에서 내왕하면서 수은 · 유황 등을 가지고 와서 식량 · 인삼 · 서적 등과 바꾸어 갔고, 아라비아(대식국)는 송을 거쳐 고려에 들어와 수은 · 향료 · 산호 등을 판매하였다. 또한 이 시기에 고려의 이름이 서방에 알려졌다.

③ 원 간섭기의 무역 … 공무역이 행해지는 한편 사무역이 다시 활발해졌고, 상인들이 독자적으로 원과 교역하면서 금, 은, 소, 말 등이 지나치게 유출되어 사회적으로 물의가 일어날 정도였다.

03 근세의 경제

1 경제정책

(1) 과전법의 시행과 변화

① **과전법의 시행** … 국가의 재정기반과 신진사대부세력의 경제기반을 확보하기 위해 시행되었다. 경기지방의 토지에 한정되었고 과전을 받은 사람이 죽거나 반역을 한 경우에는 국가에 반환하였으며 토지의 일부는 수신전, 휼양전, 공신전 형태로 세습이 가능하였다.

② **과전법의 변화** … 토지가 세습되자 신진관리에게 나누어 줄 토지가 부족하게 되었다.
　㉠ **직전법**(세조) : 현직 관리에게만 수조권을 지급하였고 수신전과 휼양전을 폐지하였다.
　㉡ **관수관급제**(성종) : 관청에서 수조권을 행사하고, 관리에게 지급하여 국가의 지배권이 강화하였다.
　㉢ **직전법의 폐지**(16세기 중엽) : 수조권 지급제도가 없어졌다.

③ **지주제의 확산** … 직전법이 소멸되면서 고위층 양반들이나 지방 토호들은 토지 소유를 늘리기 시작하여 지주전호제가 일반화되고 병작반수제가 생겼다.

(2) 수취체제의 확립

① **조세** … 토지 소유자의 부담이었으나 지주들은 소작농에게 대신 납부하도록 강요하는 경우가 많았다.
　㉠ **과전법** : 수확량의 10분의 1을 징수하고, 매년 풍흉에 따라 납부액을 조정하였다.
　㉡ **전분6등법 · 연분9등법**(세종) : 1결당 최고 20두에서 최하 4두를 징수하였다.

• 전분6등법
  - 토지의 비옥한 정도에 따라 6등급으로 나누고 그에 따라 1결의 면적을 달리하였다.
  - 모든 토지는 20년마다 측량하여 대장을 만들어 호조, 각도, 각 고을에 보관하였다.
• 연분9등법
  - 한 해의 풍흉에 따라 9등급으로 구분하였다.
  - 작황의 풍흉에 따라 1결당 최고 20두에서 최하 4두까지 차등을 두었다.
  © 조세 운송 : 군현에서 거둔 조세는 조창(수운창 · 해운창)을 거쳐 경창(용산 · 서강)으로 운송하였으며, 평안도와 함경도의 조세는 군사비와 사신접대비로 사용하였다.

② 공납 … 중앙관청에서 각 지역의 토산물을 조사하여 군현에 물품과 액수를 할당하여 징수하는 것으로, 납부기준에 맞는 품질과 수량을 맞추기 어려워 농민들의 부담이 컸다.

③ 역 … 16세 이상의 정남에게 의무가 있다.
  ㉠ 군역 : 정군은 일정 기간 군사복무를 위하여 교대로 근무했으며, 보인은 정군이 복무하는 데에 드는 비용을 보조하였다. 양반, 서리, 향리는 군역이 면제되었다.
  ㉡ 요역 : 가호를 기준으로 정남의 수를 고려하여 뽑았으며, 각종 공사에 동원되었다. 토지 8결당 1인이 동원되었고, 1년에 6일 이내로 동원할 수 있는 날을 제한하였으나 임의로 징발하는 경우도 많았다.

④ 국가재정 … 세입은 조세, 공물, 역 이외에 염전, 광산, 산림, 어장, 상인, 수공업자의 세금으로 마련하였으며, 세출은 군량미나 구휼미로 비축하고 왕실경비, 공공행사비, 관리의 녹봉, 군량미, 빈민구제비, 의료비 등으로 지출하였다.

② 양반과 평민의 경제활동

(1) 양반 지주의 생활
농장은 노비의 경작과 주변 농민들의 병작반수의 소작으로 행해졌다. 노비는 재산의 한 형태로 구매, 소유 노비의 출산 및 혼인으로 확보되었고, 외거노비는 주인의 땅을 경작 및 관리하고 신공을 징수하였다.

(2) 농민생활의 변화
① 농업기술의 발달
  ㉠ 밭농사 : 조 · 보리 · 콩의 2년 3작이 널리 행해졌다.
  ㉡ 논농사 : 남부지방에 모내기 보급과 벼와 보리의 이모작으로 생산량이 증가되었다.
  ㉢ 시비법 : 밑거름과 덧거름을 주어 휴경제도가 거의 사라졌다.
  ㉣ 농기구 : 쟁기, 낫, 호미 등의 농기구도 개량되었다.
  ㉤ 수리시설의 확충

② **상품 재배** … 목화 재배가 확대되어 의생활이 개선되었고, 약초와 과수 재배가 확대되었다.

(3) 수공업 생산활동

① **관영수공업** … 관장은 국역으로 의류, 활자, 화약, 무기, 문방구, 그릇 등을 제작하여 공급하였고, 국역기간이 끝나면 자유로이 필수품을 제작하여 판매할 수 있었다.

② **민영수공업** … 농기구 등 물품을 제작하거나, 양반의 사치품을 생산하는 일을 맡았다.

③ **가내수공업** … 자급자족 형태로 생활필수품을 생산하였다.

(4) 상업활동

① **시전 상인** … 왕실이나 관청에 물품을 공급하는 특정 상품의 독점판매권(금난전권)을 획득하였으며, 육의전(시전 중 명주, 종이, 어물, 모시, 삼베, 무명을 파는 점포)이 번성하였다. 또한 경시서를 설치하여 불법적인 상행위를 통제하였고 도량형을 검사하고 물가를 조절하였다.

② **장시** … 서울 근교와 지방에서 농업생산력 발달에 힘입어 정기 시장으로 정착되었으며, 보부상이 판매와 유통을 주도하였다.

③ **화폐** … 화(태종, 조선 최초의 지폐)와 조선통보(세종)를 발행하였으나 유통이 부진하였다. 농민에겐 쌀과 무명이 화폐역할을 하였다.

④ **대외무역** … 명과는 공무역과 사무역을 허용하였으며, 여진과는 국경지역의 무역소를 통해 교역하였고 일본과는 동래에 설치한 왜관을 통해 무역하였다.

(5) 수취제도의 문란

① **공납의 폐단 발생** … 중앙관청의 서리들이 공물을 대신 납부하고 수수료를 징수하는 것을 방납이라 하는데 방납이 증가할수록 농민의 부담이 증가되었다. 이에 이이 · 유성룡은 공물을 쌀로 걷는 수미법을 주장하였다.

② **군역의 변질**
　㉠ 군역의 요역화 : 농민 대신에 군인을 각종 토목공사에 동원시키게 되어 군역을 기피하게 되었다.
　㉡ 대립제 : 보인들에게서 받은 조역가로 사람을 사서 군역을 대신시키는 현상이다.
　㉢ 군적수포제 : 장정에게 군포를 받아 그 수입으로 군대를 양성하는 직업군인제로서 군대의 질이 떨어지고, 모병제화되었으며 농민의 부담이 가중되는 결과를 낳았다.

③ **환곡** … 농민에게 곡물을 빌려 주고 10분의 1 정도의 이자를 거두는 제도로서 지방 수령과 향리들이 정한 이자보다 많이 징수하는 폐단을 낳았다.

04 경제상황의 변동

① 수취체제의 개편

(1) 영정법의 실시(1635)

① **배경** ··· 15세기의 전분 6등급과 연분 9등급은 매우 번잡하여 제대로 운영되지 않았고, 16세기에는 아예 무시된 채 최저율의 세액이 적용되게 되었다.

② **내용** ··· 풍흉에 관계 없이 전세로 토지 1결당 미곡 4두를 징수하였다.

③ **결과** ··· 전세율은 이전보다 감소하였으나 여러 명목의 비용을 함께 징수하여 농민의 부담은 다시 증가하였으며 또한 지주전호제하의 전호들에겐 적용되지 않았다.

(2) 공납의 전세화

① 방납의 폐단을 시정하고 농민의 토지 이탈을 방지하기 위해서 대동법을 실시하였다. 과세기준이 종전의 가호에서 토지의 결 수로 바뀌어 농민의 부담이 감소하였다.

② **영향** ··· 공인의 등장, 농민부담의 경감, 장시와 상공업의 발달, 상업도시의 성장, 상품 · 화폐경제의 성장, 봉건적 양반사회의 붕괴 등에 영향을 미쳤으나 현물 징수는 여전히 존속하였다.

③ **의의** ··· 종래의 현물 징수가 미곡, 포목, 전화 등으로 대체됨으로써 조세의 금납화 및 공납의 전세화가 이루어졌다.

(3) 균역법의 시행

① **균역법의 실시** ··· 농민 1인당 1년에 군포 1필을 부담 하였으며 지주에게는 결작으로 1결당 미곡 2두를 징수하고, 상류층에게 선무군관이라는 창호로 군포 1필을 징수하였으며 어장세, 선박세 등 잡세 수입으로 보충하였다.

② **결과** ··· 농민의 부담은 일시적으로 경감하였지만 농민에게 결작의 부담이 강요되었고 군적의 문란으로 농민의 부담이 다시 가중되었다.

② 서민경제의 발전

(1) 양반 지주의 경영 변화

상품화폐경제의 발달로 소작인의 소작권을 인정하고, 소작료 인하 및 소작료를 일정액으로 정하는 추세가 등장하게 되었으며, 토지 매입 및 고리대로 부를 축적하거나, 경제 변동에 적응하지 못한 양반이 등장하게 되었다.

(2) 농민경제의 변화

① **모내기법의 확대** ⋯ 이모작으로 인해 광작의 성행과 농민의 일부는 부농으로 성장하였다.

② **상품작물의 재배** ⋯ 장시가 증가하여 상품(쌀, 면화, 채소, 담배, 약초 등)의 유통이 활발해졌다.

③ **소작권의 변화** ⋯ 소작료가 타조법에서 도조법으로 변화하였고, 곡물이나 화폐로 지불하였다.

④ **몰락 농민의 증가** ⋯ 부세의 부담, 고리채의 이용, 관혼상제의 비용 부담 등으로 소작지를 잃은 농민은 도시에서 상공업에 종사하거나, 광산이나 포구의 임노동자로 전환되었다.

(3) 민영수공업의 발달

① **민영수공업** ⋯ 관영수공업이 쇠퇴하고 민영수공업이 증가하였다.

② **농촌수공업** ⋯ 전문적으로 수공업제품을 생산하는 농가가 등장하여, 옷감과 그릇을 생산하였다.

③ **수공업 형태의 변화** ⋯ 상인이나 공인으로부터 자금이나 원료를 미리 받고 제품을 생산하는 선대제수공업이나 독자적으로 제품을 생산하고 판매하는 독립수공업의 형태로 변화하였다.

(4) 민영 광산의 증가

① **광산 개발의 증가** ⋯ 민영수공업의 발달로 광물의 수요가 증가, 대청 무역으로 은의 수요가 증가, 상업자본의 채굴과 금광 투자가 증가하고, 잠채가 성행하였다.

② **조선 후기의 광업** ⋯ 덕대가 상인 물주로부터 자본을 조달받아 채굴업자와 채굴노동자, 제련노동자 등을 고용하여 분업에 토대를 둔 협업으로 운영하였다.

③ 상품화폐경제의 발달

(1) 사상의 대두

① **상품화폐경제의 발달** … 농민의 계층 분화로 도시유입인구가 증가되어 상업활동은 더욱 활발해졌으며 이는 공인과 사상이 주도하였다.

② **사상의 성장** … 초기의 사상은 농촌에서 도시로 유입된 인구의 일부가 상업으로 생계를 유지하여 시전에서 물건을 떼어다 파는 중도아(中都兒)가 되었다가, 17세기 후반에는 시전상인과 공인이 상업활동에서 활기를 띠자 난전이라 불리는 사상들도 성장하였고 시전과 대립하였다. 이후 18세기 말, 정부는 육의전을 제외한 나머지 시전의 금난전권을 폐지하였다.

(2) 장시의 발달

① 15세기 말 개설되기 시작한 장시는 18세기 중엽 전국에 1,000여 개 소가 개설되었으며, 보통 5일마다 열렸는데 일부 장시는 상설 시장이 되기도 하였으며, 인근의 장시와 연계하여 하나의 지역적 시장권을 형성하였다.

② **보부상의 활동** … 농촌의 장시를 하나의 유통망으로 연결하여 생산자와 소비자를 이어주는 데 큰 역할을 하였고, 자신들의 이익을 지키기 위하여 보부상단 조합을 결성하였다.

(3) 포구에서의 상업활동

① 포구의 성장

　　㉠ **수로 운송** : 도로와 수레가 발달하지 못하여 육로보다 수로를 이용하였다.

　　㉡ **포구의 역할 변화** : 세곡과 소작료 운송기지에서 상업의 중심지로 성장하였다.

　　㉢ **선상, 객주, 여각** : 포구를 거점으로 상행위를 하는 상인이 등장했다.

② 상업활동

　　㉠ **선상** : 선박을 이용하여 포구에서 물품을 유통하였다.

　　㉡ **경강상인** : 대표적인 선상으로 한강을 근거지로 소금, 어물과 같은 물품의 운송과 판매를 장악하여 부를 축적하였고 선박의 건조 등 생산분야에까지 진출하였다.

　　㉢ **객주, 여각** : 선상의 상품매매를 중개하거나, 운송 · 보관 · 숙박 · 금융 등의 영업을 하였다.

(4) 중계무역의 발달

① **대청 무역** … 7세기 중엽부터 활기를 띄었으며, 공무역에는 중강개시, 회령개시, 경원개시 등이 있고, 사무역에는 중강후시, 책문후시, 회동관후시, 단련사후시 등이 있었다. 주로 수입품은 비단, 약재, 문방구 등이며 수출품은 은, 종이, 무명, 인삼 등이었다.

② **대일 무역** … 왜관개시를 통한 공무역이 활발하게 이루어졌고 조공무역이 이루어졌다. 조선은 수입한 물품들을 일본에게 넘겨주는 중계무역을 하고 일본으로부터 은, 구리, 황, 후추 등을 수입하였다.

③ **상인들의 무역활동** … 의주의 만상, 동래의 내상 개성의 송상 등이 있다.

(5) 화폐 유통

① **화폐의 보급** … 인조 때 동전이 주조되어, 개성을 중심으로 유통되다가 효종 때 널리 유통되었다. 18세기 후반에는 세금과 소작료도 동전으로 대납이 가능해졌다.

② **동전 부족(전황)** … 지주, 대상인이 화폐를 고리대나 재산 축적에 이용하자 전황이 생겨 이익은 폐전론을 주장하기도 하였다.

③ **신용화폐의 등장** … 상품화폐경제의 진전과 상업자본의 성장으로 대규모 상거래에 환 · 어음 등의 신용화폐를 이용하였다.

04 사회구조와 사회생활

01 고대의 사회

① 신분제 사회의 성립

(1) 삼국시대의 계층구조

왕족을 비롯한 귀족·평민·천민으로 구분되며, 지배층은 특권을 유지하기 위하여 율령을 제정하고, 신분은 능력보다는 그가 속한 친족의 사회적 위치에 따라 결정되었다.

(2) 귀족·평민·천민의 구분

① **귀족** … 왕족을 비롯한 옛 부족장 세력이 중앙의 귀족으로 재편성되어 정치권력과 사회·경제적 특권을 향유하였다.

② **평민** … 대부분 농민으로서 신분적으로 자유민이었으나, 조세를 납부하고 노동력을 징발당하였다.

③ **천민** … 노비들은 왕실과 귀족 및 관청에 예속되어 신분이 자유롭지 못하였다.

② 삼국사회의 풍습

(1) 고구려

① **형법** … 반역 및 반란죄는 화형에 처한 뒤 다시 목을 베었고, 그 가족들은 노비로 삼았다. 적에게 항복한 자나 전쟁 패배자는 사형에 처했으며, 도둑질한 자는 12배를 배상하도록 하였다.

② **풍습** … 형사취수제, 서옥제가 있었고 자유로운 교제를 통해 결혼하였다.

(2) 백제

① **형법** … 반역이나 전쟁의 패배자는 사형에 처하고, 도둑질한 자는 귀양을 보내고 2배를 배상하게 하였으며, 뇌물을 받거나 횡령을 한 관리는 3배를 배상하고 종신토록 금고형에 처하였다.

② **귀족사회** … 왕족인 부여씨와 8성의 귀족으로 구성되었다.

(3) 신라

① **화백회의** … 여러 부족의 대표들이 함께 모여 정치를 운영하던 것이 기원이 되어, 국왕 추대 및 폐위에 영향력을 행사하면서 왕권을 견제 및 귀족들의 단결을 굳게 하였다.

② **골품제도** … 관등 승진의 상한선이 골품에 따라 정해져 있어 개인의 사회활동과 정치활동의 범위를 제한하는 역할을 하였다.

③ **화랑도**
  ㉠ **구성**: 귀족의 자제 중에서 선발된 화랑을 지도자로 삼고, 귀족은 물론 평민까지 망라한 많은 낭도들이 그를 따랐다.
  ㉡ **국가조직으로 발전**: 진흥왕 때 국가적 차원에서 그 활동을 장려하여 조직이 확대되었고, 원광은 세속 5계를 가르쳤으며, 화랑도 활동을 통해 국가가 필요로 하는 인재가 양성되었다.

③ 남북국시대의 사회

(1) 통일신라와 발해의 사회

① **통일 후 신라 사회의 변화**
  ㉠ **신라의 민족통합책**: 백제와 고구려 옛 지배층에게 신라 관등을 부여하였고, 백제와 고구려 유민들을 9서당에 편성시켰다.
  ㉡ **통일신라의 사회모습**: 전제왕권이 강화 되었고 6두품이 학문적 식격과 실무 능력을 바탕으로 국왕을 보좌하였다.

② **발해의 사회구조** … 지배층은 고구려계가 대부분이었으며, 피지배층은 대부분이 말갈인으로 구성되었다.

(2) 통일신라 말의 사회모순

① **호족의 등장** … 지방의 유력자들을 중심으로 무장조직이 결성되었고, 이들을 아우른 큰 세력가들이 호족으로 등장하였다.

② **빈농의 몰락** … 토지를 상실한 농민들은 소작농이나 유랑민, 화전민이 되었다.

③ 농민봉기 … 국가의 강압적인 조세 징수에 대하여 전국 각지에서 농민봉기가 일어나게 되었다.

02 중세의 사회

❶ 고려의 신분제도

(1) 귀족

① **귀족의 특징** … 음서나 공음전의 혜택을 받으며 고위 관직을 차지하여 문벌귀족을 형성하였으며, 가문을 통해 특권을 유지하고 왕실 등과 중첩된 혼인관계를 맺었다.

② **귀족층의 변화** … 무신정변을 계기로 종래의 문벌귀족들이 도태되면서 무신들이 권력을 장악하게 되었으나 고려 후기에는 무신정권이 붕괴되면서 등장한 권문세족이 최고권력층으로서 정계 요직을 장악하였다.

③ **신진사대부** … 경제력을 토대로 과거를 통해 관계에 진출한 향리 출신자들이다.

(2) 중류

중앙관청의 서리, 궁중 실무관리인 남반, 지방행정의 실무를 담당하는 향리, 하급 장교 등이 해당되며, 통치체제의 하부구조를 맡아 중간 역할을 담당하였다.

(3) 양민

① **양민** … 일반 농민인 백정, 상인, 수공업자를 말한다.

② **백정** … 자기 소유의 민전을 경작하거나 다른 사람의 토지를 빌려 경작하였다.

③ **특수집단민**
　　㉠ 향, 부곡 : 농업에 종사하였다.
　　㉡ 소 : 수공업과 광업에 종사하였다.
　　㉢ 역과 진의 주민 : 육로교통과 수로교통에 종사하였다.

(4) 천민

① **공노비** … 공공기관에 속하는 노비이다.

② **사노비** … 개인이나 사원에 예속된 노비이다.

③ **노비의 처지** … 매매 · 증여 · 상속의 대상이며, 부모 중 한 쪽이 노비이면 자식도 노비가 된다.

② 백성들의 생활모습

(1) 농민의 공동조직

① **공동조직** … 일상의례와 공동노동 등을 통해 공동체의식을 함양하였다.

② **향도** … 불교의 신앙조직으로, 매향활동을 하는 무리들을 말한다.

(2) 사회시책과 사회제도

① **사회시책** … 농번기에 잡역을 면제하여 농업에 전념할 수 있도록 배려하였고, 재해 시 조세와 부역을 감면해 주었다. 또한 법정 이자율을 정하여 고리대 때문에 농민이 몰락하는 것을 방지하였다. 황무지나 진전을 개간할 경우 일정 기간 면세해 주었다.

② **사회제도**

　　㉠ **의창** : 흉년에 빈민을 구제하는 춘대추납제도이다.
　　㉡ **상평창** : 물가조절기관으로 개경과 서경 및 각 12목에 설치하였다.
　　㉢ **의료기관** : 동 · 서대비원, 혜민국을 설치하였다.
　　㉣ **구제도감, 구급도감** : 재해 발생 시 백성을 구제하였다.
　　㉤ **제위보** : 기금을 조성하여 이자로 빈민을 구제하였다.

(3) 법률과 풍속 및 가정생활

① **법률과 풍속** … 중국의 당률을 참작한 71개조의 법률이 시행되었으나 대부분은 관습법을 따랐고, 장례와 제사에 대하여 정부는 유교적 의례를 권장하였으나, 민간에서는 토착신앙과 융합된 불교의 전통의식과 도교의 풍습을 따랐다.

② **혼인과 여성의 지위** … 일부일처제가 원칙이었으며, 왕실에서는 근친혼이 성행하였고 부모의 유산은 자녀에게 골고루 분배되었으며, 아들이 없을 경우 딸이 제사를 받들었다.

③ 고려 후기의 사회 변화

(1) 무신집권기 하층민의 봉기

수탈에 대한 소극적 저항에서 대규모 봉기로 발전하였으며, 만적의 난, 공주 명학소의 망이 · 망소이의 봉기, 운문 · 초전의 김사미와 효심의 봉기 등이 대표적이다.

(2) 몽고의 침입과 백성의 생활

최씨무신정권은 강화도로 서울을 옮기고 장기항전 태세를 갖추었으며, 지방의 주현민은 산성이나 섬으로 들어가 전쟁에 대비하였으나 몽고군들의 살육으로 백성들은 막대한 희생을 당하였다.

(3) 원 간섭기의 사회 변화

① **신흥귀족층의 등장** … 원 간섭기 이후 전공을 세우거나 몽고귀족과의 혼인을 통해서 출세한 친원세력이 권문세족으로 성장하였다.

② **원의 공녀 요구** … 결혼도감을 통해 공녀로 공출되었고 이는 고려와 원 사이의 심각한 사회문제로 대두되었다.

③ **왜구의 출몰**(14세기 중반) … 원의 간섭하에서 국방력을 제대로 갖추기 어려웠던 고려는 초기에 효과적으로 왜구의 침입을 격퇴하지 못하였으며, 이들을 소탕하는 과정에서 신흥무인세력이 성장하였다.

03 근세의 사회

❶ 양반관료 중심의 사회

(1) 양반

① 문무양반만 사족으로 인정하였으며 현직 향리층, 중앙관청의 서리, 기술관, 군교, 역리 등은 하급 지배신분인 중인으로 격하시켰다.

② 과거, 음서, 천거 등을 통해 고위 관직을 독점하였으며 각종 국역이 면제되고, 법률과 제도로써 신분적 특권이 보장되었다.

(2) 중인

좁은 의미로는 기술관, 넓은 의미로는 양반과 상민의 중간계층을 의미하며 전문기술이나 행정실무를 담당하였다.

(3) 상민

평민, 양인으로도 불리며 백성의 대부분을 차지하는 농민, 수공업자, 상인을 말한다. 과거응시자격은 있으나 과거 준비에는 많은 시간과 비용이 들었으므로 상민이 과거에 응시하는 것은 사실상 어려웠다.

(4) 천민

천민의 대부분은 비자유민으로 재산으로 취급되어 매매·상속·증여의 대상이 되었다.

② 사회정책과 사회시설

(1) 사회정책 및 사회제도

① **목적** … 성리학적 명분론에 입각한 사회신분질서의 유지와 농민의 생활을 안정시켜 농본정책을 실시하는 데 그 목적이 있다.

② **사회시책** … 지주의 토지 겸병을 억제하고, 농번기에 잡역의 동원을 금지시켰으며, 재해시에는 조세를 감경해 주기도 하였다.

③ **환곡제 실시** … 춘궁기에 양식과 종자를 빌려 준 뒤에 추수기에 회수하는 제도로 의창과 상평창을 실시하여 농민을 구휼하였다.

④ **사창제** … 향촌의 농민생활을 안정시켜 양반 중심의 향촌질서가 유지되었다.

⑤ **의료시설** … 혜민국, 동·서대비원, 제생원, 동·서활인서 등이 있었다.

(2) 법률제도

① **형법** … 대명률에 의거하여 당률의 5형 형벌과 반역죄와 강상죄와 같은 중죄에는 연좌제가 적용되었다.

② **민법** … 지방관이 관습법에 따라 처리하였다.

③ **상속** … 종법에 따라 처리하였으며, 제사와 노비의 상속을 중요시하였다.

④ **사법기관**
　ⓒ **중앙** : 사헌부·의금부·형조(관리의 잘못이나 중대사건을 재판), 한성부(수도의 치안), 장례원(노비 관련 문제)이 있다.
　ⓒ **지방** : 관찰사와 수령이 사법권을 행사하였다.

③ 향촌사회의 조직과 운영

(1) 향촌사회의 모습

① **향촌의 편제** … 행정구역상 군현의 단위인 향은 중앙에서 지방관을 파견하였으며, 촌에는 면·리가 설치되었으나 지방관은 파견되지 않았다.

② 향촌자치

    ⊙ 유향소 : 수령을 보좌, 향리를 감찰, 향촌사회의 풍속교정기구이다.

    ⓛ 경재소 : 중앙정부가 현직 관료로 하여금 연고지의 유향소를 통제하게 하는 제도이다.

    ⓒ 유향소의 변화 : 경재소가 혁파되면서 향소·향청으로 명칭이 변경, 향안 작성, 향규를 제정하였다.

③ 향약의 보급 … 면리제와 병행된 향약조직이 형성되었고, 중종 때 조광조에 의하여 처음 시행되었으며, 군현 내에서 지방 사족의 지배력 유지수단이 되었다.

(2) 촌락의 구성과 운영

① 촌락 … 농민생활 및 향촌구성의 기본 단위로서 동과 리(里)로 편제되었으며 면리제와 오가작통법을 실시하였다.

② 촌락의 신분 분화

    ⊙ 반촌 : 주로 양반들이 거주하였으며, 18세기 이후에 동성 촌락으로 발전하였다.

    ⓛ 민촌 : 평민과 천민으로 구성되었고 지주의 소작농으로 생활하였다.

③ 촌락공동체

    ⊙ 사족 : 동계·동약을 조직하여 촌락민을 신분적, 사회·경제적으로 지배하였다.

    ⓛ 일반 백성 : 두레·향도 등 농민조직을 형성하였다.

④ 촌락의 풍습

    ⊙ 석전(돌팔매놀이) : 상무정신 함양 목적으로, 국법으로는 금지하였으나 민간에서 계속 전승되었다.

    ⓛ 향도계·동린계 : 남녀노소를 불문하고 며칠 동안 술과 노래를 즐기는 일종의 마을 축제였는데, 점차 장례를 도와주는 기능으로 전환되었다.

④ 성리학적 사회질서의 강화

(1) 예학과 족보의 보급

① 예학 … 성리학적 도덕윤리를 강조하고, 신분질서의 안정을 추구하였다.

    ⊙ 기능 : 가부장적 종법질서를 구현하여 성리학 중심의 사회질서 유지에 기여하였다.

    ⓛ 역할 : 사림은 향촌사회에 대한 지배력 강화, 정쟁의 구실로 이용, 양반 사대부의 신분적 우월성 강조, 가족과 친족공동체의 유대를 통해서 문벌을 형성하였다.

② 보학 … 가족의 내력을 기록하고 암기하는 것으로 종족의 종적인 내력과 횡적인 종족관계를 확인시켜 준다.

(2) 서원과 향약

① 서원
   ㉠ 목적 : 성리학을 연구하고 선현의 제사를 지내며, 교육을 하는 데 그 목적이 있다.
   ㉡ 기능 : 유교를 보급하고 향촌 사림을 결집시켰으며, 지방유학자들의 위상을 높이고 선현을 봉사하는 사묘의 기능이 있었다.

② 향약
   ㉠ 역할 : 풍속의 교화, 향촌사회의 질서 유지, 치안을 담당하고 농민에 대한 유교적 교화 및 주자가례의 대중화에 기여하였다.
   ㉡ 문제점 : 토호와 향반 등 지방 유력자들의 주민 수탈 위협의 수단이 되었고, 향약 간부들의 갈등을 가져와 풍속과 질서를 해치기도 하였다.

04 사회의 변동

❶ 사회구조의 변동

(1) 신분제의 동요
① 조선의 신분제 … 법제적으로 양천제를, 실제로는 양반, 중인, 상민, 노비의 네 계층으로 분화되어 있었다.
② 양반층의 분화 … 권력을 장악한 일부의 양반을 제외한 다수의 양반(향반, 잔반)이 몰락하였다.
③ 신분별 구성비의 변화 … 양반의 수는 증가하고, 상민과 노비의 수는 감소하였다.

(2) 중간계층의 신분상승운동
① 서얼 … 임진왜란 이후 납속책과 공명첩을 통한 관직 진출, 집단상소를 통한 청요직에의 진출을 요구, 정조 때 규장각 검서관으로 진출하기도 하였다.
② 중인 … 신분 상승을 위한 소청운동을 전개하였다. 역관들은 청과의 외교업무에 종사하면서 서학 등 외래 문물의 수용을 주도하고 성리학적 가치 체계에 도전하는 새로운 사회의 수립을 추구하였다.

(3) 노비의 해방
① 노비 신분의 변화 … 군공과 납속 등을 통한 신분 상승의 움직임 및 국가에서는 공노비를 입역노비에서 신공을 바치는 납공노비로 전환시켰다.

② 공노비 해방 … 노비의 도망과 합법적인 신분 상승으로 순조 때 중앙관서의 노비를 해방시켰다.

③ 노비제의 혁파 … 갑오개혁(1894) 때 노비제는 폐지되었다.

(4) 가족제도의 변화와 혼인

① 가족제도의 변화

　　㉠ 조선 중기 … 혼인 후 남자가 여자 집에서 생활하는 경우가 있었으며 아들과 딸이 부모의 재산을 똑같이
　　　상속받는 경우가 많았다.

　　㉡ 17세기 이후 : 성리학적 의식과 예절의 발달로 부계 중심의 가족제도가 확립되었다. 제사는 반드시 장자가
　　　지내야 한다는 의식이 확산되었고, 재산 상속에서도 큰 아들이 우대를 받았다.

　　㉢ 조선 후기 : 부계 중심의 가족제도가 더욱 강화되었으며, 양자 입양이 일반화되었다.

② 가족윤리 … 효와 정절을 강조하였고, 과부의 재가는 금지되었으며, 효자와 열녀를 표창하였다.

③ 혼인풍습 … 일부일처를 기본으로 남자의 축첩이 허용되었고, 서얼의 차별이 있었다.

② 향촌질서의 변화

(1) 양반의 향촌지배 약화

① 양반층의 동향 … 족보의 제작 및 청금록과 향안을 작성하여 향약 및 향촌자치기구의 주도권을 장악하였다.

② 향촌지배력의 변화 … 부농층은 관권과 결탁하여 향안에 참여하고 향회를 장악하고자 하였으며 향회는 수령
　의 조세징수자문기구로 전락하였다.

(2) 부농층의 대두

경제적 능력으로 납속이나 향직의 매매를 통해 신분 상승을 이루고 향임을 담당하여 양반의 역할을 대체하였
으며 향임직에 진출하지 못한 곳에서도 수령이나 기존의 향촌세력과 타협하여 상당한 지위를 확보하였다.

③ 농민층의 변화

(1) 농민층의 분화

① 농민의 사회적 현실 … 농민들은 자급자족적인 생활을 하였으나, 양 난 이후 국가의 재정 파탄과 기강 해이
　로 인한 수취의 증가는 농민의 생활을 어렵게 하였고, 대동법과 균역법이 효과를 거두지 못하자 농민의 불
　만은 커져 갔다.

② **농민층의 분화** … 부농으로 성장하거나, 상공업으로 생활을 영위 및 도시나 광산의 임노동자가 되기도 했다.

(2) 지주와 임노동자

① **지주** … 광작을 하는 대지주가 등장하였으며, 재력을 바탕으로 공명첩을 사거나 족보를 위조하여 양반의 신분을 획득한 부농층이 나타났다.

② **임노동자** … 토지에서 밀려난 다수의 농민은 임노동자로 전락하였다.

❹ 사회 변혁의 움직임

(1) 사회불안의 심화

정치기강이 문란해지고, 재난과 질병이 거듭되어 굶주려 떠도는 백성이 속출하였으나 지배층의 수탈은 점점 심해지면서 농민의식이 향상되어 곳곳에서 적극적인 항거운동이 발생하였다.

(2) 예언사상의 대두

비기·도참을 이용한 말세의 도래, 왕조의 교체 및 변란의 예고 등 낭설이 횡행하였으며 현세의 어려움을 미륵신앙에서 해결하려는 움직임과 미륵불을 자처하며 서민을 현혹하는 무리가 등장하였다.

(3) 천주교의 전파

① 17세기에 중국을 방문한 우리나라 사신들에 의해 서학으로 소개되었다.

② **초기 활동** … 18세기 후반 남인계열의 실학자들이 신앙생활을 하게 되었으며, 이승훈이 베이징에서 영세를 받고 돌아온 이후 신앙활동이 더욱 활발해졌다.

③ **천주교 신앙의 전개와 박해**
   ㉠ **초기** : 제사 거부, 양반 중심의 신분질서 부정, 국왕에 대한 권위 도전을 이유로 사교로 규정하였다.
   ㉡ **정조 때** : 시파의 집권으로 천주교에 관대하여 큰 탄압이 없었다.
   ㉢ **순조 때** : 벽파의 집권으로 대탄압을 받았으며 실학자와 양반계층이 교회를 떠나게 되었다.
   ㉣ **세도정치기** : 탄압의 완화로 백성들에게 전파, 조선 교구가 설정되었다.

(4) 동학의 발생

① **창시** … 1860년 경주의 몰락양반 최제우가 창시하였다.

② **교리와 사상** … 신분 차별과 노비제도의 타파, 여성과 어린이의 인격 존중을 추구하였다. 유불선을 바탕으로 주문과 부적 등 민간신앙의 요소들이 결합되었고 사회모순의 극복 및 일본과 서양국가의 침략을 막아내자고 주장하였다.

③ **정부의 탄압** … 혹세무민을 이유로 최제우를 처형하였다.

(5) 농민의 항거

① **배경** … 사회 불안이 고조되자 유교적 왕도정치가 점점 퇴색되었고 탐관오리의 부정, 삼정의 문란, 극도에 달한 수령의 부정은 중앙권력과 연결되어 갈수록 심해져 갔다.

② **홍경래의 난**(1811) : 몰락한 양반 홍경래의 지휘 아래 영세농민과 중소상인, 광산노동자들이 합세하여 일으킨 봉기였으나 5개월 만에 평정되었다.

③ **임술농민봉기**(1862) : 진주에서 시작되어 탐관오리와 토호가 탐학에 저항하였으며 한때 진주성을 점령하기도 하였다.

05 민족문화의 발달

01 고대의 문화

1 학문과 사상 · 종교

(1) 한자의 보급과 교육

① 한자의 전래 … 한자는 철기 시대부터 지배층을 중심으로 사용되었다가 삼국시대에는 이두 · 향찰이 사용되었다.

② 교육기관의 설립과 한자의 보급
　　㉠ 고구려 : 태학(수도)에서는 유교경전과 역사서를 가르쳤으며 경당(지방)에서는 청소년에게 한학과 무술을 가르쳤다.
　　㉡ 백제 : 5경 박사 · 의박사 · 역박사에서는 유교경전과 기술학 등을 가르쳤으며, 사택지적 비문에는 불당을 세운 내력을 기록하고 있다.
　　㉢ 신라 : 임신서기석을 통해 청소년들이 유교경전을 공부하였던 사실을 알 수 있다.

③ 유학의 교육
　　㉠ 삼국시대 : 학문적으로 깊이 있게 연구된 것이 아니라, 충 · 효 · 신 등의 도덕규범을 장려하는 정도였다.
　　㉡ 통일신라 : 신문왕 때 국학이라는 유학교육기관을 설립하였고, 경덕왕 때는 국학을 태학이라고 고치고 박사와 조교를 두어 「논어」와 「효경」 등 유교경전을 가르쳤으며, 원성왕 때 학문과 유학의 보급을 위해 독서삼품과를 마련하였다.
　　㉢ 발해 : 주자감을 설립하여 귀족 자제들에게 유교경전을 교육하였다.

(2) 역사 편찬과 유학의 보급

① 삼국시대 … 학문이 점차 발달되고 중앙집권적 체제가 정비됨에 따라 왕실의 권위를 높이고 백성들의 충성심을 모으기 위해 편찬 하였으며 고구려에는 「유기」, 이문진의 「신집 5권」, 백제에는 고흥의 「서기」, 신라에는 거칠부의 「국사」가 있다.

② 통일신라

　㉠ 김대문 : 「화랑세기」, 「고승전」, 「한산기」를 저술하여 주체적인 문화의식을 드높였다.

　㉡ 6두품 유학자 : 외교문서에 능한 문장가 강수와 「화왕계」를 저술한 설총이 활약하여 도덕적 합리주의를 제시하였다.

㉢ 도당 유학생 : 김운경, 최치원이 다양한 개혁안을 제시하였다. 특히 최치원은 당에서 빈공과에 급제하고 「계원필경」등 뛰어난 문장과 저술을 남겼으며, 유학자이면서도 불교와 도교에 조예가 깊었다.

③ 발해 … 당에 유학생을 파견하였고 당의 빈공과에 급제한 사람도 여러 명 나왔다.

(3) 불교의 수용

① 수용 … 고구려는 소수림왕(372), 백제는 침류왕(384), 신라는 법흥왕(527) 때 수용되었다.

② 불교의 영향

　㉠ 새로운 국가정신의 확립과 왕권 강화의 결과를 가져왔다.

　㉡ 신라시대의 불교는 업설, 미륵불신앙이 중심교리로 발전하였다.

(4) 불교사상의 발달

① 원효 … 「금강삼매경론」, 「대승기신론소」등을 저술하여 불교의 사상적 이해기준을 확립시켰고, 종파 간의 사상적인 대립을 극복하고 조화시키려 애썼으며, 불교의 대중화(아미타신앙)에 이바지하였다.

② 의상 … 「화엄일승법계도」를 통해 화엄사상을 정립하였고, 현세에서 고난을 구제한다는 관음사상을 외치기도 하였다.

③ 혜초 … 인도에 가서 불교를 공부하였으며, 「왕오천축국전」을 저술하기도 하였다.

(5) 선종과 풍수지리설

① 선종 … 참선을 중시했고 실천적 경향이 강하였으며, 호족세력과 결합하였다.

② 풍수지리설 … 신라 말기의 도선과 같은 선종 승려들이 중국에서 풍수지리설을 들여왔다.

　㉠ 성격 : 도읍, 주택, 묘지 등을 선정하는 인문지리적 학설을 말하며, 도참사상과 결합하기도 하였다.

　㉡ 국토를 지방 중심으로 재편성하는 주장으로 발전하였다.

❷ 과학기술의 발달

(1) 천문학과 수학

① **천문학의 발달** … 농경과 밀접한 관련이 있었으며, 고구려의 천문도·고분벽화, 신라의 천문대를 통해 천문학이 발달했음을 알 수 있다.

② **수학의 발달** … 수학적 지식을 활용한 조형물을 통해 높은 수준으로 발달했음을 알 수 있다.
　　ⓐ 고구려 : 고분의 석실과 천장의 구조
　　ⓑ 백제 : 정림사지 5층 석탑
　　ⓒ 신라 : 황룡사지 9층 목탑, 석굴암의 석굴구조, 불국사 3층 석탑, 다보탑

(2) 목판인쇄술과 제지술의 발달

① **배경** … 불교의 발달로 불경의 대량인쇄를 위해 목판인쇄술과 제지술이 발달하였다.

② **「무구정광대다라니경」** … 세계에서 가장 오래된 목판인쇄물이며, 닥나무 종이를 사용하였다.

(3) 금속기술의 발달

① **고구려** … 철의 생산이 중요한 국가적 산업이었으며, 우수한 철제 무기와 도구가 출토되었다. 고분벽화에는 철을 단련하고 수레바퀴를 제작하는 기술자의 모습이 묘사되어 있다.

② **백제** … 금속공예기술이 발달하였다.
　　예 칠지도, 백제 금동대향로

③ **신라** … 금세공기술이 발달하고, 금속주조기술도 발달하였다.
　　예 금관, 성덕대왕 신종

(4) 농업기술의 혁신

① 철제 농기구의 보급으로 농업생산력이 증가하였다.

② **삼국의 농업기술** … 쟁기, 호미, 괭이 등의 농기구가 보급되어 농업 생산이 증가되었다.

❸ 고대인의 자취와 멋

(1) 고분과 고분벽화

① **고구려** … 초기에는 돌무지무덤으로, 장군총이 대표적이며 후기에는 굴식 돌방무덤으로 무용총(사냥그림), 강서대묘(사신도), 쌍영총, 각저총(씨름도) 등이 대표적이다.

② **백제** … 한성시대에는 계단식 돌무지무덤으로서 서울 석촌동에 있는 무덤은 고구려 초기의 고분과 유사하며 웅진시대에는 굴식 돌방무덤과 벽돌무덤이 유행하였다. 사비시대에는 규모는 작지만 세련된 굴식 돌방무덤을 만들었다.

③ **신라** … 거대한 돌무지 덧널무덤을 만들었으며, 삼국통일 직전에는 굴식 돌방무덤도 만들었다.

④ **통일신라** … 굴식 돌방무덤과 화장이 유행하였으며, 둘레돌에 12지 신상을 조각하였다.

⑤ **발해** … 정혜공주묘(굴식 돌방무덤 · 모줄임 천장구조), 정효공주묘(묘지 · 벽화)가 유명하다.

(2) 건축과 탑

① **삼국시대**
　㉠ **사원** : 신라의 황룡사는 진흥왕의 팽창의지를 보여주고, 백제의 미륵사는 무왕이 추진한 백제의 중흥을 반영하는 것이다.
　㉡ **탑** : 불교의 전파와 함께 부처의 사리를 봉안하여 예배의 주대상으로 삼았다.
　　• 고구려 : 주로 목탑 건립(현존하는 것은 없음)
　　• 백제 : 목탑형식의 석탑인 익산 미륵사지 석탑, 부여 정림사지 5층 석탑
　　• 신라 : 몽고의 침입 때 소실된 황룡사 9층 목탑과 벽돌모양의 석탑인 분황사탑

② **통일신라**
　㉠ **건축** : 불국토의 이상을 조화와 균형감각으로 표현한 사원인 불국사, 석굴암 및 인공 연못인 안압지는 화려한 귀족생활을 보여 준다.
　㉡ **탑** : 감은사지 3층 석탑, 불국사 석가탑, 양양 진전사지 3층 석탑이 있다.
　㉢ **승탑과 승비** : 신라 말기에 선종이 유행하면서 승려들의 사리를 봉안하는 승탑과 승비가 유행하였다.

③ **발해** … 외성을 쌓고, 주작대로를 내어 그 안에 궁궐과 사원을 세웠다.

(3) **불상 조각과 공예**

① **삼국시대** … 불상으로는 미륵보살반가상을 많이 제작하였다. 그 중에서도 금동미륵보살반가상은 날씬한 몸매와 자애로운 미소로 유명하다.

② **통일신라**

　　㉠ **석굴암의 본존불과 보살상** : 사실적 조각으로 불교의 이상세계를 구현하는 것이다.

　　㉡ **조각** : 태종 무열왕릉비의 받침돌, 불국사 석등, 법주사 쌍사자 석등이 유명하다.

　　㉢ **공예** : 상원사 종, 성덕대왕 신종 등이 유명하다.

③ **발해**

　　㉠ **불상** : 흙을 구워 만든 불상과 부처 둘이 앉아 있는 불상이 유명하다.

　　㉡ **조각** : 벽돌과 기와무늬, 석등이 유명하다.

　　㉢ **공예** : 자기공예가 독특하게 발전하였고 당에 수출하기도 했다.

(4) **글씨 · 그림과 음악**

① **서예** … 광개토대왕릉 비문(웅건한 서체), 김생(독자적인 서체)이 유명하다.

② **그림** … 천마도(신라의 힘찬 화풍), 황룡사 벽에 그린 소나무 그림(솔거)이 유명하다.

③ **가무** … 신라의 백결선생(방아타령), 고구려의 왕산악(거문고), 가야의 우륵(가야금)이 유명하다.

④ 일본으로 건너간 우리 문화

(1) **삼국문화의 일본 전파**

① **백제** … 아직기는 한자 교육, 왕인은 천자문과 「논어」 보급, 노리사치계는 불경과 불상을 전래하였다.

② **고구려** … 담징(종이 먹의 제조방법을 전달, 호류사 벽화), 혜자(쇼토쿠 태자의 스승), 혜관(불교 전파)을 통해 문화가 전파되었다.

③ **신라** … 축제술과 조선술을 전해주었다.

④ 삼국의 문화는 야마토 정권과 아스카 문화의 형성에 큰 영향을 주었다.

(2) **일본으로 건너간 통일신라 문화**

① 원효, 강수, 설총이 발전시킨 유교와 불교문화는 일본 하쿠호문화의 성립에 기여하였다.

② 심상에 의하여 전해진 화엄사상은 일본 화엄종의 토대가 되었다.

02 중세의 문화

① 유학의 발달과 역사서의 편찬

(1) 유학의 발달

① 고려 초기의 유학 … 유교주의적 정치와 교육의 기틀이 마련되었다.
  ㉠ 태조 때 : 신라 6두품 계열의 유학자들이 활약하였다.
  ㉡ 광종 때 : 유학에 능숙한 관료를 등용하는 과거제도를 실시하였다.
  ㉢ 성종 때 : 최승로의 시무 28조를 통해 유교적 정치사상이 확립되고 유학교육기관이 정비되었다.

② 고려 중기 … 문벌귀족사회의 발달과 함께 유교사상이 점차 보수적 성격을 띠게 되었다.
  ㉠ 최충 : 9재학당 설립, 훈고학적 유학에 철학적 경향을 가미하기도 하였다.
  ㉡ 김부식 : 보수적이고 현실적인 성격의 유학을 대표하였다.

(2) 교육기관

① 초기(성종) … 지방에는 지방관리와 서민의 자제를 교육시키는 향교를, 중앙에는 국립대학인 국자감이 설치되었다.

② 중기
  ㉠ 최충의 9재 학당 등의 사학 12도가 융성하여 관학이 위축되었다.
  ㉡ 관학진흥책 : 7재 개설 및 서적포, 양현고, 청연각을 설치하였고, 개경에서는 경사 6학과 향교를 중심으로 지방교육을 강화시켰다.

③ 후기 … 교육재단인 섬학전을 설치하고, 국자감을 성균관으로 개칭하였으며, 공민왕 때에는 성균관을 순수 유교교육기관으로 개편하였다.

(3) 역사서의 편찬

① 김부식의 「삼국사기」 … 기전체로 서술되었고, 신라 계승의식과 유교적 합리주의 사관이 짙게 깔려 있다.

② 각훈의 「해동고승전」 … 삼국시대의 승려 30여 명의 전기를 수록하였다.

③ 이규보의 「동명왕편」 … 고구려 동명왕의 업적을 칭송한 영웅 서사시로서, 고구려 계승의식을 반영하고 고구려의 전통을 노래하였다.

④ 일연의 「삼국유사」 … 단군의 건국 이야기를 수록하였고, 불교사를 중심으로 서술되었다.

⑤ 이승휴의 「제왕운기」 … 우리나라 역사를 단군으로부터 서술하면서 우리 역사를 중국사와 대등하게 파악하려 하였다.

(4) 성리학의 전래

① **성리학** … 송의 주희가 집대성한 성리학은 인간의 심성과 우주의 원리문제를 철학적으로 탐구하는 신유학이었다.

② **영향**

    ㉠ 현실 사회의 모순을 시정하기 위한 개혁사상으로 신진사대부들은 성리학을 수용하게 되었다.

    ㉡ 권문세족과 불교의 폐단을 비판하였다.

        예 정도전의 「불씨잡변」

    ㉢ 국가사회의 지도이념이 불교에서 성리학으로 바뀌게 되었다.

❷ 불교사상과 신앙

(1) 불교정책

① **태조** … 훈요 10조에서 불교를 숭상하고, 연등회와 팔관회 등 불교행사를 개최하였다.

② **광종** … 승과제도, 국사 · 왕사제도를 실시하였다.

③ **사원** … 국가가 토지를 지급했으며, 승려에게 면역의 혜택을 부여하였다.

(2) 불교통합운동과 천태종

① **화엄종, 법상종 발달** … 왕실과 귀족의 지원을 받았다.

② **천태종** … 대각국사 의천이 창시하였다.

    ㉠ **교단통합운동** : 화엄종 중심으로 교종통합, 선종의 통합을 위해 국청사를 창건하여 천태종을 창시하였다.

    ㉡ **교관겸수 제창** : 이론의 연마와 실천을 강조하였다.

③ **무신집권 이후의 종교운동**

    ㉠ **지눌** : 당시 불교계의 타락을 비판하고, 조계종 중심의 선 · 교 통합, 돈오점수 · 정혜쌍수를 제창하였다.

    ㉡ **혜심** : 유불일치설을 주장하고 심성의 도야를 강조하였다.

(3) 대장경 간행

① 초조대장경 … 현종 때 거란의 퇴치를 염원하며 간행하였으나 몽고의 침입으로 소실되었다.

② 속장경(의천) … 교장도감을 설치하여 속장경을 간행하였는데, 몽고 침입시 소실되었다.

③ 팔만대장경(재조대장경) … 대장도감을 설치하여 부처의 힘으로 몽고의 침입을 극복하고자 하였다.

(4) 도교와 풍수지리설

① 도교 … 국가의 안녕과 왕실의 번영을 기원하였는데 교단이 성립되지 못하여 민간신앙으로 전개되었다.

② 풍수지리설 … 서경천도와 북진정책 추진의 이론적 근거가 되었으며, 개경세력과 서경세력의 정치적 투쟁에 이용되어 묘청의 서경천도운동을 뒷받침하기도 하였다.

3 과학기술의 발달

(1) 천문학과 의학

① 천문학 … 사천대를 설치하여 관측업무를 수행하였고, 당의 선명력이나 원의 수시력 등 역법을 수용하였다.

② 의학 … 태의감에서 의학을 교육하였고, 의과를 시행하였으며, 「향약구급방」과 같은 자주적 의서를 편찬하였다.

(2) 인쇄술의 발달

① 목판인쇄술 … 「대장경」을 간행하였다.

② 금속활자인쇄술 … 「직지심체요절(1377)」은 현존하는 세계 최고(最古)의 금속 활자본이다.

③ 제지술의 발달 … 닥나무의 재배를 장려하고, 종이 제조의 전담관서를 설치하여 우수한 종이를 제조하여 중국에 수출하기도 하였다.

(3) 농업기술의 발달

① 권농정책 … 농민생활의 안정과 국가재정의 확보를 위해 실시하였다.

② 농업기술의 발달
  ㉠ 토지의 개간과 간척 : 묵은땅, 황무지, 산지 등을 개간하였으며 해안지방의 저습지를 간척하였다.
  ㉡ 수리시설의 개선 : 김제의 벽골제와 밀양의 수산제를 개축하였다.

ⓒ 농업기술의 발달 : 1년 1작이 기본이었으며 논농사의 경우는 직파법을 실시하였으나, 말기에 남부 일부 지방에 이앙법이 보급되어 실시되기도 하였다. 밭농사는 2년 3작의 윤작법과 우경에 의한 깊이갈이가 보급되어 휴경기간의 단축과 생산력의 증대를 가져왔다.

ⓔ 농서의 도입 : 이암은 원의 「농상집요」를 소개 · 보급하였다.

(4) 화약무기의 제조와 조선기술

① 최무선은 화통도감을 설치하여 화약과 화포를 제작하였고 진포싸움에서 왜구를 격퇴하였다.

② 대형 범선이 제조되었고 대형 조운선이 등장하였다.

④ 귀족문화의 발달

(1) 문학의 성장

① 전기

ⓐ 한문학 : 광종 때부터 실시한 과거제로 한문학이 크게 발달하였고, 성종 이후 문치주의가 성행함에 따라 한문학은 관리들의 필수교양이 되었다.

ⓑ 향가 : 균여의 「보현십원가」가 대표적이며, 향가는 점차 한시에 밀려 사라지게 되었다.

② 중기 … 당의 시나 송의 산문을 숭상하는 풍조가 나타났다.

③ 무신집권기 … 현실도피적 경향의 수필문학이 유행하였다.
　　예 임춘의 「국순전」, 이인로의 「파한집」

④ 후기 … 신진사대부와 민중이 주축이 되어 수필문학, 패관문학, 한시가 발달하였으며, 사대부문학인 경기체가 및 서민의 감정을 자유분방하게 표현한 속요가 유행하였다.

(2) 건축과 조각

① 건축 … 궁궐과 사원이 중심이 되었으며, 주심포식 건물(안동 봉정사 극락전, 영주 부석사 무량수전, 예산 수덕사 대웅전)과 다포식 건물(사리원 성북사 응진전)이 건축되었다.

② 석탑 … 신라 양식을 계승하였으나 독자적인 조형감각을 가미하여 다양한 형태로 제작되었다.
　　예 불일사 5층 석탑, 월정사 팔각 9층 석탑, 경천사 10층 석탑

③ 승탑 … 선종의 유행과 관련이 있다.
　　예 고달사지 승탑, 법천사 지광국사 현묘탑

④ 불상 … 균형을 이루지 못하여 조형미가 다소 부족한 것이 많았다.
　　예 광주 춘궁리 철불, 관촉사 석조 미륵보살 입상, 안동 이천동 석불, 부석사 소조아미타여래 좌상

(3) 청자와 공예

① 자기공예 … 상감청자가 발달하였다.

② 금속공예 … 은입사 기술이 발달하였다.
  예 청동 은입사 포류수금문 정병, 청동향로

③ 나전칠기 … 경함, 화장품갑, 문방구 등이 현재까지 전해진다.

(4) 글씨 · 그림과 음악

① 서예 … 전기에는 구양순체가 유행했으며 탄연의 글씨가 뛰어났고, 후기에는 송설체가 유행했으며, 이암이 뛰어났다.

② 회화 … 전기에는 예성강도, 후기에는 사군자 중심의 문인화가 유행하였다.

③ 음악
  ㉠ 아악 : 송에서 수입된 대성악이 궁중음악으로 발전된 것이다.
  ㉡ 향악(속악) : 우리 고유의 음악이 당악의 영향을 받아 발달한 것으로 동동 · 대동강 · 한림별곡이 유명하다.

03 근세의 문화

1 민족문화의 융성

(1) 한글의 창제

① 배경 … 한자음의 혼란을 방지하고 피지배층에 대한 도덕적인 교화에 목적이 있었다.

② 보급 … 「용비어천가」, 「월인천강지곡」 등을 제작하고, 불경, 농서, 윤리서, 병서 등을 간행하였다.

(2) 역사서의 편찬

① 건국 초기 … 왕조의 정통성을 확보하고 성리학적 통치규범을 정착시키기 위한 것이었다. 정도전의 「고려국사」와 권근의 「동국사략」이 대표적이다.

② 15세기 중엽 … 고려역사를 자주적 입장에서 재정리하였고 「고려사」, 「고려사절요」, 「동국통감」이 간행되었다.

③ 16세기 … 사림의 정치 · 문화 의식을 반영하였고, 박상의 「동국사략」이 편찬되었다.

④ 실록의 편찬 … 국왕 사후에 실록청을 설치하여 편찬하였다.

(3) 지리서의 편찬

① **목적** … 중앙 집권과 국방 강화를 위하여 지리지와 지도의 편찬에 힘썼다.

② **지도** … 혼일강리역대국도지도, 팔도도, 동국지도, 조선방역지도 등이 있다.

③ **지리지** … 「신찬팔도지리지」, 「동국여지승람」, 「신증동국여지승람」, 「해동제국기」 등이 있다.

(4) 윤리 · 의례서와 법전의 편찬

① **윤리 · 의례서** … 유교적인 사회질서 확립을 위해 편찬하였으며, 「삼강행실도」, 「이륜행실도」, 「동몽수지」 등의 윤리서와 의례서로는 「국조오례의」가 있다.

② **법전의 편찬**

    ㉠ **초기 법전** : 정도전의 「조선경국전」, 「경제문감」, 조준의 「경제육전」이 편찬되었다.

    ㉡ **「경국대전」** : 구성된 법전으로 유교적 통치 질서와 문물제도가 완성되었음을 의미한다.

❷ 성리학의 발달

(1) 조선 초의 성리학

① **관학파**(훈구파) … 정도전, 권근 등의 관학파는 다양한 사상과 종교를 포용하고, 주례를 중시하였다.

② **사학파**(사림파) … 길재 등은 고려 말의 온건개혁파를 계승하여 교화에 의한 통치를 강조하였고, 성리학적 명분론을 중시하였다.

(2) 성리학의 융성

① 이기론의 발달

    ㉠ **주리론** : 기(氣)보다는 이(理)를 중심으로 이론을 전개하였다.

    ㉡ **주기론** : 이(理)보다는 기(氣)를 중심으로 세계를 이해하였다.

② 성리학의 정착

    ㉠ 이황

     • 인간의 심성을 중시하였고, 근본적이며 이상주의적 성격이 강하였다.

     •「주자서절요」, 「성학십도」 등을 저술하여 이기이원론을 더욱 발전시켜 주리철학을 확립하였다.

    ㉡ 이이

     • 기를 강조하여 일원론적 이기이원론을 주장하였으며 현실적이고 개혁적인 성격이 강하였다.

     •「동호문답」, 「성학집요」 등을 저술하였다.

(3) 학파의 형성과 대립

① 동인
　　㉠ 남인 : 이황 학파, 서인과 함께 인조반정에 성공하였다.
　　㉡ 북인 : 서경덕학파, 조식학파, 광해군 때 사회개혁을 추진하였다.

② 서인 … 이이 학파 · 성혼학파로 나뉘고, 인조반정으로 집권하였으며, 송시열 이후 척화론과 의리명분론을 강조하였다.

(4) 예학의 발달

① 성격 … 유교적 질서를 유지하였고, 예치를 강조하였다.

② 영향 … 각 학파 간 예학의 차이가 예송논쟁을 통해 표출되었다.

❸ 불교와 민간신앙

(1) 불교의 정비

① 불교 정책 … 사원의 토지와 노비를 회수하고, 사찰 및 승려 수를 제한하였으며, 도첩제를 실시하였다.

② 정비과정 … 선 · 교 양종에 모두 36개 절만 인정하였고, 사람들의 적극적인 불교비판으로 불교는 산 속으로 들어가게 되었다.

(2) 도교와 민간신앙

① 도교 … 소격서를 설치하고 참성단에서 일월성신에 대해 제사를 지내는 초제를 시행하였다.

② 풍수지리설과 도참사상 … 한양천도에 반영되었고, 산송문제를 야기하기도 하였다.

③ 민간신앙 … 무격신앙, 산신신앙, 삼신숭배, 촌락제가 성행하게 되었다.

❹ 과학기술의 발달

(1) 천문 · 역법과 의학

① 각종 기구의 발명 · 제작
　　㉠ 천체관측기구 : 혼의, 간의
　　㉡ 시간측정기구 : 해시계(앙부일구), 물시계(자격루)

ⓒ 강우량측정기구 : 측우기(세계 최초)

ⓔ 토지측량기구 : 인지의, 규형(토지 측량과 지도 제작에 활용)

② 역법 … 중국의 수시력과 아라비아의 회회력을 참고한 칠정산을 발달시켰다.

③ 의학분야 … 「향약집성방」과 「의방유취」가 편찬되었다.

(2) 농서의 편찬과 농업기술의 발달

① 농서의 편찬

ⓐ 「농사직설」 : 최초의 농서로서 독자적인 농법을 정리(씨앗의 저장법 · 토질의 개량법 · 모내기법)하였다.

ⓑ 「금양잡록」 : 금양(시흥)지방을 중심으로 경기지방의 농사법을 정리하였다.

② 농업기술의 발달 … 2년 3작(밭농사), 이모작 · 모내기법(논농사), 시비법, 가을갈이가 실시되었다.

(3) 병서 편찬과 무기 제조

① 병서의 편찬 … 「총통등록」, 「병장도설」이 편찬되었다.

② 무기 제조 … 최해산은 화약무기를 제조하였고, 화포가 만들어졌다.

③ 병선 제조 … 태종 때에는 거북선과 비거도선을 제조하여 수군의 전투력을 향상시켰다.

⑤ 문학과 예술

(1) 다양한 문학

① 15세기 … 격식을 존중하고, 질서와 조화를 내세웠다.

ⓐ 악장과 한문학 : 「용비어천가」, 「월인천강지곡」, 「동문선」

ⓑ 시조문학 : 김종서 · 남이

ⓒ 설화문학 : 관리들의 기이한 행적, 서민들의 풍속 · 감정 · 역사의식을 담았다.
　　예 서거정의 「필원잡기」, 김시습의 「금오신화」

② 16세기 … 사림문학이 주류를 이루었다.

ⓐ 시조문학
　　예 황진이, 윤선도 「오우기」, 「어부사시사」

ⓑ 가사문학
　　예 송순, 정철 「관동별곡」, 「사미인곡」, 「속미인곡」

(2) 왕실과 양반의 건축

① 15세기 … 궁궐 · 관아 · 성곽 · 성문 · 학교건축이 중심이 되었고, 건물은 건물주의 신분에 따라 일정한 제한을 두었다.

② 16세기 … 서원건축은 가람배치양식과 주택양식이 실용적으로 결합된 독특한 아름다움을 지녔으며, 옥산서원(경주), 도산서원(안동)이 대표적이다.

(3) 분청사기 · 백자와 공예

① 분청사기 … 안정된 그릇모양이었으며 소박하였다.

② 백자 … 깨끗하고 담백하며 선비들의 취향이었다.

③ 공예 … 목공예, 화각공예, 자개공예가 주류를 이루었다.

(4) 그림과 글씨

① 그림
   ㉠ 15세기 : 안견(몽유도원도), 강희안(고사관수도), 강희맹 등이 있다.
   ㉡ 16세기 : 산수화와 사군자가 유행하였으며, 이암, 이정, 황집중, 어몽룡, 신사임당 등이 있다.

② 글씨 … 안평대군(송설체), 양사언(초서), 한호(석봉체)가 유명하였다.

04 문화의 새 기운

❶ 성리학의 변화

(1) 성리학의 교조화 경향

① 서인의 의리명분론 강화 … 송시열은 주자중심의 성리학을 절대화 하였다.

② 성리학 비판
   ㉠ 윤휴 : 유교경전에 대한 독자적으로 해석하였다.
   ㉡ 박세당 : 양명학과 조장사상의 영향을 받아 주자의 학설을 비판하였으나 사문난적으로 몰렸다.

③ 성리학의 발달

    ⊙ 이기론 중심 : 이황 학파의 영남 남인과 이이 학파인 노론 사이에 성리학의 이기론을 둘러싼 논쟁이 치열하게 전개되었다.

    ⓒ 심성론 중심 : 인간과 사물의 본성이 같은가 다른가 등의 문제를 둘러싸고 충청도 지역의 호론과 서울 지역의 낙론이 대립하였다.

(2) 양명학의 수용

① 성리학의 교조화와 형식화를 비판하였고, 실천성을 강조하였다.

② 강화학파의 형성 … 18세기 초 정제두가 양명학 연구와 제자 양성에 힘써 강화학파라 불리는 하나의 학파를 이루었으나 제자들이 정권에서 소외된 소론이었기 때문에 그의 학문은 집안의 후손들과 인척을 중심으로 가학(家學)의 형태로 계승되었다.

❷ 실학의 발달

(1) 실학의 등장

① 배경 … 사회모순의 해결이 필요했으며, 성리학의 한계가 나타났다.

② 새로운 문화운동 … 현실적 문제를 연구했으며, 이수광의 「지봉유설」, 한백겸의 「동국지리지」가 편찬되었다.

③ 성격 … 민생안정과 부국강병이 목표였고, 비판적 · 실증적 논리로 사회개혁론을 제시하였다.

(2) 농업 중심의 개혁론(경세치용학파)

① 특징 … 농민의 입장에서 토지제도의 개혁을 추구하였다.

② 주요 학자와 사상

    ⊙ 유형원 : 「반계수록」 저술, 균전론을 주장하며, 양반문벌제도, 과거제도, 노비제도를 비판하였다.

    ⓒ 이익 : 이익학파를 형성하고 한전론을 주장, 6종의 폐단을 지적하였다.

    ⓒ 정약용 : 실학을 집대성, 「목민심서」, 「경세유표」를 저술, 여전론을 주장하였다.

(3) 상공업 중심의 개혁론(이용후생학파, 북학파)

① 특징 … 청나라 문물을 적극적으로 수용하여 부국 강병과 이용 후생에 힘쓰자고 주장하였다.

② 주요 학자와 사상

    ⊙ 유수원 : 「우서」를 저술, 상공업 진흥 · 기술혁신을 강조하며, 사농공상의 직업평등과 전문화를 주장하였다.

    ⓒ 홍대용 : 「임하경륜」, 「의산문답」을 저술, 기술혁신과 문벌제도를 철폐, 성리학 극복을 주장하였다.

ⓒ 박지원 :「열하일기」를 저술, 상공업의 진흥 강조(수레와 선박의 이용·화폐유통의 필요성 주장), 양반문
　　 벌제도의 비생산성 비판, 농업 생산력 증대에 관심(영농방법의 혁신·상업적 농업의 장려·수리시설의
　　 확충)을 가졌다.
ⓔ 박제가 :「북학의」를 저술, 청과의 통상 강화, 수레와 선박 이용, 소비권장을 주장하였다.

(4) 국학 연구의 확대

① 국사

ⓐ 이익 : 실증적·비판적 역사서술, 중국 중심의 역사관을 비판하였다.
ⓑ 안정복 :「동사강목」을 저술하였고 고증사학의 토대를 닦았다.
ⓒ 이긍익 : 조선시대의 정치와 문화를 정리하여「연려실기술」을 저술하였다.
ⓓ 이종휘와 유득공 : 이종휘의「동사」와 유득공의「발해고」는 각각 고구려사와 발해사 연구를 중심으로 연
　　 구 시야를 만주지방까지 확대하여 한반도 중심의 협소한 사관을 극복하고자 했다.
ⓔ 김정희 :「금석과안록」을 지어 북한산비가 진흥왕순수비임을 고증하였다.

② 국토에 대한 연구

ⓐ 지리서 : 한백겸의「동국지리지」, 정약용의「아방강역고」, 이중환의「택리지」가 편찬되었다.
ⓑ 지도 : 동국지도(정상기), 대동여지도(김정호)가 유명하다.

③ 언어에 대한 연구 ··· 신경준의「훈민정음운해」, 유희의「언문지」, 이의봉의「고금석립」이 편찬되었다.

④ 백과사전의 편찬 ··· 이수광의「지봉유설」, 이익의「성호사설」, 서유구의「임원경제지」, 홍봉한의「동국문헌 비고」가 편찬되었다.

③ 과학기술의 발달

(1) 천문학과 지도제작기술의 발달

① **천문학** ··· 김석문·홍대용의 지전설은 근대적 우주관으로 성리학적 세계관을 비판하였다.

② **역법과 수학** ··· 시헌력(김육)과 유클리드 기하학을 도입하였다.

③ **지리학** ··· 곤여만국전도(세계지도)가 전래되어 세계관이 확대되었다.

(2) 의학의 발달과 기술의 개발

① **의학** ··· 허준은「동의보감」, 허임은「침구경험방」, 정약용은「마과회통」, 이제마는「동의수세보원」을 저술하
　　 였다.

② **정약용의 기술관** … 한강에 배다리를 설계하고, 수원 화성을 설계 및 축조하였다.
  <small>예</small> 거중기 사용

(3) 농서의 편찬과 농업기술의 발달

① **농서의 편찬**
  ㉠ 신속의 「농가집성」 : 벼농사 중심의 농법이 소개되고, 이앙법 보급에 기여하였다.
  ㉡ 박세당의 「색경」 : 곡물재배법, 채소, 과수, 원예, 축산, 양잠 등의 농업기술을 소개하였다.
  ㉢ 홍만선의 「산림경제」 : 농예, 의학, 구황 등에 관한 농서이다.
  ㉣ 서유구 : 「해동농서」와 농촌생활 백과사전인 「임원경제지」를 편찬하였다.

② **농업기술의 발달**
  ㉠ 이앙법, 견종법의 보급으로 노동력이 절감되고 생산량이 증대되었다.
  ㉡ 쟁기를 개선하여 소를 이용한 쟁기를 사용하기 시작하였다.
  ㉢ 시비법이 발전되어 여러 종류의 거름이 사용됨으로써 토지의 생산력이 증대되었다.
  ㉣ 수리시설의 개선으로 저수지를 축조하였다.
      <small>예</small> 당진의 합덕지, 연안의 남대지 등
  ㉤ 황무지 개간(내륙 산간지방)과 간척사업(해안지방)으로 경지면적을 확대시켰다.

❹ 문학과 예술의 새 경향

(1) 서민문화의 발달

① **배경** … 서당교육이 보급되고, 서민의 경제적 · 신분적 지위가 향상되었다.

② **서민문화의 대두** … 중인층(역관 · 서리), 상공업 계층, 부농층의 문예활동과 상민, 광대들의 활동이 활발하였다.

③ **문학상의 특징** … 인간감정을 적나라하게 표현하고 양반들의 위선적인 모습을 비판하며, 사회의 부정과 비리를 풍자 · 고발하였다. 서민적 주인공이 등장했으며, 현실세계를 배경으로 설정하였다.

(2) 판소리와 탈놀이

① **판소리** … 서민문화의 중심이 되었으며, 직접적이고 솔직하게 감정을 표현하였다. 조선 후기에 널리 불리던 판소리는 모두 12마당이었지만 조선 고종 때 신재효가 6마당으로 정리했다. 신재효가 정리한 판소리는 「춘향가」, 「심청가」, 「박타령(흥부가)」, 「가루지기타령」, 「토끼타령(수궁가)」, 「적벽가」 등이며 오늘날에는 「가루지기타령」을 제외한 5마당만 전해지고 있다. 한편 판소리의 3요소에는 소리(노래), 아니리(이야기 하듯 엮어나가는 것), 발림(몸짓, 표정 등의 동작)이 있다.

② **탈놀이·산대놀이** ··· 승려들의 부패와 위선을 풍자하고, 양반의 허구를 폭로하였다.

(3) 한글소설과 사설시조

① **한글소설** ··· 「홍길동전」, 「춘향전」, 「별주부전」, 「심청전」, 「장화홍련전」 등이 유명하였다.

② **사설시조** ··· 남녀 간의 사랑, 현실에 대한 비판을 거리낌없이 표현하였다.

③ **한문학** ··· 정약용은 삼정의 문란을 폭로하는 한시를 썼고, 박지원은 「양반전」, 「허생전」, 「호질」을 통해 양반사회의 허구성을 지적하며 실용적 태도를 강조하였다.

(4) 진경산수화와 풍속화

① **진경산수화** ··· 우리나라의 고유한 자연을 표현하였고, 정선의 인왕제색도·금강전도가 대표적이다.

② **풍속화** ··· 김홍도는 서민생활을 묘사하였고, 신윤복은 양반 및 부녀자의 생활과 남녀 사이의 애정을 표현하였다.

③ **민화** ··· 민중의 미적 감각과 소박한 정서를 표현하였다.

④ **서예** ··· 이광사(동국진체), 김정희(추사체)가 대표적이었다.

(5) 백자·생활공예와 음악

① **자기공예** ··· 백자가 민간에까지 널리 사용되었고, 청화백자가 유행하였으며 서민들은 옹기를 많이 사용하였다.

② **생활공예** ··· 목공예와 화각공예가 발전하였다.

③ **음악** ··· 음악의 향유층이 확대되어 다양한 음악이 출현하였다. 양반층은 가곡·시조, 서민들은 민요를 애창하였다.

06 근현대사의 흐름

01 근현대의 정치 변동

❶ 개화와 자주운동

(1) 조선 말기의 국내 정세

① **조선사회의 위기** … 세도정치의 폐단이 나타나고, 일본과 서양 열강의 침략적 접근이 일어나고 있었다.

② **흥선대원군의 집권** … 실추된 왕권을 회복하고 국가적 위기를 극복하기 위하여 노력하였다.
　　㉠ **내정개혁**: 고른 인재 등용, 경복궁 중건, 서원 정리, 삼정 개혁, 비변사 폐지, 의정부와 삼군부 기능 회복, 법전(대전회통)을 정비하였다.
　　㉡ **대외정책** … 국방력 강화, 통상수교요구 거절, 천주교 탄압, 척화비를 건립하였다.

(2) 개항과 개화정책

① **개항** … 일본과 강화도조약을 체결하였는데, 이것은 우리나라 최초의 근대적 조약이었으며, 치외법권과 해안측량권을 규정한 불평등 조약이었다.

② **개화정책의 추진** … 개화파 인물 등용, 통리기무아문 설치, 별기군 창설, 일본과 청에 사절단 파견 등을 추진하였다.

③ **위정척사운동** … 보수적 유생층은 개항과 개화를 반대하는 운동을 전개하였고, 항일의병운동으로 계승되었다. 반외세 자주 운동이었으며, 혁신적 인사들은 동도서기론을 주장하였다.

④ **임오군란(1882)** … 개화정책에 반대하였으며, 임오군란 후 청의 내정간섭이 심해지고 정부의 친청정책의 배경이 되었다.

⑤ **갑신정변(1884)** … 급진개화파가 주도하였으며 근대국가건설을 목표로 하였지만, 삼일천하로 실패하였다.

(3) 동학농민운동의 전개

① **배경** … 정부의 농민수탈 심화와 농촌경제 파탄으로 농민의 사회변혁 욕구가 고조되었다.

② **전개** … 보국안민과 제폭구민을 외치며 고부봉기가 일어나 전주를 점령하였다. 집강소에서는 폐정개혁을 실천하였으나 일본의 내정간섭은 강화되고, 재봉기인 우금치전투는 실패로 돌아갔다.

(4) 근대적 개혁의 추진

① **갑오개혁**(1894) … 군국기무처를 설치하고, 홍범 14조를 반포하였다.

② **을미개혁** … 을미사변 이후 을미개혁과 단발령이 시행되었다.

③ **을미의병** … 명성황후 시해와 단발령이 계기가 되었으며, 유생층이 주도하였으나 농민과 동학농민군의 잔여세력이 가담하였다.

④ **아관파천**(1896) **이후** … 단발령이 철회되고, 고종의 해산권고로 을미의병은 자진 해산하였다.

❷ 주권수호운동의 전개

(1) 독립협회와 대한제국

① **독립협회**(1896)
   ㉠ **주요 활동** : 민중에게 근대적 지식과 국권 · 민권사상 고취(강연회 · 토론회 개최, 신문 · 잡지 발간), 자주국권운동, 자유민권운동, 국민참정권운동 전개, 만민공동회와 관민공동회를 개최하였다.
   ㉡ **해산** : 서구식 입헌군주제의 실현을 추구였으므로 보수세력은 황국협회를 이용하여 독립협회를 탄압하였다.

② **대한제국**(1897) … 고종은 환궁 후 대한제국을 선포하고 연호를 광무라 하였다.
   ㉠ **개혁** : 구본신참을 시정방향으로 제시, 전제황권을 강화, 양전사업을 실시, 상공업진흥책을 추진하였다.
   ㉡ **한계** : 집권층의 보수성과 열강의 간섭으로 실패로 돌아갔다.

(2) 항일의병운동

① **을사조약**(1905) **폐기운동** … 민영환은 자결로써 항거하였고 나철, 오기호 등은 5적 암살단을 조직하여 5적의 집을 불사르고 일진회 사무실을 습격하였다.

② **을사의병**(1905) … 민종식, 최익현, 신돌석(평민 의병장)이 활약하였고, 을사조약의 폐기와 친일내각 타도를 주장하였다.

③ **정미의병**(1907) … 고종의 강제 퇴위로 군대가 해산되자, 해산군인들이 의병에 합류하였다.

(3) 애국계몽운동의 전개

① 초기 … 보안회, 헌정연구회가 활용하였다.

② 1905년 이후 … 국권 회복을 위한 애국계몽운동을 전개하였다.
  ㉠ 대한자강회 : 교육과 산업을 진흥시켜 독립의 기초를 만들 것을 목적으로 국권 회복을 위한 실력양성운
    동을 전개하였으나 고종의 강제퇴위반대운동으로 해산되었다.
  ㉡ 대한협회 : 교육의 보급, 산업 개발 및 민권 신장 등을 강령으로 내걸고 실력양성운동을 전개하였다.
  ㉢ 신민회 : 비밀결사조직으로 국권 회복과 공화정체의 국민국가 건설을 목표로 하였다.

❸ 민족의 수난과 항일독립운동

(1) 국권의 피탈과 민족의 수난

① 국권의 피탈 … 한 · 일신협약(차관정치) → 군대 해산 → 사법권 · 경찰권 박탈 → 국권 강탈(1910)

② 조선총독부 … 입법 · 행정 · 사법 · 군대통수권을 장악하고, 한국인 회유책으로 중추원을 설치하였다.

③ 헌병경찰통치(1910 ~ 1919) … 경찰의 임무를 대행하여, 독립운동가를 색출하고 처단하였으며, 즉결처분권을
  소유하였다.

④ 문화통치(1919 ~ 1931) … 3 · 1운동과 국제 여론의 악화로 제기되었으며, 소수의 친일분자를 키워 우리 민족
  을 이간하여 분열시켰다.

⑤ 민족말살통치(1931 ~ 1945) … 병참기지화 정책, 국사 · 국어교육의 금지, 황국신민서사암송, 궁성요배, 신사
  참배, 일본식 성명 사용을 강요, 강제징용, 정신대 동원 등의 정책을 폈다.

(2) 3 · 1운동

민족자결주의와 2 · 8독립선언(1919)의 영향을 받아 독립선언서를 발표하고 거족적 만세시위를 전개하였고 이
는 지방도시 및 전국의 농촌으로 파급되었다.

(3) 대한민국임시정부

① 수립 … 중국 상하이에 대한민국임시정부를 수립하고, 연해주의 대한국민의회를 통합하였다.

② 임시정부의 활동 … 비밀행정조직망인 연통제와 교통국의 설치, 외교활동, 독립신문 간행 등의 활동을 하였다.

(4) 국내의 항일운동

① 6 · 10만세운동(1926) ··· 일제의 수탈과 식민지교육에 대한 반발로 일어났다.

② 광주학생항일운동(1929) ··· 전국 규모의 항일 투쟁으로 확대되었다.

③ 무장항일투쟁 : 보합단(평북 동암산), 천마산대(평북 천마산), 구월산대(황해도 구월산) 등이 활동하였다.

(5) 항일독립전쟁의 전개

① 전개 ··· 독립운동기지 건설(삼원보 · 한흥동 · 블라디보스토크) → 봉오동 전투, 청산리 대첩 → 간도참변, 자유시 참변 → 단체통합 운동(참의부, 정의부, 신민부) → 한국독립군과 조선혁명군의 활약 → 한국광복군 창설로 전개되었다.

② 한국광복군의 창설(1940) ··· 조선의용대를 흡수하여, 대일선전포고를 하기도 했다. 인도와 미얀마전선에 참전하였고, 국내진공작전을 준비하였다.

❹ 대한민국의 발전

(1) 광복 직후의 국내정세

① 건국준비활동 ··· 대한민국임시정부의 건국강령을 제정하고, 중국 화북지방 사회주의 계열은 조선독립동맹을 결성하였으며, 국내에서는 조선건국동맹을 결성하였다.

② 국토의 분단 ··· 38도선을 경계로 미 · 소 양군이 진주하였다.

③ 통일정부 수립 추진 ··· 좌우합작운동과 남북협상(김구)을 벌였으나 실패로 돌아갔다.

(2) 대한민국 정부의 수립(1948. 8. 15.)

① 과정 ··· 5 · 10총선거 후 민주공화국의 헌법을 제정하였으며 대한민국정부가 수립되었다.

② 건국 초기 국내정세

　㉠ 제주 4 · 3사건(1948)과 여수 · 순천 10 · 19사건(1948) : 정부 수립을 전후 한 시기에 좌우익의 대립이 격화되어 일어났다.

　㉡ 이승만의 반공정책 강화 : 이승만 정부는 좌우갈등을 극복하고 사회질서를 확립한다는 명분으로 반공정책을 강화하였다.

　㉢ 반민족행위처벌법의 제정 : 제헌국회에서 친일파를 처벌하여 민족정기를 바로잡기 위해서 제정하였으나 반공정책을 우선시하였던 이승만 정부의 소극적인 태도와 친일세력의 방해공작, 일본 경찰 간부의 반민특위습격사건으로 성과를 거두지 못하였다.

(3) 민주주의의 시련과 발전

① 4·19혁명(1960) ··· 자유당 정권의 부정선거로 인해 학생과 시민 중심의 전국적인 시위가 발생하였으며 그 결과 이승만 정권은 붕괴되었다.

② 장면 정부 ··· 내각책임제와 양원제 국회의 권력구조였으며, 사회 무질서와 혼란은 지속되었다.

③ 5·16군사정변(1961) ··· 박정희 정부는 대통령 중심제와 단원제 국회의 권력구조로 헌법을 개정하였다.

④ 10월 유신(1972) ··· 박정희는 종신 집권을 위해 유신체제를 구축하였으나 10·26사태로 인해 유신체제는 막을 내렸다.

⑤ 전두환 정부 ··· 5·18민주화운동을 진압하면서 전두환 정부가 탄생하였으나, 민주화운동을 탄압하고 각종 부정과 비리가 발생했으며, 결국 6월민주항쟁(1987)으로 국민의 요구가 수용되어 6·29민주화선언이 발표되었고 대통령 직선제로 개헌하였다.

⑥ 노태우 정부 ··· 북방정책을 추진하였고, 남북한이 유엔에 동시 가입하는 등 적극적인 외교를 펼쳤다.

⑦ 김영삼 정부 ··· 금융실명제, 지방자치제를 전면 실시하였다.

⑧ 김대중 정부 ··· 외환위기를 극복하고, 민주주의와 시장경제의 병행발전을 도모하였다.

02 근현대의 경제 변화

❶ 열강의 경제침투와 경제적 구국운동

(1) 열강의 경제적 침탈

① 일본의 경제침탈 ··· 은행·세관·화폐정리업무를 통해 금융을 지배하였다.

② 열강의 이권침탈 ··· 열강이 금광채굴권, 철도부설권, 삼림채벌권을 차지하였다.

(2) 경제적 침탈에 대한 저항

① 경제적 자주권 수호노력 ··· 방곡령을 시행, 상권수호운동과 이권수호운동을 전개하였다.

② 회사 설립 ··· 초기에는 상회사(대동상회·장통상회)를 설립하고, 상공업진흥정책이 실시된 이후에는 주식회사도 나타났다.

③ 국채보상운동 ··· 일본의 재정적 예속정책에 대한 저항으로 국채보상기성회를 조직하여 모금운동을 벌였으나, 일제 통감부의 탄압을 받아 좌절되었다.

❷ 일제하 민족경제의 변화

(1) 식민지 수탈경제

① **토지조사사업**(1912 ~ 1918) ··· 기한부 신고제로 미신고 토지를 약탈하였다. 그 결과 농민은 토지를 상실하고 소작농으로 전락하였다.

② **산미증식계획**(1920 ~ 1933) ··· 각종 비용을 농민에게 전가하고, 쌀 생산을 강요하였다.

③ **산업의 침탈**
  ㉠ 화폐정리사업으로 통감부시기에 민족자본의 축적이 와해되었다.
  ㉡ 회사령을 공포하여 한국인의 회사 설립과 경영을 통제하여 일본인이 한국 공업을 주도하게 되었으며, 광업령, 임야조사사업, 어업령을 통해 우리 자원을 약탈하였다.
  ㉢ 일본의 군수공업화정책으로 전기, 제철, 중화학 공장을 설립하여 병참기지화되었다.
  ㉣ 식량배급제도와 각종 물자의 공출제도를 강행하였다.

(2) 경제적 민족운동

① **소작쟁의** ··· 소작료 인하와 소작권 박탈을 반대하는 생존권 투쟁이었다.

② **민족기업의 성장** ··· 직포공장, 메리야스공장, 고무신공장, 경성방직주식회사 등이 설립되었다.

③ **물산장려운동** ··· 민족기업 지원, 민족경제의 자립을 목적으로 하였다.

④ **노동쟁의** ··· 노동조건 개선과 임금인상을 주장하였다.

❸ 현대의 경제 발전

(1) 경제개발 5개년 계획

① **경과** ··· 1·2차 경제개발 5개년 계획(기간산업 육성, 경공업 발전 주력), 3·4차 경제개발 5개년 계획(경공업 중심→중화학 공업중심)을 추진하였다.

② **결과** ··· 수출 비약적 증대, 국내 자본 축적, 사회간접시설 확충, 식량 생산 증대 등의 결과를 가져왔다.

(2) 노동운동
노동관계법 개정, 새로운 노사문화 정착, 노동환경 개선을 목적으로 하였다.

03 근현대의 사회 변동

① 평등사회로의 변화

(1) 동학농민군의 사회개혁운동

폐정개혁안을 제시하여 탐관오리·횡포한 부호·양반유생의 정벌, 노비문서 소각, 천인들에 대한 처우개선, 과부의 재가허용, 모든 무명 잡세의 폐지, 문벌과 지벌의 타파, 토지의 평균분작 등을 주장하였다.

(2) 갑오개혁과 신분제의 폐지

반상과 귀천을 초월한 평등주의적 사회질서를 수립하고, 노비 및 천민층의 해방이 이루어졌으며, 기술직 중인의 관직등용을 확대하였다. 또한 여성의 대우가 향상되고 혼인풍습이 개선되었다.

(3) 민권운동의 전개(독립협회활동)

① 독립협회의 운동 ··· 인권확대운동·참정권실현운동을 전개했으며, 관민공동회를 개최하였다. 입헌군주제를 지향하였다.

② 독립협회의 기본사상 ··· 자주국권사상, 자유민권사상, 자강개혁 사상이었다.

② 민족독립운동기의 사회 변화

(1) 한인의 국외 이주와 독립운동

① 만주 ··· 20세기 초반에는 일제의 탄압을 피하고 항일운동을 위해 이주하였다.

② 연해주 ··· 한민회를 설치하고 대한광복군 정부를 수립하여 무장투쟁의 기반을 마련하였다.

③ 미국 ··· 신민회, 한인협성회와 흥사단을 조직하여 활동하였다.

④ 일본 ··· 조선청년독립단을 구성하여 2·8독립선언을 발표, 3·1운동의 도화선을 제공하였다.

(2) 사회주의 운동의 대두와 신간회 운동

① 사회주의 운동의 대두 ··· 1920년대 러시아와 중국에서 활동하고 있던 독립운동가들이 처음으로 받아들였다. 노동운동, 농민운동, 청년운동, 학생운동, 여성운동, 형평운동 등이 전개되었다.

② **신간회 운동** ··· 민족주의 진영과 사회주의 진영은 민족유일당, 민족협동전선이라는 표어 아래 이상재, 안재홍 등을 중심으로 신간회를 결성하였다. 노동운동과 농민운동을 지도하였고 광주학생항일운동의 진상단을 파견하였다.

(3) 농민운동과 노동운동

① **농민운동** ··· 고율의 소작료 인하와 소작권의 이동을 반대하는 시위가 많았으나, 농민조합이 소작쟁의를 주도하여 항일민족운동으로 변모하게 되었다.

② **노동운동** ··· 임금인상·단체계약권 확립·8시간 노동제·노동조건 개선을 요구하면서 파업투쟁을 하였고, 후에 지역단위로 파업이 일어났으며 대중화되었다.

(4) 여성운동과 학생운동

① **여성운동** ··· 계몽운동으로 발전하였고 후에 사회주의 운동과 결합하였다.

② **학생운동** ··· 동맹휴학 형태로 전개되어 식민지 노예교육의 철폐, 조선역사의 교육, 교내 조선어 사용 등을 요구하였다. 광주학생항일운동이 대표적인 예이다.

04 근현대 문화의 흐름

① 근대 문화의 발달

(1) 근대 문명의 수용

① **근대 문물의 도입** ··· 19세기 후반부터 개화파는 동도서기론을 개창하였고, 정부는 과학기술을 비롯한 서양의 근대 문물을 도입하여 개화정책을 추진하였다.

② **근대 시설의 수용**
　㉠ **통신시설** : 전신·전화를 가설하였고, 우정국을 운영하여 근대적 우편제도를 실시하였다.
　㉡ **교통시설** : 전차를 운행하였으며, 경인선과 경부선의 철도가 부설되었다.

③ **근대 의료시설** ··· 광혜원, 경성의학교, 세브란스병원이 설립되었다.

④ **건축** ··· 명동성당, 덕수궁 석조전 등이 건립되었다.

(2) 근대 교육과 학문의 보급

① 근대 교육의 시작 … 원산학교, 육영공원에서 시작되었다.

② 갑오개혁기 … 근대적 교육제도가 마련되어 관립학교·사립학교가 설립되었고, 개신교 선교사들이 주도하였다.

③ 애국계몽운동기 … 사립학교를 설립하여 구국교육운동을 전개하고 민족의식을 고취시켰다.

④ 국학운동 … 민족의식과 애국심을 고취하기 위해 국사연구(신채호·박은식)와 국어연구(지석영·주시경)가 이루어졌다.

⑤ 국학운동 … 신채호·박은식 등은 구국위인들의 전기를 써서 보급, 지석영과 주시경은 국어 연구에 공헌하였다.

(3) 문예와 종교의 새 경향

① 문학의 새 경향 … 이인직의 「혈의 누」, 이해조의 「자유종」 등의 신소설은 계몽문학의 구실을 하였고, 최남선의 「해에게서 소년에게」는 근대시의 형식을 개척하였다.

② 예술계의 변화
  ㉠ 음악 : 애국가, 권학가, 독립가와 같은 창가가 유행하였다.
  ㉡ 연극 : 원각사(서양식 극장)의 설립, 은세계, 치악산 등의 작품의 공연되고 민중 사이에서는 전통적인 민속가면극이 성행하였다.
  ㉢ 미술 : 서양식 유화가 도입되고 김정희 계통의 문인화가들이 한국 전통회화를 발전시켰다.

③ 종교운동의 변화 … 천주교가 자유롭게 선교활동을 벌였고, 개신교가 수용되었다. 동학은 천도교로 개칭(손병희)되었고, 불교의 혁신운동(한용운)이 일어났으며, 대종교가 창시되었다.

❷ 민족문화수호운동

(1) 민족문화수호운동의 전개

① 한글보급운동
  ㉠ 조선어연구회 : 잡지(한글)간행, 가갸날(한글날)을 제정하였다.
  ㉡ 조선어학회 : 한글맞춤법통일안과 표준어를 제정하였으며, 「우리말큰사전」의 편찬에 착수하였으나 일제의 방해로 성공하지 못하였다.

② 한국사의 연구 … 박은식(혼), 신채호(낭가사상)등이 연구하였다.

③ **진단학회** … 일본의 왜곡된 한국학 연구에 반발하여 이윤재, 이병도, 손진태, 조윤제 등이 진단학회를 조직하고 한국학 연구에 힘썼다.

(2) 민족교육진흥운동

① **조선교육회** … 한규설과 이상재는 민립대학 설립운동을 전개하여 모금운동을 벌였으나, 일제의 방해로 실패하였다.

② **문맹 퇴치와 농촌계몽운동** … 언론계와 청년 학생을 중심으로 전개되었다.

출제 예상 문제

1 1960년대 전반 우리나라에서 조사 발굴되어 한국사에서 구석기 시대의 존재를 확인시켜 준 유적으로 옳은 것은?

① 제주 빌레못 유적

② 공주 석장리 유적

③ 단양 상시리 유적

④ 연천 전곡리 유적

> **TIP** 공주 석장리 유적…공주시 석장리동에 있는 구석기 시대 유적으로 사적 제334호이다. 이 곳은 1964～1992년까지 13차례
> 발굴 조사된 곳으로 남한에서 최초로 발견된 최대 규모의 구석기 유적지이다. 이곳의 구석기 유적은 선사 시대 전기, 중기
> 후기의 다양한 문화층으로 형성되어 있으며 집터, 불에 탄 곡식낟알 등 주거지와 긁개, 찌르개, 주먹도끼 등의 도구가 여러
> 점 출토되었다.
> ※ 웅기 굴포리 유적…이곳은 1963년 해방 이후 한반도에서 최초로 발견된 구석기 시대 유적지로 함경북도 웅기군 굴포리
> 에 있다. 중기, 후기 구석기 시대 유적들로 이루어져 있으며 여기서 발견된 석기로는 찍개, 긁개, 뾰족개 등이 있다.

2 다음 유물이 만들어진 시대의 사회상으로 옳은 것은?

> • 충북 청주 산성동 출토 가락바퀴 　　• 경남 통영 연대도 출토 치레걸이
> • 인천 옹진 소야도 출토 조개껍데기 가면 　　• 강원 양양 오산리 출토 사람 얼굴 조각상

① 한자의 전래로 붓이 사용되었다.

② 무덤은 일반적으로 고인돌이 사용되었다.

③ 조, 피 등을 재배하는 농경이 시작되었다.

④ 반량전, 오수전 등의 중국 화폐가 사용되었다.

> **TIP** 신석기 시대를 대표하는 유물들이며 신석기 시대부터 조, 피 등을 재배하는 농경이 시작되었다.

Answer 1.② 2.③

3 철기시대에 중국과 활발한 교류의 증거로 볼 수 있는 유물이 아닌 것은?

① 명도전

② 오수전

③ 다호리붓

④ 잔무늬 거울

TIP 잔무늬 거울은 청동기 문화의 독자적 발전을 알 수 있는 유물이다. 이밖에도 세형동검, 거푸집 등이 있다.

4 청동기 시대에 등장한 신앙은?

① 토테미즘

② 애니미즘

③ 선민사상

④ 샤머니즘

TIP 선민사상 … 청동기 시대에 농경이 발달하고 사유재산이 형성되면서 계급이 등장하게 되었다. 이때 지배계층은 자신들이 신의 선택을 받은 특별한 존재라고 여겼다.
① 토테미즘 : 신석기 시대의 신앙으로 특정한 동물이나 식물을 자신의 부족과 연결하여 숭배하는 것이다.
② 애니미즘 : 신석기 시대의 자연물에 영혼이 존재한다는 사상으로 태양과 물에 대한 숭배가 두드러졌다.
④ 샤머니즘 : 인간과 영혼을 연결시켜주는 주술사와 그의 주술을 믿는 것으로 신석기 시대에 발생하였으며 여전히 숭배의 대상이다.

5 위만 조선이 한나라의 침입으로 왕검성이 함락되어 멸망하게 된 직접적인 원인으로 옳은 것은?

① 독자적인 문화를 발전시키지 못하였다.

② 철기 문화를 수용하지 못하여 군사력이 약하였다.

③ 상업과 무역이 발달하지 못하여 폐쇄적인 자급자족의 경제였다.

④ 예와 진의 무역을 막고 중계무역의 이득을 독점하였다.

TIP 위만 조선 … 본격적으로 철기문화를 수용하고 철기의 사용에 따른 무기생산과 농업이 발달하여 이에 따른 상업과 무역이 융성하였다. 중앙정치조직을 갖추고 우세한 무력을 기반으로 영토를 확장했으며 지리적 이점을 이용하여 예와 진이 직접 중국과 교역하는 것을 막고 중계무역의 이득을 독점하려 하였다. 이에 한나라의 무제는 대규모 공격을 감행하였는데 장기간의 전쟁으로 인한 고조선 지배층의 내분이 원인이 되어 B.C. 108년에 왕검성이 함락되면서 멸망하였다.

Answer 3.④ 4.③ 5.④

6 신석기 시대의 특징으로 옳지 않은 것은?

① 족외혼을 통해 부족을 형성하였다.

② 씨족 중심의 혈연사회이다.

③ 동물이나 식물을 숭배하는 토테미즘을 지니고 있었다.

④ 씨족장이 권위를 지니고 씨족원들은 이에 복종하였다.

> **TIP** 신석기 시대는 평등사회로 지배와 피지배관계가 발생하지 않았으며, 주로 연장자나 경험이 많은 이가 부족을 이끌었다.

7 씨족을 통해 부족을 형성하여 살았던 사람들의 생활상을 잘 재현한 것은?

① 가락바퀴나 뼈바늘로 그물을 손질하는 모습

② 반달돌칼로 추수하는 사람들

③ 민무늬토기에 음식을 담는 모습

④ 무리를 이루어 큰 사냥감을 찾아다니며 생활하는 사람들

> **TIP** 씨족을 통한 부족을 이뤘던 시기는 신석기 시대이다.
> ②③ 청동기 시대의 생활상이다.
> ④ 구석기 시대의 생활상이다.

8 고려의 대외관계에 대한 설명으로 옳지 않은 것은?

① 송과는 문화적 · 경제적으로 밀접한 유대를 맺었다.

② 거란의 침입에 대비하여 광군을 조직하기도 하였다.

③ 송의 판본은 고려의 목판인쇄 발달에 영향을 주었다.

④ 고려는 송의 군사적 제의에 응하여 거란을 협공하였다.

> **TIP** 송은 고려에 대하여 정치 · 군사적 목적을 고려는 송에 대하여 경제 · 문화적 외교 목적을 갖고 있었다. 즉, 송의 국자감에 유학생을 파견한다든가 의술 및 약재 수입, 불경 · 경서 · 사서 등의 서적 구입에 대외관계를 구축하는 등 경제 · 문화 관계는 유지하였으나 군사적으로 송을 지원하지는 않았다.

Answer　6.④　7.①　8.④

9 유적지에서 반달돌칼, 비파형 동검, 바퀴날도끼, 토기 파편, 탄화된 볍씨 등이 발견되었다. 당시의 사회 모습으로 옳지 않은 것은?

① 촌락은 배산임수형태를 가지고 있었다.

② 일부 저습지에서 벼농사가 이루어졌다.

③ 금속제 무기를 사용한 정복활동이 활발하였다.

④ 주로 해안이나 강가에서 농경 생활을 하였다.

TIP 반달돌칼, 바퀴날도끼, 토기 파편, 탄화된 볍씨 등은 청동기 시대의 유물이다. 당시의 집자리 유적은 주로 구릉지나 산간지 방에서 발견된다.

10 다음과 같은 생활모습을 지녔던 사회에 대해 역사적 탐구를 하고자 할 때, 가장 거리가 먼 조사활동은?

- 매년 5월 씨뿌리기가 끝날 때와 10월에 농사가 끝날 때면 제사를 올리고 음주가무를 즐겼다.
- 철을 생산하여 낙랑 및 왜와 교역하였고, 시장에서 물건을 살 때 화폐처럼 사용하였다.

① 삼국지 동이전의 내용을 분석한다.

② 낙동강 유역의 철 산지를 알아본다.

③ 서남해안의 해류와 고대 항로를 조사한다.

④ 돌무지 덧널무덤의 분포를 조사한다.

TIP 제시된 내용은 삼한의 사회에 대한 설명이다. 돌무지 덧널무덤은 신라에서 주로 만든 무덤으로 삼한 사회에 대한 역사적 탐구에는 적절하지 않다.

Answer 9.④ 10.④

11 다음 왕들의 정책들과 정치적 목적이 가장 유사한 것은?

> ㉠ 신라 신문왕 : 문무 관리에게 관료전을 지급하고 녹읍을 폐지하였다.
> ㉡ 고려 광종 : 과거 제도를 시행하고 관리의 공복을 제정하였다.
> ㉢ 조선 태종 : 6조 직계제를 확립하고 사병을 혁파하였다.

① 집사부 시중보다 상대등의 권력을 강화하였다.
② 향약과 사창제를 실시하고 서원을 설립하였다.
③ 장용영을 설치하고 규장각을 확대 개편하였다.
④ 중방을 실질적인 최고 권력 기관으로 만들었다.

> **TIP** ㉠ **신라 신문왕** : 왕권 강화의 차원으로 녹읍제를 폐지하고 관료전의 지급을 실시하였다.
> ㉡ **고려 광종** : 신진관료 양성을 통한 왕권의 강화를 목적으로 하여 무력이 아닌 유교적 학식을 바탕으로 정치적 식견과 능력을 갖춘 관료층의 형성을 위해 과거제도를 실시하였으며 공복을 제정하여 관료제도의 질서를 통한 왕권의 확립을 꾀하였다.
> ㉢ **조선 태종** : 국정운영체제를 도평의사사에서 의정부서사제로, 다시 이를 6조직계제로 고쳐 왕권을 강화하였다. 사원의 토지와 노비를 몰수하여 전제개혁을 마무리하고, 개인의 사병을 혁파하고 노비변정도감이라는 임시관청을 통해 수십만의 노비를 해방시키는 등 국가 재정과 국방을 강화하기 위한 노력을 하였다.

12 일본에 사신을 보내면서 스스로를 '고려국왕 대흠무'라고 불렀던 발해 국왕대에 있었던 통일신라의 상황으로 옳은 것은?

① 귀족세력의 반발로 녹읍이 부활되었다.
② 9주 5소경 체제의 지방행정조직을 완비하였다.
③ 의상은 당에서 귀국하여 영주에 부석사를 창건하였다.
④ 장보고는 청해진을 설치하고 남해와 황해의 해상무역권을 장악하였다.

> **TIP** 발해 문왕(737 ~ 793) … 스스로를 황제라 칭하였으며, 이 시기 통일신라에서는 757년 경덕왕 시절 내외관의 월봉인 관료전이 폐지되고 녹읍이 부활하였다.
> ②③ 7세기
> ④ 신라 하대

Answer 11.③ 12.①

13 18세기 조선 사상계의 동향에 대한 설명으로 옳지 않은 것은?

① 북학사상은 인물성동론을 철학적 기초로 하였다.

② 낙론은 대의명분을 강조한 북벌론으로 발전되어 갔다.

③ 인물성이론은 대체로 충청도지역 노론학자들이 주장했다.

④ 송시열의 유지에 따라 만동묘를 세워 명나라 신종과 의종을 제사지냈다.

> **TIP** 북벌의 대의명분을 강조한 것은 호론에 해당한다.
>
> ※ **낙론** … 화이론을 극복하고 북학사상의 내재적 요인으로 인간과 짐승이 본질적으로 같은 품성을 갖는다고 파악하였다. 또한 인간과 자연 사이에 도덕적 일체화를 요구하여 심성위주의 사고에서 벗어나 새로운 물론을 성립시켰으며 이로 인해 자연관의 변화, 경제지학, 상수학 등에 대한 관심을 증대시키고 이를 기반으로 북학사상을 수용하였다. 성인과 범인의 마음이 동일하다는 것을 강조하고 당시 성장하는 일반민의 실체를 현실로 인정하며 이들을 교화와 개혁책으로 지배질서에 포섭하여 위기를 타개해 나가려 하였다.

14 〈보기〉의 내용에 해당하는 역사적 사실로 옳은 것은?

─────── 〈보기〉 ───────

혜공왕의 등극 후 왕권투쟁이 빈번해지면서 민란이 발생하였다.

① 녹읍이 폐지되었다.

② 시중의 권한이 강해졌다.

③ 호족이 성장하였다.

④ 6두품의 권한이 강해졌다.

> **TIP** 신라 하대는 왕위쟁탈전이 심해, 왕권은 불안정하고 지방의 반란은 지속되었다. 이에 호족세력은 스스로 성주나 장군으로 자처하며 반독립적인 세력으로 성장하게 되었는데, 지방의 행정과 군사권을 장악하고 경제적 지배력도 행사하였다.

Answer 13.② 14.③

15 〈보기〉의 시기로 옳은 것은?

---〈보기〉---

요즈음 이 오랑캐가 더욱 창궐하여 감히 참람된 칭호를 가지고 의논한다고 핑계를 대면서 갑자기 글을 가지고 나왔다. 이것이 어찌 우리나라 군신이 차마 들을 수 있는 것이겠는가. 이에 강약과 존망의 형세를 헤아리지 않고 한결같이 정의로 결단을 내려 그 글을 물리치고 받아들이지 않았다. … (중략) … 충의로운 선비는 각기 있는 책략을 다하고 용감한 사람은 종군을 자원하여 다 함께 어려운 난국을 구제해 나라의 은혜에 보답하라.

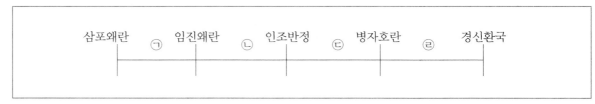

① ㉠ 시기에 북인정권이 외교정책을 추진했다.
② ㉡ 시기에 송시열이 북벌론을 주장하였다.
③ ㉢ 시기에는 예송논쟁이 펼쳐졌다.
④ ㉣ 시기에 남인이 집권하게 되었다.

> **TIP** 〈보기〉는 인조가 내린 교서이다. 인조반정 후 집권한 서인 정권은 친명배금정책을 내세웠고 정묘호란이 일어나게 되었다. 후금의 군대는 화의(和議)하고자 하였으며 이에 조선에서는 화전(和戰) 양론이 분분했지만, 후금의 제의를 받아들여 화의가 성립되었다. 이때 화의의 조건은 조선이 후금과 '형제의 맹약'을 맺어 형제의 관계를 유지하되 명나라에 대해서도 적대하지는 않는다는 것이었다. 이후 '형제의 맹약'을 '군신의 의'로 수정하자는 요청을 반대하자 병자호란이 일어났다.

Answer 15.③

16 발해를 우리 민족사의 일부로 포함시키고자 할 때 그 증거로 제시할 수 있는 내용으로 옳은 것은?

> ㉠ 발해의 왕이 일본에 보낸 외교문서에서 '고(구)려국왕'을 자처하였다.
> ㉡ 발해 피지배층은 말갈족이었다.
> ㉢ 발해 건국주체세력은 고구려 지배계층이었던 대씨, 고씨가 주류를 이루었다.
> ㉣ 수도상경에 주작 대로를 만들었다.

① ㉠㉣
② ㉠㉢
③ ㉠㉡
④ ㉠㉣

TIP 발해가 건국된 지역은 고구려 부흥운동이 활발하게 일어난 요동지역이었다. 발해의 지배층 대부분은 고구려 유민이었으며 발해의 문화는 고구려적 요소를 많이 포함하고 있었다.

17 삼국통일 후에 신라는 다음과 같은 정책을 실시하게 된 궁극적인 목적으로 옳은 것은?

> • 문무왕은 고구려, 백제인에게도 관직을 내렸다.
> • 옛 고구려, 백제 유민을 포섭하려 노력했다.
> • 고구려인으로 이루어진 황금서당이 조직되었다.
> • 말갈인으로 이루어진 흑금서당이 조직되었다.

① 민족융합정책
② 전제왕권강화
③ 농민생활안정
④ 지방행정조직의 정비

TIP 삼국통일 이후 신라의 9서당은 중앙군사조직에 신라인뿐만 아니라 고구려·백제인·말갈인 등 다른 국민까지 포함시켜 조직함으로써 다른 국민에 대한 우환을 경감시키고 중앙병력을 강화할 수 있었다. 그러나 가장 궁극적인 목적은 민족융합에 있었다고 할 수 있다.

Answer 16.② 17.①

18 다음 〈보기〉와 같은 시대의 왕의 업적으로 옳지 않은 것은?

〈보기〉

적극적인 탕평책을 추진하여 벽파를 물리치고 시파를 고루 기용하여 왕권의 강화를 꾀하였다. 또한 영조 때의 척신과 환관 등을 제거하고, 노론과 소론 일부, 남인을 중용하였다.

① 탕평정책의 결심과 의지를 다짐하고 밝히기 위하여 탕평비를 건립하였다.
② 경제 성장과 국부 증진을 위해 금난전권을 폐지하였다.
③ 신진 인물과 중·하급 관리를 재교육한 후 등용하는 초계문신제를 시행하였다.
④ 왕조 국가의 무력 기반을 강화하기 위해 장용영을 창설하였다.

TIP 〈보기〉는 정조의 업적에 대한 내용이다. 탕평비 건립은 영조의 업적이다.

19 통일신라시대 귀족경제의 변화를 말해주고 있는 밑줄 친 '이것'에 대한 설명으로 옳은 것은?

전제왕권이 강화되면서 신문왕 9년(689)에 이것을 폐지하였다. 이를 대신하여 조(租)의 수취만을 허락하는 관료전이 주어졌고, 한편 일정한 양의 곡식이 세조(歲租)로서 또한 주어졌다. 그러나 경덕왕 16년(757)에 이르러 다시 '이것'이 부활되는 변화과정을 겪었다.

① 이것이 폐지되자 전국의 모든 국토는 '왕토(王土)'라는 사상이 새롭게 나오게 되었다.
② 수급자가 토지로부터 조(租)를 받을 뿐 아니라, 그 지역의 주민을 노역(勞役)에 동원할 수 있었다.
③ 삼국통일 이후 국가에 큰 공을 세운 육두품 신분의 사람들에게 특별히 지급하였다.
④ 촌락에 거주하는 양인농민인 백정이 공동으로 경작하였다.

TIP 녹읍 … 신라 및 고려 초기 관리들에게 관직 복무의 대가로 일정 지역의 경제적 수취를 허용해 준 특정 지역이다.

20 고려시대의 경제 활동에 대한 설명으로 옳지 않은 것은?

① 전기에는 관청 수공업과 소 수공업 중심으로 발달하였다.

② 상업은 촌락을 중심으로 발달하였다.

③ 대외 무역에서 가장 큰 비중을 차지한 것은 송과의 무역이었다.

④ 사원에서는 베, 모시, 기와, 술, 소금 등의 품질 좋은 제품을 생산하였다.

> **TIP** 고려시대에는 상품화폐경제가 발달하지 못하였고 상업은 촌락이 아니라 도시를 중심으로 발달하였다.

21 ㉠ 시기에 볼 수 있는 장면으로 적절한 것은?

| 이인좌의 난 | ㉠ | 규장각 설치 |

① 당백전으로 물건을 사는 농민

② 금난전권 폐지를 반기는 상인

③ 전(錢)으로 결작을 납부하는 지주

④ 경기도에 대동법 실시를 명하는 국왕

> **TIP** 이인좌의 난은 1728년에 일어났고 규장각은 1776년에 설치되었다. 균역법은 1750년(영조 26) 실시한 부세제도로 종래까지 군포 2필씩 징수하던 것을 1필로 감하고 그 세수의 감액분을 결미(結米)·결전(結錢), 어(漁)·염(鹽)·선세(船稅), 병무군관포, 은·여결세, 이획 등으로 충당하였다.
> ① 당백전은 1866년(고종 3) 11월에 주조되어 약 6개월여 동안 유통되었던 화폐이다.
> ② 금난전권은 1791년(정조 15) 폐지(금지)되었다.
> ④ 대동법은 1608년(광해군 즉위년) 경기도에 처음 실시되었다.

22 다음에서 설명하는 제도가 시행되었던 왕대의 상황에 대한 설명으로 옳은 것은?

> 양인들의 군역에 대한 절목 등을 검토하고 유생의 의견을 들었으며, 개선 방향에 관한 면밀한 검토를 거친 후 담당 관청을 설치하고 본격적으로 시행하였다. 핵심 내용은 1년에 백성이 부담하는 군포 2필을 1필로 줄이는 것이었다.

① 「증보문헌비고」가 편찬, 간행되었다.
② 노론의 핵심 인물이 대거 처형당하였다.
③ 통공정책을 써서 금난전권을 폐지하였다.
④ 청계천을 준설하여 도시를 재정비하고자 하였다.

> **TIP** 서문은 영조시대 백성에게 큰 부담이 된 군포제도를 개혁한 균역법에 대한 설명이다. 이 시대에는 도성의 중앙을 흐르는 청계천을 준설하는 준천사업을 추진하였고 1730년을 전후로 서울인구가 급증하고 겨울용 땔감의 사용량이 증가하면서 서울 주변 산이 헐벗게 되었다. 이로 인하여 청계천에 토사가 퇴적되어 청계천이 범람하는 사건이 발생하였다.

23 조선시대 토지제도에 대한 설명이다. 변천순서로 옳은 것은?

> ㉠ 국가의 재정기반과 신진사대부세력의 경제기반을 확보하기 위해 시행되었다.
> ㉡ 현직관리에게만 수조권을 지급하였다.
> ㉢ 관청에서 수조권을 행사하여 백성에게 조를 받아, 관리에게 지급하였다.
> ㉣ 국가가 관리에게 현물을 지급하는 급료제도이다.

① ㉠ - ㉡ - ㉢ - ㉣
② ㉡ - ㉠ - ㉢ - ㉣
③ ㉢ - ㉡ - ㉠ - ㉣
④ ㉣ - ㉡ - ㉢ - ㉠

> **TIP** 토지제도의 변천
> ㉠ 통일신라시대 : 전제왕권이 강화되면서 녹읍이 폐지되고 신문왕 관료전이 지급되었다.
> ㉡ 고려시대 : 역분전 → 시정전시과 → 개정전시과 → 경정전시과 → 녹과전 → 과전법의 순으로 토지제도가 변천되었다.
> ㉢ 조선시대 : 과전법 → 직전법 → 관수관급제 → 직전법의 폐지와 지주제의 확산 등으로 이루어졌다.

Answer 22.④ 23.①

24 영조 때 실시된 균역법에 대한 설명으로 옳지 않은 것은?

① 군포를 1년에 2필에서 1필로 경감시켰다.

② 균역법의 실시로 모든 양반에게도 군포를 징수하였다.

③ 균역법의 시행으로 감소된 재정은 어장세 · 염전세 · 선박세로 보충하였다.

④ 결작이라 하여 토지 1결당 미곡 2두를 부과하였다.

> **TIP** 균역법의 시행으로 감소된 재정은 결작(토지 1결당 미곡 2두)을 부과하고 일부 상류층에게 선무군관이라는 칭호를 주어 군포 1필을 납부하게 하였으며 선박세와 어장세, 염전세 등으로 보충하였다.

25 다음 중 고려시대 토지제도의 기본이 되었던 것은?

① 과전법 ② 전시과
③ 녹읍 ④ 녹과전

> **TIP** 고려는 국가에 봉사하는 대가로 관료에게 전지와 시지를 차등 있게 지급한 전시과와 개인 소유지인 민전을 토지제도의 기본으로 하였다.

26 신문왕 때 폐지되었던 녹읍이 경덕왕 때 다시 부활한 이유로 옳은 것은?

① 왕권 강화 ② 귀족 세력의 반발
③ 피정복민의 회유 ④ 농민의 생활 안정

> **TIP** 경덕왕때 귀족의 반발로 녹읍제가 부활되어 국가경제가 어렵게 되었다.

Answer 24.② 25.② 26.②

27 민정문서(신라장적)에 대한 설명으로 옳은 것은?

① 천민 집단과 노비의 노동력은 기록하지 않았다.

② 소백 산맥 동쪽에 있는 중원경과 그 주변 촌락의 기록이다.

③ 인구를 연령별로 6등급으로 나누어 작성하였다.

④ 5년마다 촌락의 노동력과 생산력을 지방관이 작성하였다.

⑤ 국가는 노동력과 생산 자원을 직접 관리하였다.

> **TIP** 연령과 성별에 따라 6등급으로, 호는 인구수에 따라 9등급으로 나누어 기록하였다.
> ① 양인과 노비, 남자와 여자로 나누어 기재되어 있다.
> ② 서원경 인근 네 개 촌락의 기록이다.
> ④ 매년 변동사항을 조사하여 3년마다 촌주가 작성하였다.
> ⑤ 농민에 대한 조세와 요역 부과 자료의 목적으로 작성되었다.

28 통일신라의 무역활동과 관계 없는 것은?

① 한강 진출로 당항성을 확보하여 중국과의 연결을 단축시켰다.

② 산둥반도와 양쯔강 하류에 신라인 거주지가 생기게 되었다.

③ 통일 직후부터 일본과의 교류가 활발해졌다.

④ 장보고가 청해진을 설치하고 남해와 황해의 해상무역권을 장악하였다.

> **TIP** 일본과의 무역은 통일 직후에는 일본이 신라를 견제하고, 신라도 일본의 여·제 유민을 경계하여 경제교류가 활발하지 못
> 하였으나 8세기 이후 정치의 안정과 일본의 선진문화에 대한 욕구로 교류가 활발해졌다.

29 고려시대 농민에 대한 설명으로 옳지 않은 것은?

① 양민의 대다수를 차지하였다.

② 고리대를 운영하여 부를 축적하였다.

③ 주현군에 편제되어 군역을 담당하였다.

④ 민전을 경작하고 10분의 1의 조세를 납부하였다.

> **TIP** 고리대는 높은 이자로 돈이나 곡물을 빌려 주어 재산을 증식하는 것으로 고려시대에는 주로 귀족이나 사찰에서 행하였으
> 며, 이로 인해 농민의 생활이 피폐해졌다.

Answer 27.③ 28.③ 29.②

30 삼국시대의 수공업 생산에 대한 설명으로 옳은 것은?

① 국가가 관청을 두고 기술자를 배치하여 물품을 생산하였다.
② 도자기가 생산되어 중국에 수출하였다.
③ 수공업의 발달은 상품경제의 성장을 촉진하였다.
④ 노예들은 큰 작업장에 모여 공동으로 생산활동을 하였다.
⑤ 노비들은 대부분 뛰어난 기술자였다.

> **TIP** 초기에는 기술이 뛰어난 노비에게 국가가 필요로 하는 물품을 생산하게 하였으나, 국가체제가 정비되면서 수공업 제품을 생산하는 관청을 두고 수공업자를 배치하여 물품을 생산하였다.

31 고려시대의 사회 · 경제상에 대한 설명으로 옳지 않은 것은?

① 교환 수단은 대체로 곡물과 포, 쇄은 등을 사용하였다.
② 공공 시설에서 사업 경비 충당을 목적으로 하는 보가 발달하였다.
③ 사원에서는 제지, 직포 등의 물품을 제조하기도 하였다.
④ 상행위를 감독하고 물가를 조절하는 기관은 경시서였다.
⑤ 이암이 화북 농법을 바탕으로 「농상집요」를 저술하였다.

> **TIP** 이암은 원의 「농상집요」를 소개 · 보급하였다.

32 고려시대의 화폐 사용에 대한 설명으로 옳지 않은 것은?

① 철전과 동전이 만들어졌다
② 국가에서 화폐 발행을 독점하였다.
③ 은으로 만든 활구라는 화폐가 있었다.
④ 귀족들의 화폐 사용빈도가 높았다.

> **TIP** 귀족들의 화폐 사용은 저조하였다.

Answer   30.① 31.⑤ 32.④

33 고려시대에는 귀족·양반과 일반 양민 사이에 '중간계층' 또는 '중류층'이라 불리는 신분층이 존재하였다. 이 신분층에 대한 설명으로 옳지 않은 것은?

① 남반은 궁중의 잡일을 맡는 내료직(內僚職)이다.

② 하급 장교들도 이 신분층에 포함되는 것으로 분류되고 있다.

③ 서리는 중앙의 각 사(司)에서 기록이나 문부(文簿)의 관장 등 실무에 종사하였다.

④ 향리에게는 양반으로 신분을 상승시킬 수 있는 길을 열어 놓지 않았다.

> **TIP** 고려시대 향리들은 지방토착세력들로 중앙의 관리를 공급해주는 역할을 하였고 이들도 과거(科擧)를 통해 관직으로 진출, 신분 상승의 기회가 가능하였다.

34 다음과 같은 풍속이 행해진 국가의 사회모습에 대한 설명으로 옳지 않은 것은?

그 풍속에 혼인을 할 때 구두로 이미 정해지면 여자의 집에는 대옥(大屋) 뒤에 소옥(小屋)을 만드는데, 이를 서옥(婿屋)이라고 한다. 저녁에 사위가 여자의 집에 이르러 문밖에서 자신의 이름을 말하고 꿇어앉아 절하면서 여자와 동숙하게 해줄 것을 애걸한다. 이렇게 두세 차례 하면 여자의 부모가 듣고는 소옥에 나아가 자게 한다. 그리고 옆에는 전백(錢帛)을 놓아둔다.

－「삼국지 위서 동이전」－

---

① 고국천왕 사후, 왕비인 우씨와 왕의 동생인 산상왕과의 결합은 취수혼의 실례를 보여준다.

② 계루부 고씨의 왕위계승권이 확립된 이후 연나부 명림씨 출신의 왕비를 맞이하는 관례가 있었다.

③ 관나부인(貫那夫人)이 왕비를 모함하여 죽이려다가 도리어 자기가 질투죄로 사형을 받았다.

④ 김흠운의 딸을 왕비로 맞이하는 과정은 국왕이 중국식 혼인 제도를 수용했다는 사실을 알려주고 있다.

> **TIP** 제시된 자료는 신라의 풍습에 대한 설명이다.
> ①②③ 고구려와 관련된 내용으로 위의 제시문(고구려의 데릴사위제)에 나와 있는 국가의 사회 모습과 일치한다.

Answer 33.④ 34.④

35 다음의 자료에 나타난 나라에 대한 설명으로 옳은 것은?

> 큰 산과 깊은 골짜기가 많고 평원과 연못이 없어서 계곡을 따라 살며 골짜기 물을 식수로 마셨다. 좋은 밭이 없어서 힘들여 일구어도 배를 채우기는 부족하였다.
>
> — 「삼국지 위서 동이전」 —

① 국동대혈에서 제사를 지내는 의례가 있었다.
② 가족 공동의 무덤인 목곽에 쌀을 부장하였다.
③ 특산물로는 단궁 · 과하마 · 반어피 등이 유명하였다.
④ 남의 물건을 훔쳤을 때에는 50만 전을 배상토록 하였다.

TIP 제시된 자료는 고구려에 대한 설명이다.
② 옥저
③ 동예
④ 고조선

36 조선 전기의 상업 활동에 대한 설명으로 옳은 것은?

① 공인(貢人)의 활동이 활발해졌다.
② 시전이 도성 내 특정 상품 판매의 독점권을 보장받기도 하였다.
③ 개성의 손상, 의주의 만상은 대외 무역을 통해 대상인으로 성장하였다.
④ 경강상인들은 경강을 중심으로 매점 활동을 통해 부유한 상업 자본가로 성장하였다.

TIP ①③④ 조선 후기의 상업 활동에 대한 설명이다.
※ 조선 전기의 상업 활동
ㄱ 통제 경제와 시장 경제를 혼합한 형태로 장시의 전국적 확산과 대외무역에서 사무역이 발달하였다.
ㄴ 지주제의 발달, 군역의 포납화, 농민층의 분화와 상인 증가, 방납의 성행 등으로 장시와 장문이 발달하게 되었다.
ㄷ 시정세, 궁중과 부중의 관수품조달 등의 국역을 담당하는 대가로 90여종의 전문적인 특정 상품에 대한 독점적 특권을 차지한 어용상인인 시전이 발달하였다.
ㄹ 5일 마다 열리는 장시에서 농산물, 수공업제품, 수산물, 약제 같은 것을 종 · 횡적으로 유통시키는 보부상이 등장하였다.

Answer 35.① 36.②

37 조선시대의 신분제도에 대한 설명으로 옳은 것은?

① 양반은 과거가 아니면 관직에 진출할 수 없었다.

② 농민은 법제적으로는 관직에 진출하는 것이 가능하였다.

③ 향리는 과거를 통하여 문반직에 오를 수 있었고, 지방의 행정실무를 담당하였다.

④ 서얼도 문과에 응시할 수 있었다.

> **TIP** 조선의 신분제…법제적으로 양천제를 채택하였지만, 실제로는 양반, 중인, 상민, 노비의 네 계층으로 분화되어 있었다. 양인은 직업에 따른 권리와 의무에 차등이 있었다. 농민은 과거응시권이 있었으나, 공인과 상인은 불가능 하였다. 과거의 응시제한계층은 공인, 상인, 승려, 천민, 재가녀의 자, 탐관오리의 자손, 국사범의 자손, 전과자 등이었다.

38 고려 후기의 봉기로 옳지 않은 것은?

① 망이 · 망소이의 난

② 원종 · 애노의 난

③ 만적의 난

④ 김사미 · 효심의 난

> **TIP** 원종 · 애노의 난은 신라하대에 일어난 농민봉기이다. 피지배층인 일반 농민에게 조세 부담을 전가시켜 이에 저항하여 전국적으로 일어났다.

39 고려시대 중인 천민 계층으로 옳은 것은?

① 남반   ② 서리

③ 백정   ④ 진척

> **TIP** 고려시대의 신분은 귀족, 중인, 양민, 천민으로 구성되어 있다.
> ①② 중인
> ③ 양민

Answer 37.② 38.② 39.④

40 다음으로 인하여 나타난 변화로 옳은 것은?

> • 조선 후기 이앙법이 전국적으로 시행되면서 광작이 가능해졌으며, 경영형 부농이 등장하였다.
> • 대동법의 시행으로 도고가 성장하였으며, 상업자본이 축적되었다.

① 정부의 산업 주도   ② 양반의 지위 하락

③ 신분구조의 동요   ④ 국가 재정의 확보

TIP 조선 후기에 이르러 경제상황의 변동으로 부를 축적한 상민들이 신분을 매매하여 양반이 되는 등 신분제의 동요가 발생하였다.

41 통일신라 말기의 사회 상황으로 옳은 것은?

① 억불숭유 정책의 실시

② 교종 세력의 강화

③ 성골과 진골의 왕위 쟁탈전

④ 지방 호족 세력의 성장

TIP 통일신라 말기에는 지방의 유력자들을 중심으로 무장조직이 결성되었고, 이들을 아우른 큰 세력가들이 호족으로 등장하였다.

42 다음의 고려 후기 역사서 중 자주적 사관과 관련이 없는 것은?

① 「제왕운기」   ② 「삼국유사」

③ 「동명왕편」   ④ 「삼국사기」

TIP 「삼국사기」는 인종 때 김부식에 의해 저술된 고려중기 역사서(1145)로 유교적 합리주의 사관에 기초하여 기전체로 저술되었다. 김부식은 신라 계승의식을 갖고 있었으며, 대외적으로 사대주의의 입장에서 정권의 안정만을 도모하였다.

Answer 40.③ 41.④ 42.④

43 조선 후기 천주교와 관련된 설명으로 옳지 않은 것은?

① 기해사옥 때 흑산도로 유배를 간 정약전은 그 지역의 어류를 조사한 「자산어보」를 저술하였다.
② 안정복은 성리학의 입장에서 천주교를 비판하는 「천학문답」을 저술하였다.
③ 1791년 윤지충은 어머니 상(喪)에 유교 의식을 거부하여 신주를 없애고 제사를 지내 권상연과 함께 처형을 당하였다.
④ 신유사옥 때 황사영은 군대를 동원하여 조선에서 신앙의 자유를 보장받게 해달라는 서신을 북경에 있는 주교에게 보내려다 발각되었다.

> **TIP** 정약전은 신유사옥(1801)으로 인해 흑산도로 귀양을 간 후 그 곳에서 「자산어보」를 지었다.

44 해외로 유출된 우리 문화재로 옳은 것은?

① 신윤복의 미인도
② 안견의 몽유도원도
③ 정선의 인왕제색도
④ 강희안의 고사관수도

> **TIP** 현재 안견의 몽유도원도(夢遊桃源圖)는 일본 덴리대학(天理大學) 중앙도서관에 소장되어 있으며 우리나라에서는 2009년 한국박물관 개관 100주년 기념 특별전으로 전시된 적이 있었다.

45 〈보기〉의 내용과 관련있는 사실로 옳은 것은?

┌─────────────── 〈보기〉 ───────────────┐
| • 일본의 다카마스   • 호류사 금당벽화   • 정효공주묘의 모줄임 구조 |
└────────────────────────────────────┘

① 활발한 정복활동과 불교전파
② 고구려 문화의 대외전파
③ 백제 문화의 대외전파
④ 신라 문화의 대외전파

> **TIP** 고구려는 일본에 주로 의학과 약학을 전해 주었으며 혜자는 쇼토쿠 태자의 스승이 되었다. 또한 담징은 호류사의 금당벽화를 그렸으며, 다카마쓰고분에서도 고구려의 흔적이 나타난다. 정효공주묘의 천장이 모줄임 구조도 고구려적 요소라고 할 수 있다.

Answer　43.① 44.② 45.②

46 다음은 조선 초기 과학기술에 관한 설명이다. 이와 관련이 없는 것은?

> 15세기는 역법의 제정과 천문, 시간측정기구의 제작 및 농업, 의약서적, 인쇄술이 발달하는 등 각 분야에 걸쳐서 과학기술이 눈부시게 발달하였다.

① 칠정산   ② 향약구급방

③ 측우기   ④ 자격루

> **TIP** 「향약구급방」은 우리 실정에 맞는 고려시대의 자주적 의서이다.

47 다음 〈보기〉의 내용들을 시대순으로 바르게 나열한 것은?

> ──────── 〈보기〉 ────────
> ㉠ 충청도 지방의 호론과 서울 지방의 낙론 사이에 성리학의 심성논쟁이 벌어졌다.
> ㉡ 붕당 사이에 예론을 둘러싼 논쟁이 전개되었다.
> ㉢ 이황과 이이 사이에 성리학의 이기론을 둘러싼 논쟁이 전개되었다.

① ㉠ - ㉡ - ㉢

② ㉡ - ㉠ - ㉢

③ ㉢ - ㉠ - ㉡

④ ㉢ - ㉡ - ㉠

> **TIP** ㉢ 이황은 주리론의 입장에서 학문의 본원적 연구에 치중하였고, 이이는 주기론의 입장에서 현실세계의 개혁에 깊이 관여하였다. 그러나 두 학파 모두 도덕세계의 구현이라는 점에서는 입장이 같다.
> ㉡ 예송 논쟁이란 예법에 대한 송사와 논쟁으로 제1차는 1659년에 기해 예송, 제2차는 1674년 갑인 예송으로 나타났다.
> ㉠ 제시된 글은 노론 내부에서 펼쳐진 호락논쟁으로 서울지역의 인물성동론은 북학파에, 충청지역의 인물성이론은 위정척사에 영향을 주었다.

Answer 46.② 47.④

48 다음의 사상에 관한 설명으로 옳은 것은?

⊙ 인간과 사물의 본성은 동일하다.
ⓒ 인간과 사물의 본성은 동일하지 않다.

---

① ⊙은 구한말 위정척사 사상으로 계승되었다.
② ⓒ은 실학파의 이론적 토대가 되었다.
③ ⓒ은 사문난적으로 학계에서 배척당했다.
④ ⊙과 ⓒ은 노론 인사들을 중심으로 이루어졌다.

> **TIP** 제시된 글은 노론 내부에서 펼쳐진 호락논쟁으로 ⊙은 서울지역의 인물성동론으로 북학파에, ⓒ은 충청지역의 인물성이론으로 위정척사에 영향을 주었다.

49 다음은 고려시대의 목조건축물이다. 다포양식의 건축물로 옳은 것은?

① 봉정사 극락전   ② 수덕사 대웅전
③ 성불사 응진전   ④ 부석사 무량수전

> **TIP** 기둥과 기둥 사이에 공포를 짜 올리는 다포 양식으로 하중이 고르게 분산되어 지붕이 더욱 커졌다. 이는 중후하고 장엄한 느낌을 준다.
> ①②④ 기둥 위에만 공포를 짜 올리는 주심포 양식으로 하중이 기둥에만 전달되어 기둥은 굵으며 배흘림 양식이다.

50 조선 후기 화풍에 관한 설명으로 옳지 않은 것은?

① 중국의 화풍을 수용하여 독자적으로 재구성하였다.
② 민중의 기복적 염원과 미의식을 표현한 민화가 발달하였다.
③ 강세황의 작품에서는 서양화법의 영향이 드러난다.
④ 뚜렷한 자아의식을 바탕으로 우리의 자연을 직접 눈으로 보고 사실적으로 그리려는 화풍의 변화가 나타났다.

> **TIP** 조선 전기 화풍의 특징이다.

Answer   48.④   49.③   50.①

51 다음 중 조선 후기에 유행한 사상에 관한 설명으로 옳지 않은 것은?

① 굿과 같은 현세구복적인 무속신앙이 유행하였다.

② 말세도래와 왕조교체 등의 내용이 실린 정감록과 같은 비기·도참서가 유행하였다.

③ 인내천, 보국안민, 후천개벽을 내세운 동학이 창시되었다.

④ 서학(천주교)은 종교로 수용되어 점차 학문적 연구대상으로 변하였다.

TIP 서학은 사신들에 의해 전래되어 문인들의 학문적 호기심에 의해 자발적으로 수용되었다.

52 다음 중 강서고분, 무용총, 각저총 등 벽화가 남아있는 고분의 형태는?

① 외덧널무덤

② 굴식돌방무덤

③ 돌무지무덤

④ 돌무지덧널무덤

TIP 굴식돌방무덤…판 모양의 돌을 이용하여 널을 안치하는 방을 만들고 널방벽의 한쪽에 외부로 통하는 출입구를 만든 뒤 봉토를 씌운 무덤으로 횡혈식 석실묘라고도 한다. 고대의 예술수준을 알 수 있는 고분벽화는 널방벽에 그려진 것이다.

53 우리 문화의 일본 전파와 관련된 내용으로 옳지 않은 것은?

① 백제가람은 백제가 일본에서 유행시킨 건축양식이다.

② 신라의 조선술·축제술의 전파로 일본에는 한인의 연못이 생겼다.

③ 고구려는 일본의 고대 문화 형성에 아무런 영향을 미치지 못하였다.

④ 삼국 문화의 일본 전파는 삼국의 독자적인 문화를 전해 준 것이다.

⑤ 백제의 문화는 일본의 아스카 문화의 기반이 되었다.

TIP 고구려는 주로 의학과 약학을 전해 주었으며 혜자는 쇼토쿠 태자의 스승이 되었다. 또한 담징은 호류사의 금당벽화를 그렸으며, 다카마쓰고분에서도 고구려의 흔적이 나타난다.

Answer 51.④ 52.② 53.③

54 밑줄 친 '나'에 대한 설명으로 옳은 것은?

> 우리가 기다리던 해방은 우리 국토를 양분하였으며, 앞으로는 그것을 영원히 양국의 영토로 만들 위험성을 내포하고 있다. ……'나'는 통일된 조국을 건설하려다가 38도선을 베고 쓰러질지언정 일신의 구차한 안일을 취하여 단독정부를 세우는 데에는 협력하지 아니하겠다.

① 통일 정부 수립을 위한 남북 협상을 추진하였다.
② 한국 민주당을 결성하여 미군정에 적극적으로 참여하였다.
③ 미국에서 귀국한 후 독립 촉성 중앙 협의회를 구성하였다.
④ 조선 건국 준비 위원회를 조직하고 위원장으로 활동하였다.

> **TIP** 김구는 「삼천만 동포에게 읍고함」이란 글을 통해 통일 정부 수립을 위한 남북 협상을 추진하였다.
> ② 한국 민주당은 처음에는 조선인민공화국의 타도와 충칭의 대한민국임시정부를 우리의 정부로 맞아들이겠다는 것을 당면한 대방침으로 삼고 임시정부 환국 후에도 그것으로 일관하였으나 1946년 제1차 미·소공동위원회가 결렬되는 무렵부터 이승만의 남한단독정부 수립운동에 동조하여 김구의 임시정부와 정치노선을 달리하게 되었다.
> ③ 독립 촉성 중앙 협의회는 1945년 10월 23일 이승만을 중심으로 좌·우익을 망라한 민족통일기관 형성을 위해 조직된 정치단체이다.
> ④ 조선 건국 준비 위원회를 조직하고 위원장으로 활동한 사람은 여운형이다.

55 4·19 혁명과 관련된 설명으로 옳은 것은?

① 5·10 총선거가 남한에서 실시되어 제헌의회가 구성되었다.
② 농지개혁이 실시되어 농민들은 자작농으로 발전하게 되었다.
③ 혁명 이후 남북통일 문제에 대한 논의가 전혀 이루어지지 않았다.
④ 과도 정부가 출범하고, 내각 책임제와 양원제를 골자로 하는 헌법으로 개정되었다.

> **TIP** 4·19혁명 이후 허정, 장면을 중심으로 한 과도정부가 수립되었고 1960년 6월 15일에 내각책임제(의원내각제)를 골자로 한 제3차 개헌이 실시되었다.

Answer 54.① 55.④

56 다음 활동을 전개한 단체로 옳은 것은?

> 평양 대성학교와 정주 오산학교를 설립하였고 민족 자본을 일으키기 위해 평양에 자기 회사를 세웠다. 또한 민중 계몽을 위해 태극 서관을 운영하여 출판물을 간행하였다. 그리고 장기적인 독립운동의 기반을 마련하여 독립전쟁을 수행할 목적으로 국외에 독립운동 기지 건설을 추진하였다.

① 보안회   ② 신민회

③ 대한 자강회   ④ 대한 광복회

> **TIP** 신민회는 교육구국운동의 일환으로 정주의 오산학교, 평양의 대성학교, 강화의 보창학교 등을 설립하였고 그 외 여러 계몽 강연이나 학회운동 및 잡지·서적 출판운동, 그리고 민족산업진흥운동, 청년운동, 무관학교 설립과 독립군 기지 창건 운동 등에 힘썼다.

57 다음은 일제 강점기 국외 독립운동에 관한 사실들이다. 이를 시기 순으로 바르게 나열한 것은?

> ㉠ 대한민국 임시 정부가 지청천을 총사령으로 하는 한국광복군을 창설하였다.
> ㉡ 블라디보스토크에서 이상설, 이동휘 등이 중심이 된 대한 광복군 정부가 수립되었다.
> ㉢ 홍범도가 이끄는 대한 독립군을 비롯한 연합 부대는 봉오동 전투에서 대승을 거두었다.
> ㉣ 양세봉이 이끄는 조선 혁명군은 중국 의용군과 연합하여 영릉가 전투에서 일본군을 무찔렀다.

① ㉠ - ㉣ - ㉡ - ㉢

② ㉡ - ㉢ - ㉣ - ㉠

③ ㉢ - ㉡ - ㉣ - ㉠

④ ㉣ - ㉢ - ㉠ - ㉡

> **TIP** ㉡ 대한광복군정부는 1914년 러시아 블라디보스토크에 세워졌던 망명 정부이다.
> ㉢ 봉오동 전투는 1920년 6월 7일 만주 봉오동에서 홍범도의 대한독립군이 일본 정규군을 대패시킨 전투이다.
> ㉣ 영릉가 전투는 1932년 4월 남만주 일대에서 활동하던 조선혁명군이 중국 요령성 신빈현 영릉가에서 일본 관동군과 만주국군을 물리친 전투이다.
> ㉠ 한국광복군은 1940년 중국 충칭에서 조직되었다.

Answer   56.②   57.②

58 다음은 간도와 관련된 역사적 사실들이다. 옳지 않은 것은?

① 1909년 일제는 청과 간도협약을 체결하여 남만주의 철도 부설권을 얻는 대가로 간도를 청의 영토로 인정하였다.

② 조선과 청은 1712년 "서쪽으로는 압록강, 동쪽으로는 토문강을 국경으로 한다."는 내용의 백두산정계비를 세웠다.

③ 통감부 설치 후 일제는 1906년 간도에 통감부 출장소를 두어 간도를 한국의 영토로 인정하였다.

④ 1902년 대한제국 정부는 간도관리사로 이범윤을 임명하는 한편, 이를 한국 주재 청국 공사에게 통고하고 간도의 소유권을 주장하였다.

> **TIP** 통감부 설치 후 일제는 1907년 8월 23일에 간도용정에 간도통감부 출장소를 설치하고, 간도는 조선의 영토이며 출장소를 설치한 것은 간도조선인을 보호하기 위한 것이라 천명하고 청과 외교교섭을 시작했다.

59 1919년 3 · 1운동 전후의 국내외 정세에 대한 설명으로 옳지 않은 것은?

① 일본은 시베리아에 출병하여 러시아 영토의 일부를 점령하고 있었다.

② 러시아에서는 볼셰비키가 권력을 장악하여 사회주의 정권을 수립하였다.

③ 미국의 윌슨 대통령이 민족자결주의를 내세워 전후 질서를 세우려 하였다.

④ 산동성의 구 독일 이권에 대한 일본의 계승 요구는 5 · 4 운동으로 인해 파리평화회의에서 승인받지 못하였다.

> **TIP** 파리평화회의 … 제1차 세계대전 종료 후, 전쟁에 대한 책임과 유럽 각국의 영토 조정, 전후의 평화를 유지하기 위한 조치 등을 협의한 1919 ~ 1920년 동안의 일련의 회의 일체를 말한다. 이 회의에서 국제문제를 풀어나갈 원칙으로 미국의 윌슨 대통령이 14개 조항을 제시하였는데 각 민족은 정치적 운명을 스스로 결정할 권리가 있다는 민족자결주의와 다른 민족의 간섭을 받을 수 없다는 집단안전보장원칙을 핵심으로 주장하였고 이는 3 · 1운동에 영향을 주었다.

60 1950년대 이후 한국사회의 상황에 대한 설명으로 옳은 것은?

① 1950년에 시행된 농지 개혁으로 토지가 없던 농민이 토지를 갖게 되었다.

② 1960년대에 임금은 낮았지만 낮은 물가 덕분으로 노동자들이 고통을 겪지는 않았다.

③ 1970년대에 이르러 정부는 노동 3권을 철저히 보장하는 정책을 채택하였다.

④ 1980년대 초부터는 노동조합을 자유롭게 설립할 수 있게 되었다.

> **TIP** 농지 개혁…논과 밭을 대상으로 3정보를 초과하는 농가의 토지나 부재지주의 토지를 국가에서 유상으로 매수하고 이들에게 지가증권을 발급하는 제도이다. 농지의 연 수확량의 150%를 한도로 5년간 보상하고 국가에서 매수한 농지는 영세농민에게 3정보를 한도로 유상분배하며 그 대가로 5년간 수확량의 30%씩 상환곡으로 수납하게 하였다. 그러나 개혁 자체가 농민이 배제된 지주층 중심으로 이루어져 소기의 목적을 달성할 수는 없었다.

61 6 · 25 전쟁 이전 북한에서 일어난 다음의 사건들을 연대순으로 바르게 나열한 것은?

> ㉠ 북조선 5도 행정국 설치　　　㉡ 토지개혁 단행
> ㉢ 북조선 노동당 창당　　　　　㉣ 조선공산당 북조선 분국 조직

① ㉠ - ㉡ - ㉢ - ㉣

② ㉠ - ㉡ - ㉣ - ㉢

③ ㉡ - ㉠ - ㉣ - ㉢

④ ㉣ - ㉠ - ㉡ - ㉢

> **TIP** ㉣ 1945년 10월
> ㉠ 1945년 11월
> ㉡ 1946년 3월
> ㉢ 1946년 8월

62 〈보기〉의 내용과 같은 시기에 일어난 역사적 사실로 옳은 것은?

─────────── 〈보기〉 ───────────

비밀결사조직으로 국권회복과 공화정체의 국민국가 건설을 목표로 하였다. 국내적으로 문화적·경제적 실력양성운동을 펼쳤으며, 국외로 독립군기지 건설에 의한 군사적인 실력양성운동에 힘쓰다가 105인사건으로 해체되었다.

① 차관제공에 의한 경제예속화정책에 반대하여 국민들이 국채보상기성회를 조직하여 모금운동을 벌였다.

② 자주제가 강화되고 소작농이 증가하면서, 고율의 소작료로 인하여 농민들이 몰락하였다.

③ 노동자들은 생존권을 지키기 위하여 임금인상이나 노동조건 개선 등을 주장하는 노동운동을 벌였다.

④ 일본 상품을 배격하고 국사품을 애용하자는 운동을 전개하였다.

> **TIP** 일제의 화폐 정리 및 금융 지배에 대해 1907년 국채보상운동을 전개하여 일제의 침략정책에 맞섰으나 일제의 방해로 중단되었다.
> ※ **신민회** … 비밀결사조직으로 국권 회복과 공화정체의 국민국가 건설을 목표로 하였다. 국내적으로 문화적·경제적 실력양성운동을 펼쳤으며, 국외로 독립군기지 건설에 의한 군사적인 실력양성운동에 힘쓰다가 105인사건으로 해체되었다.

63 '을사조약' 체결 당시의 사건에 대한 설명으로 옳은 것은?

① 영국은 일본의 한국에 대한 지배권을 인정하였다.

② 구식군대가 차별대우를 받았다.

③ 일본의 한국에 대한 지배권을 인정하며, 미국의 필리핀 지배를 확인하였다.

④ 러시아, 프랑스, 독일이 일본에 압력을 가했다.

> **TIP** **을사조약 체결**(1905) … 러·일전쟁에서 승리한 일본은 조선의 독점적 지배권을 인정받고 조선의 외교권을 박탈하고 통감부를 설치하였다. 이에 초대 통감으로 이토 히로부미가 부임하였으며 고종황제는 조약의 부당성을 알리기 위해 1907년에 개최된 헤이그 만국평화회의에 밀사를 파견하였다.

Answer 62.① 63.①

64 다음과 같은 식민 통치의 근본적 목적으로 옳은 것은?

- 총독은 원래 현역군인으로 임명되는 것이 원칙이었으나, 문관도 임명될 수 있게 하였다.
- 헌병 경찰이 보통 경찰로 전환되었다.
- 민족 신문 발행을 허가하였다.
- 교육은 초급의 학문과 기술교육만 허용되었다.

---

① 소수의 친일분자를 키워 우리 민족을 이간하여 분열시키는 것이 목적이었다.
② 한반도를 대륙 침략의 병참기지로 삼고 태평양전쟁을 도발하였다.
③ 한국의 산업을 장악하여 상품시장화 하였다.
④ 1910년대의 무단통치에 대한 반성으로 시행하였다.

TIP 문화통치(1919 ~ 1931)
　㉠ 발단 : 3 · 1운동과 국제 여론의 악화로 제기되었다.
　㉡ 내용
　　• 문관총독의 임명을 약속하였으나 임명되지 않았다.
　　• 헌병경찰제를 보통경찰로 바꾸었지만 경찰 수나 장비는 증가하였다.
　　• 교육은 초급의 학문과 기술교육만 허용되었다.
　㉢ 본질 : 소수의 친일분자를 키워 우리 민족을 이간질하여 분열시켰다.

65 〈보기〉의 내용과 관련 있는 단체의 업적으로 옳은 것은?

――――――――― 〈보기〉 ―――――――――

동학농민전쟁의 주체이며, 최시형의 뒤를 이은 3세 교주 손병희는 3 · 1운동 민족대표 33인 중의 한 사람이었다

---

① 미신타파　　　　　　　　　　② 고아원 설립
③ 북로군정서 중광단　　　　　　④ 개벽, 만세보

TIP 천도교 … 제2의 3 · 1운동을 계획하여 자주독립선언문을 발표하였다. 개벽, 어린이, 학생 등의 잡지를 간행하여 민중의 자각과 근대문물의 보급에 기여하였다.

Answer　64.①　65.④

66 〈보기〉의 기본 강령으로 활동한 사회단체에 대한 설명으로 옳은 것은?

---〈보기〉---

1. 우리는 정치적·경제적 각성을 촉진한다.
2. 우리는 단결을 공공히 한다.
3. 우리는 기회주의를 일체 거부한다.

---

① 비밀 결사 조직으로 국외 독립 운동 기지 건설에 앞장섰다.
② 실력양성운동을 전개하였다.
③ 입헌정체와 정치의식을 고취시켰다.
④ 노동쟁의, 소작쟁의를 지원하는 등 노동운동과 농민운동을 지도하였다.

> **TIP** 신간회 ··· 민족주의 진영과 사회주의 진영은 민족유일당, 민족협동전선이라는 표어 아래 이상재, 안재홍 등을 중심으로 신간회를 결성하였다. 노동운동과 농민운동을 지도하였고 광주학생항일운동의 진상단을 파견하였다.

67 연결이 옳지 않은 것은?

① 한일의정서 – 군사기지 점유
② 제1차 한일협정서 – 사법권, 경찰권박탈
③ 제2차 한일협정서 – 외교권박탈
④ 한일신협약 – 차관정치, 군대해산

> **TIP** 제1차 한·일협약 체결(1904. 8) ··· 러·일전쟁 중 체결되었으며 일본 정부가 추천하는 외교와 재정고문을 두는 고문정치가 시작되었다.

68 정미칠적에 해당하지 않는 사람은?

① 이재곤　　　　　　　　　② 임선준
③ 이완용　　　　　　　　　④ 권중헌

> **TIP** 권중헌은 1905년 을사늑약에 찬성한 매국노로 을사오적에 해당한다.
> ※ **정미칠적** ··· 1907년 7월 한일신협약 체결에 찬성한 매국노 7인으로 이완용, 송병준, 이병무, 고영희, 조중응, 이재곤, 임선준을 말한다.

Answer　66.④　67.②　68.④

69 다음은 어느 신문의 사설이다. 다음과 관련된 운동으로 옳은 것은?

> 1931년부터 4년간에 걸쳐 벌인 (   ) 운동은 대표적인 계몽운동이었다. 남녀 청년학도들이 계몽대, 강연대를 조직하여 삼천리 방방곡곡을 누비며 우리글, 우리 역사를 가르치고 농촌위생, 농촌경제개발에 앞장섰던 이 운동은 지식인과 학생이 이 땅에서 일으킨 최초의 민중운동이었다.

① 언론사 중심의 문맹퇴치운동이 전개되었다.

② 사회운동계열이 주도하였다.

③ 이 운동의 영향으로 민립대학설립운동이 추진되었다.

④ 이 시기에 언론과 지식인과 학생이 주도한 만세시위가 확산되고 있었다.

> **TIP** 브나로드…'민중 속으로'라는 러시아 말에서 유래된 것으로 일제강점기에 동아일보사가 주축이 되어 전국적 문맹퇴치운동으로 전개되었다. 브나로드 운동은 문자교육과 계몽활동(미신 타파, 구습 제거, 근검 절약 등)을 병행한 대표적인 농촌계몽운동이다.

70 독립협회에 관한 설명으로 옳지 않은 것은?

① 자주국권운동을 전개하였다.

② 박정양의 진보적 내각이 수립되었다.

③ 최초의 근대적 민중대회인 만민공동회를 개최하였다.

④ 일본의 황무지 개간권 요구를 저지시켰다.

> **TIP** 일본의 황무지 개간권 요구를 저지시킨 것은 보안회이다.

Answer 69.① 70.④

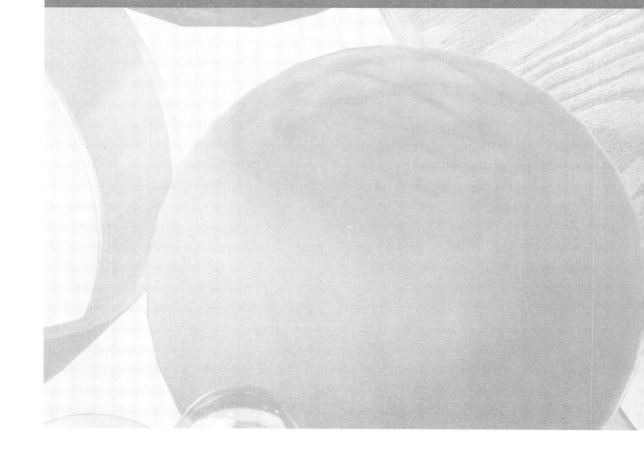

PART

03 영어

⊜1 어휘

01 단어

❶ 빈칸 채우기

다음 문장의 빈칸에 들어갈 가장 적당한 것은?

이 유형은 문장 전체에 대한 정확한 이해의 선행과 보기로 주어지는 단어들의 뜻을 확실하게 알고 있어야 정답을 찾을 수 있는 문제로, 출제빈도가 높은 어휘문제의 유형이다. 빈칸 문장에서 일부의 보기가 답에서 제외되며, 나머지 문장을 통해서 정답을 도출해 낼 수 있다.

다음 빈칸에 들어갈 단어로 가장 옳은 것은?

> I consider _____ the primary enemy of mankind. The human mind is not only self-destructive but naturally stupid. So man requires various kind of education.

❶ ignorance　　　　　　　　　　　② pessimism
③ distrust　　　　　　　　　　　　④ pride

해석 「나는 무지가 인류의 근본적인 적이라고 생각한다. 인류는 자기파괴적일 뿐만 아니라, 선천적으로 어리석다. 그래서 인간은 다양한 종류의 교육이 필요하다.」

단어 primary 첫째의, 근본적인　self-destructive 자기파괴적인　not only A but also B A뿐만 아니라 B도 ignorance 무지, 무학, 부지　pessimism 비관(주의), 염세사상　distrust 불신, 의혹, 의심하다

❷ 같은 의미의 단어 찾기

다음 밑줄 친 부분과 의미가 가장 가까운 것은?

You can sense it as employers <u>quietly</u> read employee's electronic mail for controlling them.

① silently   ② calmly
③ rapidly   ❹ secretly

해석 「당신은 고용주가 종업원들을 통제하기 위해 은밀하게 전자메일을 읽을 때, 그것을 감지할 수 있을 것이다.」
단어 quietly(= secretly) 은밀하게, 조용하게   control 관리하다, 통제하다

❸ 단어 뜻풀이

다음 중 단어의 뜻풀이가 옳은 것은?

❶ textile — any type of fabric made by weaving or knitting

② contract — the act of communicating with somebody

③ deflect — a fault in something

④ sensible — aware of and able to understand other people and their feelings

해석 「① 짜거나 뜨개질을 해서 만든 섬유의 어떤 형태
　　② 누군가와 연락하는 행동
　　③ 어떤 것에 있어서의 결점
　　④ 다른 사람들과 그들의 감정들을 인지하고 이해할 수 있는 것」
단어 fabric 직물, 천, 구조   weave 천을 짜다, 이야기를 꾸미다   knitting 뜨개질   aware ~한 의식이 있는, ~을 알고 있는   contract 계약, ~친교를 맺다, 병에 걸리다   deflect (탄알 등이) 빗나가다, (생각 등이) 편향하다   sensible 분별 있는
해설 ② contract → contact   ③ deflect → defect   ④ sensible → sensitive

02 숙어

1 빈칸 채우기

다음 문장의 빈칸에 들어갈 가장 적당한 것은?

이 유형은 문장 전체에 대한 정확한 이해의 선행과 보기로 주어지는 숙어가 나타내는 의미를 알고 있어야 정답을 찾을 수 있는 문제이다. 숙어는 여러 영단어들의 조합이므로 그 뜻을 추론하여 그 숙어가 만들어내는 뜻을 잘 이해할 필요가 있다. 또한 기본적인 생활영어의 숙어도 필요하다.

다음 대화에서 밑줄 친 부분에 가장 알맞은 것은?

> A : Can you _____ with this desk? I want to move it.
> B : Sure. Where are you going to put it?

① put up　　　　　　　　　　② give a ring
③ give a ride　　　　　　　　❹ give me a hand

해석 「A : 이 책상을 옮기려고 하는데 나를 좀 도와 주시겠습니까?
　　　　B : 물론, 도와드리지요. 그것을 어디에 두려고 합니까?」

단어 give … a hand with ~ ~으로 …를 도와주다(= help … with ~)

2 같은 의미 찾기

다음 밑줄 친 부분과 뜻이 같은 것은?

이 유형은 문장 전체가 나타내는 바를 바르게 이해하고 밑줄 친 숙어의 뜻을 정확하게 알고 있어야 정답을 찾을 수 있는 문제이다. 출제빈도가 높고, 비교적 난이도가 높은 유형에 속하기 때문에 빈출 숙어를 중심으로 정확한 표현을 익혀놓을 필요가 있다.

다음 밑줄 친 부분과 의미가 가장 가까운 것은?

> The couple seemed to be taking calmly, when <u>out of the blue</u> she slapped him in the face.

❶ all of a sudden　　　　　　② in no time
③ long before　　　　　　　④ in no way

「갑자기 그녀가 그의 얼굴을 때렸을 때, 그 부부는 침착히 얘기하고 있는 것처럼 보였다.」
단어 calmly 온화하게, 침착히 out of the blue 갑자기 all of a sudden 갑자기 in no time 곧 long before 오래
전에 in no way 결코 ~이 아니다

❸ 밑줄 친 부분의 의미 찾기

다음 밑줄 친 부분의 의미가 서로 같지 않은(같은) 것으로 짝지어진 것은?
밑줄 친 부분과 뜻이 같은 것을 찾는 유형에서 확장된 문제인데, 각각 다른 숙어가 포함된 여러 문장들이 보
기로 주어지고 그 숙어와 같은 의미를 나타내는 영단어, 또 다른 숙어, 우리말 등이 제시된다. 평소에 같은
의미의 단어와 숙어를 학습해둘 필요가 있다.

다음 밑줄 친 부분의 의미가 서로 같지 않은 것으로 짝지어진 것은?

① He went to Incheon <u>by way</u> of Seoul(= via).

❷ I <u>look forward to</u> seeing you soon(= think).

③ She broke the window <u>on purpose</u>(= intentionally).

④ He <u>gave up</u> smoking(= quit).

해석 「① 그는 서울을 거쳐서 인천으로 갔다.
② 나는 당신을 곧 만나기를 학수고대한다.
③ 그녀는 고의로 유리창을 깼다.
④ 그는 담배를 끊었다.」
단어 by way of ~을 지나서, ~경유로 look forward to ~을 학수고대하다, ~을 기대하다, (기대를 가지고) 기다리다
on purpose 고의로, 일부러 give up 포기하다
해설 ② look forward to −ing와 같은 의미의 단어는 anticipate이다.

❹ 문장의 의미 찾기

다음 문장 중 의도하는 바가 나머지와 다른 것은?
이 유형은 같은 의미를 나타내는 여러 숙어와 단어가 포함된 문장이 보기로 제시되고, 밑줄이 표시되는 경우와 그렇지 않을 경우에 어떤 숙어나 단어가 문제의 물음에 해당하는지 판단하는 것이 중요하다.

다음 문장 중 의미가 다른 하나는?

① You have nothing to do with this.

② This is none of your concerns.

③ None of your business.

❹ Mind and do what you are told.

해석 「① 너는 이것과는 전혀 관련이 없다.
② 이것은 네 신경 쓸 바가 아니다.
③ 네가 관여할 일이 아니다.
④ 말을 조심해라.」

해설 have nothing to do with ~와 관련이 없다.

☲☲ 독해

01 글의 핵심파악

① 제목(title) 찾기

다음 글의 제목으로 가장 적절한(알맞은) 것은?
이 유형은 보통 주제 찾기와 일치하는 문제가 많지만, 제목은 주제보다 상징성이 강하며 간결하고 명료하다. 글의 제목을 찾기 위해서는 무엇보다 글 전체의 내용을 종합적으로 이해할 수 있는 독해능력을 필요로 하지만, 지문의 첫 문장과 마지막 문장만으로 답이 도출되는 경우도 많기 때문에 시간이 없다면 전략적으로 접근하는 것도 하나의 방법이 될 수 있다.

다음 글의 제목으로 가장 적절한 것은?

> Among the first animals to land our planet were the insects. They seemed poorly adapted to their world. Small and fragile, they were ideal victims for any predator. To stay alive, some of them, such as crickets, chose the path of reproduction. They laid so many young that some necessarily survived. Others, such as the bees, chose venom, providing themselves, as time went by, with poisonous stings that made them formidable adversaries. Others, such as the cockroaches, chose the become inedible. A special gland gave their flesh such an unpleasant taste that no one wanted to eat it. Others, such as moths, chose camouflage. Resembling grass or bark, they went unnoticed by an inhospitable nature.

① Natural Enemies of Insects
❷ Insects's Strategies for Survival
③ Importance of Insects in Food Chain
④ Difficulties in Killing Harmful Insects

해석 「지구에 처음 착륙한 동물 중에 하나가 곤충이다. 이 곤충들은 그들의 세계에 순응하기 힘들었던 것으로 보인다. 작고 약했던 그들은 어떤 육식동물들의 이상적인 희생자들이었다. 귀뚜라미와 같은 그들 중의 일부 곤충은 생존하기 위해

번식이라는 길을 택했다. 귀뚜라미들은 아주 많은 새끼들을 낳아서 일부가 생존한다. 벌과 같은 다른 곤충들은 그들 스스로 생산하는 독을 갖게 되었고, 시간이 지나면서 그들을 무서운 곤충으로 만들어준 독침을 갖게 되었다. 바퀴벌레와 같은 다른 곤충들은 식용에 적합지 않음을 보여주었다. 특별한 땀샘은 어느 누구도 그것을 먹기를 원치 않은 불쾌한 맛과 같은 그들의 냄새를 주었다. 나방 같은 곤충은 위장에 능하다. 잔디나 나무껍질과 닮아 그들은 불친절한 자연에 의해 알아채지지 않는다.」

단어 adapt to (환경 등에) 순응하다, ~에 적응하다 fragile 체질이 허약한 predator 약탈자, 육식동물 cricket 귀뚜라미 reproduction 재생, 복사, 재현 venom 독액, 독, 독물 poisonous 유독한, 유해한 sting 찌르다 formidable 무서운, 만만찮은, 굉장한 adversary 적, 상대, 대항자 cockroach 바퀴(벌레) inedible 식용에 적합하지 않은 camouflage 위장, 속임, 변장 inhospitable 불친절한, 황량한

해설 이 문제는 귀뚜라미, 벌, 나방 등 각 곤충들이 어떠한 방법으로 생존해 나가고 있는지를 설명한 글이다.

② 주제(topic) 찾기

다음 글의 주제로 가장 적절한(알맞은) 것은?
주제는 글의 중심생각으로 이 유형은 그것을 묻는 문제이다. 주제는 보통 주제문에 분명하게 드러나므로 전체 글을 이해하여 주제문을 찾는 것이 중요하다. 하지만, 제목을 묻는 문제처럼 첫 문장과 마지막 문장과 같은 중요한 문장 위주로 읽는 것도 전략이 될 수 있다. 90프로 이상의 영어 지문은 첫 문장에 주제가 나오기 때문이다.

다음 글의 주제로 가장 알맞은 것은?

The Western people eat with utensils to show a high degree of prestige and sophistication; the Chinese eat with sticks to show their cleverness of dealing with those sticks, the Saudi people eat with their hands. They say, "Why should we eat with utensils or sticks that are used by other people? They may not be as clean as our hands." They also say that they know whether their hands are clean or not and that nobody else uses them.

❶ 식사법이 다른 이유
② 식사습관의 중요성
③ 주방기구의 발전
④ 식사법의 변천과정

해석 「서양 사람들은 높은 품위와 세련미를 나타내기 위해 도구를 가지고 음식을 먹는다 ; 중국 사람들은 총명함을 나타내기 위해 젓가락을 가지고 음식을 먹는다. (반면에) 사우디 사람들은 손으로 음식을 먹는다. 그들은 "왜 우리가 다른 사람들이 사용한 도구나 젓가락을 가지고 음식을 먹어야 하는가? 그것은 우리 손만큼 깨끗하지 못할지도 모른다."고 말한다. 그들은 또한 자기들의 손이 깨끗한지 아닌지를 알고 있으며, 아무도 그 밖의 용도로 사용하지 않는다고 말한다.」

단어 utensil 기구, 도구, 부엌세간 prestige 명성, 위신, 품위 sophistication 세련, 지적, 교양 cleverness 영리함, 재치 있음, 교묘함

해설 이 문제에는 eat with(~으로 먹다)가 반복되고 있으며 the Western people, the Chinese, the Saudi people의 예가 제시되고 있다.

❸ 요지(main idea) 찾기

다음 글의 요지로 가장 적절한(알맞은) 것은?
글을 나타내는 상징성의 정도는 요지<주제<제목의 순으로 드러나는데, 이러한 유형의 문제는 우선 글의 전체 내용을 개괄적으로 파악하는 능력이 필요하다. 앞서 나온 제목과 주제처럼 요지 또한 첫 문장과 마지막 문장 위주로 읽어 가는 것도 전략이 될 수 있다.

다음 글에서 필자가 말하고자 하는 요지는?

I would certainly sooner live in a monotonous community than in a world of universal war, but I would sooner be dead than live in either of them. My heart is in the world of today, with its varieties and contrasts, its blue and green faces, and my hope is that, through courageous tolerance, the world of today may be preserved.

① Preference for a monotonous life
❷ Preservation of world peace
③ Varieties and contrasts of the world
④ The necessity of courageous tolerance

해석 「나는 확실히 세계적인 전쟁이 벌어지는 세상에 사느니 차라리 단조로운 공동체사회 속에 살고자 한다. 그러나, 그들 중 어느 한 쪽에 사느니 차라리 죽는 게 훨씬 더 낫다. 내 마음은 다양성과 상반된 것으로 가득찬, 우울하면서도 활기찬 측면을 지닌 오늘날의 세상에 머물고 있다. 그리고 내가 바라는 것은 용기있는 관용을 통해서, 현재의 세계가 유지되는 것이다.」
① 단조로운 생활을 좋아함
② 세계 평화의 유지
③ 세계의 다양함과 상반됨
④ 대담한 관용의 필요성

단어 would sooner A than B B하느니 차라리 A하는 게 훨씬 더 낫다 monotonous 단조로운, 지루한, 무미건조한 variety 다양(성), 변화, 차이, 불일치 contrast 대조, 대비 blue 우울한, 기운없는, 푸른, 학식있는 green 활기있는, 원기왕성한, 미숙한, 안색이 창백한 courageous 용기있는, 용감한, 대담한 tolerance 인내(심), 관용, 관대, 아량 preference for ~을 선호함(좋아함) preservation 보존, 유지, 보호

④ 문단요약

다음 글의 요지로 가장 알맞은 것은?

Research in learning suggests that getting good grades depends more on effective study skills than on a high IQ. Whereas students with high grades prepare for exams in advance, reviewing their notes periodically, students with poor grades wait until the last minute and then cram. Unfortunately, cramming does not produce the desired results. Students with high grades organize their time, planning when they will complete their assignments, while students with low grades ignore schedules and hope they will finish their work on time. Unfortunately, time usually runs out, and they don't get the work done.

① 학교에서 직업교육을 강화해야 한다.

② 사람은 능력에 따라 대접받아야 한다.

❸ 좋은 공부습관이 좋은 결과를 낳는다.

④ 공부를 잘 한다고 반드시 성공하는 것은 아니다.

해석 「학습에 대한 연구에서 보여주는 것은 좋은 점수를 얻는다는 것이 높은 지능지수보다는 효과적인 공부방식에 더 의존한다는 점이다. 높은 점수를 가진 학생들은 정기적으로 자신들이 필기한 것들을 복습하면서, 미리 시험에 대한 준비를 하는 반면, 낮은 점수를 가진 학생들은 마지막 순간까지 기다리다가는 벼락치기 공부를 한다. 불행스럽게도, 벼락치기 공부는 바람직한 결과를 낳지 않는다. 높은 점수를 가진 학생들은 자신들의 시간을 관리하여 그들이 언제 자신들의 할당된 바를 완성시킬지를 계획한다. 반면에, 낮은 점수를 가진 학생들은 계획들을 무시하면서도 자신들의 일이 정각에 끝마쳐지기를 바란다. 불행히도, 시간이란 대개의 경우 모자란 것이고, 그 결과 그들은 그 일을 끝마치도록 다하지 못하는 것이다.」

단어 IQ 지능지수(Intelligence Quotient) in advance 미리, 앞서서(= beforehand) review 복습하다, 검토하다 cram 주입식의 공부를 하다, 포식하다, 게걸스럽게 먹다 desired result 바람직한 결과 organize 구성하다, 계통을 세우다, 정리하다, 계획하다 assignment 배당, 할당, 숙제 run out 뛰어나가다, 흘러나오다, 만기가 되다

해설 일관성이 있는 글의 구성의 특징은 주제(topic)가 있고, 그를 뒷받침하는 소재(supporting sentences)들이 있다. 위의 글에서는 처음에 주어진 문장(Research in learning suggests that getting good grades depends more on effective study skills than on a high IQ)이 주제이다. Whereas 이하는 높은 점수의 학생들과 낮은 점수의 학생들을 비교하며 언급함으로써 이를 뒷받침해 주는 역할을 하는 부분이다.

02 문맥 속 어구파악

① 지시어 추론

다음 글에서 밑줄 친 대명사(this, that, it, etc.) 또는 (고유)명사가 구체적으로 가리키는 것으로 가장 알맞은 것은?
이 유형은 대명사나 (고유)명사가 가리키고 있는 대상을 추론하는 문제로, 기본적인 독해능력과 함께 여러 폭 넓은 단어 학습을 필요로 하는 파트이다.

다음 밑줄 친 It이 구체적으로 가리키는 것을 고르면?

> <u>It</u> is the study of relationships among plants and animals and their environment. It includes the study of the biological processes and the needs of plants and animals, as well as the effects that plants, animals and the environment have on each other.

① genetics   ❷ ecology

③ biology   ④ zoology

해석 「이것은 식물들과 동물들, 그리고 그들의 환경 사이의 관계에 대한 학문이다. 이것은 식물들과 동물들, 그리고 그 환경이 서로에게 미치는 영향들 뿐만 아니라 식물들과 동물들의 생물학적 과정과 필요한 요소에 대한 연구를 포함한다.」

단어 relationship 관계, 친척관계 environment 환경, 주위(의 상황) include 포함하다 biological 생물학적인 effect 효과, 영향, 결과 genetics 유전학 ecology 생태학 biology 생물학 zoology 동물학

❷ 어구의 의미파악

다음 글에서 밑줄 친 부분의 의미로 가장 적절한(알맞은) 것은?

이 유형은 주어지는 글에서 쓰이고 있는 어구의 이면적인 의미를 간파해내야 하는 문제로, 주어지는 글의 전체적인 흐름과 전반적인 분위기를 파악하여 이중적 의미를 찾아내는 것이 중요하며 다양한 의미로 쓰이는 어휘와 표현들을 잘 익힐 필요가 있다.

다음 글에서 밑줄 친 <u>a snow job</u>의 의미로 가장 적절한 것은?

> The salesman tried to convince a group of investors that the properties he was selling would soon be worth much more money than he was asking. However, no one bought anything from him because they felt he was giving them <u>a snow job</u>. No one was deceived by his insincerity and exaggerated claims about the worth of the properties.

① 수입한 사치품   ❷ 과장된 거짓말

③ 적절한 수익성   ④ 위협적인 강매

> **해석** 「그 외판원은 많은 투자자들에게 그가 팔고 있는 상품들이 곧 그가 요구하는 돈보다 더 많은 자산가치가 있게 될 것이라는 점을 확신시키려고 노력하였다. 하지만 그들은 그가 그들에게 과장된 거짓말을 하고 있다고 느꼈기 때문에 그에게서 아무것도 사지 않았다. 아무도 그 상품들의 가치에 관한 그의 불성실과 과장된 주장에 의해 속지 않았다.」
>
> **단어** salesman 점원, 판매원, 외판원 convince 확신시키다, 납득시키다 investor 투자가 property 재산, 자산, 소유물, 상품 money 돈, 화폐, 자산, 재산 snow job 과장되고 교묘한 거짓말, 권유·설득하는 말, 감언이설 deceive 속이다, 기만하다 insincerity 불성실, 위선 exaggerated 과장된, 허풍을 떠는, 지나친 claim 주장, 요구, 청구, 권리, 자격

❸ 말의 의도파악

다음 글에서 밑줄 친 부분의 의도로 가장 적절한(알맞은) 것은?

이 유형은 어구의 의미파악 과정과 크게 다르지 않지만, 좀더 희극적인 효과를 수반하는 영어권 사회와 문화에서 통용되는 사고의 전개방식에 대한 이해를 필요로 하는 문제로, 주로 말에 대한 오해나 엉뚱하고 기발한 사고로 빚어지는 극적인 전개가 있는 하나의 에피소드(episode) 중심의 글로 제시된다. 글의 전반적인 분위기와 함께 어떤 내용이 전개되어서 글쓴이가 무엇을 말하려고 하는지 파악하는 능력이 필요하다. 주제와 관련이 될 때가 많다.

Dick이 밑줄 친 부분과 같이 말한 의도는?

Dick was seven years old, and his sister, Catherine, was five. One day their mother took Dick into the kitchen. She gave him a nice cake and a knife and said to him, "Now here's a knife, Dick. Cut this cake in half and give one of the pieces to your sister, but remember to do it like a gentleman." "Like a gentleman?," Dick asked. "How do gentlemen do it?" "They always give the bigger piece to the other person", answered his mother at once. "Oh", said Dick. He thought about this for a few seconds. Then he took the cake to his sister and said to her, "Cut this cake in half, Catherine."

---

① 이 케이크를 똑같이 나누자.

② 이 케이크를 네 마음대로 잘라라.

③ 내가 이 케이크를 자르겠다.

❹ 케이크를 잘라서 내게 큰 조각을 다오.

해석 「Dick은 7살이었고, 그의 누이동생 Catherine은 5살이었다. 어느날 그들의 어머니가 Dick을 부엌으로 데리고 갔다. 그녀는 그에게 맛있는 케이크와 칼을 주면서 말했다. "Dick, 여기 칼이 있다. 이 케이크를 반으로 잘라서 누이동생에게 그 조각 중의 하나를 주어라. 하지만 신사처럼 주는 것을 기억하여라." "신사처럼이요?"라고 Dick이 물었다. "신사들은 그것을 어떻게 주나요?" "그들은 항상 다른 사람에게 더 큰 조각을 준단다."라고 그의 어머니가 즉시 대답했다. "오"라고 Dick은 말했다. 그는 잠시 이것에 관해 생각했다. 그리고 나서 그는 그의 누이동생에게 케이크를 가져가서 말했다. "이 케이크를 반으로 잘라, Catherine."」

단어 in half 절반으로 for a few seconds 잠시동안

해설 Dick은 어머니가 그에게 기대한 행동을 누이동생 Catherine이 자신에게 해주기[신사처럼 주기(케이크를 반으로 잘랐을 때 항상 다른 사람에게 더 큰 조각을 주기)]를 기대하고 있다.

03 문맥의 이해

❶ 내용일치 여부의 판단

다음 글의 내용과 일치하지 않는(일치하는) 것은?
이 유형은 글의 세부적인 내용파악을 주로 요구하는 문제로, 주어지는 글보다 질문과 보기의 내용을 먼저 본 후에 질문에 해당하는 부분을 집중적으로 살펴야 한다. 이 때 중요한 것은 반드시 주어지는 글에 담긴 사실적인 내용을 근거로 판단해야 한다는 것이다. 또한, 선지가 영어로 되어 있기 때문에 기본적인 독해력이 선행되어야 한다.

다음 글의 내용과 일치하지 않는 것은?

> From the day the first motor car appeared on the streets it had to me appeared to be a necessity. It was this knowledge and assurance that led me to build to the one end — a car that would meet the wants of the multitudes.
>
> All my efforts were then and still are turned to the production of one car — one model. And year following year, the pressure was, and still is, to improve and refine and make better, with an increasing reduction in price.

① The writer asserts that cars should satisfy the wants of the multitudes.
② The writer did all his might to produce one car — one model.
❸ The writer devoted himself to the reduction of price in producing a car.
④ The writer emphasizes the improvement of a car despite a reduction in price.

해석 「최초의 자동차가 거리에 출현했던 날로부터 그것은 나에게 필수품인 것처럼 생각되어 왔었다. 그것은 내가 그 하나의 목적 - 대중들의 욕구에 부응할 차 - 을 만들도록 이끈 지식과 확신이었다.
나의 모든 노력들은 그때나 지금까지 하나의 모델 - 하나의 자동차 생산에 착수하는 데 있다. 그리고 한해 한해가 지날수록, 가격이 내려가는 속에서 성능의 향상과 세련되고 더 좋은 차를 만들어야 하는 압력이 예전이나 지금도 계속되고 있다.」
① 글쓴이는 차들이 대중들의 욕구를 만족시켜야 한다고 주장한다.
② 글쓴이는 한 가지 모델의 하나의 차를 생산하는 데 그의 모든 힘을 썼다.
③ 글쓴이는 차를 생산하는 데 있어서 가격의 절감에 몰두하였다.
④ 글쓴이는 가격인하에도 불구하고 차의 성능 향상을 강조한다.

단어 necessity 필요(불가결한 것), 필수품 assurance 확신, 보증 end 끝, 목적, 목표 multitude 다수, 군중, 대중 turn to ~(쪽)으로 향하다 year following year 해마다 improve 개량하다, 개선하다, 향상시키다 refine 순화하다, 정제하다, 정련하다, 세련되게 하다 reduction 축소, 감소, 절감 assert 단언하다, 주장하다 might 힘 devote oneself to ~에 몰두하다, 전념하다, 헌신하다 emphasize 강조하다

② 무관한 문장 고르기

다음 글의 전체 흐름과 관계없는 문장은?

이 유형은 글의 전체적인 일관성과 통일성을 해치는 문장을 골라내는 문제로, 주제와 그 주제를 뒷받침하지 않고 주제를 벗어나거나 서술방향이 다른 문장을 찾아야 한다. 이때 무관한 문장은 그 문장 없이도 글의 흐름이 자연스럽게 연결될 수 있다. 첫번째 문장을 주제문으로 방점을 찍고 이후의 글이 주제문과 관련성이 없거나 반대되는 내용이 답인 경우가 대부분이다.

다음 글의 흐름으로 보아 가장 관계가 먼 문장은?

Different regions of the brain have different jobs. ① If there is any damage to the part of the brain known as Broca's area, a person will have trouble pronouncing words. ② Similarly, if there is damage to the part of the brain called Wernicke's area, a person will have problems remembering certain words. ❸ There is much that scientists still do not know about the human brain. ④ The part of the brain called the cerebellum is concerned with controlling bodily position and motion.

해석 「뇌의 갖가지의 영역들은 각기 다른 일(기능)들이 있다. Broca의 영역으로 알려진 뇌의 부위에 어떤 손상이 있으면 단어를 발음하는 데에 문제가 생길 것이다. 마찬가지로 Wernicke의 영역이라 불리는 뇌의 부위에 손상이 있으면 어떤 단어를 기억하는 데에 문제가 생길 것이다. (과학자들이 인간의 뇌에 대해 여전히 잘 모르고 있는 부분이 많다) 소뇌라 불리는 부분은 신체의 자세와 동작에 관계한다.」

단어 region 지역, 영역 pronounce 발음하다, 선언하다 cerebellum 소뇌 bodily 신체(육체)의 motion 동작, 운동

해설 ①②④ 모두 주제문 Different regions of the brain have different jobs를 뒷받침하는 뇌의 각각의 영역들의 기능을 설명하고 있다.

③ 주어진 문장 넣기

다음 글의 흐름을 보아, 주어진 문장이 들어가기에 가장 적절한(알맞은) 것은?

이 유형은 주어지는 문장이 제자리에 들어가 더 논리적이고 일관성 있는 글이 되는 문제로, 문장과 문장 사이의 관계 추론능력을 필요로 한다. 보통은 지시사, 연결사, 반복어, 대명사나 부정관사 및 정관사가 결정적인 단서가 될 때가 매우 많다. 따라서 학습하는 과정에서 조금 전에 언급한 단서들이 구체적으로 어떻게 적용이 되었는지 연습할 필요가 있다. 난도가 높은 유형에 속하는 문제이기 때문에 고득점을 받고자 한다면 꼭 정복해야 하는 유형이다.

다음 주어진 문장이 들어갈 가장 적절한 곳은?

> This is not true.

Many people think the Canary Islands were named for the canary birds that live there. ❶The word canary comes from the Latin word canis, meaning dog. ②Early explorers of the island found many wild dogs there. ③They named the islands "Canario," meaning "Isle of Dogs." ④So the Canary Islands were not named for the canary birds, but the birds were named for the islands!

해석 「이것은 사실이 아니다.」
「많은 사람들은 카나리아 제도가 거기에 사는 카나리아(새)의 이름을 따서 명명되었다고 생각한다. canary라는 단어는 개를 뜻하는 라틴말 canis에서 유래한다. 그 섬의 초기 탐험가들은 그 곳에서 많은 들개들을 발견하였다. 그들은 "개들의 섬"을 의미하는 "Canario" 섬이라고 이름을 지었다. 그래서 카나리아 제도는 카나리아의 이름을 따서 이름지어진 것이 아니라, 그 새들이 그 섬의 이름을 따서 지어진 것이다!」

단어 name for ~의 이름을 따서 이름을 짓다, 명명하다 come from ~에서 유래하다, 비롯하다 explorer 탐험가
isle (작은) 섬

해설 지시어는 문장 간의 연결고리 역할을 하므로 이 문제는 주어진 문장에서 지시대명사 This가 의미하는 것에 주의해야 한다.

❹ 문장의 순서 정하기

다음 (주어진 문장에 이어질) 글의 순서로 가장 적절한(알맞은) 것은?

이 유형은 배열순서가 뒤바뀐 여러 문장들을 연결사와 지시어 등에 유의하여 문장과 문장 사이의 논리적 관계를 정확하게 파악하여 논리적으로 재배열하는 문제로, 기준이 되는 문장이 제시되기도 한다. 앞서 삽입 유형에서 언급했던 지시사, 연결사, 반복어, 대명사, 관사가 순서 맞추기 유형에서도 동일하게 적용된다. 마찬가지로 난도가 높은 유형에 속하며, 고득점으로 가기 위해서는 꼭 정복해야 하는 유형이다.

다음 주어진 문장에 이어질 글의 순서로 가장 적절한 것은?

> Free trade makes possible higher standards of living all over the globe.

(A) Free trade also makes the world economy more efficient, by allowing nations to capitalize on their strength.

(B) The case for free trade rests largely on this principle : as long as trade is voluntary, both partners benefit.

(C) The buyer of a shirt, for example, values the shirt more than the money spent, while the seller values the money more.

❶ (A) — (B) — (C)　　　　　　② (B) — (A) — (C)

③ (B) — (C) — (A)　　　　　　④ (C) — (A) — (B)

해석 「자유무역은 전세계의 더 높은 생활수준을 가능하게 한다(자유무역을 한다면 전세계의 생활수준은 더 높이 향상될 수 있을 것이다).」
「(A) 자유무역은 또한 국가들이 자신들의 힘을 이용할 수 있도록 하기 때문에 세계경제를 더욱 효과적이 되게 한다.
(B) 자유무역을 하는 경우에는 다음의 원칙에 주로 의존한다. 즉, 무역이 자발적으로 이루어지는 동안은 양쪽 상대국이 이익을 얻는다는 것이다.
(C) 셔츠 하나를 예로 들어보면, 구매하는 쪽은 쓰여진 돈보다도 더 그 셔츠가 중요한 것이며, 반면 판매하는 쪽은 그보다는 돈이 더 중요한 것이다.」

단어 free trade 자유무역, 자유거래　make possible 가능하게 하다　all over the globe 전세계에서　efficient 능률적인, 효과있는　capitalize 자본화하다, 이용하다　rest on ~에 의지하다　principle 원리, 원칙

❺ 전후관계추론

다음 글의 바로 앞에 올 수 있는 내용으로 가장 적절한 것은?

> People who must endure loud environments may risk more than their ears. Studies show they can suffer elevated levels of cholesterol and more stomach ulcers, high blood pressure and more heartbeat abnormalities than people who live and work in quieter environments. Loud noise triggers the body's 'fight or flight' response — a rise in the level of adrenalin, and a subsequent increase in blood pressure and contraction of muscles.

① 환경정책의 필요성
② 환경과 심장박동의 관계
❸ 소음이 귀에 미치는 영향
④ 소음이 유발시키는 질병의 종류

해석 「소란한 환경을 견뎌야 하는 사람들은 자신들의 귀보다 더 위험할 수 있다. 연구에 의하면 그들은 더 조용한 환경에서 살며 일하는 사람들보다 높은 콜레스테롤 수준과 더 많은 위궤양, 고혈압, 그리고 더 많은 심장박동 이상을 보인다. 소란한 잡음은 신체의 '공격 · 도피반응' – 아드레날린 수치의 상승과 그에 이어지는 혈압의 증가, 근육의 수축 – 을 하도록 야기시키는 것이다.」

단어 endure 참다, 인내하다 risk 위험하다, 위험에 처하다 suffer ~을 받다, 당하다 elevated 높아진, 높은 level of cholesterol 콜레스테롤 수준 stomach ulcer 위궤양 abnormality 이상(異常) trigger 일으키다, 유발하다, 자극시키다 fight or flight response(reaction) 공격 · 도피반응(스트레스에 대한 교감신경의 반응) adrenalin 아드레날린 subsequent 다음의, 그 후의, 버금가는, 이어서 일어나는 contraction 수축

04 글의 감상

① 글의 어조(tone) · 분위기(mood) 파악

> **다음 글에 나타나있는 어조 · 분위기로 가장 적절한(알맞은) 것은?**
>
> 이 유형은 글 속에 명시적이거나 암시적으로 나타나있는 여러 정황들을 종합적으로 감상하는 능력을 요구하는 문제로, 글의 전체적인 분위기를 잘 드러내는 어휘들, 특히 형용사와 부사에 주목하여야 하며, 평소 글의 어조 · 분위기를 나타내는 단어를 잘 알아두어야 한다.

다음 글의 어조로 가장 알맞은 것은?

The boss was disturbed when he saw his employees loafing. "Look," he said, "everytime I come in there I see things I'd rather not see. Now, I'm a fair man, and if there are things that bother you, tell me. I'm putting up a suggestion box and I urge you to use it so that I'll never see what I just saw!"

At the end of the day, when the boss opened the box, there was only one little piece of paper in it. It read : "Don't wear rubber-soled shoes!"

① upset
② instructive
❸ humorous
④ critical

해석 「사장은 직원이 빈둥거리는 것을 보았을 때 혼란스러웠다. "여러분, 여기에 내가 올 때마다, 보고 싶지 않은 것을 보는데, 난 공정한 사람이니 여러분을 괴롭히는 것이 있으면 말하십시오. 의견함을 설치할테니까, 내가 방금 보았던 것을 다시는 보지 않도록 의견함을 사용해 주기 바랍니다!" 그 날 퇴근할 무렵, 사장이 의견함을 열었을 때, 그 안에는 작은 종이 한 장만 있었다. 거기에는 "고무구두창을 댄 신발을 신지 마세요!"라고 씌어 있었다.」

단어 disturb 혼란시키다, 괴롭히다, 방해하다, 어지럽히다 loaf 빈둥거리다, 놀고 지내다 fair 공정한, 올바른 suggestion box 의견함, 제안함 urge 강력히 권하다, 설득하다, 주장하다, 강조하다 rubber-soled 고무구두창을 댄 upset 화가 난, 뒤엎다, 당황하게 하다 instructive 교훈적인, 교육적인, 유익한 humorous 익살스런, 해학적인, 재미있는 critical 비판적인, 평론의, 위기의

❷ 글의 심경 · 태도 파악

다음 글에 나타나있는 필자의 심경 · 태도로 가장 적절한(알맞은) 것은?

이 유형은 글의 어조 · 분위기를 감상하는 문제와 같이 글의 종합적인 이해 · 감상능력을 요구하는 문제로, 어떤 일련의 사건들을 통해 드러나는 등장인물의 성격과 태도를 판단할 수 있으며, 평소 글의 심경 · 태도를 나타내는 단어를 잘 알아두면 유용하다. 앞서 나온 어조 유형과는 달리 심경/태도를 묻는 유형에서는 결정적인 한두 문장으로 답이 도출되는 경우가 많기 때문에 절대 틀려서는 안되는 유형이다.

다음 글에서 주인공이 처한 상황으로 가장 적절한 것은?

> The taxi driver looked at his watch and grumbled that there was no time to lose. I had allowed one hour to catch my plane. We watched the flashing lights of the police car ahead. We could see that a truck had been involved in the accident and knew it would take some time to move the vehicles to the side of the road. It did fifteen minutes. Then, as we neared the airport, we were faced with another traffic jam due to a series of rear-end collisions.

① 지루하다. ❷ 다급하다.
③ 부끄럽다. ④ 후련하다.

해석 「택시기사는 시계를 보았고 지체할 시간이 없다고 불평했다. 내가 비행기를 탈 때까지 한 시간 정도의 여유가 있었다. 우리는 경찰차의 불빛이 앞에서 번쩍이는 것을 지켜봤다. 우리는 어떤 트럭이 사고에 관련되어 있었고 갓길로 차량을 옮기는 데 다소 시간이 걸린다는 것을 알았다. 과연 그랬다. 15분이 걸렸다. 그리고 나서 공항에 가까이 도착하자, 우리는 연속된 추돌사고 때문에 또 다른 교통혼잡에 직면했다.」

단어 grumble 불평하다, 투덜대다, 푸념하다, 툴툴대다 flash 번쩍이다, 빛나다 be involved in ~에 관련되다 vehicle 탈 것, 차량 near ~에 가까이 가다, 접근하다 be faced with ~에 직면하다 traffic jam 교통혼잡 due to ~ 때문에, ~로 인하여(because of) a series of 일련의, 연속된 rear-end (차량) 후미 collision 충돌, 대립, 격돌, 불일치

해설 교통혼잡으로 비행기 시간에 늦을까봐 다급해 하는 주인공의 상황이 나타나 있다.

∈∋ 문법

01 문장의 형식과 종류

보통 수험생들은 보어가 들어가는 2형식과 5형식, 문장이 긴 4형식 5형식 문형을 어려워한다. 따라서 2, 4, 5 형식 동사를 위주로 꼼꼼하게 학습할 필요가 있음을 염두에 두자.

① 동사의 종류

문장을 구성하는 기본요소는 주어(S), 동사(V), 목적어(O), 보어(C)이고 동사의 종류에 따라 문장형식이 결정된다. 동사는 목적어의 유무에 따라서 자동사와 타동사로 구분된다. 즉 목적어를 필요로 하는 동사는 타동사, 필요로 하지 않는 동사는 자동사라고 한다.

또한, 보어의 유무에 따라서 완전동사와 불완전 동사로 구분되는데, 즉 보어를 필요로 하는 동사는 불완전동사, 보어를 필요로 하지 않는 동사는 완전동사라고 한다.

(1) 완전자동사
1형식 문장(S + V)에 쓰이는 동사로, 보어나 목적어를 필요로 하지 않는다.

(2) 불완전자동사
2형식 문장(S + V + C)에 쓰이는 동사로, 반드시 보어가 필요하다.

(3) 완전타동사
3형식 문장(S + V + O)에 쓰이는 동사로, 하나의 목적어를 가진다.

(4) 수여동사
4형식 문장(S + V + I.O + D.O)에 쓰이는 동사로, 두 개의 목적어(직접목적어와 간접목적어)를 가진다.

(5) 불완전타동사

5형식 문장(S + V + O + O.C)에 쓰이는 동사로, 목적어와 목적보어를 가진다.

2 문장의 형식

(1) 1형식[S + V(완전자동사)]

① S + V … 1형식의 기본적인 문장으로 동사를 수식하는 부사구를 동반할 수 있다.

　예 The front door opened very slowly. 현관문이 매우 천천히 열렸다.

② There(Here) V + S + 부사구

　예 There is a book on the table. 탁자 위에 책이 있다.

> **TIP** 뜻에 주의해야 할 완전자동사
> matter(중요하다), do(충분하다), work(작동, 작용하다), last(지속되다), pay(이익이 되다), count(중요하다) 등이 있다.]

③ 전치사와 함께 쓰이는 자동사

　㉠ account for(설명하다, ~의 원인이 되다, 책임지다)

　㉡ agree to 계획, 제안(~에 동의하다)

　㉢ agree with 사람(~와 동감이다)

　㉣ apologize to(~에게 변명하다)

　㉤ complain of/about(~에 대해 불평하다)

　㉥ conform to(~을 따르다)

　㉦ consist in(~에 있다)

　㉧ consist of(~로 구성되다)

　㉨ graduate from(~을 졸업하다)

　㉩ object to(~에 반대하다)

　㉪ result in(그 결과 ~이 되다)

　㉫ result from(~로 부터 초래되다)

　㉬ strive for(~을 위해 노력하다)

　㉭ talk to/with(~와 대화하다)

(2) 2형식[S + V(불완전자동사) + C]

① S + V + C … 2형식의 기본적인 문장이다.

　예 He is a doctor. 그는 의사이다.

② 주격보어의 종류 … 주격보어로는 명사(상당어구), 형용사(상당어구)가 쓰이며 명사는 주어와 동인물, 형용사는 주어의 상태나 속성을 나타낸다.

　㉠ 명사

　　㉠ I'm a singer in a rock'n roll band. 나는 락밴드의 가수이다.

　㉡ 형용사

　　㉠ He is very handsome. 그는 매우 잘생겼다.

③ 불완전자동사의 유형

　㉠ be동사

　　㉠ we are happy. 우리는 행복하다.

　㉡ '~이 되다, 변하다'의 뜻을 가지는 동사 : become, grow, go, get, fall, come, run, turn, wear 등이 있다.

　　㉠ It is getting colder. 점점 추워지고 있다.

　㉢ 지속의 뜻을 가지는 동사 : continue, hold, keep, lie, remain, stand 등이 있다.

　　㉠ She kept silent all the time. 그녀는 종일 침묵을 지켰다.

　㉣ 감각동사 : 반드시 형용사가 보어로 위치하며 feel, smell, sound, taste, look 등이 있다.

　　㉠ That sounds good. 그거 좋군요.

(3) 3형식[S + V(완전타동사) + O]

① S + V + O … 3형식의 기본적인 문장이다.

　㉠ I shot the sheriff. 나는 보안관을 쏘았다.

② 목적어의 종류(Ⅰ)

　㉠ 명사(절), 대명사

　　㉠ She always wears a ring. 그녀는 항상 반지를 끼고 있다.

　　　I didn't know that he was a singer. 나는 그가 가수였다는 것을 알지 못했다.

　　　I couldn't do anything. 나는 아무것도 할 수가 없었다.

　㉡ 부정사

　　• 부정사만 목적어로 취하는 동사는 주로 미래지향적이며 긍정적인 의미의 동사가 많다.

　　• wish, hope, want, decide, care, choose, determine, pretend, refuse 등이 있다.

　　㉠ Everybody wishes to succeed in life. 누구나 인생에서 성공하기를 원한다.

　㉢ 동명사

　　• 동명사만 목적어로 취하는 동사는 주로 미래지향적이며 부정적인 의미의 동사가 많다.

　　• mind, enjoy, give up, avoid, finish, escape, admit, deny, consider, practise, risk, miss, postpone, resist, excuse 등이 있다.

　　㉠ She really enjoys singing and dancing. 그녀는 노래 부르기와 춤추기를 정말 즐긴다.

ⓔ 부정사, 동명사 모두 목적어로 취하면서 의미 차이가 없는 경우 : begin, start, continue, intend, attempt

ⓗ 부정사, 동명사 모두 목적어로 취하면서 의미 차이가 있는 경우

┌ remember to V : ~할 것을 기억하다
└ remember Ving : ~한 것을 기억하다

┌ forget to V : ~할 것을 잊다
└ forget Ving : ~한 것을 잊다

┌ regret to V : 유감이다
└ regret Ving : 후회한다

┌ try to V : 노력한다
└ try ving : 시도한다

┌ stop to V : ~하기 위해서 멈추다
└ stop Ving : ~하는 것을 그만두다

③ 자동사로 오인하기 쉬운 타동사

㉠ 타동사의 목적어가 항상 "을/를"로 해석되지는 않는다.

㉡ 타동사 다음에는 전치사를 쓰면 안 된다.

- attend on/to → attend
- enter into → enter
- inhabit in → inhabit
- marry with → marry
- oppose to → oppose
- reach in → reach
- resemble with → resemble

(4) 4형식[S + V(수여동사) + I.O + D.O]

① S + V + I.O(간접목적어) + D.O(직접목적어) … 4형식의 기본적인 문장으로 직접목적어는 주로 사물이, 간접목적어는 사람이 온다.

▣ He gave me some money. 그는 나에게 약간의 돈을 주었다.

② 4형식 → 3형식 … 4형식의 간접목적어에 전치사를 붙여 3형식으로 만든다.

㉠ 전치사 to를 쓰는 경우 : give, lend, send, loan, post, accord, award, owe, bring, hand, pay, teach, tell 등 대부분의 동사가 이에 해당한다.

▣ Please hand me the book. 나에게 그 책을 건네주세요.

→ Please hand the book to me.

㉡ 전치사 for를 쓰는 경우 : make, buy, get, find, choose, build, prepare, reach, order, sing, cash 등이 있다.

▣ He made me a doll. 그는 나에게 인형을 만들어 주었다.

→ He made a doll for me.

ⓒ 전치사 of를 쓰는 경우 : ask, require, demand, beg 등이 있다.

> 예 He asked me many questions. 그는 나에게 많은 질문을 했다.
>
> →He asked many questions of me.
>
>> 🅣🅘🅟 이중목적어를 취하는 동사
>>
>> envy, forgive, save, spare, kiss, cost, pardon, forget 등의 동사는 간접목적어에 전치사를 붙여 3형식으로 만들 수 없다.
>>
>> I envy you your success(○). →I envy your success to you(×).

(5) 5형식[S + V(불완전타동사) + O + O.C]

① S + V + O + O.C … 5형식의 기본적인 문장이다.

> 예 I found the cage empty. 나는 그 새장이 비어있는 것을 발견했다.

② 목적보어의 종류 … 목적보어는 목적어와 동격이거나 목적어의 상태, 행동 등을 설명해 준다.

　ⓐ 명사, 대명사 : 목적어와 동격이다.

> 예 They call Chaucer the Father of English poetry. Chaucer는 영시의 아버지라 불린다.

　ⓑ 형용사 : 목적어의 상태를 나타낸다.

> 예 The news made us happy. 그 소식은 우리를 행복하게 했다.

　ⓒ 부정사, 분사 : 목적어의 행동을 나타낸다.

> 예 She want him to come early. 그녀는 그가 일찍 오기를 바란다.
>
> He kept me waiting long. 그는 나를 오래 기다리게 했다.

③ 지각동사 · 사역동사의 목적보어

　ⓐ 지각동사(see, hear, feel, notice, watch, look at, observe, listen to 등)와 사역동사(have, make, let 등)는 5형식 문장에서 원형부정사를 목적보어로 취한다.

> 예 I saw him cross the street. 나는 그가 길을 건너는 것을 보았다.
>
> I make her clean my room. 나는 그녀가 내 방을 치우게 하였다.

　ⓑ 지각동사 · 사역동사의 목적보어로 쓰이는 원형부정사는 수동문에서 to부정사의 형태를 취한다.

> 예 He was seen to cross the street. 그가 길을 건너는 것이 보였다.
>
> She was made to clean my room. 그녀가 내 방을 치웠다.

　ⓒ 진행 · 능동의 뜻일 때는 현재분사를, 수동의 뜻일 때는 과거분사를 목적보어로 취한다.

> 예 I heard him singing in the dark. 나는 그가 어둠 속에서 노래하고 있는 것을 들었다.
>
> She had her watch mended. 그녀는 시계를 수리시켰다.

④ 준 사역 동사의 목적보어 … 다음에 나오는 준 사역 동사는 부정사를 목적보어로 취한다.

expect, with, desire, want, would like, intend, mean, advise, ask, beg, entreat, require, urge, persuade, command, order, cause compel, force, oblige, motivate, enable, encourage, get, allow, permit, leave, forbid

> 예 I wish you to go at once. 나는 네가 당장 가주기를 바란다.
>
> I persuaded him to study hard. 나는 그를 설득해서 열심히 공부하게 했다.

02 동사의 시제와 일치

[12시제 명칭과 해석]

구분	현재	과거	미래
기본시제	현재(한다)	과거(했다)	미래(할 것이다)
진행형	현재진행(하고 있다)	과거진행(하고 있었다)	미래진행(하고 있을 것이다)
완료형	현재완료(해왔다)	과거완료(해왔었다)	미래완료(해올 것이다)
완료진행형	현재완료진행 (해오고 있는 중이다)	과거완료진행 (해오고 있는 중이었다)	미래완료진행 (해오고 있는 중일 것이다)

[12시제 형태]

구분	현재	과거	미래
기본시제	I study	I studied	I will study
진형형	I am studying	I was studying	I will be studying
완료형	I have studied	I had studied	I will have studied
완료진행형	I have been studying	I had been studying	I will have been studying

❶ 기본 시제

(1) 현재시제

① 용법

　㉠ 현재의 상태나 동작을 나타낸다.

　　🔟 She lives in Busan. 그녀는 부산에 산다.

　㉡ 현재의 규칙적인 습관을 나타낸다. 흔히 always, usually, seldom 등의 빈도부사와 결합하여 쓴다.

　　🔟 I always wake up at 6:00 in the morning. 나는 항상 아침 6시에 일어난다.

　㉢ 일반적인 사실, 불변의 진리, 속담을 나타낸다.

　　🔟 The earth moves round the sun. 지구는 태양 주위를 돈다.

　㉣ **미래의 대용** : 왕래 · 발착 · 개시 · 종료동사가 미래를 나타내는 부사(구)와 함께 쓰일 때(go, come, start, arrive, leave, get, return, begin, finish 등)

　　🔟 We leave here tomorrow. 우리는 내일 여기를 떠난다(확정).
　　　We will leave here soon. 우리는 곧 여기를 떠날 것이다(불확정).

(2) 과거시제

① 과거의 행위, 상태, 습관을 나타낸다.

　🔳 What did you do last night? 어젯밤에 뭐했니?

② 과거의 경험을 나타내며 현재완료로 고쳐 쓸 수도 있다.

　🔳 Did you ever see such a pretty girl? 저렇게 예쁜 소녀를 본 적이 있니?
　　= Have you ever seen such a pretty girl?

③ 역사적 사실은 항상 과거로 나타내며, 시제일치의 영향을 받지 않는다.

　🔳 He said that Columbus discovered America in 1492.
　　그는 콜럼버스가 1492년에 미국 대륙을 발견했다고 말했다.

④ **과거완료의 대용** … before, after 등의 시간을 나타내는 접속사와 함께 쓰여 전후관계가 명백할 때에는 과거완료 대신에 과거시제를 쓸 수도 있다.

　🔳 He read many books after he entered the school(entered = had entered).
　　그는 학교에 들어간 후 많은 책을 읽었다.

(3) 미래시제

① 단순미래와 의지미래

　㉠ **단순미래** : 미래에 자연히 일어날 사실을 나타낸다. 현대 영어에서는 주어의 인칭에 관계없이 'will + 동사원형'으로 쓴다.

　　🔳 I will(shall) be seventeen next year. 나는 내년에 열일곱 살이 될 것이다.

[단순미래의 형태]

인칭	평서문	의문문
1인칭	I will	Shall I?
2인칭	You will	Will you?
3인칭	He will	Will he?

　㉡ **의지미래** : 말하는 사람이나 듣는 사람의 의지를 표현한다. 의지의 주체가 문장의 주어일 때 will로 주어의 의지를 나타내며, 주어가 1인칭인 평서문과 2인칭인 의문문 외에는 언제나 'shall + 동사원형'으로 쓰인다.

　　🔳 You shall have money. 너는 돈을 갖게 될 것이다.
　　　= I will let you have money.
　　　Will you marry her? 그녀와 결혼할 작정이니?
　　　= Do you intend to marry her?

[의지미래의 형태]

인칭	주어의 의지	말하는 사람의 의지	상대방의 의지
1인칭	I will	I will	Shall I?
2인칭	You will	You shall	Will you?
3인칭	He will	He shall	Shall he?

② be going to … 앞으로의 예정, 의지, 확실성을 나타낸다.

　예 She is going to have a baby in April. 그녀는 4월에 출산할 것이다.

③ 왕래나 움직임을 나타내는 동사의 현재진행형 … 가까운 미래에 일어날 일을 나타낸다.

　예 My brother is coming to stay in this city. 내 동생이 이 도시에 머물러 올 것이다.

④ 미래를 나타내는 관용적 표현

　㉠ be about to do : 막 ~하려던 참이다. 아주 가까운 미래를 나타내므로 시간을 가리키는 부사가 필요없다.

　　예 I am about to go out. 막 나가려던 참이다.

　㉡ be to do : ~할 예정이다. 공식적인 예정이나 계획을 나타낸다.

　　예 The meeting is to be held this afternoon. 모임은 오늘 오후에 열릴 예정이다.

　㉢ be supposed to do : ~하기로 되어 있다. 미래대용으로 쓰인다.

　　예 He is supposed to call her at 10. 그는 그녀에게 10시에 전화하기로 되어 있다.

❷ 완료시제

(1) 현재완료(have / has + 과거분사)

① 완료 … 과거에 시작된 동작이 현재에 완료됨을 나타낸다. 주로 just, yet, now, already, today 등의 부사와 함께 쓰인다.

　예 He has already arrived here. 그는 여기에 이미 도착했다.

② 결과 … 과거에 끝난 동작의 결과가 현재에도 영향을 미침을 나타낸다.

　예 She has gone to Busan. 그녀는 부산에 가버렸다(그래서 지금 여기에 없다).

③ 계속 … 과거에서 현재까지의 상태 및 동작의 계속을 나타낸다. 주로 since, for, always, all one's life 등의 부사(구)와 함께 쓰인다.

　예 I have studied English for 5 hours. 나는 5시간째 영어공부를 하고 있다.

④ 경험 … 과거에서 현재까지의 경험을 나타낸다. 주로 ever, never, often, before, once 등의 부사와 함께 쓰인다.

　예 Have you ever been to New York? 당신은 뉴욕에 가본 적이 있습니까?

TIP have been과 have gone

　㉠ have been to : ~에 다녀온 적이 있다(경험).

　　I have been to Busan. 부산에 다녀온 적이 있다.

　㉡ have been in : ~에 있은 적이 있다(경험).

　　I have been in Busan. 부산에 있은 적이 있다.

　㉢ have gone to : ~에 가버렸다(결과). 주어가 3인칭일 때만 쓸 수 있다.

　　He has gone to Busan. 그는 부산에 가버렸다.

⑤ **특별용법**

　㉠ since가 '시간표시'의 접속사(또는 전치사)로 쓰이는 경우 주절의 시제는 현재완료형 또는 현재완료 진행형을 쓰며, since가 이끄는 부사절의 동사는 보통 과거형을 쓴다.

　　예 Three years have passed since you returned from England.

　　당신이 영국에서 돌아온 이래로 3년이 지났다.

　　　TIP 과거와 현재완료의 차이

　　　과거 : 과거의 사실에만 관심을 둠

　　　현재완료 : 과거에 발생한 일이 현재와 관련을 맺고 있음을 표시

　㉡ when, if, after, till, as soon as 등의 접속사로 시작되는 부사절에서는 현재완료가 미래완료의 대용을 한다.

　　예 I will read that book when I have read this. 이것을 다 읽으면 저 책을 읽겠다.

　　　TIP 현재완료시제를 쓸 수 없는 경우

　　　현재완료시제는 기준시점이 현재이므로 의문사 when이나 분명한 과거를 뜻하는 부사(구)와 함께 쓸 수 없다.

　　　• I have bought the pen yesterday(×).

　　　　→ I bought the pen yesterday(○). 나는 어제 그 펜을 샀다.

(2) 과거완료(had + 과거분사)

① **완료** ··· 과거 이전의 동작이 과거의 한 시점에 완료됨을 나타낸다.

　예 I had just written my answer when the bell rang. 종이 쳤을 때 나는 막 답을 쓴 뒤였다.

② **결과** ··· 과거의 어느 한 시점 이전의 동작의 결과를 나타낸다.

　예 Father had gone to America when I came home.

　내가 집으로 돌아왔을 때는 아버지가 미국에 가고 계시지 않았다.

③ **계속** ··· 과거 이전부터의 상태나 동작이 과거의 어느 한 시점까지 계속됨을 나타낸다.

　예 He had loved his wife until he died. 그는 죽을 때까지 그의 아내를 사랑해 왔었다.

④ **경험** ··· 과거 이전부터 과거의 한 시점에 이르기까지의 경험을 나타낸다.

　예 That was the first time we had ever eaten Japanese food.

　우리가 일식을 먹어보기는 그것이 처음이었다.

(3) 미래완료(will + have + 과거분사)

① **완료** … 미래의 어느 한 시점까지 이르는 동안에 완료된 동작을 나타낸다.
> 예 He will have arrived in New York by this time tomorrow.
> 그는 내일 이 시간까지는 뉴욕에 도착할 것이다.

② **결과** … 미래의 어느 한 시점 이전에 끝난 동작의 결과를 나타낸다.
> 예 By the end of this year he will have forgotten it.
> 올해 말이면 그것을 잊을 것이다.

③ **계속** … 미래의 어느 한 시점에 이르기까지 계속된 동작이나 상태를 나타낸다.
> 예 She will have been in hospital for two weeks by next Saturday.
> 다음 토요일이면 그녀는 2주일 동안 입원한 셈이 된다.

④ **경험** … 미래의 어느 한 시점에 이르기까지의 경험을 나타낸다.
> 예 If I visit Moscow again, I will have been there twice.
> 내가 모스크바를 다시 방문한다면, 나는 두 번째로 그 곳에 있게 될 것이다.

❸ 진행시제

(1) 현재진행시제(am / are / is + -ing)

① 현재 진행 중인 동작을 나타낸다.
> 예 He is learning English. 그는 영어를 배우고 있다.

② 미래를 뜻하는 부사(구)와 함께 쓰여 가까운 미래의 예정을 나타낸다.
> 예 They are getting married in September. 그들은 12월에 결혼할 예정이다.

③ 습관적 행위를 나타낸다.
> 예 I am always forgetting names. 나는 항상 이름을 잊어버린다.

(2) 과거진행시제(was / were + -ing)

① 과거의 어느 한 시점에서 진행 중인 동작을 나타낸다.
> 예 It was snowing outside when I awoke. 내가 깨어났을 때 밖에서 눈이 내리고 있었다.

② 과거의 어느 한 시점에서 가까운 미래에의 예정을 나타낸다.
> 예 We were coming back the next week. 우리는 그 다음 주에 돌아올 예정이었다.

(3) 미래진행시제(will / shall + be + −ing)

미래의 어느 한 시점에서 진행 중인 동작을 나타낸다.

예 About this time tomorrow she will be reading my letter.
내일 이 시간쯤이면 그녀는 내 편지를 읽고 있을 것이다.

(4) 완료진행시제

완료진행시제는 기준시점 이전부터 기준시점(현재, 과거, 미래)까지 어떤 동작이 계속 진행 중임을 강조해서 나타낸다. 완료시제의 용법 중 '계속'의 뜻으로만 쓰인다.

① 현재완료진행(have / has been + −ing) … (현재까지) 계속 ~하고 있다.

예 She has been waiting for you since you left there.
그녀는 당신이 그 곳을 떠난 이래로 당신을 계속 기다리고 있다.

② 과거완료진행(had been + −ing) … (어느 한 시점과 시점까지) 계속 ~했다.

예 Her eyes were red ; she had evidently been crying.
그녀의 눈이 빨갛다 ; 그녀는 분명히 계속 울었다.

③ 미래완료진행(will / shall have been + −ing) … (미래의 어느 한 시점까지) 계속 ~할 것이다.

예 It will have been raining for ten days by tomorrow.
내일부터 10일 동안 비가 계속 내릴 것이다.

(5) 진행형을 쓸 수 없는 동사

① 상태 · 소유 · 감정 · 인식의 동사 … be, seem, resemble, have, belong, like, love, want, know, believe, remember 등

예 I'm not knowing him(×).
→I don't know him(○). 나는 그를 잘 모른다.

② 지각동사 중 무의지동사 … see, hear, sound, smell, taste 등이며 단 의지적 행위를 나타낼 때에는 진행시제를 쓸 수 있다.

예 She is smelling a rose. 그녀는 장미냄새를 맡고 있다.

4 시제의 일치

(1) 시제일치의 원칙

① **시제일치의 일반원칙** ··· 주절의 시제가 현재, 현재완료, 미래이면 종속절의 동사는 모든 시제를 쓸 수 있고, 주절의 시제가 과거이면 종속절의 동사는 과거·과거완료만 쓸 수 있다.

② **주절의 시제변화에 따른 종속절의 시제변화** ··· 주절의 시제가 현재에서 과거로 바뀌면 종속절의 시제변화는 아래와 같다.

    ㉠ 종속절의 시제가 현재일 때 : 과거시제로 바뀐다.

        예 I think it is too late. 나는 너무 늦다고 생각한다.

        →I thought it was too late. 나는 너무 늦다고 생각했다.

    ㉡ 종속절의 시제가 과거일 때 : 과거완료시제로 바뀐다.

        예 I think it was too late. 나는 너무 늦었다고 생각한다.

        →I thought it had been too late. 나는 너무 늦었다고 생각했다.

    ㉢ 종속절에 조동사가 있을 때 : 조동사를 과거형으로 바꾼다.

        예 I think it will be too late. 나는 너무 늦을 것이라고 생각한다.

        →I thought it would be too late. 나는 너무 늦을 것이라고 생각했다.

(2) 시제일치의 예외

① **불변의 진리** ··· 항상 현재형으로 쓴다.

    예 Columbus believed that the earth is round. 콜럼버스는 지구가 둥글다고 믿었다.

② **현재에도 지속되는 습관, 변함없는 사실** ··· 항상 현재형으로 쓴다.

    예 She said that she takes a walk in the park every morning.
    그녀는 매일 아침 공원을 산책한다고 말했다.

③ **역사적인 사실** ··· 항상 과거형으로 쓴다.

    예 We learned that Columbus discovered America in 1492.
    우리는 콜럼버스가 1492년에 미국을 발견했다고 배웠다.

④ **than, as 뒤에 오는 절** ··· 주절의 시제와 관련이 없다.

    예 He did not run so fast as he usually does. 그는 보통 때처럼 빨리 달리지 못했다.

⑤ **가정법** ··· 시제가 변하지 않는다.

    예 He said to me, "I wish I were rich."
    = He told me that he wished he were rich. 그는 나에게 그가 부자였으면 좋겠다고 말했다.

03 조동사

❶ be, have, do

(1) be : 진행형, 수동태에서
예 He is playing computer games. (현재진행)

She was told that she won the first prize. (수동태)

(2) have : 완료형을 만들 때
예 We have lived there. (현재완료)

(3) do : 의문문, 부정문, 강조, 도치, 대동사
예 Do I know you? (의문문)

She did leave on Saturday. (강조)

Never did I see such a fool. (도치)

He works harder than I do. (대동사)

❷ can, could의 용법

(1) 능력, 가능(= be able to, ～ 할 수 있다)
예 He can stand on his hand. 그는 물구나무를 설 수 있다.

= He is able to stand on his hand.

(2) 허가(= may, ～ 해도 좋다)
의문문에서 could를 쓰면 can보다 더 정중하고 완곡한 표현이 된다.

예 Could I speak to you a minute? 잠깐만 이야기할 수 있을까요?

(3) 의심, 부정
의문문에서는 강한 의심, 부정문에서는 강한 부정의 추측을 나타내기도 한다.

예 Can the news be true? No, it can't be true.

그 뉴스가 사실일 수 있습니까? 아니오. 그것이 사실일 리가 없습니다.

TIP can과 관련된 관용적 표현

ㄱ cannot help -ing : ~하지 않을 수 없다(= cannot but + 동사원형).

I cannot help falling in love with you. 나는 당신과 사랑에 빠지지 않을 수 없다.

= I cannot but fall in love with you.

ㄴ as ~ as can be : 더할 나위 없이 ~하다.

I am as happy as can be. 나는 더할 나위 없이 행복하다.

ㄷ as ~ as one can : 가능한 한 ~(= as ~ as possible)

He ate as much as he could. 그는 가능한 한 많이 먹었다.

= He ate as much as possible.

ㄹ cannot ~ too : 아무리 ~해도 지나치지 않다.

You cannot praise him too much. 너는 그를 아무리 많이 칭찬해도 지나치지 않다

= You cannot praise him enough.

= You cannot overpraise him.

= It is impossible to overpraise him.

ㅁ cannot so much as ~ : ~조차 하지 못한다.

He cannot so much as write his own name. 그는 자신의 이름조차 쓰지 못한다.

❸ may, might의 용법

(1) 허가(= can, ~ 해도 된다)

예 A : May I smoke here? 제가 여기서 담배를 피워도 될까요?

B : Yes, you may. / No, you must(can) not. 예, 피워도 됩니다. / 아니오, 피우면 안됩니다.

(2) 추측(~ 일지도 모른다, might는 더 완곡한 표현)

예 I might lose my job. 나는 직장을 잃을지도 모른다.

(3) 기원(부디 ~ 하소서!)

예 May you succeed!

= I wish you succeed! 부디 성공하기를!

TIP may와 관련된 관용적 표현

ㄱ may well ~ : ~하는 것도 당연하다(= have good reason to do, It is natural that S + should + V).

You may well be angry. 네가 화를 내는 것도 당연하다.

ㄴ may as well ~ : ~하는 편이 낫다, ~해도 좋다(had better보다 완곡한 표현).

You may as well begin at once. 즉시 시작하는 편이 낫다.

ㄷ may(might) as well A as B : B하느니 차라리 A하는 편이 낫다.

You might as well expect a river to flow backward as hope to move me.

내 마음이 움직이기를 바라느니 차라리 강물이 거꾸로 흐르기를 바라는 것이 더 낫다.

ㄹ so that + S + may(can, will) ~ : ~할 수 있도록

Come home early so that we may eat dinner together.

함께 저녁식사를 할 수 있도록 일찍 집에 오너라.

4 must의 용법

(1) 명령 · 의무 · 필요

'~해야만 한다[= have(has / had) to do]'의 뜻으로, 과거 · 미래 · 완료시제에서는 have(had) to를 쓴다.

You must be here by 6 o'clock at the latest. 당신은 늦어도 6시까지 여기로 와야 한다.

I had to pay the money(과거). 나는 돈을 지불해야만 했다.

I shall have to work tomorrow afternoon, although it's Saturday(미래).
토요일임에도 불구하고 나는 내일 오후까지 일해야 한다.

> **TIP** 부정의 형태
> ○ must not[= be not allowed(obliged) to do] : ~해서는 안된다(금지).
>   May I go? No, you must(may) not.
> ○ need not(= don't have to do) : ~할 필요가 없다(불필요).
>   Must I go? No, you need not.
> ○ 불허가의 표시에는 must not이 보통이지만, may not을 쓰면 공손한 표현이 된다.

(2) 추측

'~임에 틀림없다(부정은 cannot be)'의 뜻으로, 추측의 뜻을 나타낼 때는 have to를 쓰지 않고 must를 써야한다(과거시제라도 had to를 쓰지 않음).

There's the doorbell. It must be Thomas. 초인종이 울렸다. Thomas임에 틀림없다.

I told him that it must be true. 나는 틀림없이 사실이었다고 그에게 말했다.

(3) 필연(반드시 ~ 하다)

All men must die. 모든 사람은 반드시 죽는다.

5 should, ought to의 용법

(1) 의무 · 당연

should와 ought to는 의무 · 당연을 나타내는 비슷한 뜻의 조동사이다.

You should pay your debts. 너는 빚을 갚아야 한다.
= You ought to pay your debts.

(2) 판단 · 감정

판단, 비판, 감정을 표시하는 주절에 이어지는 that절에서는 should를 쓴다.

① 이성적 판단의 형용사 ··· It is necessary(natural, important, essential, proper, reasonable, etc) + that + S + (should) + 동사원형 ~.

　　예 It is important that you (should) arrive here on time.
　　　네가 제 시각에 이 곳에 도착하는 것이 중요하다.

② 감성적 판단의 형용사 ··· It is strange(surprising, amazing, a pity, no wonder, wonderful, etc) + that + S + (should) + 동사원형 ~.

　　예 It is strange that he (should) say so. 그가 그렇게 말하다니 이상하다.

(3) 명령, 요구, 주장, 제안 등의 동사 + that + S + (should) + 동사원형

명령, 요구, 주장, 제안, 희망 등의 동사(명사) 다음에 오는 that절에는 should를 쓰기도 하고 생략하여 동사원형만 쓰기도 한다[S + order(command, suggest, propose, insist, recommend) + that + S + (should) + 동사원형].

예 Mother insist that we (should) start early. 어머니는 우리가 일찍 출발할 것을 주장하셨다.

6 will, would의 특수용법

(1) 현재의 습성, 경향
예 Children will be noisy. 아이들은 시끄럽다.

(2) 과거의 불규칙적 습관
예 He would go for a long walk. 그는 오랫동안 산책하곤 했다.

(3) 현재의 거절, 고집
예 He will have his way in everything. 그는 모든 일을 마음대로 한다.

(4) 과거의 거절, 고집
예 He would not come to the party after all my invitation.
　　그는 나의 초대에도 그 파티에 오려고 하지 않았다.

(5) 희망, 욕구
예 He who would search for pearls, must dive deep. 진주를 찾으려는 사람은 물속 깊이 잠수해야 한다.

❼ used to, need의 용법

(1) 'used to + 동사원형'의 용법

① 과거의 규칙적·반복적 습관 … ~하곤 했다.
> 예 I used to get up early. 나는 예전에 일찍 일어났었다.

② 과거의 일정기간이 계속된 상태 … 이전에는 ~이었다(현재는 그렇지 않음).
> 예 There used to be a tall tree in front of my house.
> 나의 집 앞에는 키가 큰 나무 한 그루가 있었다(현재는 없다).
>
> **TIP** 참고
> - be used to (동)명사 : ~에 익숙해지다
> - be used to v : ~하는 데 사용되다

(2) need의 용법

① 긍정문 … 본동사로 쓰인다.
> 예 The boy needs to go there(need는 일반동사). 그 소년은 거기에 갈 필요가 있다.

② 부정문, 의문문 … 조동사로 쓰인다.
> ㉠ need not : ~할 필요가 없다(= don't have to do).
> > 예 The boy need not go there. 그 소년은 거기에 갈 필요가 없다.
> ㉡ need not have p.p. : ~할 필요가 없었는데(실제로는 했음).
> > 예 I need not have waited for Mary. 나는 Mary를 기다릴 필요가 없었는데.
> ㉢ Need + S + 동사원형 : ~할 필요가 있느냐?
> > 예 Need he go now? 그가 지금 갈 필요가 있느냐?

❽ had better, had(would) rather의 용법

(1) had better do(~ 하는 편이 좋다)

① had better는 조동사의 역할을 하므로 그 다음에 오는 동사의 형태는 반드시 동사원형이어야 한다.

② 부정형 … had better not do

(2) had(would) rather do(차라리 ~ 하는 편이 좋다, 차라리 ~ 하고 싶다)

① had(would) rather는 조동사의 역할을 하므로 그 다음에 오는 동사의 형태는 반드시 동사원형이어야 한다.

② 부정형 … had(would) rather not do

TIP 조동사 + have + p.p.의 용법

㉠ cannot have + p.p. : ~했을 리가 없다(과거의 일에 대한 강한 부정).
  He cannot have said such a thing. 그가 그렇게 말했을리가 없다.
  = It is impossible that he said such a thing.

㉡ must have + p.p. : ~했음에 틀림없다(과거의 일에 대한 확실한 추측).
  She must have been beautiful when she was young.
  그녀는 젊었을 때 미인이었음이 틀림없다.
  = It is certain(evident, obvious) that she was beautiful when she was young.
  = I am sure that she was beautiful when she was young.

㉢ may have + p.p. : ~했을지도 모른다(과거의 일에 대한 불확실한 추측).
  I suspect he may have been aware of the secret.
  나는 그가 비밀을 알고 있었는지도 모른다고 의심한다.
  = It is probable that he was aware of the secret.

㉣ should(ought to) have + p.p. : ~했어야 했는데(하지 않았다, 과거에 하지 못한 일에 대한 유감ㆍ후회).
  You should(ought to) have followed his advice.
  너는 그의 충고를 따랐어야 했는데.
  = It is a pity that you did not follow his advice.

㉤ need not have + p.p. : ~할 필요가 없었는데(해버렸다, 과거에 행한 일에 대한 유감ㆍ후회).
  He need not have hurried. 그는 서두를 필요가 없었는데.
  = It was not necessary for him to hurry, but he hurried.

04 수동태

❶ 수동태로의 전환

(1) 능동태와 수동태

① 능동태 … 동작(행위)의 주체가 주어로 오는 것

② 수동태 … 동작의 영향을 받거나 당하는 대상이 주어로 오는 것

(2) 3형식의 전환

① 주어는 'by + 목적격'으로, 목적어는 주어로, 동사는 be + p.p.로 바뀐다.
  예 He broke this window. 그는 이 창문을 깨뜨렸다.
    →This window was broken by him.

② 목적어가 that절일 때의 수동태

　　일반주어 + think/believe/suppose/expect/say/know + that + S + V.

　　= It + be + thought/believed/supposed/expected/said/known + that + S + V

　　= S + be + thought/believed/supposed/expected/said/known + to + V

　　예 I believe that he is innocent. 나는 그가 무죄라고 믿는다.

　　　　= It is believed that he is innocent.

　　　　= He is believed to be innocent.

(3) 4형식의 전환

일반적으로 간접목적어(사람)를 주어로 쓰고, 직접목적어(사물)가 주어 자리에 올 때에는 간접목적어 앞에 전치사(to, for of 등)를 붙인다. 이 때 전치사 to는 생략 가능하다.

예 She gave me another chance. 그녀는 나에게 다른 기회를 주었다.

　→I was given another chance by her(간접목적어가 주어).

　→Another chance was given (to) me by her(직접목적어가 주어).

　My mother bought me these books. 나의 어머니가 나에게 이 책들을 사주었다.

　→These books was bought for me by my mother(직접목적어가 주어).

　He asked me a question. 그는 나에게 질문을 하였다.

　→I was asked a question by him(간접목적어가 주어).

　→A question was asked of me by him(직접목적어가 주어).

> **TIP** 수동태를 만들 수 없는 경우
> ㉠ 목적어를 갖지 않는 1·2형식 문장은 수동태를 만들 수 없다.
> ㉡ 목적어를 갖는 타동사 중에서도 상태를 나타내는 동사(have, resemble, lack, fit 등)는 수동태를 만들 수 없다.
> 　She resembles her mother(○). 그녀는 엄마를 닮았다.
> 　→Her mother is resembled by her(×).
> ㉢ 4형식 문장에서 buy, make, bring, read, sing, write, get, pass 등은 간접목적어를 주어로 한 수동태를 만들 수 없다.
> 　He made me a doll. 그는 나에게 인형을 만들어 주었다.
> 　→A doll was made for me by him(○).
> 　→I was made a doll by him(×).

(4) 5형식의 전환

목적어가 주어로, 목적보어가 주격보어로 된다.

예 She always makes me happy. 그녀는 항상 나를 행복하게 한다.

　→I am always made happy by her.

② 의문문과 명령문의 수동태

(1) 의문문의 수동태

① **일반의문문** ⋯ 먼저 평서문으로 전환해서 수동태로 고친 후, 주어와 동사를 도치시켜 의문문을 만든다.

> 예 Did he write this letter? 그가 이 편지를 썼습니까?
>> →He wrote this letter.
>> →This letter was written by him.
>> →Was this letter written by him?

② **의문사가 있는 의문문** ⋯ 의문사가 있는 의문문의 수동태는 의문사를 문두에 두어야 한다.

> ㉠ 의문사가 주어일 때
>> 예 Who invented the telephone?
>>> →The telephone was invented by whom.
>>> →By whom was the telephone invented? 전화는 누구에 의해 발명되었느냐?

> ㉡ 의문사가 목적어일 때
>> 예 What did he make?
>>> →He made what.
>>> →What was made by him? 무엇이 그에 의해 만들어졌느냐?

> ㉢ 의문부사가 있을 때
>> 예 When did you finish it?
>>> →When you finished it.
>>> →When it was finished (by you).
>>> →When was it finished (by you)? 언제 그것이 끝나겠느냐?

(2) 명령문의 수동태

사역동사 let을 써서 바꾼다.

① **긍정명령문** ⋯ let + O + be + p.p.

> 예 Play that music. 그 음악을 틀어라.
>> →Let that music be played.

② **부정명령문** ⋯ Don't let + O + be + p.p. = Let + O + not + be + p.p.

> 예 Don't forget your umbrella. 우산을 잊지 말아라.
>> →Don't let your umbrella be forgotten.
>> →Let your umbrella not be forgotten.

❸ 진행형과 완료형의 수동태

(1) 진행형의 수동태(be + being + p.p.)

🔲 Tom is painting this house.

→This house is being painted by Tom.(현재진행 수동태) 이 집은 Tom에 의해 페인트칠이 되었다.

Oceanographers were monitoring the surviving whales.

→The surviving whales were being monitored by oceanographers.(과거진행 수동태)

생존한 고래들이 해양학자들에 의해 추적 관찰되고 있었다.

(2) 완료형의 수동태(have + been + p.p.)

🔲 Your words have kept me awake.

→I have been kept awake by your words.(현재완료 수동태) 나는 너의 말에 의해 눈뜨게 되었다.

He notified the police that his store had been robbed.(과거완료 수동태)

그가 그의 가게에 강도가 들었다고 경찰에 신고했다.

> **TIP** have(get) + O + p.p.
> ㉠ 사역의 의미(이익의 뜻 내포)
> I had(got) my watch mended. 나는 내 시계를 수리하도록 시켰다.
> ㉡ 수동의 의미(피해의 뜻 내포)
> I had(got) my watch stolen. 나는 내 시계를 도둑맞았다.

(3) 조동사의 수동태(can/will/should) + be + p.p)

🔲 I can be arrested if I do it again. 다시 이 일을 저지를 경우 나는 체포 당할 수 있습니다.

❹ 주의해야 할 수동태

(1) 사역동사와 지각동사의 수동태

① 5형식 문장에서 사역동사와 지각동사의 목적보어로 쓰인 원형부정사는 수동태로 전환할 때 앞에 to를 붙여준다.

🔲 I saw them cross the road.

→They were seen to cross the road by me. 그들이 길을 건너는 것이 나에게 보였다.

We made him finish the work.

→He was made to finish the work (by us). (우리는) 그가 일을 끝내게 시켰다.

② 사역동사 let의 수동태 ··· 사역동사 let이 쓰인 문장의 수동태는 allowed, permitted 등의 유사한 뜻을 가진 단어로 대체한다.

🔲 Her mother let her go out.

→She was allowed to go out by her mother. 그녀는 외출하도록 그녀의 어머니에게 허락받았다.

(2) by 이외의 전치사를 쓰는 수동태

① 기쁨, 슬픔, 놀람 등의 감정을 나타내는 동사 ··· 주로 수동태로 표현되며, 전치사는 at, with 등을 쓴다.

ㄱ be surprised(astonished, frightened) at : ∼에 놀라다

예 The news surprised me.

→I was surprised at the new. 나는 그 소식에 깜짝 놀랐다.

ㄴ be pleased(delighted, satisfied, disappointed) with : ∼에 기뻐하다(기뻐하다, 만족하다, 실망하다)

예 The result pleased me.

→I was pleased with the result. 나는 결과에 기뻤다.

 TIP 그 외의 관용적인 표현

ㄱ be married to : ∼와 결혼하다

ㄴ be interested in : ∼에 관심이 있다

ㄷ be caught in : ∼을 만나다

ㄹ be absorbed in : ∼에 몰두하다

ㅁ be robbed of : ∼을 빼앗기다, 강탈당하다(사람주어)

ㅂ be dressed in : ∼한 옷을 입고 있다

ㅅ be ashamed of : ∼을 부끄럽게 여기다

ㅇ be convinced of : ∼을 확신하다

ㅈ be covered with : ∼으로 덮이다

ㅊ be tired with : ∼에 지치다

ㅋ be tired of : ∼에 싫증나다

ㅌ be made of : ∼으로 만들어지다(물리적)

ㅍ be made from : ∼으로 만들어지다(화학적)

ㅎ be known + 전치사

• be known to : ∼에게 알려지다(대상)

• be known by : ∼을 보면 안다(판단의 근거)

• be known for : ∼때문에 알려지다(이유)

• be known as : ∼으로서 알려지다(자격 · 신분)

(3) 주어가 'no + 명사'인 문장의 수동태

not(never) ∼ by any의 형태로 쓴다.

예 No scientist understood his idea. 그의 생각은 어느 과학자에게도 이해받지 못했다.

→His idea was not understood by any scientist(○).

→His idea was understood by no scientist(×).

(4) 타동사구의 수동태

'자동사 + (부사) + 전치사'나 '타동사 + 목적어 + 전치사'를 하나의 타동사로 취급한다.

① 자동사 + (부사) + 전치사

    ㉠ send for : ~을 부르러 보내다

    ㉡ look for : ~을 찾다(= search)

    ㉢ account for : ~을 설명하다(= explain)

    ㉣ ask for : ~을 요구하다(= demand)

    ㉤ laugh at : ~을 비웃다, 조롱하다(= ridicule)

    ㉥ add to : ~을 증가시키다(= increase)

    ㉦ look up to : ~을 존경하다(= respect)

    ㉧ look down on : ~을 경멸하다(= despise)

    ㉨ put up with : ~을 참다(= bear, endure)

    ㉩ do away with : ~을 폐지하다(= abolish)

    ㉪ speak well of : ~을 칭찬하다(= praise)

    ㉫ speak ill of : ~을 욕하다, 비난하다(= blame)

    예 We cannot put up with these things.

      →These things cannot be put up with (by us). 이것들은 참을 수 없게 한다.

② 타동사 + 목적어 + 전치사

    ㉠ take care of : ~을 보살피다.

    ㉡ pay attention to : ~에 주의를 기울이다.

    ㉢ take notice of : ~을 주목하다.

    ㉣ make use of : ~을 이용하다.

    ㉤ get rid of : ~을 제거하다.

    ㉥ take advantage of : ~을 이용하다.

    예 She took good care of the children.

      →The children was taken good care of by her. 아이들은 그녀에 의해 잘 보살펴졌다.

      →Good care was taken of the children by her(타동사구 부분의 목적어를 주어로 활용할 수도 있다).

05 부정사와 동명사

❶ 부정사

(1) 부정사의 용법

① 부정사의 명사적 용법

    ㉠ 주어 역할 : 문장의 균형상 가주어 it을 문장의 처음에 쓰고 부정사는 문장 끝에 두기도 한다.

        ⬛ To tell the truth is difficult. 진실을 말하는 것은 어렵다.

            It is sad to lose a friend(It : 가주어, to lose ~ : 진주어). 친구를 잃는 것은 슬픈 일이다.

    ㉡ 보어 역할 : be동사의 주격보어로 쓰여 '~하는 것이다'의 뜻을 나타낸다.

        ⬛ To teach is to learn. 가르치는 것이 배우는 것이다.

    ㉢ 목적어 역할 : 타동사의 목적어로 쓰인다. 특히 5형식 문장에서 believe, find, make, think 등의 동사가 부정사를 목적어로 취할 때에는 목적어 자리에 가목적어 it을 쓰고, 진목적어인 부정사는 문장 뒤에 둔다.

        ⬛ I promised Mary to attend the meeting. 나는 Mary에게 그 모임에 나가겠다고 약속했다.

            I made it clear to give up the plan(it : 가목적어, to give up ~ : 진목적어).

            나는 그 계획을 포기할 것을 명백하게 밝혔다.

② 부정사의 형용사적 용법

    ㉠ 한정적 용법 : 명사를 수식해 줄 때 한정적 용법이라고 한다.

        ⬛ She was the only one to survive the crash. 그녀는 충돌사고에서의 유일한 생존자였다.

            He has nothing to complain about. 그는 아무런 불평이 없다.

            He had the courage to admit his mistakes.   그는 자기의 실수를 인정할 용기가 있었다.

            = He had the courage of admitting his mistake.

    ㉡ 서술적 용법 : 부정사가 보어로 쓰인다.

     • seem(appear, happen, prove) + to부정사

        ⬛ She seems to be clever. 그녀는 총명한 것 같다.

            = It seems that she is clever.

     • be동사 + to부정사의 용법 : 예정[~할 것이다(= be going to)], 의무[~해야 한다(= should)], 가능[~할 수 있다(= be able to)], 운명[~할 운명이다(= be destined to)], 의도(~할 의도이다)

        ⬛ If you are to be a doctor, you should study hard.

            만약 네가 의사가 되고자 한다면, 너는 열심히 공부해야 한다.

            President is to visit Japan in August. 대통령은 8월에 일본을 방문할 것이다.

            You are to eat all your meal. 당신은 당신의 식사를 모두 먹어야 한다.

Her ring was nowhere to be seen. 그녀의 반지는 어디에서도 볼 수 없었다.

They were never to meet again. 그들은 결코 다시 만나지 못할 운명이다.

③ to부정사의 부사적 용법 … 동사 · 형용사 · 부사를 수식하여 다음의 의미를 나타낸다.

  ㉠ 목적 : '~하기 위하여(= in order to do, so as to do)'의 뜻으로 쓰인다.

   예 To stop the car, the policeman blew his whistle. 차를 세우기 위해 경찰관은 호각을 불었다.

  ㉡ 감정의 원인 : '~하니, ~해서, ~하다니, ~하는 것을 보니(판단의 근거)'의 뜻으로 쓰이며, 감정 및 판단을 나타내는 어구와 함께 쓰인다.

   예 I am sorry to trouble you. 불편을 끼쳐서 죄송합니다.

  ㉢ 조건 : '만약 ~한다면'의 뜻으로 쓰인다.

   예 I should be happy to be of service to you. 당신에게 도움이 된다면 기쁘겠습니다.

  ㉣ 결과 : '(그 결과) ~하다'의 뜻으로 쓰이며 'live, awake, grow (up), never, only + to부정사'의 형태로 주로 쓰인다.

   예 He grew up to be a wise judge. 그는 자라서 훌륭한 판사가 되었다.

     = He grew up, and became a wise judge.

  ㉤ 형용사 및 부사 수식 : '~하기에'의 뜻으로 쓰이며, 앞에 오는 형용사 및 부사(easy, difficult, enough, too, etc)를 직접 수식한다.

   예 His name is easy to remember. 그의 이름은 기억하기에 쉽다.

  • A enough to do : ~할 만큼 (충분히) A하다(= so A as to do, so A that + 주어 + can ~).

   예 You are old enough to understand my advice.

     당신은 나의 충고를 이해할 만큼 충분히 나이가 들었다.

     = You are so old as to understand my advice.

     = You are so old that you can understand my advice.

  • too A to do : 너무 A하여 ~할 수 없다(= so A that + 주어 + cannot ~).

   예 The grass was too wet to sit on. 그 잔디는 너무 젖어서 앉을 수 없었다.

     = The grass was so wet that we couldn't sit on it.

(2) 부정사의 의미상 주어

① 의미상 주어를 따로 표시하지 않는 경우 … 부정사의 의미상 주어는 원칙적으로 'for + 목적격'의 형태로 표시되지만, 다음의 경우에는 그 형태를 따로 표시하지 않는다.

  ㉠ 문장의 주어나 목적어와 일치하는 경우

   예 She promised me to come early[She(주어)가 come의 의미상 주어와 일치].

     그녀는 일찍 오겠다고 나와 약속했다.

     He told me to write a letter[me(목적어)가 write의 의미상 주어와 일치].

     그는 나에게 편지를 쓰라고 말했다.

  ㉡ 일반인인 경우

   예 It always pays (for people) to help the poor. 가난한 사람들을 도우면 반드시 보답받는다.

ⓒ 독립부정사인 경우

 독립부정사

관용적 표현으로 문장 전체를 수식한다.

㉠ to begin(start) with : 우선

㉡ so to speak : 소위

㉢ strange to say : 이상한 얘기지만

㉣ to be frank(honest) : 솔직히 말해서

㉤ to make matters worse : 설상가상으로

㉥ to make matters better : 금상첨화로

㉦ to cut(make) a long story short : 요약하자면

② 의미상 주어의 형태

㉠ for + 목적격 : It is + 행위판단의 형용사(easy, difficult, natural, important, necessary, etc) + for 목적격 + to부정사

  예 It is natural for children to be noisy. 어린이들이 시끄러운 것은 당연하다.

㉡ of + 목적격 : It is + 성격판단의 형용사(kind, nice, generous, wise, foolish, stupid, careless, etc) + of 목적격 + to부정사

  예 It is generous of her to help the poor. 가난한 이들을 돕다니 그녀는 관대하다.

(3) 부정사의 시제

① 단순부정사 … 'to + 동사원형'의 형태로 표현한다.

㉠ 본동사의 시제와 일치하는 경우

  예 He seems to be rich. 그는 부자처럼 보인다.

    = It seems that he is rich.

㉡ 본동사의 시제보다 미래인 경우 : 본동사가 희망동사(hope, wish, want, expect, promise, intend, etc)나 remember, forget 등일 경우 단순부정사가 오면 미래를 의미한다.

  예 Please remember to post the letter. 편지 부칠 것을 기억하세요.

    = Please remember that you should post the letter.

② 완료부정사 … 'to + have p.p.'의 형태로 표현한다.

㉠ 본동사의 시제보다 한 시제 더 과거인 경우

  예 He seems to have been rich. 그는 부자였던 것처럼 보인다.

    = It seems that he was(has been) rich.

㉡ 희망동사의 과거형 + 완료부정사 : 과거에 이루지 못한 소망을 나타내며, '~하려고 했는데 (하지 못했다)'로 해석한다.

  예 I intended to have married her. 나는 그녀와 결혼하려고 작정했지만 그렇게 하지 못했다.

    = I intended to marry her, but I couldn't.

(4) 원형부정사

원형부정사는 to가 생략되고 동사원형만 쓰인 것이다.

① **조동사 + 원형부정사** ⋯ 원칙적으로 조동사 뒤에는 원형부정사가 쓰인다.

> **TIP** 원형부정사의 관용적 표현
> ㉠ do nothing but + 동사원형 : ~하기만 하다.
> ㉡ cannot but + 동사원형 : ~하지 않을 수 없다(= cannot help + −ing).
> ㉢ had better + (not) + 동사원형 : ~하는 것이(하지 않는 것이) 좋겠다.

② **지각동사 + 목적어 + 원형부정사 ~** (5형식) ⋯ '(목적어)가 ~하는 것을 보다, 듣다, 느끼다'의 뜻으로 see, watch, look at, notice, hear, listen to, feel 등의 동사가 이에 해당한다.

> **예** She felt her heart beat hard. 그녀는 심장이 몹시 뛰는 것을 느꼈다.

③ **사역동사 + 목적어 + 원형부정사 ~** (5형식)

㉠ '(목적어)가 ~하도록 시키다, 돕다'의 뜻으로 make, have, bid, let, help 등의 동사가 이에 해당한다.

> **예** Mother will not let me go out. 어머니는 내가 외출하지 못하게 하신다.

㉡ help는 뒤에 to부정사가 올 수도 있다.

> **예** They helped me (to) paint the wall. 그들은 내가 그 벽에 페인트를 칠하는 것을 도왔다.

(5) 기타 용법

① **부정사의 부정** ⋯ 'not, never + 부정사'의 형태로 표현한다.

> **예** Tom worked hard not to fail again. Tom은 다시 실패하지 않기 위해 열심히 노력했다.

② **대부정사** ⋯ 동사원형이 생략되고 to만 쓰인 부정사로, 앞에 나온 동사(구)가 부정사에서 반복될 때 쓰인다.

> **예** A : Are you and Mary going to get married? 너와 Mary는 결혼할거니?
> B : We hope to(= We hope to get married). 우리는 그러고(결혼하고) 싶어.

③ **수동태 부정사**(to be + p.p.) ⋯ 부정사의 의미상 주어가 수동의 뜻을 나타낼 때 쓴다.

> **예** There is not a moment to be lost. 한순간도 허비할 시간이 없다.
> = There is not a moment for us to lose.

❷ 동명사

(1) 동명사의 용법
'동사원형 + -ing'를 이용해 명사형으로 만든 것으로 동사의 성격을 지닌 채 명사의 역할(주어 · 보어 · 목적어)을 한다.

① **주어 역할** … 긴 동명사구가 주어일 때 가주어 It을 문두에 쓰고 동명사구는 문장 끝에 두기도 한다.

> 예 Finishing the work in a day or two is difficult. 하루나 이틀 안에 그 일을 끝내기는 힘들다.
> = It is difficult finishing the work in a day or two(it : 가주어, finishing ~ : 진주어).

② **보어 역할**

> 예 My hobby is collecting stamps. 내 취미는 우표수집이다.

③ **목적어 역할**

> ㉠ **타동사의 목적어** : 5형식 문장에서는 가목적어 it을 쓰고, 동명사구는 문장의 끝에 두기도 한다.
>
> > 예 He suggested eating dinner at the airport. 그는 공항에서 저녁을 먹자고 제안했다.
> > I found it unpleasant walking in the rain(it : 가목적어, walking ~ : 진목적어).
> > 나는 빗속을 걷는 것이 유쾌하지 않다는 것을 깨달았다.
>
> ㉡ **전치사의 목적어**
>
> > 예 He gets his living by teaching music. 그는 음악을 가르쳐서 생활비를 번다.
> >
> > > 📢TIP 동명사의 부정
> > > 동명사 앞에 not이나 never을 써서 부정의 뜻을 나타낸다.
> > > I regret not having seen the movie. 나는 그 영화를 보지 않았던 것을 후회한다.

(2) 동명사의 의미상 주어

① **의미상 주어를 따로 표시하지 않는 경우** … 문장의 주어 또는 목적어와 일치하거나 일반인이 주어일 때 의미상 주어를 생략한다.

> ㉠ **문장의 주어 또는 목적어와 일치하는 경우**
>
> > 예 I've just finished reading that book(주어와 일치). 나는 막 그 책을 다 읽었다.
> > He will probably punish me for behaving so rudely(목적어와 일치).
> > 내가 무례하게 행동한 것에 대해 그는 아마 나를 나무랄 것이다.
>
> ㉡ **일반인인 경우**
>
> > 예 Teaching is learning(일반인이 주어). 가르치는 것이 배우는 것이다.

② **의미상 주어의 형태**

> ㉠ **소유격 + 동명사** : 의미상 주어가 문장의 주어나 목적어와 일치하지 않을 때 동명사 앞에 소유격을 써서 나타낸다. 구어체에서는 목적격을 쓰기도 한다.
>
> > 예 There is no hope of his coming. 그가 오리라고는 전혀 기대할 수 없다.

ⓛ 그대로 쓰는 경우 : 의미상 주어가 소유격을 쓸 수 없는 무생물명사나 this, that, all, both, oneself, A and B 등의 어구일 때에는 그대로 쓴다.

　　📕 I can't understand the train being so late. 나는 그 기차가 그렇게 늦었는지 이해할 수 없다.

(3) 동명사의 시제와 수동태

① **단순동명사** … 본동사와 동일시제 또는 미래시제일 때 사용한다.

　　📕 He is proud of being rich. 그는 부유한 것을 자랑한다.

　　　= He is proud that he is rich.

② **완료동명사** … having + p.p.의 형태를 취하며, 본동사의 시제보다 하나 앞선 시제를 나타낸다.

　　📕 He denies having told a lie. 그는 거짓말했던 것을 부인한다.

　　　= He denies that he told a lie.

③ **수동태 동명사** … 동명사의 의미상 주어가 수동의 뜻을 나타낼 때 being + p.p., having been + p.p.의 형태로 쓴다.

　　📕 I don't like being asked to make a speech(단순시제). 나는 연설청탁받는 것을 싫어한다.

　　　He complained of having been underpaid(완료시제). 그는 급료를 불충분하게 받았던 것을 불평하였다.

　　🖐️**TIP** 동명사의 관용적 표현

　　　　㉠ It is no use + 동명사 : ～해봐야 소용없다(= It is useless to부정사).
　　　　　It is no use pretending that you are not afraid.
　　　　　당신이 무서워하지 않는 척 해봐야 소용없다.
　　　　㉡ There is no + 동명사 : ～하는 것은 불가능하다(= It is impossible to부정사).
　　　　　There is no accounting for tastes. 기호를 설명하는 것은 불가능하다.
　　　　㉢ cannot help + 동명사 : ～하지 않을 수 없다(= cannot out + 동사원형).
　　　　　I cannot help laughing at the sight. 나는 그 광경에 웃지 않을 수 없다.
　　　　㉣ feel like + 동명사 : ～하고 싶다(= feel inclined to부정사, be in a mood to부정사).
　　　　　She felt like crying when she realized her mistake.
　　　　　그녀가 그녀의 실수를 깨달았을 때, 그녀는 울고 싶었다.
　　　　㉤ of one's own + 동명사 : 자신이 ～한(= p.p. + by oneself)
　　　　　This is a picture of his own painting. 이것은 그 자신이 그린 그림이다.
　　　　㉥ be on the point(verge, blink) of + 동명사 : 막 ～하려 하다(= be about to부정사).
　　　　　He was on the point of breathing his last.
　　　　　그는 막 마지막 숨을 거두려 하고 있었다.
　　　　㉦ make a point of + 동명사 : ～하는 것을 규칙으로 하다(= be in the habit of + 동명사).
　　　　　He makes a point of attending such a meeting.
　　　　　그는 그러한 모임에 참석하는 것을 규칙으로 한다.
　　　　㉧ be accustomed to + 동명사 : ～하는 버릇(습관)이 있다(= be used to + 동명사).
　　　　　My grandfather was accustomed to rising at dawn.
　　　　　나의 할아버지는 새벽에 일어나는 습관이 있었다.

ⓩ on(upon) + 동명사 : ～하자마자 곧(= as soon as + S + V)

On hearing the news, he turned pale. 그 뉴스를 듣자마자 그는 창백해졌다.

ⓩ look forward to + 동명사 : ～하기를 기대하다(= expect to부정사)

He looked forward to seeing her at the Christmas party.

그는 크리스마스 파티에서 그녀를 보기를 기대하였다.

❸ 부정사와 동명사의 비교

(1) 부정사만을 목적어로 취하는 동사(주로 미래지향적이면서 긍정적인 의미를 갖는 동사들이 주요하다)

ask, choose, decide, demand, expect, hope, order, plan, pretend, promise, refuse, tell, want, wish 등이 있다.

㉠ She pretended to asleep. 그녀는 자는 체했다.

(2) 동명사만을 목적어로 취하는 동사(주로 과거지향적이면서 부정적인 의미를 갖는 동사들이 주요하다)

admit, avoid, consider, deny, enjoy, escape, finish, give up, keep, mind, miss, postpone, practice, stop 등이 있다.

㉠ I'd like to avoid meeting her now. 나는 지금 그녀와 만나는 것을 피하고 싶다.

(3) 부정사와 동명사 둘 다를 목적어로 취하는 동사

begin, cease, start, continue, fear, decline, intend, mean 등이 있다.

㉠ Do you still intend to go(going) there? 너는 여전히 그 곳에 갈 작정이니?

(4) 부정사와 동명사 둘 다를 목적어로 취하지만 의미가 변하는 동사

① remember(forget) + to부정사 / 동명사 … ～할 것을 기억하다[잊어버리다(미래)] / ～했던 것을 기억하다[잊어버리다(과거)].

㉠ I remember to see her. 나는 그녀를 볼 것을 기억한다.

I remember seeing her. 나는 그녀를 보았던 것을 기억한다.

② regret + to부정사 / 동명사 … ～하려고 하니 유감스럽다 / ～했던 것을 후회하다.

㉠ I regret to tell her that Tom stole her ring.

나는 Tom이 그녀의 반지를 훔쳤다고 그녀에게 말하려고 하니 유감스럽다.

I regret telling her that Tom stole her ring.

나는 Tom이 그녀의 반지를 훔쳤다고 그녀에게 말했던 것을 후회한다.

③ need(want) + to부정사 / 동명사 … ～할 필요가 있다(능동) / ～될 필요가 있다(수동).

㉠ We need to check this page again. 우리는 이 페이지를 재검토할 필요가 있다.

= This page needs checking again. 이 페이지는 재검토될 필요가 있다.

④ try + to부정사 / 동명사 … ~하려고 시도하다, 노력하다, 애쓰다 / ~을 시험삼아 (실제로) 해보다.

　예 She tried to write in fountain pen. 그녀는 만년필로 써보려고 노력했다.

　　She tried writing in fountain pen. 그녀는 만년필로 써보았다.

⑤ mean + to부정사 / 동명사 … ~할 작정이다(= intend to do) / ~라는 것을 의미하다.

　예 She means to stay at a hotel. 그녀는 호텔에 머무를 작정이다.

　　She means staying at a hotel. 그녀가 호텔에 머무른다는 것을 의미한다.

⑥ like(hate) + to부정사 / 동명사 … ~하고 싶다[하기 싫다(구체적 행동)] / ~을 좋아하다[싫어하다(일반적 상황)].

　예 I hate to lie. 나는 거짓말하기 싫다.

　　I hate lying. 나는 거짓말하는 것이 싫다.

⑦ stop + to부정사 / 동명사 … ~하기 위해 멈추다(부사구) / ~하기를 그만두다(목적어).

　예 He stopped to smoke(1형식). 그는 담배를 피우려고 걸음을 멈췄다.

　　He stopped smoking(3형식). 그는 담배를 끊었다.

06 분사

① 분사의 용법

'동사원형 + -ing(현재분사)'와 '동사원형 + -ed(과거분사)'를 이용해 형용사형으로 만든 것으로 형용사의 역할을 한다.

(1) 명사 앞에서 수식하는 분사
분사가 단독으로 사용될 때 명사 앞에서 수식한다.

① **현재분사** … 진행(자동사의 현재분사), 능동(타동사의 현재분사)의 뜻

　예 A sleeping baby = A baby who is sleeping 잠자는 아기

　　A rolling stone gathers no moss. 구르는 돌은 이끼가 끼지 않는다.

② **과거분사** … 완료(자동사의 과거분사), 수동(타동사의 과거분사)의 뜻

　예 fallen leaves = leaves which are fallen(which have fallen) 떨어진 나뭇잎

　　Two wounded soldiers were sent to the hospital. 두 명의 부상병이 병원으로 이송되었다.

(2) 명사 뒤에서 수식하는 분사

① 분사가 보어나 목적어 또는 부사적 수식어(구)와 함께 구를 이룰 때 명사 뒤에서 수식한다.

> 예 Who is the boy reading a letter written in English?
> 영어로 쓰여진 편지를 읽은 소년은 누구인가?

② 분사가 단독으로 사용될지라도 대명사를 수식할 때에는 뒤에서 수식한다.

> 예 Those killed were innumerable. 전사한 사람들이 무수히 많았다.

> **TIP** 현재분사와 동명사의 구별
> -ing형이 명사를 수식할 때 현재 진행 중인 동작을 나타내면 현재분사, 용도를 나타내면 동명사이다.
> • a dancing girl (현재분사)춤추는 소녀
> • a dancing room = a room for dancing(동명사) 무도장

(3) 보어 역할의 분사

2형식에서의 주격보어와 5형식에서의 목적격 보어로 쓰이는 분사

> 예 He stood looking at the picture. 그는 그 사진을 보면서 서 있었다.
> The mystery remained unsettled. 미스테리는 풀리지 않고 남겨졌다.
> He kept me waiting for two hours. 그는 나를 두 시간 동안 기다리게 하였다.
> I don't like to see you disappointed. 나는 네가 실망하는 것을 보고 싶지 않다.

❷ 분사구문

(1) 분사구문

부사절에서 접속사(의미를 명확하게 하고자 할 때는 접속사를 생략하지 않는다), 주어(주절의 주어와 다를 때는 생략하지 않고 일반인 주어나 예측 가능한 주어일 때는 주절의 주어와 다를지라도 생략할 수 있다)를 생략하고 동사를 분사로 바꾸어 구로 줄인 것을 분사구문이라고 하는데 현재분사가 이끄는 분사구문은 능동의 뜻을, 과거분사가 이끄는 분사구문은 수동의 뜻을 가진다.

① **시간** ···'~할 '의 뜻으로 쓰인다(= when, while, as, after + S + V).

> 예 Thinking of my home, I felt sad. 집 생각을 할 때면, 나는 슬퍼진다.
> = When I think of my home, I felt sad.

> **TIP** 접속사 + 분사구문
> 주로 시간과 양보의 부사절에서 분사구문의 의미를 명확히 하기 위하여 접속사를 남겨두기도 한다.
> While swimming in the river, he was drowned.
> 강에서 헤엄치는 동안 그는 익사했다.
> = While he was swimming in the river, he was drowned.

② 이유 · 원인 … '~하기 때문에, ~이므로'의 뜻으로 쓰인다(= as, because, since + S + V).

　🔲 Tired with working, I sat down to take a rest. 일에 지쳤기 때문에, 나는 앉아서 휴식을 취했다.

　　= As I was tired with working, I sat down to take a rest.

③ 조건 … '~한다면'의 뜻으로 쓰인다(= If + S + V).

　🔲 Once seen, it can never been forgotten. 그것은 한번 보면 잊을 수 없다.

　　= If it is once seen, it can never been forgotten.

④ 양보 … '비록 ~ 한다 할지라도'의 뜻으로 쓰인다(= though, although + S + V).

　🔲 Admitting the result, I can't believe him. 그 결과를 인정한다고 할지라도 나는 그를 믿을 수 없다.

　　= Although I admit the result, I can't believe him.

⑤ 부대상황

　㉠ 연속동작 : 그리고 ~하다(= and + 동사).

　　🔲 A fire broke out near my house, destroying some five houses.
　　　우리 집 근처에서 화재가 발생해서 다섯 집 정도를 태웠다.

　　　= A fire broke out near my house, and destroyed some five houses.

　㉡ 동시동작 : ~하면서(= as, while)

　　🔲 Smiling brightly, she extended her hand. 그녀는 밝게 웃으면서, 손을 내밀었다.

　　　= While she smiled brightly, she extended her hand.

　　　　🔊**TIP** 분사구문의 부정
　　　　분사 앞에 not, never 등을 쓴다.
　　　　Not knowing what to do, he asked me for help.
　　　　무엇을 해야 할지 몰랐기 때문에 그는 나에게 도움을 청했다.
　　　　= As he did not know what to do, he asked me for help.

(2) 독립분사구문

① 독립분사구문 … 주절의 주어와 분사구문의 의미상 주어가 다른 경우를 독립분사구문이라고 하고, 분사 앞에 의미상 주어를 주격으로 표시한다.

　🔲 It being fine, we went for a walk. 날씨가 맑았으므로, 우리는 산책했다.

　　= As it was fine, we went for a walk.

② 비인칭 독립분사구문 … 분사구문의 의미상 주어가 일반인(we, you, they, people, etc)일 경우 주어를 생략하고 관용적으로 쓰인다.

　㉠ generally speaking : 일반적으로 말하면(= If we speak generally)

　㉡ strictly speaking : 엄격히 말한다면(= If we speak strictly)

　㉢ roughly speaking : 대충 말한다면(= If we speak roughly)

　㉣ frankly speaking : 솔직히 말한다면(= If we speak frankly)

　㉤ talking of ~ : ~으로 말할 것 같으면, 이야기가 났으니 말인데

ⓗ judging from ~ : ~으로 판단하건대

ⓐ compared with ~ : ~와 비교해 보면

ⓞ taking ~ into consideration : 모든 것을 고려해 볼 때(considering ~ : ~을 고려해 보니, 생각해 보면, ~으로서는)

ⓩ providing that : 만약 ~이면(= provided that)

ⓒ supposing that : 만약에 ~하면(= supposed that)

ⓚ granting that : 가령 ~라고 치고, 만약 ~이면(= granted that)

ⓣ seeing that : ~인 점에서 보면, ~라는 점에 비추어(= now that)

ⓟ concerning ~ : ~에 대하여

ⓗ notwithstanding ~ : ~에도 불구하고

③ with + 독립분사구문 … 'with + 목적어 + 분사·형용사·부사(구)'의 형태로, 부대상황을 나타내는 독립분사 구문에 with를 함께 써서 묘사적 표현을 강조하며, 해석은 ~하면서, ~한채, ~해서로 해석된다.

　📖 He stood there, with his eyes closed. 그는 그 곳에 서서 눈을 감고 있었다.

　　= He stood there, his eyes (being) closed (by him).

　　= He stood there, and his eyes were closed (by him).

(3) 분사구문의 시제

① 단순분사구문 … '동사원형 + -ing'로 주절의 시제와 일치한다.

　📖 Opening the window, I felt fresh. 창문을 연 후에 나는 상쾌함을 느꼈다.

　　= After I opened the window, I felt fresh.

② 완료분사구문 … 'Having + p.p.'로 주절의 시제보다 한 시제 앞서거나 완료를 나타낸다.

　📖 Having finished my work, I went to bed. 나는 내 일을 끝낸 후에 자러 갔다.

　　= After I had finished my work, I went to bed.

　　📣TIP 분사구문에서 분사의 생략

　　　Being + p.p., Having been + p.p.의 수동형식인 분사구문의 경우 being과 having been이 생략되는 경우가 많다.

　　　(Being) Taken by surprise, he gave up the contest.

　　　그는 불시에 기습을 당했으므로 그 시합을 포기했다.

　　　= As he was taken by surprise, he gave up the contest.

07 관계사

❶ 관계대명사의 종류와 격

관계대명사는 문장과 문장을 연결하는 접속사의 역할과 대명사의 역할을 동시에 한다. 관계대명사가 이끄는 절은 선행사(관계대명사 앞에 오는 명사)를 수식하는 형용사절이다.

[관계대명사의 종류에 따른 격]

선행사	주격	소유격	목적격
사람	who	whose	whom
동물, 사물	which	whose, of which	which
사람, 동물, 사물	that	없음	that

❷ 관계대명사 who, which, that, what

(1) 관계대명사 who
관계대명사 who는 선행사가 사람일 때 쓴다.
① who(주격) … 자신이 이끄는 절에서 주어 역할을 하며, 동사의 형태는 선행사의 인칭과 수, 주절의 시제에 좌우된다.
   📵 I know the boy who did it. 나는 그 일을 했던 소년을 안다.
     →I know the boy. + He did it.
② whose(소유격) … 명사와 결합하여 형용사절을 이끈다.
   📵 A child whose parents are dead is called an orphan. 부모가 돌아가신 아이는 고아라 불린다.
     →A child is called an orphan. + His parents are dead.
③ whom(목적격) … 자신이 이끄는 절에서 타동사와 전치사의 목적어로 쓰인다.
   📵 She is the girl whom I am fond of. 그녀는 내가 좋아하는 소녀이다.
     →She is the girl. + I am fond of her(전치사의 목적어).

(2) 관계대명사 which

관계대명사 which는 선행사가 사물·동물일 때 쓴다.

① which(주격)

　　예 The road which leads to the station is narrow. 역에 이르는 길은 폭이 좁다.

　　　→The road is narrow. + The road leads to the station.

② of which(= whose, 소유격)

　　예 This is the car of which the engine(the engine of which) is of the latest type.
　　　이것은 엔진이 최신형인 차이다.

　　　= This is the car whose engine is of the latest type.

　　　→This is the car. + Its engine is of the latest type.

③ which(목적격)

　　예 This is the book which I bought yesterday. 이것은 내가 어제 산 책이다.

　　　→This is the book. + I bought it yesterday(타동사의 목적어).

(3) 관계대명사 that

① 관계대명사 that은 who 또는 which를 대신하여 선행사에 관계없이 두루 쓸 수 있다.

　　예 I know the boy that broke the window. 나는 그 창문을 깨뜨렸던 소년을 안다.

　　　　　TIP 관계대명사 that을 쓸 수 없는 경우

　　　　　　　㉠ 전치사 + that : 관계대명사 that은 전치사의 목적격으로 쓸 수 없으므로 그 전치사는 문미에 둔다.
　　　　　　　　This is the book that I spoke of(○). 이것이 내가 말했던 책이다.
　　　　　　　　→ This is the book of that I spoke(×).

　　　　　　　㉡ 계속적 용법 : 관계대명사 that은 한정적 용법으로만 쓰인다. 즉, 콤마(,) 다음에 쓸 수 없다.
　　　　　　　　I met the man, who did not tell me the truth(○).
　　　　　　　　나는 그 사람을 만났다. 그러나 그는 나에게 진실을 말하지 않았다.
　　　　　　　　I met the man, that did not tell me the truth(×).

② 관계대명사 that만을 쓸 수 있는 경우

　　㉠ 선행사가 최상급, 서수사, the only, the very, the last, the same, every, no 등에 의해 수식될 때

　　　예 He is the fastest runner that I have ever seen. 그는 내가 본 가장 빠른 주자이다.

　　㉡ 선행사가 '사람 + 동물(사물)'일 때

　　　예 He spoke of the men and the things that he had seen.
　　　　그는 그가 보았었던 사람들과 일들에 대해서 말했다.

　　㉢ 선행사가 부정대명사 또는 부정형용사(-thing, -body -one, none, little, few, much, all, any, some, etc)일 때

　　　예 I'll give you everything that you want. 나는 당신이 원하는 모든 것을 당신에게 줄 것이다.

(4) 관계대명사 what

① 관계대명사 what은 선행사가 포함된 관계대명사로 명사절을 이끌어 문장 속에서 주어, 목적어, 보어의 역할을 한다. 이때 what은 the thing which 등으로 바꿔 쓸 수 있다.

  ㉠ 주어 역할

    例 What(The thing which, That which) cannot be cured must be endured.
      고칠 수 없는 것은 견뎌내어야만 한다.

  ㉡ 목적어 역할

    例 Don't put off until tomorrow what you can do today. 오늘 할 수 있는 일을 내일로 미루지 말아라.

  ㉢ 보어 역할

    例 Manners are what makes men different from animals. 예절은 사람을 동물과 다르게 만드는 것이다.

② 관용적 표현

  ㉠ what is better : 더욱 더 좋은 것은, 금상첨화로

    例 This book is instructive and, what is better, interesting.
      이 책은 교육적인 데다가 금상첨화로 재미있기도 하다.

  ㉡ what is worse : 더욱 더 나쁜 것은, 설상가상으로

    例 It is blowing very hard and, what is worse, it begin to snow hard.
      바람이 매우 세차게 불고 있는데, 설상가상으로 눈이 심하게 내리기 시작한다.

  ㉢ what is more : 게다가

  ㉣ what is called : 소위, 이른바[= what we(you, they) call]

    例 He is what is called a self-made man. 그는 이른바 자수성가한 사람이다.

  ㉤ A is to B what C is to D : A와 B의 관계는 C와 D의 관계와 같다.

    例 Reading is to the mind what food is to the body.
      독서와 정신의 관계는 음식과 육체의 관계와 같다.
      = Reading is to the mind as food is to the body.
      = What food is to the body, reading is to the mind.
      = Just as food is to the body, so is reading to the mind.

  ㉥ What + S + be : S의 인격·상태

  ㉦ What + S + have : S의 재산·소유물

    例 She is charmed by what he is, not by what he has.
      그녀는 그의 재산이 아니라 그의 인격에 반했다.

③ 관계대명사의 한정적 · 계속적 용법

(1) 한정적 용법

선행사를 수식하는 형용사절을 이끌어 수식을 받는 선행사의 뜻을 분명히 해주며 뒤에서부터 해석한다.

예 He smiled at the girl who nodded to him. 그는 그에게 목례를 한 소녀에게 미소지었다.

(2) 계속적 용법

관계대명사 앞에 'comma(,)'를 붙이며 관계대명사절이 선행사를 보충 설명한다. 문맥에 따라 '접속사(and, but, for, though, etc) + 대명사'로 바꾸어 쓸 수 있다.

예 He smiled at the girl, who nodded to him. 그는 소녀에게 미소지었고, 그녀는 그에게 목례를 하였다.
   = He smiled at the girl, and she nodded to him.

(3) which의 계속적 용법

계속적 용법으로 쓰인 which는 형용사, 구, 절, 또는 앞문장 전체를 선행사로 받을 수 있다.

예 Tom is healthy, which I am not. Tom은 건강하지만 나는 그렇지 못하다.
   = Tom is healthy, but I am not healthy(형용사가 선행사).

④ 관계대명사의 생략

(1) 목적격 관계대명사의 생략

한정적 용법(관계대명사 앞에 콤마가 없는 경우)으로 쓰인 관계대명사가 타동사 또는 전치사의 목적격으로 쓰일 때는 생략할 수 있다.

① 관계대명사가 타동사의 목적어로 쓰일 때

   예 Roses are the flowers (which) I like most. 장미는 내가 제일 좋아하는 꽃이다.
   →Roses are flowers. + I like roses most(타동사의 목적어).

② 관계대명사가 전치사의 목적어로 쓰일 때

   예 Things (which) we are familiar with are apt to escape our notice.
   우리에게 익숙한 것들은 우리의 주의를 벗어나기 쉽다.
   →Things are apt to escape our notice. + We are familiar with things(전치사의 목적어).

TIP 관계대명사를 생략할 수 없는 경우

목적격 관계대명사라 할지라도 다음의 경우 생략할 수 없다.

㉠ 계속적 용법으로 쓰였을 때

I bowed to the gentleman, whom I knew well(whom = for him).

나는 그 신사에게 인사를 했는데, 나는 그를 잘 알고 있었기 때문이다.

㉡ '전치사 + 목적격 관계대명사'가 함께 쓰였을 때

I remember the day on which he went to the front.

나는 그가 전선에 간 날을 기억하고 있다.

㉢ of which가 어느 부분을 나타낼 때

I bought ten pencils, the half of which I gave my brother.

나는 연필 열 자루를 사서, 내 동생에게 그 중의 반을 주었다.

(2) 주격 관계대명사의 생략

주격 관계대명사는 생략할 수 없는 것이 원칙이지만, 다음의 경우에는 생략해도 된다.

① 관계대명사가 보어로 쓰일 때

㉠ 주격보어로 쓰일 때

예 He is not the man (that) he was. 그는 예전의 그가 아니다.

㉡ 목적격보어로 쓰일 때

예 I'm not a fool (that) you think me (to be). 나는 당신이 생각하는 그런 바보가 아니다.

② 관계대명사 다음에 'there + be동사'가 이어질 때

예 He is one of the greatest scholars (that) there are in the world.

그는 세계적인 대학자 중의 하나이다.

③ There is ∼, It is ∼ 로 시작되는 구문에서 쓰인 주격 관계대명사

예 There is a man (who) wants to see you. 당신을 만나려는 사람이 있다.

It was he (that) met her yesterday(It ∼ that 강조구문).

어제 그녀를 만난 사람은 바로 그였다.

④ '주격 관계대명사 + be동사'의 경우 둘 다를 함께 생략한다.

예 The cap (which is) on the table belongs to Inho. 탁자 위의 모자는 인호의 것이다.

⑤ 유사관계대명사

접속사인 as, but, than 등이 관계대명사와 같은 역할을 하는 경우 유사관계대명사라고 한다.

(1) 유사관계대명사 as

① **제한적 용법** … the same, such, as ~ 가 붙은 선행사 뒤에서 상관적으로 쓰인다.
> 예 This is the same watch as I lost(유사물). 이것은 내가 잃어버린 것과 같은 시계이다.
> This is the very same watch that I lost(동일물). 이것은 내가 잃어버린 바로 그 시계이다.
> This book is written in such easy English as I can read(as : 관계대명사).
> 이 책은 내가 읽을 수 있는 그런 쉬운 영어로 쓰여져 있다.
> This book is written in such easy English that I can read it(that : 접속사).
> 이 책은 매우 쉬운 영어로 쓰여져 있어서 내가 읽을 수 있다.

② **계속적 용법** … 문장 전체를 선행사로 할 때도 있다.
> 예 As is usual with him, he was late for school. 그에게는 흔한데, 그는 학교에 늦었다.

(2) 유사관계대명사 but

부정어구가 붙은 선행사 뒤에 쓰여 이중부정(강한 긍정)의 뜻을 지닌다(= who ~ not, which ~ not, that ~ not).

> 예 There is no rule but has some exceptions. 예외 없는 규칙은 없다.
> = There is no rule that has not exceptions.
> = Every rule has exceptions.

(3) 유사관계대명사 than

비교급이 붙은 선행사 뒤에 쓰인다.

> 예 Children should not have more money than is needed.
> 아이들은 필요한 돈보다 더 많은 돈을 가지지 않아야 한다.

⑥ 관계형용사와 관계부사

(1) 관계형용사

which, what 등이 다음에 오는 명사를 수식하여 관계형용사(접속사 + 형용사)의 역할을 한다.

① what + 명사 = all the + 명사 + that ~

　예 I have sold what few things I had left. 나는 몇 개 안되지만 내가 남겨 두었던 물건 전부를 팔았다.

　　= I have sold all the few things (that) I had left.

② which + 명사 = 접속사 + 지시형용사 + 명사 … 관계형용사 which는 계속적 용법으로만 쓰인다.

　예 He spoke to me in French, which language I could not understand.

　　그는 나에게 불어로 말했는데, 나는 그 언어를 이해할 수가 없었다.

　　= He spoke to me in French, but I could not understand that language.

(2) 관계부사

관계부사는 '접속사 + 부사'의 역할을 하여 선행사를 수식하며, '전치사 + 관계대명사'로 바꿔 쓸 수 있다.

① where(= on, at, in which) … 선행사가 장소를 나타낼 때 쓰이며, 종종 상황이나 입장을 나타낼 때에도 쓰인다.

　예 This is the house where he lived. 이 곳이 그가 살았던 집이다.

　　= This is the house in which he lived.

② when(= on, at, in which) … 선행사가 시간을 나타낼 때 쓰인다.

　예 I know the time when he will arrive. 나는 그가 도착할 시간을 안다.

　　= I know the time on which he will arrive.

③ why(= for which) … 선행사가 이유를 나타낼 때 쓰인다.

　예 That is the reason why I was late. 그것이 내가 늦었던 이유이다.

　　= That is the reason for which I was late.

④ how(= in which) … 선행사가 방법을 나타낼 때 쓰이며, 보통 the way와 how 중 하나를 생략해야 한다.

　예 I don't like (the way) how he talks. 나는 그가 이야기하는 방법을 좋아하지 않는다.

　　= I don't like the way in which he talks.

> **TIP** 관계부사의 계속적 용법
> 관계부사 중 when, where는 계속적 용법으로 쓸 수 있다.
> Wait till nine, when the meeting will start.
> 9시까지 기다려라. 그러면 모임을 시작할 것이다.
> = Wait till nine, and then the meeting will start.
> We went to Seoul, where we stayed for a week.
> 우리는 서울에 가서, 거기서 1주일간 머물렀다.
> = We went to Seoul, and we stayed there for a week.

⑦ 복합관계사

(1) 복합관계대명사
복합관계대명사는 '관계대명사 + ever'의 형태로서 '선행사 + 관계대명사'의 역할을 하며, 명사절이나 양보의 부사절을 이끈다.

① 명사절을 이끌 때
  ㉠ whatever, whichever = anything that
   예 I will accept whatever you suggest. 나는 네가 제안하는 것은 무엇이든지 받아들이겠다.
    = I will accept anything that you suggest.
  ㉡ whoever = anyone who
   예 Whoever comes first may take it. 누구든 가장 먼저 오는 사람이 그것을 가져도 좋다.
    = Anyone who comes first may take it.
  ㉢ whosever = anyone whose
   예 Whosever horse comes in first wins the prize. 누구의 말이든 먼저 들어오는 말이 상을 탄다.
    = Anyone whose horse comes in first wins the prize.
  ㉣ whomever = anyone whom
   예 She invited whomever she met. 그녀는 그녀가 만나는 사람은 누구든지 초대하였다.
    = She invited anyone whom she met.

② 양보의 부사절을 이끌 때 … 'no matter + 관계대명사'로 바꿔 쓸 수 있다.
  ㉠ whoever = no matter who : 누가 ~하더라도
   예 Whoever may object, I will not give up. 누가 반대하더라도 나는 포기하지 않을 것이다.
    = No matter who may object, I will not give up.
  ㉡ whatever = no matter what : 무엇이(을) ~하더라도
   예 Whatever may happen, I am ready. 어떤 일이 일어나더라도 나는 준비되어 있다.
    = No matter what may happen, I am ready.
  ㉢ whichever = no matter which : 어느 것을 ~하더라도
   예 Whichever you may choose, you will be pleased. 어느 것을 고르든 마음에 드실 겁니다.
    = No matter which you choose, you will be pleased.

(2) 복합관계형용사
복합관계형용사는 '관계형용사 + ever'의 형태로 명사절이나 양보의 부사절을 이끈다.

① 명사절을 이끌 때 … whatever, whichever = any(all the) + 명사 + that ~
   예 Take whatever ring you like best. 당신이 가장 좋아하는 어떤 반지라도 가져라.
    = Take any ring that you like best.

② 양보의 부사절을 이끌 때

　　㉠ whatever + 명사 = no matter what + 명사

　　　㉠ Whatever results follow, I will go. 어떠한 결과가 되든 나는 가겠다.

　　　　= No matter what results follow, I will go.

　　㉡ whichever + 명사 = no matter which + 명사

　　　㉠ Whichever reasons you may give, you are wrong.
　　　　당신이 어떤 이유들을 제시하든 당신은 잘못하고 있다.
　　　　= No matter which reasons you may give, you are wrong.

(3) 복합관계부사

복합관계부사는 '관계부사 + ever'의 형태로 '선행사 + 관계부사'의 역할을 하며, 장소·시간의 부사절이나 양보의 부사절을 이끈다.

① 장소, 시간의 부사절을 이끌 때

　　㉠ whenever = at(in, on) any time when

　　　㉠ You may come whenever it is convenient to you. 편리할 때면 언제든지 와도 좋다.
　　　　= You may come at any time when it is convenient to you.

　　㉡ wherever = at(in, on) any place where

　　　㉠ She will be liked wherever she appears. 그녀는 어디에 나오든지 사랑받을 것이다.
　　　　= She will be liked at any place where she appears.

② 양보의 부사절을 이끌 때 … 주로 may를 동반한다.

　　㉠ whenever = no matter when

　　　㉠ Whenever you may call on him, you'll find him reading something.
　　　　당신이 언제 그를 찾아가더라도 당신은 그가 어떤 것을 읽고 있는 것을 발견할 것이다.
　　　　= No matter when you may call on him, you'll find him reading something.

　　㉡ wherever = no matter where

　　　㉠ Wherever you may go, you will not be welcomed.
　　　　너는 어디에 가더라도 환영받지 못할 것이다.
　　　　= No matter where you may go, you will not be welcomed.

　　㉢ however = no matter how

　　　㉠ However cold it may be, he will come. 날씨가 아무리 춥더라도 그는 올 것이다.
　　　　= No matter how cold it may be, he will come.

08 가정법

❶ 가정법 과거, 과거완료

(1) 가정법 과거

'If + 주어 + 동사의 과거형(were) ~, 주어 + would(should, could, might) + 동사원형'의 형식이다. 현재의 사실에 반대되는 일을 가정하는 것으로, if절에서는 주어의 인칭·수에 관계없이 be동사는 were를 쓰고, 현재형으로 해석한다.

예 If I were a bird, I could fly to you. 내가 새라면, 당신에게 날아갈 수 있을텐데.
= As I am not a bird, I can't fly to you(직설법 현재).

(2) 가정법 과거완료

'If + 주어 + had + p.p. ~, 주어 + would(should, could, might) + have + p.p.'의 형식이다. 과거의 사실에 반대되는 일을 가정하는 것으로, 해석은 과거형으로 한다.

예 If you had done it at once, you could have saved him.
내가 그것을 즉시 했었더라면, 그를 구할 수 있었을텐데.
= As you didn't do it at once, you could not save him(직설법 과거).

> **TIP 혼합가정법**
>
> 과거의 사실이 현재에까지 영향을 미치고 있는 경우 현재에 영향을 미치는 과거의 사실과 반대되는 일을 가정하는 것으로 'If + 주어 + had p.p.~(가정법 과거완료), 주어 + would(should, could, might) + 동사원형(가정법 과거)'의 형식으로 나타낸다.
>
> If he had not helped her then, she would not be here now.
> 그가 그때 그녀를 도와주지 않았다면, 그녀는 지금 여기에 없을텐데.
> = As he helped her then, she is here now.
> = She is here now because he helped her then.

❷ 가정법 현재, 미래

(1) 가정법 현재

'If + 주어 + 동사원형(현재형) ~, 주어 + will(shall, can, may) + 동사원형'의 형식이다. 현재 또는 가까운 미래의 불확실한 일을 가정하여 상상한다. 현대 영어에서는 if절의 동사를 주로 현재형으로 쓰며, 거의 직설법으로 취급된다.

예 If he be(is) healthy, I will employ him. 그가 건강하다면, 나는 그를 고용할 것이다.

(2) 가정법 미래

① If + 주어 + should + 동사원형, 주어 + will[would, shall(should), can(could), may (might)] + 동사원형 … 비교적 실현가능성이 없는 미래의 일에 대한 가정이다.

예 If I should fail, I will(would) try again. 내가 실패한다면, 다시 시도할 것이다.

② If + 주어 + were to + 동사원형, 주어 + would(should, could, might) + 동사원형 … 절대적으로 실현 불가능한 미래의 일에 대한 가정이다.

예 If I were to be born again, I would be a doctor. 내가 다시 태어난다면, 나는 의사가 되겠다.

> **📢 TIP** 가정법을 직설법으로 전환하는 방법
> ㉠ 접속사 If를 as로 바꾼다.
> ㉡ 가정법 과거는 현재시제로, 가정법 과거완료는 과거시제로 고친다.
> ㉢ 긍정은 부정으로, 부정은 긍정으로 바꾼다.
>   If I had money, I could buy it(가정법 과거).
>   돈이 있다면, 그것을 살 텐데.
>   = As I don't have money, I can't buy it(직설법 현재).
>   = I don't have money, so I can't buy it.
>   If I had been there, I could have seen it(가정법 과거완료).
>   거기에 있었다면 그것을 볼 수 있었을 텐데.
>   = As I was not there, I couldn't see it(직설법 과거).
>   = I was not there, so I couldn't see it.

❸ 주의해야 할 가정법

(1) I wish 가정법

① I wish + 가정법 과거 … ~하면 좋을 텐데(아니라서 유감스럽다). 현재사실에 반대되는 소망이다(wish를 뒤따르는 절의 시제는 wish와 같은 시제).

② I wish + 가정법 과거완료 … ~했으면 좋았을 텐데(아니라서 유감스럽다). 과거사실에 반대되는 소망이다(wish를 뒤따르는 절의 시제는 wish보다 한 시제 앞선다).

> 📖 I wish I were rich. 부자라면 좋을 텐데(아니라서 유감스럽다).
> = I am sorry (that) I am not rich.
> I wish I had been rich. 부자였다면 좋을 텐데(아니라서 유감스럽다).
> = I am sorry (that) I was not rich.
> I wished I were rich. 부자였다면 좋았을 텐데(아니라서 유감스러웠다).
> = I was sorry (that) I was not rich.
> I wished I had been rich. 부자였었다면 좋았을 텐데(아니라서 유감스러웠다).
> = I was sorry (that) I had been rich.

> 📢 **TIP** I wish 가정법을 직설법으로 전환
> ㉠ I wish를 I am sorry로, I wished는 I was sorry로 바꾼다.
> ㉡ wish 뒤의 절에서 과거는 현재시제로, 과거완료는 과거시제로 고친다. wished 뒤의 절에서는 시제를 그대로 둔다.
> ㉢ 긍정은 부정으로, 부정은 긍정으로 바꾼다.
> I wish it were true.
> 그것이 사실이라면 좋을 텐데(아니라서 유감스럽다).
> = I am sorry (that) it is not true.
> = It is a pity that it is not true.
> I wish it had been true.
> 그것이 사실이었다면 좋을 텐데(아니라서 유감스럽다).
> = I am sorry (that) it was not true.
> = It is a pity that it was not true.
> I wished it were true.
> 그것이 사실이었다면 좋았을 텐데(아니라서 유감스러웠다).
> = I was sorry (that) it was not true.
> = It was a pity that it was not true.
> I wished it had been true.
> 그것이 사실이었었다면 좋았을 텐데(아니라서 유감스러웠다).
> = I was sorry (that) it had been true.
> = It was a pity that it had not been true.

(2) as if 가정법

'마치 ~처럼'의 뜻으로 쓰인다.

① as if + 가정법 과거 ··· 마치 ~인 것처럼. 현재의 사실에 대한 반대 · 의심이다(주절과 종속절이 같은 시제).

② as if + 가정법 과거완료 ··· 마치 ~였던 것처럼. 과거의 사실에 대한 반대 · 의심이다(종속절이 주절보다 한 시제 앞섬).

> ◙ He looks as if he were sick(in fact he is not sick).
> 그는 마치 아픈 것처럼 보인다(현재사실의 반대).
> He looks as if he had been sick(in fact he was not sick).
> 그는 마치 아팠던 것처럼 보인다(과거사실의 반대).
> He looked as if he were sick(in fact he was not sick).
> 그는 마치 아픈 것처럼 보였다(과거사실의 반대).
> He looked as if he had been sick(in fact he had not been sick).
> 그는 마치 아팠던 것처럼 보였다(과거 이전 사실의 반대).

(3) if only + 가정법 과거(과거완료)

'~한다면(했다면) 얼마나 좋을(좋았을)까'의 뜻으로 쓰인다.

◙ If only I were married to her! 그녀와 결혼한다면 얼마나 좋을까!
If only I had been married to her! 그녀와 결혼했다면 얼마나 좋았을까!

④ if절 대용어구 & if의 생략

(1) 주어

◙ An wise man would not do such a thing. 현명한 사람이라면 그런 일을 하지 않을텐데.
= If he were an wise man, he would not do such a thing.

(2) without[= but(except) for]

① ~가 없다면 ··· If it were not for ~ = Were it not for ~ = If there were no ~ (가정법 과거)

> ◙ Without air and water, we could not live. 공기와 불이 없다면, 우리는 살 수 없을텐데.
> = If it were not for air and water, we could not live.

② ~가 없었다면 ··· If it had not been for ~ = Had it not been for ~ = If there had not been ~ (가정법 과거완료)

> ◙ Without air and water, we could not have lived. 물과 공기가 없었다면, 우리는 살 수 없었을텐데.
> = If it had not been for air and water, we could not have lived.

(3) to부정사

예 To try again, you would succeed. 한 번 더 시도한다면 당신은 성공할텐데.
= If you tried again, you would succeed.

(4) 직설법 + otherwise(or, or else)

'그렇지 않다면, 그렇지 않았더라면'의 뜻으로 쓰인다.

예 I am busy now, otherwise I would go with you. 내가 지금 바쁘지 않다면 너와 함께 갈텐데.
= If I were not busy, I would go with you.

(5) if의 생략

조건절의 if는 생략할 수 있으며, 이때 주어와 동사의 어순은 도치된다.

예 If I should fail, I would not try again. 만일 실패한다면 나는 다시는 시도하지 않을 것이다.
= Should I fail, I would not try again.

09 관사와 명사·대명사

❶ 관사

(1) 부정관사 a / an

셀수 있는 명사 앞에서 "one(하나)", "any(어떤)"이라는 의미로 쓰인다. 명사의 발음이 모음인지 자음인지에 따라서 a(자음일 경우), an(모음일 경우)를 사용한다.

예 I bought an apple and a banana.
나는 사과와 바나나를 샀다.

(2) 정관사 the

앞에 언급한 명사를 반복하거나, 말하는 당사자 간에 이미 알고 있는 특정한 명사 앞, 또는 최상급이나 서수 앞에서 쓰인다.

예 Please open the window. 창문을 열어라.

❷ 명사

(1) 명사의 종류

① 보통명사

　㉠ **a(the) + 단수보통명사** : 복수보통명사로 종족 전체를 나타내는 뜻으로 쓰인다.

　　예 A dog is a faithful animal(구어체). 개는 충실한 동물이다.

　　　= The dog is a faithful animal(문어체).

　　　= Dogs are faithful animals(구어체).

　㉡ **관사 없이 쓰인 보통명사** : 사물 본래의 목적을 표시한다.

　　예 go to sea(선원이 되다), in hospital(입원 중), at table(식사중)

> **TIP** 명사의 전용
> the + 보통명사 → 추상명사
> The pen is mightier than the sword. 문(文)은 무(武)보다 강하다.

② 집합명사

　㉠ **family형 집합명사** : 집합체를 하나의 단위로 볼 때는 단수 취급, 집합체의 구성원을 말할 때는 복수 취급(군집명사)한다. family(가족), public(대중), committee(위원회), class(계층), crew(승무원) 등이 있다.

　　예 My family is a large one. 우리 가족은 대가족이다.

　　My family are all very well. 우리 가족들은 모두 잘 지내고 있다.

　㉡ **police형 집합명사** : the를 붙여 항상 복수 취급한다. police(경찰), clergy(성직자), gentry(신사계급), nobility(귀족계급) 등 사회적 계층이나 신분을 뜻하는 명사를 말한다.

　　예 The police are on the murderer's track. 경찰들은 살인범의 흔적을 좇고 있다.

　㉢ **cattle형 집합명사** : 관사를 붙일 수 없으며 복수 취급한다. people(사람들), poultry(가금), vermin(해충) 등이 있다.

　　예 There are many people in the theater. 그 극장에 많은 사람들이 있다.

　㉣ **부분을 나타내는 집합명사** : 뒤에 오는 명사에 따라 단·복수가 결정된다. part, rest, portion, half, the bulk, the majority, most 등이 있다.

　　예 Half of the apple is rotten. 그 사과의 반쪽이 썩었다.

　　Half of the apples are rotten. 그 사과들의 절반이 썩었다.

> **TIP** people이 '국민, 민족'의 뜻일 경우 단수 취급한다.
> ㉠ many peoples : 많은 민족들
> ㉡ many people : 많은 사람들

③ 추상명사 … 성질, 상태, 동작 등과 같이 형태가 없는 것을 나타낸다. 관사를 붙일 수 없으며 복수형도 없다. happiness, beauty, peace, success, truth, knowledge, learning, discovery, shopping 등이 있다.

a(an) + 추상명사, 복수형 추상명사 → 보통명사

She is a failure as an actress, but a success as a mother.

그녀는 배우로서는 실패자이지만 어머니로서는 성공한 사람이다.

㉠ of + 추상명사 : 형용사(구)로서 앞의 명사를 수식한다.

　　예 This is a matter of importance. 이것은 중요한 문제이다.

　　　= This is an important matter.

㉡ all + 추상명사 = 추상명사 itself = very + 형용사

　　예 Mary is all beauty. Mary는 대단히 아름답다.

　　　= Mary is beauty itself.

　　　= Mary is very beautiful.

㉢ 전치사(with, by, in, on 등) + 추상명사 = 부사(구)

　　예 I met him by accident. 나는 우연히 그를 만났다.

　　　= I met him accidently.

㉣ have + the 추상명사 + to + 동사원형 : 대단히 ~하게도 …하다.

　　예 She had the kindness to help me. 그녀는 대단히 친절하게도 나를 도와주었다.

　　　= She was kind enough to help me.

　　　= She was so kind as to help me.

　　　= She was so kind that she helped me.

　　　= She kindly helped me.

　　　= It was kind of her to help me.

㉤ 추상명사가 집합명사로 쓰일 때는 복수 취급을 하기도 한다.

　　예 Youth(= young people) should respect age(= aged people). 젊은이들은 노인들을 존경해야 한다.

㉥ 추상명사의 가산법(수량표시) : 보통 a piece of, a little, some, much, a lot of, lots of 등에 의해서 표시된다.

　　예 a piece of advice 충고 한 마디, a stroke of good luck 한 차례의 행운

④ **물질명사** … 일정한 형체가 없이 양으로 표시되는 물질을 나타내는 명칭이다. 관사를 붙일 수 없고, 복수형으로 만들 수 없으며 항상 단수 취급한다. gold, iron, stone, cheese, meat, furniture, money 등이 있다.

㉠ 정관사의 사용 : 물질명사가 수식어의 한정을 받을 때에는 정관사 the를 붙인다.

　　예 The water in this pond is clear. 이 연못의 물은 깨끗하다.

㉡ 집합적 물질명사 : 물건의 집합체이지만 양으로 다루므로 항상 단수 취급한다. furniture(가구), clothing(의류), baggage(짐), machinery(기계류), produce(제품) 등이 있다.

　　예 She bought two pieces of furniture. 그녀는 가구 두 점을 샀다.

㉢ 물질명사의 가산법(수량표시) : 물질명사를 셀 때에는 단위를 표시하는 말을 사용하여 단·복수를 나타낸다.

　　예 a spoon(ful) of sugar 설탕 한 숟가락, a cake of soap 비누 한 개

ⓔ **물질명사의 양의 적고 많음을 나타낼 때**: (a) little, some, much, lots of, a lot of, plenty of 등을 쓴다.

　㉒ There is much beef in the refrigerator. 냉장고에 많은 쇠고기가 있다.

⑤ **고유명사** … 사람, 사물 및 장소의 이름을 나타내는 명칭으로, 유일무이하게 존재하는 것이다. 항상 대문자로 시작하고 대부분 관사를 붙일 수 없으며 복수형도 없다. David Bowie, Central Park, the Korea Herald, July 등이 있다.

[가산명사와 불가산명사]

구분		개념
가산명사 (셀 수 있는 명사)	보통명사	같은 종류의 사람 및 사물에 붙인 이름
	집합명사	사람 또는 사물의 집합을 나타내는 이름
불가산명사 (셀 수 없는 명사)	고유명사	특정한 사람 또는 사물의 고유한 이름
	물질명사	일정한 형체가 없는 원료, 재료 등에 붙인 이름

　TIP 혼동하기 쉬운 가산명사와 불가산명사

　　㉠ a poem 시, poetry (총칭적) 시

　　㉡ a country 국가, country 시골

　　㉢ a right 권리, right 정의

　　㉣ a pig 돼지, pork 돼지고기

　　㉤ a cow 소, beef 쇠고기

　　㉥ a meal 식사, food 음식

(2) 명사의 수

① 명사의 복수형 만들기

㉠ 규칙변화

　• 일반적으로는 어미에 −s를 붙인다.

　　㉒ cats, desks, days, deaths 등

　• 어미가 s, x, sh, ch, z로 끝나면 −es를 붙인다. 단, ch의 발음이 [k]인 경우에는 −s를 붙인다.

　　㉒ buses, boxes, dishes, inches, stomachs, monarchs 등

　• '자음 + y'는 y를 i로 고치고 −es를 붙인다.

　　㉒ cities, ladies, armies 등

　• '자음 + o'는 −es를 붙인다(예외 : pianos, photos, solos, autos 등).

　　㉒ potatoes, heroes, echoes 등

　• 어미가 f, fe로 끝나면 f를 v로 고치고 −es를 붙인다

　　㉒ lives, leaves, wolves 등

　　　예외 : roofs, chiefs, handkerchiefs, griefs, gulfs, safes(금고) 등

📢**TIP** 불규칙변화
    ㉠ 모음이 변하는 경우 : man → men, foot → feet, tooth → teeth, mouse → mice, ox → oxen
    ㉡ 단수, 복수가 같은 경우 : sheep, deer, salmon, corps, series, species, Chinese, Swiss 등
    ㉢ 외래어의 복수형
      • −um, −on → −a : medium → media, phenomenon → phenomena
      • −us → −i : stimulus → stimuli, focus → foci, fungus → fungi
      • −sis → −ses : oasis → oases, crisis → crises, thesis → theses, analysis → analyses, basis → bases

    ㉡ **복합명사의 복수형**
      • 중요한 말이나 명사에 −s를 붙인다.
        예 step-mother → step-mothers(계모), passer-by → passers-by(통행인)
      • 중요한 말이나 명사가 없는 경우 끝에 −s나 −es를 붙인다.
        예 forget-me-not → forget-me-nots(물망초), have-not → have-nots(무산자),
      • 'man, woman + 명사'는 둘 다 복수형으로 고친다.
        예 man-servant(하인) → men-servants, woman-doctor(여의사) → women-doctors

② **절대 · 상호 · 분화복수**
    ㉠ **절대복수** : 항상 복수형으로 쓰이는 명사이다.
      • 짝을 이루는 의류, 도구 : 복수 취급한다(수를 셀 때는 a pair of, two pairs of ~를 씀).
        예 trousers(바지), braces(멜빵바지), glasses(안경), scissors(가위), 등
      • 학문, 학과명(−ics로 끝나는 것), 게임명, 병명 : 단수 취급한다.
        예 statistics(통계학), billiards(당구), measles(홍역) 등
      • 기타 : 복수 취급한다(예외 : news, series, customs는 단수 취급).
        예 goods(상품), riches(재산), belongs(소유물), savings(저금)
    ㉡ **상호복수** : 상호 간에 같은 종류의 것을 교환하거나 상호작용을 할 때 쓰는 복수이다.
        예 shake hands with(악수를 하다), change cars(차를 갈아타다)
    ㉢ **분화복수** : 복수가 되면서 본래의 의미가 없어지거나, 본래의 의미 외에 또 다른 의미가 생겨나는 복수이다.
        예 letter(문자) / letters(문자들, 문학), arm(팔) / arms(팔들, 무기), good(선) / goods(상품), pain(고통) / pains(고생, 수고), force(힘) / forces(군대)

        📢**TIP** 복수형을 쓰지 않는 경우
          ㉠ '수사 + 복수명사'가 다른 명사를 수식할 경우 복수형에서 s를 뺀다.
            a ten-dollar bill, three-act drama, a five-year plan
          ㉡ 시간, 거리, 가격, 중량을 한 단위로 취급할 때는 형태가 복수일지라도 단수 취급을 한다.
            Ten dollars a day is a good pay.
            하루에 10달러는 높은 급료이다.

(3) 명사의 소유격

① **원칙** … 명사가 생물인 경우에는 's를 붙이고, 무생물인 경우에는 'of + 명사'로 표시하며, 복수명사(-s)인 경우에는 '만 붙이는 것을 원칙으로 한다.

> **TIP** 무생물의 소유격
> ㉠ 일반적으로 'of + 명사'를 쓴다.
>   the legs of the table(○) 다리가 네 개인 책상
>   → the table's legs(×)
> ㉡ 의인화된 경우 's를 붙인다.
>   heaven's will 하늘의 의지, fortune's smile 운명의 미소
> ㉢ 시간, 거리, 가격, 중량 등을 나타내는 명사는 of를 쓰지 않고 -'s를 붙인다.
>   ten mile's distance 10마일의 거리, a pound's weight 1파운드의 무게

② **독립소유격** … 소유격 뒤에 올 명사가 예측 가능할 때 생략한다.

㉠ 같은 명사의 반복을 피하기 위해 생략한다.

  예 My car is faster than Tom's (car). 내 차는 Tom의 것보다 빠르다.

㉡ 장소 또는 건물 등을 나타내는 명사 house, shop, office, restaurant, hospital 등은 생략한다.

  예 I am going to the dentist's (clinic). 나는 치과에 갈 예정이다.

③ **이중소유격** … a, an, this, that, these, those, some, any, no, another 등과 함께 쓰이는 소유격은 반드시 이중소유격(a + 명사 + of + 소유대명사)의 형태로 해야 한다.

  예 He is an old friend of mine(○). 그는 나의 오랜 친구이다.
    →He is a my old friend(×).
    →He is an old my friend(×).

④ **명사 + of + 명사(목적격)** … '명사 + 명사'의 형태로 변환시킬 수 있다.

  예 a rod of iron = an iron rod 쇠막대기

⑤ **명사(A) + of + a(n) + 명사(B)** … 'B와 같은 A'의 뜻으로 해석된다.

  예 a wife of an angel 천사같은 아내
    = an angelic wife

❸ 대명사

(1) 인칭대명사 it의 용법

① **특정한 단어, 구절을 받을 때** … 이미 한 번 언급된 사물·무생물·성별불명의 유아 등이나 구절을 가리킬 때 it을 쓴다.

  예 Where is my pen? I left it on the table(it = my pen).
    내 펜이 어디에 있니? 나는 그것을 책상 위에 두고 갔어.

② **비인칭주어** … 날씨, 시간, 거리, 계절, 명암 등과 같은 자연현상이나 측정치를 나타내는 비인칭주어로 쓰일 때의 it은 해석하지 않는다.

　📵 It is cold outside. 밖은 춥다. It is two o'clock. 2시이다.

③ **가주어** … to부정사나 that절이 문장의 주어로 쓰이는 경우 이를 뒤로 보내고 대신 가주어 it을 문장의 주어로 세울 수 있다.

　📵 It is impossible to start at once(to start 이하가 진주어). 즉시 출발하는 것은 불가능하다.

④ **가목적어** … 5형식의 문장에서 목적어로 to부정사나 that절이 올 때 반드시 가목적어 it을 쓰고 to부정사나 that절을 문장의 뒤로 보낸다.

　📵 I think it wrong to tell a lie(to tell 이하가 진목적어). 나는 거짓말하는 것을 나쁘다고 생각한다.

⑤ **강조용법** … 문장 내에서 특정한 어구[주어, 목적어, 부사(구·절) 등]를 강조하려 할 때 It is ~ that 구문을 쓴다.

　📵 I met him in the park yesterday. 나는 어제 그를 공원에서 만났다.
　　→It was I that(who) met him in the park yesterday(주어 강조).
　　어제 공원에서 그를 만난 사람은 나였다.
　　→It was him that(whom) I met in the park yesterday(목적어 강조).
　　어제 공원에서 내가 만난 사람은 그였다.
　　→It was in the park that(where) I met him yesterday(부사구 강조).
　　내가 어제 그를 만난 곳은 공원이었다.
　　→It was yesterday that(when) I met him in the park(부사 강조).
　　내가 공원에서 그를 만난 때는 어제였다.

(2) 지시대명사

① this와 that

　㉠ this(these)는 '이것'을, that(those)은 '저것'을 가리키는 대표적인 지시대명사이다.

　㉡ this와 that이 동시에 쓰일 경우 this는 후자, that은 전자를 가리킨다.

　　📵 I can speak English and Japanese ; this is easier to learn than that(this = Japanese, that = English). 나는 영어와 일어를 할 줄 안다. 후자가 전자보다 배우기 쉽다.

② this의 용법

　㉠ this는 사물뿐만 아니라 사람을 가리키는 주격 인칭대명사로도 쓰인다.

　　📵 This is Mrs. Jones. 이쪽은 Jones 부인입니다.

　㉡ this는 다음에 이어질 문장의 내용을 지칭할 수 있다.

　　📵 I can say this. He will never betray you.
　　　나는 이 말을 할 수 있습니다. 그는 결코 당신을 배신하지 않을 것입니다.

③ that의 용법

　　㉠ those는 주격 관계대명사 who와 함께 쓰여 '~하는 사람들'의 의미를 나타낸다.

　　　　예 Heaven helps those who help themselves. 하늘은 스스로 돕는 자를 돕는다.

　　㉡ 동일한 명사의 반복을 피하기 위해 that(= the + 명사)을 쓴다. 복수형 명사일 때에는 those를 쓴다.

　　　　예 His dress is that of a gentleman, but his speech and behaviors are those of a clown(that = the dress, those = the speech and behaviors).

　　　　　그의 옷은 신사의 것이지만 말투나 행동거지는 촌뜨기의 것이다.

(3) such의 용법

앞에 나온 명사 혹은 앞문장 전체를 받을 때 such를 쓴다.

예 If you are a gentleman, you should behave as such. 만약 당신이 신사라면, 당신은 신사로서 행동해야 한다.

(4) so의 용법

① so는 동사 believe, expect, guess, hope, think, say, speak, suppose, do 등의 뒤에 와서 앞문장 전체 혹은 일부를 대신한다.

　　예 A : Is he a liar? 그는 거짓말쟁이니?

　　　B : I think so. / I don't think so. 나는 그렇게(거짓말쟁이라고) 생각해 / 나는 그렇게 생각하지 않아.

② 동의 · 확인의 so … ~도 그렇다.

　　㉠ 긍정문에 대한 동의(= 주어 + 동사 + too)

　　　• A와 B의 주어가 다른 경우 : So + (조)동사 + 주어

　　　• A와 B의 주어가 같은 경우 : So + 주어 + (조)동사

　　　　예 A : I like watermelons. 나(A)는 수박을 좋아해.

　　　　　B : So do I(= I like them, too). 나(B)도 그래(좋아해).

　　　　　　So you do. 너(A)는 정말 그래(좋아해).

　　㉡ 부정문에 대한 동의 : Neither + (조)동사 + 주어[= 주어 + (조)동사 + either]

　　　　예 A : I don't like watermelons. 나(A)는 수박을 좋아하지 않아.

　　　　　B : Neither do I(= I don't like them, either). 나(B)도 그래(좋아하지 않아).

(5) 부정대명사

① all과 each의 용법

　　㉠ all의 용법 : '모든 사람(전원) · 것(전부)'을 의미한다.

　　　• all이 사람을 나타내면 복수, 사물을 나타내면 단수로 취급한다.

　　　　예 All were dead at the battle. 모두가 전쟁에서 죽었다.

　　　　　All that glitters is not gold. 반짝이는 모든 것이 다 금은 아니다.

- all과 인칭대명사 : all of + 인칭대명사 = 인칭대명사 + all(동격대명사)
  - 📵 All of us have to go. 우리들 전원은 가야 한다.
    - = We all have to go.
  - ㉡ each의 용법 : '각자, 각각'을 의미하는 each는 부정어를 수반하는 동사와 함께 쓰이지 않으며 'each of (the) + 복수명사 + 단수동사 = 복수명사 + each(동격대명사) + 복수동사 = each(형용사) + 단수명사 + 단수동사'의 형태로 단수 취급한다.
    - 📵 Each of the boys has his duty. 그 소년들은 각자 그의 의무를 가지고 있다.
      - = The boys each have their duty.
      - = Each boy has his duty.

② both와 either의 용법
  - ㉠ both의 용법 : '둘(두 사람 또는 두 개의 사물) 모두'를 의미하는 both는 'both of the + 복수명사 + 복수동사 = 복수명사 + both(동격대명사)'의 형태로 복수로 취급한다.
    - 📵 Both of the questions were difficult. 질문은 둘 다 어려웠다.
  - ㉡ either의 용법 : '둘(두 사람 또는 두 개의 사물) 중 어느 한쪽'을 의미하는 either는 원칙적으로 단수 취급하지만 'either of (the) + 복수명사 + 단수동사(원칙) / 복수동사(구어)'의 형태로 쓰이기도 한다.
    - 📵 Either of them is(are) good enough. 그 둘 중 어느 쪽도 좋다.

③ none과 neither의 용법
  - ㉠ none의 용법 : no one(아무도 ~않다)을 의미하며 셋 이상의 부정에 사용한다.
    - 'none of the + 복수명사 + 단수동사 / 복수동사'의 형태로 단·복수를 함께 사용한다.
      - 📵 None of them goes out. 그들 모두가 외출하지 않는다.
        None of them go out. 그들 중 아무도 외출하지 않는다.
    - 'none of the + 물질·추상명사 + 단수동사'의 형태로 단수로만 취급하기도 한다. neither은 모두 단수 취급을 한다.
      - 📵 None of the money is hers. 그 돈은 한 푼도 그녀의 것이 아니다.
  - ㉡ neither의 용법 : both의 부정에 사용되며 '둘 중 어느 쪽도 ~않다[= not ~ either of (the) + 복수명사]'를 의미하는 neither는 원칙적으로 단수 취급하지만, 'neither of (the) + 복수명사 + 단수동사(원칙) / 복수동사(구어) = neither + 단수명사 + 단수동사'의 형태로 쓰이기도 한다.
    - 📵 Neither of his parents is(are) alive. 그의 부모님들 중 한 분도 살아계시지 않다.

④ some과 any의 용법 ⋯ '약간'을 의미하는 some과 any는 불특정한 수 또는 양을 나타내는 대명사로 'some /any of the + 단수명사 + 단수동사, some /any of the + 복수명사 + 복수동사'의 형태로 쓰인다.
  - ㉠ some의 용법 : 긍정문, 평서문의 대명사로 쓰인다.
    - 📵 Some of the fruit is rotten. 그 과일 중 몇 개는 썩었다.
  - ㉡ any의 용법 : 부정문, 의문문, 조건문의 대명사로 쓰인다.
    - 📵 Any of the rumors are not true. 그 소문들 중 몇몇은 사실이 아니었다.

⑤ some-, any-, every-, no-와 결합된 대명사 -body, -one, -thing은 단수로 취급한다(no-와 -one은 no one의 형태로 결합).

예 Someone has left his bag. 누군가 가방을 두고 갔다.

⑥ another와 other의 용법

　ⓐ another의 용법 : 불특정한 '(또 하나의) 다른 사람·것'을 의미하며, 단수로만 쓰인다.

　• 하나 더(= one more)

　　예 He finished the beer and ordered another(= one more beer).
　　그는 맥주를 다 마시고 하나 더 주문했다.

　• 다른(= different)

　　예 I don't like this tie. Show me another(= different tie).
　　나는 이 넥타이가 마음에 안들어요. 다른 것을 보여주세요.

　ⓑ other의 용법

　• '(나머지) 다른 사람·것'을 의미하며, 정관사 the와 함께 쓰이면 특정한 것을 나타내고, the 없이 무관사로 쓰이면 불특정한 것을 나타낸다.

　• 복수형은 others이다.

　　TIP another와 other의 주요 용법

　　　ⓐ A is one thing, B is another : A와 B는 별개이다(다르다).
　　　To say is one thing, to do is another. 말하는 것과 행하는 것은 별개이다.

　　　ⓑ some + 복수명사, others ~ : (불특정 다수 중) 일부는 ~, 또 일부는 ~
　　　Some people like winter, others like summer.
　　　어떤 사람들은 겨울을 좋아하고 또 어떤 사람들은 여름을 좋아한다.

　　　ⓒ some + 복수명사, the others ~ : (특정 다수 중) 일부는 ~, 나머지는 ~
　　　Some of the flowers are red, but the others are yellow.
　　　몇몇 꽃들은 빨갛지만 나머지들은 노랗다.

　　　ⓓ one, the others ~ : (특정 다수 중) 하나는 ~, 나머지는 ~
　　　I keep three dogs ; one is black and the others are white.
　　　나는 개를 세 마리 키운다. 하나는 까맣고 나머지들은 하얗다.

　　　ⓔ one, the other ~ : (둘 중) 하나는 ~, 나머지 하나는 ~
　　　There are two flowers in the vase ; one is rose, the other is tulip.
　　　꽃병에 두 송이의 꽃이 있다. 하나는 장미이고 하나는 튤립이다.

　　　ⓕ one, another, the other ~ : (셋을 열거할 때) 하나는 ~, 또 하나는 ~, 나머지 하나는 ~
　　　One is eight years, another is ten, the other is twelve.
　　　하나는 여덟 살이고, 또 하나는 열 살이고, 나머지 하나는 열두 살이다.

　　　ⓖ one, another, a third ~ : (셋 이상을 열거할 때) 하나는 ~, 또 하나는 ~, 세 번째는 ~
　　　One man was killed, another was wounded, and a third was safe.
　　　하나는 죽고 또 하나는 다치고 세 번째 사람은 무사하였다.

⑦ one의 용법

  ㉠ 수의 개념을 지니는 부정대명사 one의 복수형은 some이다.

   🔠 There are some apples. You may take one. 사과가 몇 개 있다. 네가 하나를 가져가도 된다.

  ㉡ 형용사의 수식을 받는 단수보통명사를 대신해 쓰이며, 이때 복수형은 ones이다.

   🔠 His novel is a successful one(one = novel). 그의 소설은 성공적이다.

  ㉢ a + 단수보통명사 = one, the + 단수보통명사 = it

   🔠 I bought a camera, but I lost it(it = the camera). 나는 카메라를 샀는데, 그것을 잃어버렸다.

(6) 재귀대명사

① **강조용법** … 주어·목적어·보어의 뒤에 와서 동격으로 그 뜻을 강조하는 경우 생략해도 문장이 성립한다.

 🔠 You must do it yourself. 너는 네 스스로 그것을 해야 한다.

② **재귀용법** … 문장의 주어와 동일인물이 타동사의 목적어로 쓰이는 경우로 자동사의 의미로 해석될 때가 많다.

 🔠 enjoy oneself 즐기다, avail oneself of ~을 이용하다, pride oneself on ~을 자랑스럽게 여기다(= take pride in), repeat oneself 되풀이하다

③ **전치사 + 재귀대명사**(관용적 표현) … 재귀대명사가 전치사의 목적어로 쓰이는 경우에 해당한다.

 🔠 for oneself 자기 힘으로, 남의 도움 없이(= without other's help), by oneself 혼자서, 홀로(= alone), beside oneself 제 정신이 아닌(= insane)

(7) 의문대명사

① **의문대명사의 용법**

  ㉠ who : 사람의 이름, 혈연관계 등을 물을 때 사용한다.

   🔠 A : Who is he? 그는 누구니?

    B : He is Jinho, my brother. 그는 내 동생 진호야.

  ㉡ what : 사람의 직업, 신분 및 사물을 물을 때 사용한다.

   🔠 A : What is he? 그는 뭐하는 사람이니?

    B : He is an English teacher. 그는 영어 선생님이야.

  ㉢ which : 사람이나 사물에 대한 선택을 요구할 때 사용한다.

   🔠 Which do you like better, this or that? 이것과 저것 중 어떤 것이 더 좋으니?

② **의문사가 문두로 나가는 경우** … 간접의문문에서 주절의 동사가 think, suppose, imagine, believe, guess 등일 때 의문사가 문두로 나간다(yes나 no로 대답이 불가능).

 🔠 A : Do you know what we should do? 우리가 무엇을 해야 할지 알겠니?

  B : Yes, I do. I think we should tell him the truth. 응. 내 생각에는 그에게 사실을 말해줘야 해.

  A : What you guess we should do? 우리가 무엇을 해야 할 것 같니?

  B : I guess we'd better tell him the truth. 내 생각에는 그에게 사실을 말해 주는 것이 낫겠어.

10 형용사와 부사

❶ 형용사

(1) 형용사의 용법과 위치

① 형용사의 용법

　ㄱ 한정적 용법

　　• 명사의 앞·뒤에서 직접 명사를 수식한다.

　　　🄮 I saw a beautiful girl. 나는 아름다운 소녀를 보았다.

　　• 한정적 용법으로만 쓰이는 형용사 : wooden, only, former, latter, live, elder, main 등

　　　🄮 This is a wooden box. 이것은 나무(로 만들어진) 상자이다.

　ㄴ 서술적 용법

　　• 2형식 문장에서 주격보어나 5형식 문장에서 목적격보어로 쓰여 명사를 간접적으로 수식한다.

　　　🄮 The girl is beautiful. 그 소녀는 아름답다.

　　　　I think him handsome. 나는 그가 잘생겼다고 생각한다.

　　• 서술적 용법으로만 쓰이는 형용사 : absent, alive, alike, alone, awake, asleep, aware, afraid 등

　　　🄮 I am afraid of snakes. 나는 뱀을 무서워한다.

　　　　TIP 한정적·서술적 용법에 따라 뜻이 달라지는 형용사
　　　　present(현재의 / 참석한), late(故 / 늦은), ill(나쁜 / 아픈), able(유능한 / 할 수 있는), certain(어떤 / 확실한),
　　　　right(오른쪽의 / 옳은)
　　　　the late Dr. Brown 故 브라운 박사
　　　　She was late. 그녀는 늦었다.

② 형용사의 위치

　ㄱ 형용사가 한정적 용법으로 쓰일 때 보통 형용사가 명사의 앞에서 수식(전치수식)한다.

　ㄴ 형용사는 원칙적으로 명사의 앞에서 전치수식하지만, 다음의 경우 형용사가 명사의 뒤에 위치한다(후치수식).

　　• 여러 개의 형용사가 겹칠 때

　　　🄮 She is a lady kind, beautiful, and rich. 그녀는 친절하고 아름답고 부유한 아가씨이다.

　　• 다른 수식어구를 동반하여 길어질 때

　　　🄮 This is a loss too heavy for me to bear. 이것은 내가 견디기에는 너무 큰 손실이다.

　　• -thing, -body, -one 등으로 끝나는 부정대명사를 수식할 때

　　　🄮 Is there anything strange about him? 그에게 뭔가 이상한 점이 있나요?

　　• -ble, -able 등으로 끝나는 형용사가 최상급이나 all, every 등이 붙은 명사를 수식할 때

　　　🄮 Please send me all tickets available. 구할 수 있는 모든 표를 보내주세요.

ⓒ all, both, double, such, half 등의 형용사는 맨 먼저 나온다.
ⓔ 그 밖의 형용사의 어순

관사 등	서수	기수	성질	대소	상태, 색깔	신구, 재료	소속	명사
those	first	three	brave			young	American	soldiers
her		two	nice	little	black		Swiss	watches
고정적			강조, 관용, 결합성의 관계에 따라 다소 유동적					

③ 주의해야 할 형용사 every ··· all과 each와의 구별이 중요하다.
ⓐ every는 '모든'을 뜻하면서 셋 이상의 전체를 포괄하는 점에서 all과 같으나 둘 이상의 개개의 것을 가리키는 each와 다르다.
ⓑ every는 'every + 단수명사 + 단수동사'의 형태로 단수명사를 수식하는 점에서 each와 같으나(each + 단수명사 + 단수동사), 복수명사를 수식하는 all과 다르다(all + 복수명사 + 복수동사).
ⓒ every는 형용사로만 쓰이나 all과 each는 형용사 외에 대명사로도 쓰인다.
ⓓ 매(每) ~마다 : every + 기수 + 복수명사 = every + 서수 + 단수명사
   예 The Olympic Games are held every four years(every fourth year).
     올림픽 경기는 4년마다 개최된다.

(2) 수량형용사와 수사

① 수량형용사
ⓐ many와 much : many는 수를, much는 양·정도를 나타낸다.
• many : many는 가산명사와 결합하며, 'many a / an + 단수명사 + 단수동사 = many + 복수명사 + 복수동사'의 형태로 쓰인다.
   예 Many boys are present at the party. 많은 소년들이 그 파티에 참석했다.
     = Many a boy is present at the party.
• much : 'much + 불가산명사 + 단수동사'의 형태로 쓰인다.
   예 Much snow has fallen this winter. 많은 눈이 이번 겨울에 내렸다.
ⓑ few와 little : few는 수를, little은 양이나 정도를 나타내며 a few (= several), a little(= some)은 '약간 있는', few(= not many), little(= not much)은 '거의 없는'의 뜻이다.
• (a) few + 복수(가산)명사 + 복수동사
   예 She has a few friends. 그녀는 친구가 약간 있다.
     She has few friends. 그녀는 친구가 거의 없다.
• (a) little + 불가산명사 + 단수동사
   예 I have a little time to study. 나는 공부할 시간이 약간 있다.
     I have little time to study. 나는 공부할 시간이 거의 없다.

ⓒ **막연한 수량형용사** : dozens of(수십의), hundreds of(수백의), thousands of(수천의), millions of(수백만의), billions of(수십억의) 등은 막연한 불특정다수의 수를 나타낸다(dozen, hundred, thousand, million, billion 등 수량을 나타내는 명사가 수사와 함께 다른 명사를 직접적으로 수식하는 형용사의 역할을 할 때는 단수형태를 유지해야 하며 복수형태를 취할 수 없음).

　　📙 dozens of pear 수십 개의 배

② **수사**

ⓐ **수사와 명사의 결합**

　• '수사 + 명사'의 표현방법 : 무관사 + 명사 + 기수 = the + 서수 + 명사

　• 수사 + 명사(A) + 명사(B) : '수사 + 명사(A)'가 명사(B)를 수식하는 형용사의 역할을 할 경우에는 일반적으로 수사와 명사(A) 사이에 Hypen(−)을 넣으며 명사(A)는 단수로 나타낸다.

　• 기수로 표시된 수량을 나타내는 복수형 단위명사가 한 단위를 나타내면 단수로 취급한다.

ⓑ **수사 읽기**

　• 세기 : 서수로 읽는다.

　　📙 This armor is 15th century. 이 갑옷은 15세기의 것이다.

　　　→15th century : the fifteenth (century)

　• 연도 : 두 자리씩 나누어 읽는다.

　　📙 Between 1898 and 1906, Peary tried five times to reach the North Pole.

　　　1898 ~ 1906년 사이에 Peary는 북극(점)에 도달하기 위해서 다섯 번 시도하였다.

　　　→1898 : eighteen ninety-eight, →1906 : nineteen O-six

　• 전화번호 : 한 자리씩 끊어 읽으며, 국번 다음에 comma(,)를 넣는다.

　　📙 123 − 0456 : one two three, O four five six

　• 분수 : 분자는 기수로, 분모는 서수로 읽으며 분자가 복수일 때는 분모에 −s를 붙인다.

　　📙 1 / 3 : a third, 2 / 5 : two fifths

　　🔊**TIP** 주의해야 할 수사 읽기

　　　　ⓐ 제2차 세계대전 : World War Two, the Second World War

　　　　ⓑ 엘리자베스 2세 : Elizabeth the Second

　　　　ⓒ 7쪽 : page seven, the seventh page

　　　　ⓓ −5℃ : five degrees below zero Centigrade

　　　　ⓔ 18℃ : eighteen degrees Centigrade

　　　　ⓕ 제3장 : chapter three, the third chapter

(3) 주의해야 할 형용사

① **명사 + −ly = 형용사** ··· neighborly(친절한), worldly(세속적인), shapely(몸매 좋은) 등

② **형용사 + −ly = 형용사** ··· kindly(상냥한, 친절한) 등

③ 현재분사 · 과거분사 → 형용사

  ㉠ 감정을 나타내는 타동사의 현재분사(-ing)가 형용사의 역할을 하는 경우 사물 · 동물과 함께 쓰이며, 그 과거분사(-ed)가 형용사의 역할을 하는 경우 사람과 함께 쓰인다.

  ㉡ boring / bored, depressing /depressed, embarrassing / embarrassed, frightening / frightened, exciting / excited, satisfying / satisfied 등

④ 주어를 제한하는 형용사

  ㉠ 사람을 주어로 할 수 없는 형용사 : convenient, difficult, easy, possible, probable, improbable, necessary, tough, painful, dangerous, useful, delightful, natural, hard, regrettable, useless 등

   예 It is necessary for you to help me. 너는 나를 도울 필요가 있다.

  ㉡ 사람만을 주어로 하는 형용사 : happy, anxious, afraid, proud, surprised, willing, thankful, excited, sorry, angry, sure, pleased 등의 형용사는 무생물이 주어가 될 수 없다.

   예 I was afraid that he would attack me. 그가 나를 공격할 것이 두려웠다.

    TIP 사람이 주어가 될 수 있는 경우
    주어가 to부정사의 의미상의 목적어일 경우에는 사람이 주어가 될 수 있다.
    It is hard to please him. 그를 만족시키기는 어렵다.
    = He is hard to please(주어 He는 to please의 의미상 목적어임).

⑤ be worth -ing = be worthy of -ing = be worthy to be p.p. = be worthwhile to do(doing) ~할 가치가 있다.

  예 These books are worth reading carefully. 이 책들은 신중하게 읽을 가치가 있다.

   = These books are worthy of careful reading.

   = These books are worthy to be read carefully.

   = These books are worthwhile to read(reading) carefully.

❷ 부사

(1) 부사의 용법과 위치

① 동사를 수식할 때 … '동사 + (목적어) + 부사'의 어순을 취한다.

  예 He speaks English well. 그는 영어를 잘한다.

   TIP '타동사 + 부사'의 2어동사에서 목적어의 위치
    ㉠ 목적어가 명사일 때 : 부사의 앞 · 뒤 어디에나 올 수 있다.
    Put the light out. 불을 꺼라.
    = Put out the light.
    ㉡ 목적어가 대명사일 때 : 반드시 동사와 부사의 사이에 와야 한다.
    Give it up(○). 그것을 포기해라.
    → Give up it(×).

② 형용사나 다른 부사(구, 절)를 수식할 때 … 수식하는 단어의 앞에 놓인다.

　　예 I am very tired(형용사 수식). 나는 무척 피곤하다.

　　　　She works very hard(부사 수식). 그녀는 매우 열심히 일한다.

　　　　I did it simply because I felt it to be my duty(부사절 수식).

　　　　나는 단지 그것이 내 의무였기 때문에 했다.

③ 명사나 대명사를 수식할 때 … 'even(only) + (대)명사'의 형태를 취한다.

　　예 Even a child can do it(명사 수식). 심지어 어린이조차도 그것을 할 수 있다.

　　　　Only he can solve the problem(대명사 수식). 오직 그만이 문제를 해결할 수 있다.

④ 문장 전체를 수식할 때 … 주로 문장의 처음에 놓는다.

　　예 Happily he did not die. 다행히도 그는 죽지 않았다.

　　　　He did not die happily(동사 die 수식). 그는 행복하게 죽지 않았다.

⑤ 주의해야 할 부사의 위치

　　㉠ 부사의 어순 : 부사가 여러 개일 때는 장소(방향→위치)→방법(양태)→시간의 순이고, 시간·장소의 부사는 작은 단위→큰 단위의 순이다.

　　　　예 He will come here at six tomorrow. 그는 내일 6시에 여기 올 것이다.

　　㉡ 빈도부사의 위치 : always, usually, sometimes, often, seldom, rarely, never, hardly 등 'How often ~?'에 대한 대답이 되는 부사를 말한다. be동사 뒤, 조동사 뒤, 일반동사 앞, used to do와 함께 쓰이면 used의 앞·뒤에 위치한다.

　　㉢ 시간을 나타내는 부사 : yesterday, today, tomorrow 등은 항상 문두(강조) 또는 문미(일반)에 위치한다.

　　㉣ enough의 위치 : 부사로 쓰일 때는 수식하는 단어의 뒤에 놓으며, 형용사로 쓰여 명사를 수식할 때는 주로 명사의 앞에 온다.

(2) 주의해야 할 부사의 용법

① too와 either … '또한, 역시'의 뜻이다.

　　㉠ too : 긍정문에서 쓰인다(too가 '너무나'의 의미로 형용사·부사를 수식할 때에는 형용사·부사 앞에서 수식함).

　　　　예 I like eggs, too. 나도 역시 달걀을 좋아한다.

　　㉡ either : 부정문에서 쓰인다.

　　　　예 I don't like eggs, either. 나도 역시 달걀을 좋아하지 않는다.

② very와 much

　　㉠ very : 형용사·부사의 원급과 현재분사를 수식한다.

　　　　예 He asked me a very puzzling question. 그는 나에게 매우 난처한 질문을 하였다.

　　㉡ much : 형용사·부사의 비교급·최상급과 과거분사를 수식한다.

　　　　예 He is much taller than I. 그는 나보다 키가 훨씬 더 크다.

③ ago, before, since

　　㉠ ago : (지금부터) ~전에, 현재가 기준, 과거형에 쓰인다.

　　　🔢 I saw her a few days ago. 나는 몇 년 전에 그녀를 보았다.

　　㉡ before : (그때부터) ~전에, 과거가 기준, 과거 · 현재완료 · 과거완료형에 쓰인다.

　　　🔢 I have seen her before. 나는 이전부터 그녀를 봐왔다.

　　㉢ since : 과거를 기준으로 하여 현재까지를 나타내고, 주로 현재완료형에 쓰인다.

　　　🔢 I have not seen him since. 나는 (그때) 이후로 그를 만나지 못했다.

④ already, yet, still

　　㉠ already : 긍정문에서 '이미, 벌써'의 뜻으로 동작의 완료를 나타낸다.

　　　🔢 I have already read the book. 나는 그 책을 벌써 읽었다.

　　㉡ yet : 부정문에서 부정어의 뒤에서 '아직 ~않다', 의문문에서 '벌써', 긍정문에서 '여전히, 아직도'의 뜻으로 쓰인다.

　　　🔢 I haven't yet read the book. 나는 아직 그 책을 읽지 않았다.

　　　　Have you read the book yet? 당신은 벌써 그 책을 읽었습니까?

　　㉢ still : '여전히, 아직도'의 뜻으로 쓰이며, 그 위치에 따라 '가만히'의 뜻으로 쓰이기도 한다.

　　　🔢 I still read the book. 나는 여전히 그 책을 읽는다.

　　　　I stood still. 나는 가만히 서 있었다.

⑤ 부정을 나타내는 부사

　　㉠ 준부정의 부사 never, hardly, scarcely, rarely, seldom 등은 다른 부정어와 함께 사용할 수 없다.

　　　🔢 I can hardly believe it. 나는 그것을 거의 믿을 수가 없다.

　　㉡ 강조하기 위해 준부정의 부사를 문두에 위치시키며 '주어 + 동사'의 어순이 도치되어 '(조)동사 + 주어 + (일반동사의 원형)'의 어순이 된다.

　　　🔢 Hardly can I believe it. 나는 거의 그것을 믿을 수 없다.

11 비교

❶ 원급에 의한 비교

(1) 동등비교와 열등비교

① **동등비교** … as A as B는 'B만큼 A한'의 뜻이다.

> 예 I am as tall as she (is tall). 나는 그녀만큼 키가 크다.
>
> →I am as tall as her(×).
>
> > 🔊 **TIP** 직유의 표현 … B처럼 매우 A한
> >
> > I am as busy as a bee. 나는 꿀벌처럼 매우 바쁘다.

② **열등비교** … not so(as) A as B는 'B만큼 A하지 못한'의 뜻이다.

> 예 He is not so tall as I. 그는 나만큼 키가 크지 않다.
>
> = I am taller than he.

(2) 배수사 + as A as B

'B의 몇 배만큼 A한'의 뜻으로 쓰인다.

예 The area of China is forty times as large as that of Korea. 중국의 면적은 한국 면적의 40배이다.

= The area of China is forty times larger than that of Korea.

(3) as A as possible

'가능한 한 A하게'의 뜻으로 쓰이며, as A as + S + can의 구문과 바꿔쓸 수 있다.

예 Go home as quickly as possible. 가능한 한 빨리 집에 가거라.

= Go home as quickly as you can.

(4) as A as (A) can be

'더할 나위 없이 ~한, 매우 ~한'의 뜻으로 쓰인다.

예 He is as poor as (poor) can be. 그는 더할 나위 없이 가난하다.

(5) 최상급의 뜻을 가지는 원급비교

① **as A as any + 명사** … 어떤 ~에도 못지않게 A한

> 예 She is as wise as any girl in her class. 그녀는 자기 반의 어느 소녀 못지않게 현명하다.

② as A as ever + 동사 … 누구 못지않게 A한, 전례 없이 A한

　　ⓐ He was as honest a merchant as ever engaged in business.
　　　그는 지금까지 사업에 종사했던 어느 상인 못지않게 정직한 상인이었다.

③ 부정주어 + so A as B … B만큼 A한 것은 없다.

　　ⓐ Nothing is so precious as time. 시간만큼 귀중한 것은 없다.

　　　　🔊TIP 원급을 이용한 관용표현
　　　　　ⓐ not so much as A as B = rather B than A = more B than A : A라기보다는 B이다.
　　　　　　He is not so much as a novelist as a poet. 그는 소설가라기보다는 시인이다.
　　　　　　= He is rather a poet than a novelist.
　　　　　　= He is more a poet than a novelist.
　　　　　ⓑ A as well as B = not only B but (also) A : B뿐만 아니라 A도
　　　　　　He is handsome as well as tall. 그는 키가 클 뿐만 아니라 잘생기기도 했다.
　　　　　　= He is not only tall but (also) handsome.
　　　　　ⓒ may as well A as B : B하기보다는 A하는 편이 낫다.
　　　　　　You may as well go at once as stay. 너는 머물기보다는 지금 당장 가는 편이 낫다.
　　　　　ⓓ as good as = almost : ~와 같은, ~나 마찬가지인
　　　　　　The wounded man was as good as dead. 그 부상자는 거의 죽은 것이나 마찬가지였다.
　　　　　　= The wounded man was almost dead.
　　　　　ⓔ A is as B as C : A는 C하기도 한 만큼 B하기도 하다.
　　　　　　Gold is as expensive as useful. 금은 유용하기도 한 만큼 비싸기도 하다.

❷ 비교급에 의한 비교

(1) 우등비교와 열등비교

① 우등비교 … '비교급 + than ~'은 '~보다 더 …한'의 뜻이다.

　　ⓐ I am younger than he. 나는 그보다 어리다.

　　　　🔊TIP 동일인물·사물의 성질·상태 비교
　　　　　-er을 쓰지 않고, 'more + 원급 + than'을 쓴다. 여기서 more는 rather의 뜻이다.
　　　　　He is more clever than wise.
　　　　　그는 현명하다기보다는 영리하다.

② 열등비교 … 'less + 원급 + than ~'은 '~만큼 …하지 못한'의 뜻이다[= not so(as) + 형용사 + as].

　　ⓐ I am less clever than she. 나는 그녀만큼 똑똑하지 못하다.
　　　= I am not so clever as she.

③ 차이의 비교 … '비교급 + than + by + 숫자'의 형태로 차이를 비교한다.

　　ⓐ She is younger than I by three years. 그녀는 나보다 세 살 더 어리다.
　　　= She is three years younger than I.
　　　= I am three years older than she.
　　　= I am three years senior to her.

TIP 라틴어 비교급

어미가 −or로 끝나는 라틴어 비교급(senior, junior, superior, inferior, exterior, interior, major, minor, anterior 등)은 than을 쓰지 않고 to를 쓴다.

He is two years senior to me.

그는 나보다 두 살 위이다.

(2) 비교급의 강조

비교급 앞에 much, far, even, still, a lot 등을 써서 '훨씬'의 뜻을 나타낸다.

예 She is much smarter than he. 그녀는 그보다 훨씬 더 총명하다.

(3) the + 비교급

비교급 표현임에도 불구하고 다음의 경우에는 비교급 앞에 the를 붙인다.

① 비교급 다음에 of the two, for, because 등이 오면 앞에 the를 붙인다.

> **예** He is the taller of the two. 그가 두 명 중에 더 크다.
>
> I like him all the better for his faults.
>
> 나는 그가 결점이 있기 때문에 그를 더욱 더 좋아한다.
>
> He studied the harder, because his teacher praised him.
>
> 선생님이 그를 칭찬했기 때문에 그는 더욱 열심히 공부했다.

② 절대비교급 … 비교의 특정상대가 없을 때 비교급 앞에 the를 붙인다.

> **예** the younger generation 젊은 세대

③ The + 비교급 ~, the + 비교급 ~ … '~하면 할수록 그만큼 더 ~하다'의 관용적인 의미로 쓰인다.

> **예** The more I know her, the more I like her. 그녀를 알면 알수록 그녀가 더 좋아진다.

(4) 최상급의 뜻을 가지는 비교급 표현

'부정주어 + 비교급 + than ~'을 사용하여 '~보다 …한 것은 없다'를 나타낸다. '긍정주어 + 비교급 + than any other + 단수명사[all other + 복수명사, anyone(anything) else]'의 구문으로 바꿔 쓸 수 있다.

예 No one is taller than Tom in his class. 그의 반에서 Tom보다 키가 큰 사람은 아무도 없다.

> = Tom is taller than any other student in his class.
>
> = Tom is taller than all other students in his class.
>
> = Tom is taller than anyone else in his class.
>
> = Tom is the tallest student in his class.

(5) 비교급을 이용한 관용표현

① much more와 much less

> ㉠ much(still) more : ~은 말할 것도 없이(긍정적인 의미)
>
> > **예** He is good at French, much more English. 그는 영어는 말할 필요도 없고 불어도 잘한다.

ⓛ much(still) less : ~은 말할 것도 없이(부정적인 의미)

　　예 He cannot speak English, still less French. 그는 영어는 말할 필요도 없고, 불어도 못한다.

② no more than과 not more than

　　㉠ no more than : 겨우, 단지(= only)

　　　예 I have no more than five dollars. 나는 겨우 5달러밖에 없다.

　　ⓛ not more than : 기껏해야(= at most)

　　　예 I have not more than five dollars. 나는 기껏해야 5달러 가지고 있다.

③ no less than과 not less than

　　㉠ no less than : ~만큼이나[= as many(much) as]

　　　예 He has no less than a thousand dollars. 그는 1,000달러씩이나 가지고 있다.

　　ⓛ not less than : 적어도(= at least)

　　　예 He has not less than a thousand dollars. 그는 적어도 1,000달러는 가지고 있다.

④ no less ~ than과 not less ~ than

　　㉠ no less A than B : B만큼 A한[= as (much) A as B]

　　　예 She is no less beautiful than her sister. 그녀는 언니만큼 예쁘다.

　　　　= She is as beautiful as her sister.

　　ⓛ not less A than B : B 못지않게 A한

　　　예 She is not less beautiful than her sister. 그녀는 언니 못지않게 예쁘다.

　　　　= She is perhaps more beautiful than her sister.

⑤ A is no more B than C is D … A가 B가 아닌 것은 마치 C가 D가 아닌 것과 같다[= A is not B any more than C is D, A is not B just as C is D(B = D일 때 보통 D는 생략)].

　　예 A bat is no more a bird than a rat is (a bird). 박쥐가 새가 아닌 것은 쥐가 새가 아닌 것과 같다.

　　　= A bat is not a bird any more than a rat is (a bird).

　　　= A bat is not a bird just as a rat is (a bird).

　　　　TIP 기타 비교급을 이용한 중요 관용표현

　　　　　㉠ not more A than B : B 이상은 A 아니다.

　　　　　ⓛ no better than ~ : ~나 다를 바 없는(= as good as)

　　　　　ⓒ no less 명사 than ~ : 다름아닌, 바로(= none other than ~)

　　　　　ⓔ little more than ~ : ~내외, ~정도

　　　　　ⓜ little better than ~ : ~나 마찬가지의, ~나 다름없는

　　　　　ⓗ nothing more than ~ : ~에 지나지 않는, ~나 다름없는

　　　　　ⓢ none the less : 그럼에도 불구하고

❸ 최상급에 의한 비교

(1) 최상급의 형식

최상급은 셋 이상의 것 중에서 '가장 ~한'의 뜻을 나타내며 형용사의 최상급 앞에는 반드시 the를 붙인다.

예 Health is the most precious (thing) of all. 건강은 모든 것 중에서 가장 귀중한 것이다.

> **TIP** 최상급을 이용한 관용표현
> ㉠ at one's best : 전성기에
> ㉡ at (the) most : 많아야
> ㉢ at last : 드디어, 마침내
> ㉣ at least : 적어도
> ㉤ at best : 기껏, 아무리 잘 보아도
> ㉥ at (the) latest : 늦어도
> ㉦ for the most part : 대부분
> ㉧ had best ~ : ~하는 것이 가장 낫다(had better ~ : ~하는 것이 더 낫다).
> ㉨ try one's hardest : 열심히 해보다
> ㉩ make the best(most) of : ~을 가장 잘 이용하다.
> ㉪ do one's best : 최선을 다하다.
> ㉫ not in the least : 조금도 ~않다.

(2) 최상급의 강조

최상급 앞에 much, far, by far, far and away, out and away, the very 등을 써서 '단연'의 뜻을 나타낸다.

예 He is the very best student in his class. 그는 그의 학급에서 단연 최우수학생이다.

(3) 최상급 앞에 the를 쓰지 않는 경우

① 동일인, 동일물 자체를 비교할 때

　예 The river is deepest at this point. 그 강은 이 지점이 가장 깊다.

② 부사의 최상급일 때

　예 Which season do you like best? 어느 계절을 가장 좋아하세요?

③ **절대최상급 표현일 때** … 비교대상을 명확히 나타내지 않고 그 정도가 막연히 아주 높다는 것을 표현할 때 'a most + 원급 + 단수명사', 'most + 원급 + 복수명사'의 절대최상급 구문을 이용한다(이때 most는 very의 의미).

　예 He is a most wonderful gentleman. 그는 매우 멋진 신사분이다.
　　= He is a very wonderful gentleman.

④ most가 '매우(= very)'의 뜻일 때

　예 You are most kind to me. 너는 나에게 매우 친절하다.

⑤ 명사나 대명사의 소유격과 함께 쓰일 때

　　예 It is my greatest pleasure to sing. 노래하는 것은 나의 가장 큰 기쁨이다.

(4) 최상급을 이용한 양보의 표현

'아무리 ~라도'의 뜻으로, 이 때 최상급 앞에 even을 써서 강조할 수 있다.

예 (Even) The wisest man cannot know everything. 아무리 현명한 사람이라도 모든 것을 다 알 수는 없다.

　　= However wise a man may be, he cannot know everything.

(5) The last + 명사

'결코 ~하지 않을'의 뜻으로 쓰인다.

예 He is the last man to tell a lie. 그는 결코 거짓말을 하지 않을 사람이다.

　　= He is the most unlikely man to tell a lie.

12 접속사와 전치사

❶ 접속사

(1) 등위접속사

① 등위접속사 … 단어 · 구 · 절을 어느 한쪽에 종속되지 않고 대등하게 연결해 주는 접속사이다.

　　㉠ and : '~와, 그리고, (명령문, 명사구 다음) 그러면'의 뜻으로 쓰인다.

　　　　예 Another step, and you are a dead man! 한 발만 더 내디디면 당신은 죽은 목숨이다!

　　㉡ or : '또는(선택), 즉, 말하자면, (명령문, 명사구 다음) 그렇지 않으면'의 뜻으로 쓰인다.

　　　　예 Will you have coffee or tea? 커피를 마시겠습니까? 아니면 차를 마시겠습니까?

　　　　　　Hurry up, or you will miss the train. 서둘러라. 그렇지 않으면 기차를 놓칠 것이다.

　　㉢ but

　　　• '그러나(대조, 상반되는 내용의 연결)'의 뜻으로 쓰인다.

　　　　예 He tried hard, but failed. 그는 열심히 노력했지만, 실패하였다.

　　　• not A but B : A가 아니라 B, A하지 않고 B하다.

　　　　예 I did not go, but stayed at home. 나는 가지 않고 집에 있었다.

　　㉣ for : '~이니까, ~을 보니(앞의 내용에 대한 이유의 부연설명)'의 뜻으로 쓰인다.

　　　　예 We can't go, for it's raining hard. 비가 심하게 와서 갈 수 없겠다.

② 대등절의 평행구조

　㉠ **평행구조** : 문장에서 등위접속사는 동일한 성분의 구나 절을 연결해야 하고, 이를 평행구조를 이룬다고 말한다.

　㉡ A and(but, or) B일 때 : A가 명사, 형용사, 부사, 부정사, 동명사, 절이면 B도 명사적 어구, 형용사적 어구, 부사적 어구, 부정사, 동명사, 절이어야 한다.

　　🔲 She is kind and beautiful(형용사끼리 연결). 그녀는 친절하고 아름답다.

　　　He look on me questioningly and distrustfully(부사끼리 연결).

　　　그가 나를 미심쩍고 의심스럽게 본다.

(2) 상관접속사

① **상관접속사** … 양쪽이 상관관계를 갖고 서로 짝을 이루게 연결시키는 접속사로 다음 A와 B는 같은 문법구조를 가진 동일성분이어야 한다.

　㉠ both A and B : 'A와 B 둘 다'의 뜻으로 쓰인다.

　　🔲 Both brother and sister are dead. 오누이가 다 죽었다.

　㉡ not only A but also B(= B as well as A) : 'A뿐만 아니라 B도'의 뜻으로 쓰인다.

　　🔲 Not only you but also he is in danger. 너뿐만 아니라 그도 위험하다.

　　　= He as well as you is in danger.

　㉢ either A or B : 'A 또는 B 둘 중에 하나'의 뜻으로 쓰인다.

　　🔲 He must be either mad or drunk. 그는 제 정신이 아니거나 취했음에 틀림없다.

　㉣ neither A nor B : 'A 또는 B 둘 중에 어느 것도 (아니다)'의 뜻으로 쓰인다.

　　🔲 She had neither money nor food. 그녀는 돈도 먹을 것도 없었다.

② 주어와 동사의 일치

　㉠ both A and B : 복수 취급한다.

　　🔲 Both you and I are drunk(복수 취급). 너와 나 모두 취했다.

　㉡ not only A but also B(= B as well as A) : B에 동사의 수를 일치시킨다.

　　🔲 Not only you but also I am drunk(후자에 일치). 너뿐만 아니라 나도 취했다.

　　　= I as well as you am drunk(전자에 일치).

　㉢ either A or B : B에 동사의 수를 일치시킨다.

　　🔲 Either you or I am drunk(후자에 일치). 너와 나 둘 중에 하나는 취했다.

　㉣ neither A nor B : B에 동사의 수를 일치시킨다.

　　🔲 Neither you nor I am drunk(후자에 일치). 너도 나도 취하지 않았다.

(3) 종속접속사

① 명사절을 이끄는 종속접속사 … 명사절은 문장 속에서 주어, 보어, 목적어 및 명사와 동격으로 쓰인다.

　㉠ that : '~하는 것'의 뜻으로 주어, 보어, 목적어, 동격으로 쓰인다.

　　예 That he stole the watch is true(주어로 쓰임). 그가 시계를 훔쳤다는 것은 사실이다.

　　The fact is that he stole the watch(보어로 쓰임). 사실은 그가 시계를 훔쳤다.

　　I know that he stole the watch(목적어로 쓰임). 나는 그가 시계를 훔쳤다는 것을 알고 있다.

　　There is no proof that he stole the watch(동격으로 쓰임).

　　그가 시계를 훔쳤다는 증거는 없다.

> TIP 명사절을 이끄는 종속접속사 that의 생략
> ㉠ that절이 동사의 목적어 또는 형용사의 보어가 되는 경우 that은 생략해도 된다.
> ㉡ that절이 주어인 경우 또는 주격보어인 경우 that은 생략할 수 없다.
> ㉢ that절로 된 명사절이 둘 이상일 때 처음에 나오는 that절의 that은 생략할 수 있으나, 그 다음에 나오는 that절의 that은 생략할 수 없다.

　㉡ whether와 if : '~인지(아닌지)'의 뜻으로 쓰인다. whether가 이끄는 명사절은 문장에서 주어, 보어, 목적어로 쓰일 수 있으나 if절은 타동사의 목적어로만 쓰인다.

　　예 Whether he will come is still uncertain(주어 – if로 바꿔 쓸 수 없음).

　　그가 올지는 여전히 불확실하다.

　　The question is whether I should pay or not(보어 – if로 바꿔 쓸 수 없음).

　　문제는 내가 돈을 지불하느냐 마느냐이다.

　　I don't know whether(if) I can do it(타동사의 목적어 – if로 바꿔 쓸 수 있음).

　　내가 그것을 할 수 있을지 모르겠다.

② 시간의 부사절을 이끄는 종속접속사

　㉠ while : ~하는 동안

　　예 Make hay while the sun shines. 해가 빛나는 동안 건초를 말려라.

　㉡ before : ~전에

　　예 I want to take a trip around the world before I die.

　　나는 죽기 전에 세계일주여행을 하고 싶다.

　㉢ after : ~후에

　　예 I'll go to bed after I finish studying. 나는 공부를 마친 후에 자러갈 것이다.

　㉣ when, as : ~할 때

　　예 The event occurred when I was out on a trip.

　　그 사건은 내가 여행으로 집에 없을 때 일어났다.

　　He was trembling as he spoke. 그는 이야기할 때 떨고 있었다.

　㉤ whenever : ~할 때마다

　　예 Whenever she drinks, she weeps. 그녀는 술 마실 때마다 운다.

ⓗ since : '~한 이래'의 의미로 주로 '현재완료 + since + S + 동사의 과거형 ~[~한 이래 (현재까지) 계속 …하다]'의 형태로 쓰인다.

例 He has been ill since he had the accident. 그는 그 사고를 당한 이래로 계속 아팠다.

ⓢ not ~ until … : '…할 때까지 ~하지 않다, …하고 나서야 비로소 ~하다'의 의미로 It is not until … that ~ (= ~ only after …) 구문으로 바꿔쓸 수 있다.

例 He did not come until it grew dark. 그는 어두워진 후에야 왔다.
　　= It was not until it grew dark that he came.
　　= Not until it grew dark did he come.

ⓞ as soon as + S + 동사의 과거형 ~, S + 동사의 과거형 ~ : '~하자마자 …했다'의 의미로 다음 구문과 바꿔쓸 수 있다.

• The moment(Immediately) + S + 동사의 과거형 ~, S + 동사의 과거형
• No sooner + had + S + p.p. + than + S + 동사의 과거형
• Hardly(Scarcely) + had + S + p.p. + when(before) + S + 동사의 과거형

例 As soon as he saw me, he ran away. 그는 나를 보자마자 도망쳤다.
　　= The moment(Immediately) he saw me, he ran away.
　　= No sooner had he seen me than he ran away.
　　= Hardly(Scarcely) had he seen me when(before) he ran away.

③ 원인 · 이유의 부사절을 이끄는 종속접속사

㉠ since, as, now(seeing) that ~ : '~이므로'의 뜻으로 쓰이며, 간접적이거나 가벼운 이유를 나타낸다.

例 Since it was Sunday, she woke up late in the morning. 일요일이었기에 그녀는 아침 늦게 일어났다.
　　As he often lies, I don't like him. 그가 종종 거짓말을 했기 때문에 나는 그를 좋아하지 않는다.
　　Now (that) he is absent, you go there instead. 그가 부재중이므로 당신이 대신 거기에 간다.

㉡ because : '~이기 때문에'의 뜻으로 쓰이며, 강한 인과관계를 표시한다.

例 Don't despise a man because he is poorly dressed. 초라하게 차려입었다고 사람을 무시하지 마라.

④ 목적 · 결과의 부사절을 이끄는 종속접속사

㉠ 목적의 부사절을 이끄는 종속접속사

• 긍정의 목적 : (so) that : may(can, will) ~(= in order that)의 구문을 사용하며 '~하기 위해, ~하도록(긍정)'의 뜻으로 쓰인다.

例 I stood up so that I might see better. 나는 더 잘 보기 위해 일어났다.
　　= I stood up in order that I might see better.
　　= I stood up in order to see better.

• 부정의 목적 : lest … (should) ~(= for fear that … should ~ = so that … not ~)의 구문을 사용하며 '~하지 않기 위해, ~하지 않도록(부정)'의 뜻으로 쓰인다.

例 He worked hard lest he should fail. 그는 실패하지 않도록 열심히 일했다.
　　= He worked hard so that he would not fail.
　　= He worked hard in case he should fail.
　　= He worked hard for fear that he should fail.

ⓛ 결과의 부사절을 이끄는 종속접속사
- so (that)은 '그래서'의 뜻으로 쓰이며, 이때 so 앞에 반드시 comma(,)가 있어야 한다.
- so(such) : that ∼의 구문을 사용하며 '너무 …해서 (그 결과) ∼하다'의 뜻으로 쓰인다.
  - 🄲 He is so kind a man that everyone likes him[so + 형용사 + (a / an) + 명사].
    그는 너무 친절해서 모든 사람들이 좋아한다.
    = He is such a kind man that everyone likes him[such + (a / an) + 형용사 + 명사].

⑤ 조건 · 양보 · 양태의 부사절을 이끄는 종속접속사
  ㉠ 조건의 부사절을 이끄는 종속접속사
  - if : '만약 ∼라면'의 뜻으로 쓰이며 실현가능성이 있는 현실적 · 긍정적 조건절을 만든다.
    - 🄲 We can go if we have the money. 만약 우리가 돈을 가지고 있다면 우리는 갈 수 있다.
  - unless : '만약 ∼가 아니라면(= if ∼ not)'의 뜻이며 부정적 조건절을 만든다.
    - 🄲 I shall be disappointed unless you come. 만약 당신이 오지 않는다면 나는 실망할 것이다.
  - 조건을 나타내는 어구 : provided (that), providing, suppose, supposing (that) 등이 있다.
    - 🄲 I will come provided (that) I am well enough. 건강이 괜찮으면 오겠습니다.
  ㉡ 양보의 부사절을 이끄는 종속접속사
  - whether ∼ or not : ∼이든 아니든
    - 🄲 Whether it rains or not, I will go. 비가 내리든 내리지 않든 나는 갈 것이다.
  - though, although, even if : 비록 ∼라 할지라도
    - 🄲 Even if I am old, I can still fight. 내가 비록 늙었다 할지라도 나는 여전히 싸울 수 있다.
  - 형용사 · 부사 · (관사 없는) 명사 + as + S + V ∼(= as + S + V + 형용사 · 부사 · 명사) : 비록 ∼라 할지라도, ∼이지만
    - 🄲 Pretty as the roses are, they have many thorns. 장미꽃들은 예쁘지만, 그것들은 가시가 많다.
  - 동사원형 + as + S + may, might, will, would(= as + S + may, might, will, would + 동사원형) : 비록 ∼라 하더라도, ∼이지만
    - 🄲 Laugh as we would, he maintained the story was true.
      우리가 웃었지만 그는 그 이야기가 사실이라고 주장하였다.
  - no matter + 의문사(what, who, when, where, which, how) + S + V : 비록 (무엇이, 누가, 언제, 어디에서, 어느 것이, 어떻게) ∼할지라도, 아무리 ∼해도
    - 🄲 No matter what I say or how I say it, he always thinks I'm wrong.
      내가 아무리 무슨 말을 하거나 그것을 어떻게 말해도, 그는 항상 내가 틀렸다고 생각한다.
  ㉢ 양태의 부사절을 이끄는 종속접속사 : (just) as를 사용하며 '∼하는 대로, ∼하듯이'의 뜻으로 쓰인다.
    - 🄲 Everything happened just as I had said. 모든 일이 내가 말해 왔던 대로 일어났다.

❷ 전치사

(1) 시간을 나타내는 전치사

① 특정한 때를 나타내는 전치사

    ㉠ at : (시각, 정오, 밤)에

        📵 at ten, at noon, at night

    ㉡ on : (날짜, 요일)에

        📵 on July 4, on Sunday

    ㉢ in : (월, 계절, 연도, 세기, 아침, 오후, 저녁)에

        📵 in May, in winter, in 2001, in the 21th century, in the morning(afternoon, evening)

② 기간을 나타내는 전치사

    ㉠ 'for + 숫자'로 표시되는 기간 : ~동안에

        📵 He was in hospital for six months. 그는 여섯 달 동안 병원에 있었다.

    ㉡ during + 특정기간 : ~동안에

        📵 He was in hospital during the summer. 그는 여름 동안 병원에 있었다.

    ㉢ through + 특정기간 : (처음부터 끝까지) ~내내(기간의 전부)

        📵 He worked all through the afternoon. 그는 오후 내내 일하였다.

③ 시간의 추이를 나타내는 전치사

    ㉠ in : ~안에(시간의 경과)

        📵 I will be back in an hour. 나는 1시간 후에 돌아올 것이다.

    ㉡ within : ~이내에(시간의 범위)

        📵 I will be back within an hour. 나는 1시간 이내에 돌아올 것이다.

    ㉢ after : ~후에(시간의 경과)

        📵 I will be back after an hour. 나는 1시간 후에 돌아올 것이다.

④ '~까지는'의 뜻을 가지는 전치사

    ㉠ until : ~까지(동작·상태의 계속)

        📵 I will wait until seven. 나는 7시까지 기다릴 것이다.

    ㉡ by : ~까지는(동작의 완료)

        📵 I will come by seven. 나는 7시까지 돌아올 것이다.

    ㉢ since : ~이래(현재까지 계속)

        📵 It has been raining since last night. 어젯밤 이래 계속 비가 내리고 있다.

⑤ 예외적으로 on을 사용하는 경우 … 특정한 날의 아침, 점심, 저녁, 밤 등이거나 수식어가 붙으면 on을 쓴다.

    📵 on the evening of August 27th, on Friday morning, on a rainy(clear, gloomy) night

(2) 장소를 나타내는 전치사

① 상하를 나타내는 전치사

　ⓐ on과 beneath

　　• on : (표면에 접촉하여) ~위에

　　　예 There is a picture on the wall. 벽에 그림이 하나 있다.

　　• beneath : (표면에 접촉하여) ~아래에

　　　예 The earth is beneath my feet. 지구는 내 발 아래에 있다.

　ⓑ over와 under

　　• over : (표면에서 떨어져 바로) ~위에

　　　예 There is a bridge over the river. 강 위에 다리가 하나 있다.

　　• under : (표면에서 떨어져 바로) ~아래에

　　　예 There is a cat under the table. 탁자 아래에 고양이가 한 마리 있다.

　ⓒ above와 below

　　• above : (표면에서 멀리 떨어져) ~위에

　　　예 The sun has risen above the horizon. 태양이 수평선 위에 떴다.

　　• below : (표면에서 멀리 떨어져) ~아래에

　　　예 The moon has sunk below the horizon. 달이 수평선 아래로 졌다.

　ⓓ up과 down

　　• up : (방향성을 포함하여) ~위로

　　　예 I climbed up a ladder. 나는 사닥다리 위로 올라갔다.

　　• down : (방향성을 포함하여) ~아래로

　　　예 Tears were rolling down his cheeks. 눈물이 그의 볼 아래로 흘러내리고 있었다.

② 방향을 나타내는 전치사

　ⓐ to, for, toward(s)

　　• to : ~으로(도착지점으로)

　　　예 He went to the bank. 그는 은행에 갔다.

　　• for : ~을 향해(방향, 목표)

　　　예 He left for New York. 그는 뉴욕으로 떠났다.

　　• toward(s) : ~쪽으로(막연한 방향)

　　　예 He walked towards the church. 그는 교회쪽으로 걸었다.

　ⓑ in, into, out of

　　• in : ~안에[정지상태(= inside of)]

　　　예 There was no one in this building. 이 건물 안에는 아무도 없었다.

　　• into : (밖에서) ~안으로(운동방향)

　　　예 A car fell into the river. 자동차가 강물에 빠졌다.

- out of : (안에서) ~밖으로(운동방향)

    📵 He ran out of the house. 그는 그 집에서 도망쳤다.

③ 앞뒤를 나타내는 전치사

  ㉠ before : ~앞에(위치)

    📵 The family name comes before the first name in Korea. 한국에서는 성이 이름 앞에 온다.

  ㉡ in front of : ~의 앞에, 정면에(장소)

    📵 There are a lot of sunflowers in front of the cafe. 그 카페 앞에는 해바라기가 많이 있다.

  ㉢ behind : ~뒤에(장소)

    📵 The man hid behind the tree. 그 남자는 나무 뒤에 숨었다.

  ㉣ opposite : ~의 맞은편에(위치)

    📵 She sat opposite me at the party. 모임에서 그녀는 내 맞은편에 앉았다.

  ㉤ after : ~을 뒤쫓아(운동상태), ~다음에(전후순서)

    📵 Come after me. 나를 따라와.

      B comes after A in the alphabet. B는 알파벳에서 A 다음에 온다.

출제 예상 문제

┃1∼2┃ 밑줄 친 부분에 들어갈 말로 가장 적절한 것을 고르시오.

1

> I am aware that my driver's license will _____ in about two weeks.

① expire

② expose

③ explore

④ express

> **TIP** ① 만기가 되다
> ② 폭로하다
> ③ 탐구하다
> ④ 표현하다
>
> 「저는 제 운전면허증이 2주 정도 후에 만료된다는 것을 알고 있습니다.」

2

> He studied very hard not to _____ his parents because of poor grades.

① back up

② let down

③ look up to

④ come down with

> **TIP** ① 지지하다
> ② 실망시키다
> ③ 존경하다
> ④ 걸리다
>
> 「그는 나쁜 성적 때문에 부모님을 실망시키지 않기 위해 열심히 공부했다.」

Answer 1.① 2.②

❚3～4❚ 밑줄 친 부분의 의미와 가장 가까운 것을 고르시오.

3

> The reason you can't tickle yourself is that when you move a part of your own body, a part of your brain monitors the movement and <u>anticipates</u> the sensations that it will cause.

① blocks

② suffers

③ expects

④ stimulates

> **TIP** tickle 간지럽히다 monitor 감시하다 sensation 감각
> ① 막다
> ② 고통받다
> ③ 예상하다
> ④ 자극하다
>
> 「여러분이 스스로를 간지럽힐 수 없는 이유는 여러분 몸의 한 부분을 움직일 때, 여러분의 뇌의 한 부분은 움직임을 감시하고 그것이 일으킬 감각을 <u>예상하기</u> 때문입니다.」

4

> Perfect privacy is <u>attained</u> when we are completely inaccessible to others.

① rejected

② achieved

③ imagined

④ sacrificed

> **TIP** privacy 사생활 inaccessible 접근할 수 없는
> ① 거부하다
> ② 성취하다
> ③ 상상하다
> ④ 희생하다
>
> 「완벽한 사생활은 우리가 다른 사람들이 완전히 접근할 수 없을 때 <u>얻어진다.</u>」

Answer 3.③ 4.②

|5～6| 밑줄 친 부분에 들어갈 말로 가장 적절한 것을 고르시오.

5

A mouse potato is the computer _____ of television's couch potato : someone who tends to spend a great deal of leisure time in front of the computer in much the same way the couch potato does in front of the television.

① technician   ② equivalent
③ network   ④ simulation

> **TIP** mouse potato 컴퓨터광   equivalent 상응하는   couch potato TV광
> ① 기술자
> ② 등가물
> ③ 네트워크
> ④ 모의 실험
>
> 「마우스 포테이토는 TV의 카우치 포테이토에 <u>상응하는</u> 컴퓨터 용어이다 : 카우치 포테이토는 TV 앞에서 하는 것과 거의 같은 방식으로 컴퓨터 앞에서 많은 여가 시간을 보내는 경향이 있는 사람이다.」

6

Mary decided to _____ her Spanish before going to South America.

① brush up on   ② hear out
③ stick up for   ④ lay off

> **TIP** brush up on 복습하다
> ① 복습하다.
> ② 끝까지 듣다
> ③ 변호하다
> ④ 해고하다
>
> 「Mary는 남아메리카에 가기 전에 스페인어를 <u>복습하기로</u> 결정했다.」

Answer   5.② 6.①

7 밑줄 친 부분의 의미와 가장 가까운 것은?

> For many compulsive buyers, the act of purchasing, rather than what they buy, is what leads to <u>gratification</u>.

① liveliness

② confidence

③ tranquility

④ satisfaction

TIP compulsive 충동적인 rather than ~라기 보다는 gratification 만족
① 활기
② 확신
③ 평온
④ 만족
「많은 충동적인 구매자들에게 구매의 행위는 그들이 무엇을 사는가라기보다 <u>만족</u>으로 이끄는 것이다.」

▌8~10▐ 밑줄 친 부분에 들어갈 말로 가장 적절한 것을 고르시오.

8

> Globalization leads more countries to open their markets, allowing them to trade goods and services freely at a lower cost with greater _____.

① extinction

② depression

③ efficiency

④ caution

TIP globalization 세계화 trade 거래하다
① 소멸
② 불경기
③ 효율성
④ 주의
「세계화는 더 많은 나라들이 그들의 시장을 개방하도록 이끌어서 그들의 상품과 서비스를 더 큰 <u>효율성</u>과 더 낮은 가격으로 자유롭게 거래하도록 한다.」

Answer 7.④ 8.③

9

> We're familiar with the costs of burnout: Energy, motivation, productivity, engagement, and commitment can all take a hit, at work and at home. And many of the _____ are fairly intuitive: Regularly unplug. Reduce unnecessary meetings. Exercise. Schedule small breaks during the day. Take vacations even if you think you can't afford to be away from work, because you can't afford not to be away now and then.

① fixes

② damages

③ prizes

④ complications

TIP cost 대가 burnout 탈진 motivation 동기, 자극 productivity 생산성 engagement 약속, 업무, 참여 commitment 약속, 헌신 take a hit 타격을 입다 intuitive 직감에 의한, 이해하기 쉬운 unplug 플러그를 뽑다 afford to ~할 여유가 있다 be away from work 결근하다 now and then 때때로

① 고정시키다, 해결책   ② 피해, 훼손, 악영향
③ 상, 상품   ④ 문제

「우리는 번아웃에 대한 대가에 익숙하다 : 활기, 동기부여, 생산성, 참여, 그리고 헌신은 직장에서나 집에서 타격을 입을 수 있다. 그리고 대부분의 해결책은 꽤 이해하기 쉽다. : 주기적으로 플러그를 뽑아라. 불필요한 만남을 줄여라. 운동하라. 하루 동안 짧은 휴식을 스케줄에 넣어라. 결근할 여유가 없다는 생각이 들더라도 휴가를 떠나야 한다. 왜냐하면 당신은 때때로 자리를 비울 여유가 없을 수 있기 때문이다.」

10

> The government is seeking ways to soothe salaried workers over their increased tax burdens arising from a new tax settlement system. During his meeting with the presidential aides last Monday, the President _____ those present to open up more communication channels with the public.

① fell on

② called for

③ picked up

④ turned down

TIP seek 찾다 soothe 달래다, 진정시키다 salaried 봉급을 받는 burden 부담, 짐 arise from ~에서 발생하다 settlement 합의, 해결 aide 보좌관 those present 출석자들 open up 마음을 터놓다, 열다

① ~에 떨어지다, 돌아가다   ② ~을 요구하다
③ 듣게 되다, 알게 되다, ~을 알아보다   ④ 거절하다

「정부는 새로운 세금 결산 체계에서 발생하는 그들의 증가하는 세금 부담에 관하여 봉급을 받는 근로자들을 진정시킬 방법을 찾고 있다. 지난 월요일 대통령 보좌관들과의 회의 동안에, 대통령은 출석자들에게 대중과 더 많은 소통 창구를 여는 것을 요구했다.」

Answer 9.① 10.②

11 밑줄 친 부분의 의미와 가장 가까운 것은?

> In studying Chinese calligraphy, one must learn something of the origins of Chinese language and of how they were originally written. However, except for those brought up in the artistic traditions of the country, its aesthetic significance seems to be very difficult to apprehend.

① encompass

② intrude

③ inspect

④ grasp

> **TIP** calligraphy 서예 origin 기원 except for ~을 제외하고 Chinese calligraphy 중국의 서예 bring ~ up ~을 기르다 artistic 예술의 aesthetic 심미적, 미학적, 미적인 significance 중요성 apprehend 체포하다, 파악하다
>
> ① 포함하다, 아우르다
> ② 자기 마음대로 가다, 방해하다
> ③ 점검하다
> ④ 꽉 잡다, 완전히 이해하다, 파악하다
>
> 「중국 서예를 공부할 때, 중국 언어의 기원과 그것들이 원래 어떻게 쓰였는지에 대해 배워야만 한다. 그러나 그 나라의 예술적 전통에서 길러진 사람들을 제외하고는, 그것의 미적인 중요성은 파악하기가 매우 어렵다.」

▌12 ~ 14▌ 밑줄 친 부분의 의미와 가장 가까운 것을 고르시오.

12

> Privacy as a social practice shapes individual behavior in conjunction with other social practices and is therefore central to social life.

① in combination with

② in comparison with

③ in place of

④ in case of

> **TIP** practice 관행 in conjunction with ~와 결합하여, 함께
>
> ① ~와 결합하여, 함께
> ② ~와 비교하여, ~에 비해서
> ③ ~ 대신에
> ④ ~의 경우에
>
> 「사회 관행으로서의 사생활은 다른 사회적 관행과 함께 개인의 행동을 형성하고 사회생활의 중심이 된다.」

Answer 11.④ 12.①

13

The influence of Jazz has been so <u>pervasive</u> that most popular music owes its stylistic roots to jazz.

① deceptive
② ubiquitous
③ persuasive
④ disastrous

> **TIP** influence 영향력 pervasive 만연하는, 스며드는
> ① 기만적인, 현혹하는
> ② 어디에나 있는, 아주 흔한
> ③ 설득력 있는
> ④ 처참한, 형편없는
> 「재즈의 영향력이 매우 <u>만연해</u> 있어서 대부분의 대중음악은 재즈에 형태적 근거를 두고 있다.」

14

This novel is about the <u>vexed</u> parents of an unruly teenager who quits school to start a business.

① callous
② annoyed
③ reputable
④ confident

> **TIP** vexed 곤란한, 짜증이 난 unruly 제멋대로의 quit 그만두다
> ① 냉담한
> ② 짜증이 난, 약이 오른
> ③ 평판이 좋은
> ④ 자신감 있는
> 「이 소설은 사업을 시작하기 위해 학교를 그만두는 한 제멋대로인 10대의 <u>골치 아파하는</u> 부모에 관한 이야기이다.」

Answer 13.② 14.②

15 밑줄 친 부분의 의미와 가장 가까운 것을 고르면?

> The <u>paramount</u> duty of the physician is to do no harm. Everything else — even healing — must take second place.

① chief

② sworn

③ successful

④ mysterious

TIP paramount 다른 무엇보다 중요한
① 주된
② 선서를 하고 한
③ 성공한
④ 기이한

「의사의 가장 중요한 의무는 해를 주지 않는 것이다. 그 밖의 모든 것은 – 심지어 치료하는 것도 – 그 다음의 일이다.」

16 밑줄 친 부분의 의미와 가장 가까운 것은?

> The student who finds the state-of-the-art approach <u>intimidating</u> learns less than he or she might have learned by the old methods.

① humorous

② friendly

③ convenient

④ frightening

TIP find ~라고 여기다 state-of-the-art 최신의 intimidating 위협적인, 겁나는
① 재미있는
② 친절한
③ 편리한
④ 무서운

「최신의 접근법이 위협적이라고 여기는 학생은 그 또는 그녀가 예전의 방법을 통해 배웠을지도 모르는 것보다 더 적게 배운다.」

Answer   15.① 16.④

17 다음 글의 요지로 가장 적절한 것은?

Whether it's Beyonce's "Naughty Girl," Taylor Swift's "Untouchable" or Eminem's "Lose Yourself" that inspires you to work out harder, everyone knows that listening to tunes during exercise is a proven way to boost your workout performance and duration. The faster the better, right? High-tempo music—the type that equates to about 170 heartbeats per minute—reduces perceived effort and boosts cardiovascular benefits more than lower tempos, according to a new study published Sunday in the journal *Frontiers in Psychology*. Music can arouse and boost mood before exercise, dampen perceptions of pain and fatigue during a workout, and inspire bursts of effort, performance and endurance, researchers discovered.

① 운동 후에 음악을 들으면 피로감이 감소한다.
② 빠른 템포의 음악을 들으면서 운동하면 운동의 효율이 높아진다.
③ 음악은 근력 운동 시 사람의 심리 상태를 불안하게 할 여지가 있다.
④ 빠른 템포의 음악은 분당 170회의 심장 박동수에 해당하는 템포의 음악을 말한다.

> **TIP** proven 입증된 duration 기간 equate 같다 cardiovascular 심장혈관의 dampen 기를 꺾다
> 첫 문장의 "모든 사람들은 운동 중에 음악을 듣는 것이 운동 성과와 지속 시간을 향상시키는 검증된 방법이라는 것을 안다"'는 내용을 통해 ②번이 정답임을 알 수 있다.
>
> 「당신이 운동을 더 많이 열심히 하도록 하는 것이 비욘세의 'Naughty Girl'이든, 테일러 스위프트의 'Untouchable'이든, 에미넴의 'Lose Yourself'이든 간에, 모든 사람들은 운동 중에 음악을 듣는 것이 운동 성과와 지속 시간을 향상시키는 검증된 방법이라는 것을 알고 있다. 빠르면 빠를수록 좋죠? 일요일에 저널 Frontiers in Psychology에 실린 새로운 연구에 따르면, 1분에 약 170회의 심장 박동에 해당하는 빠른 템포의 음악은 느린 템포보다 지각된 노력을 줄이고 심혈관 효과를 더 높인다고 한다. 음악은 운동하기 전에 기분을 북돋우며, 운동하는 동안 고통과 피로에 대한 인식을 약화시키고, 노력, 수행, 인내를 불러일으킬 수 있다는 것을 연구원들은 발견했다.」

Answer 17.②

18 다음 글의 주제로 가장 적절한 것은?

Dubai is one of the hottest and driest places on earth. In the past, there was no air-conditioning, or even electricity. How did people in Dubai survive in this severe weather? They invented a type of air-conditioning that did not require electricity: the wind tower. A wind tower stands tall above a house. It catches the wind and moves it inside. The air is cooled down when it meets cold water that flows through the underground canal in the building. This air cools the inside of the building. The buildings are made with thick walls and have small windows; these help keep cool air in and heat out. Most houses are built very close together with high walls and ceilings. This also helps create more shade and reduce heat. Although modern buildings in Dubai are air-conditioned and no longer use wind towers for cooling, wind towers still remain an important architectural symbol in Dubai.

① the history of air-conditioning systems
② different ways to build towers in Dubai
③ the difficulties of living in a dry climate
④ how houses were traditionally cooled in Dubai

TIP severe 혹독한 architectural 건축의
글의 주제를 묻는 유형에서 지문속에서 질문과 그것에 대한 답이 나오는 경우 그것은 주제와 밀접한 관련이 있다. 글의 전반부에서, "두바이 사람들은 이 혹독한 날씨에서 어떻게 살아남았을까? 그들은 전기를 필요로 하지 않는 에어컨의 일종인 풍력탑을 발명했다."라는 내용을 통해 ④번이 정답임을 알 수 있다.

① 에어컨 시스템의 역사
② 두바이에서 타워를 짓는 다양한 방법들
③ 건조한 기후에서 사는 것의 어려움
④ 두바이에서 집들이 전통적으로 어떻게 시원했는가

「두바이는 지구상에서 가장 덥고 건조한 곳 중 하나이다. 과거에는 에어컨, 심지어 전기도 없었다. 두바이 사람들은 이 혹독한 날씨에서 어떻게 살아남았을까? 그들은 전기를 필요로 하지 않는 에어컨의 일종인 풍력탑을 발명했다. 풍력탑이 집 위에 우뚝 솟아 있다. 그것은 바람을 잡아 안으로 운반한다. 공기는 건물 내 지하수도를 통해 흐르는 차가운 물을 만나면 차가워진다. 이 공기는 건물 내부를 시원하게 한다. 그 건물들은 두꺼운 벽과 작은 창문으로 만들어져 있다; 이것들은 시원한 공기를 안으로 들이고 열은 밖으로 내도록 돕는다. 대부분의 집들은 높은 벽과 천장과 함께 매우 가깝게 지어진다. 이것은 또한 더 많은 그늘을 만들고 열을 줄이는 데 도움을 준다. 비록 두바이의 현대적인 건물들은 에어컨이 설치되어 있고 더 이상 냉각을 위해 풍력탑를 사용하지 않지만, 풍력탑2.4은 여전히 두바이에서 중요한 건축적 상징으로 남아 있다.」

19 다음 글의 제목으로 가장 적절한 것은?

According to the Stockholm International Peace Research Institute's annual report in 2017, the United States accounts for more than a third of worldwide military spending. China is second in military spending, but its expenditures are only a third of those of the United States. Russia spends about a ninth as much. U.S. efforts to get European allies to bear more of the defense burden have been largely unsuccessful, although Britain, France, and Germany spend more per capita on defense than any country except the United States.

① China's Growing Military Power

② Europeans' Need for Military Power

③ A Gap in Worldwide Military Spending

④ U.S. Efforts to Spend More on the Military

> **TIP** annual 매년의   expenditure 지출
> 위의 글은 미국과 다른나라들과의 국방비 차이가 크다는 것을 말해주는 글이다.
>
> ① 중국의 성장하는 군사력
> ② 유럽인들의 군사력에 대한 필요성
> ③ 전 세계 군사비 지출의 격차
> ④ 더 많은 군사비 지출을 위한 미국의 노력
>
> 「Stockholm International Peace Research Institute의 2017년 연례보고서에 따르면, 미국은 전 세계 군사비 지출의 3분의 1 이상을 차지한다. 중국은 군사비 지출에서 2위지만, 중국의 지출은 미국의 3분의 1에 불과하다. 러시아는 약 9분의 1을 소비한다. 비록 영국, 프랑스, 독일이 미국을 제외한 어떤 나라보다 1인당 국방비를 더 많이 지출하지만, 유럽 동맹국들이 더 많은 국방 부담을 지도록 하려는 미국의 노력은 대체로 성공하지 못했다.」

Answer 19.③

20 다음 글의 내용과 일치하지 않는 것은?

> The most common injuries incurred in physical activity are sprains and strains. A strain occurs when the fibers in a muscle are injured. Common activity-related injuries are hamstring strains that occur after a vigorous sprint. Other commonly strained muscles include the muscles in the front of the thigh, the low back, and the calf. A sprain is an injury to a ligament—the connective tissue that connects bones to bones. The most common sprain is to the ankle; frequently, the ankle is rolled to the outside when jumping or running. Other common sprains are to the knee, the shoulder, and the wrist.

① Both sprains and strains are likely to occur in physical activity.

② You can hurt your hamstrings after a powerful sprint.

③ Jumping or running can cause an ankle sprain.

④ You are more likely to sprain your shoulder than your ankle.

TIP sprain 염좌 strain 접질림 hamstring 햄스트링 vigorous 격렬한 thigh 허벅지 calf 종아리 ligament 인대 knee 무릎 shoulder 어깨 wrist 손목
발목보다 어깨가 삐끗할 확률이 높다는 내용은 본문에 나와 있지 않다.

① 염좌와 변종은 모두 신체 활동에서 발생할 가능성이 있다.
② 힘차게 질주한 후에 햄스트링을 다칠 수 있다.
③ 점프나 달리기는 발목을 삐게 할 수 있다.
④ 발목보다 어깨를 삐끗할 확률이 높다.

「신체 활동에서 가장 흔한 부상은 염좌와 접질림이다. 접질림은 근육의 섬유질이 손상되었을 때 발생한다. 일반적인 활동 관련 부상은 격렬한 전력 질주 후에 발생하는 햄스트링 접질림이다. 다른 일반적으로 접질린 근육은 허벅지 앞 근육, 등 아래 근육, 종아리 근육을 포함한다. 염좌는 뼈와 뼈를 연결하는 결합 조직인 인대의 손상이다. 가장 흔한 염좌는 발목이다; 종종 점프하거나 뛸 때 발목은 바깥쪽으로 꺾인다. 다른 흔한 염좌는 무릎, 어깨, 손목이다.」

Answer 20.④

21 주어진 문장이 들어갈 위치로 가장 적절한 것은?

> Animals move for many reasons.

All animals move about in certain ways during their lives. They may swim, walk, crawl, run, fly, or swing through trees. However, all animal movements have something in common. (①) When an animal moves, its nervous system, muscular system, and skeletal system work together in three stages. (②) First, an animal's nervous system receives a signal from the environment. Second, its nervous system processes the signal. (③) Finally, its nervous system signals the muscles, which contract, causing the skeleton to move. (④) They move to obtain food, defend and protect themselves, maintain homeostasis, and find mates.

TIP crawl 기어가다 swing 흔들리다, 매달리다 contract 수축하다 homeostasis 항상성

④번 뒤에 문장에서 먹이, 방어, 항상성, 짝을 위해서 움직인다는 움직임의 많은 이유가 나열되는 되는 것으로 보아서, ④번에 가장 적절하다.

「모든 동물들은 살아가는 동안 특정한 방식으로 움직인다. 그들은 수영하고, 걷고, 기어다니고, 뛰고, 날고, 나무들 사이에 매달릴 수 있다. 하지만, 모든 동물의 움직임은 공통점이 있다. 동물이 움직일 때, 신경계, 근육계, 그리고 골격계는 3단계로 함께 움직입니다. 첫째, 동물의 신경계는 환경으로부터 신호를 받는다. 둘째, 그것의 신경계는 신호를 처리한다. 마지막으로, 그것의 신경계는 근육에 신호를 보내고, 근육을 수축하여 골격이 움직이게 한다. <u>동물들은 많은 이유로 움직인다</u> 먹이를 얻고, 자신을 방어하고, 항상성을 유지하고, 짝을 찾기 위해 움직인다.」

Answer　21.④

22 주어진 글 다음에 이어질 글의 순서로 가장 적절한 것은?

Television is addictive. For example, when a set breaks, most families rush to have it repaired, often renting one if the repair process takes longer than a day or two.

(A) At first, most volunteers did well, reporting that they were spending more time with their children, reading, and visiting friends. Then, within a month, tension, restlessness, and quarreling increased.

(B) Not one volunteer lasted more than five months without a television set. Once the sets were on again, people lost their anxieties and returned to normal.

(C) When "nothing's on TV," people experience boredom with their lives, not knowing what to do with themselves. Perhaps the best example of television addiction was an experiment in Germany in which 184 volunteers were paid to go without television for a year.

① (A) — (B) — (C)

② (B) — (A) — (C)

③ (B) — (C) — (A)

④ (C) — (A) — (B)

TIP addictive 중독성의 tension 긴장 restlessness 불안감

위의 글은 텔레비전이 중독성이 있다는 글로서, 실험을 통해 글이 전개된다. (C)에서는 실험이 처음으로 시작되는 내용이 전개되면서 처음에 나와야 한다. (A)에서는 실험의 처음상황을 전개하고 있고, (B)에서는 그러자라는 시간 부사를 통해 실험의 후반부가 전개 되고 있다. 따라서 글은 (C), (A), (B)의 순서가 가장 적절하다.

「텔레비전은 중독성이 있다. 예를 들어, 텔레비전이 고장나면 대부분의 가정은 서둘러서 수리를 맡기고, 수리 과정이 하루나 이틀 이상 걸리면 텔레비전을 종종 빌린다.

(C) "TV에 아무것도 나오지 않을 때, 사람들은 어떻게 해야 할지 알지 못한 채 그들의 삶에 지루함을 경험한다. 아마도 텔레비전 중독의 가장 좋은 예는 184명의 자원봉사자들이 1년 동안 텔레비전 없이 지내도록 돈을 받았던 독일에서의 실험일 것이다.

(A) 처음에는 대부분의 자원봉사자들이 아이들과 더 많은 시간을 보내고 있고, 책을 읽고, 친구들을 방문한다고 보고하며 잘 해냈다. 그리고 한 달도 안 돼 긴장감과 불안감, 다툼이 커졌다.

(B) 단 한 명의 자원봉사자도 텔레비전 없이 5개월 이상 버틸 수 없었다. 일단 텔레비전이 다시 켜지자, 사람들은 걱정을 덜고 정상으로 돌아왔다.」

Answer   22.④

23 밑줄 친 부분에 들어갈 말로 가장 적절한 것은?

There's one problem with the pessimist's perspective: progress is taking place everywhere. Humanity has improved by many measures—life expectancy, education, religious tolerance, and gender equality. But that success has become the water in which we swim, and like fish, we take the water for granted. While we fail to notice the positive, our brains naturally emphasize the negative. As neuropsychologist Rick Hanson described in his 2013 book *Hardwiring Happiness*, we are designed to focus on the beasts that are still out there in the deep rather than on those we have tamed. But with practice, we can _____. Hanson's advice: when you hear a great story, achieve something in your own life, or just find yourself in a beautiful place with those you love, deliberately rest your mind on that experience and stay with it.

① help our brains give the good stuff equal weight

② gradually adjust to the pessimistic viewpoint

③ altogether avoid seeking out optimism

④ be left feeling helpless and anxious

TIP pessimist 비관론자 life expectancy 기대수명 neuropsychologist 신경 심리학자 tame 길들이다 deliberately 고의로
빈칸 뒤의 문장에서 "그 경험에 의도적으로 마음을 쉬게 하고 그것과 함께 지내라"라는 내용을 통해 ①번이 가장 적절한 빈칸임을 알 수 있다.

① 우리의 두뇌가 좋은 것에 같은 무게를 주도록 돕는다
② 점차 비관적인 견해에 순응하다.
③ 완전히 낙천적인 것을 찾는 것을 피하다.
④ 무기력하고 불안감을 느낀채 남겨진

「비관론자의 관점에는 한 가지 문제가 있다. 진보가 도처에서 일어나고 있다는 것이다. 인간성은 기대 수명, 교육, 종교적 관용, 그리고 양성 평등과 같은 많은 척도로 향상되었다. 하지만 그 성공은 우리가 수영하는 물이 되었다. 물고기처럼 우리는 물을 당연하게 여긴다. 우리가 긍정적인 것을 알아차리지 못하는 동안, 우리의 뇌는 자연스럽게 부정적인 것을 강조한다. 신경 심리학자 릭 핸슨이 2013년 저서 'Hardwiring Happiness'에서 묘사했듯이, 우리는 우리가 길들인 동물들보다 여전히 깊은 곳에 있는 동물들에 초점을 맞추도록 설계되었다. 하지만 연습을 통해, 우리는 <u>우리의 뇌가 좋은 것에 동등한 무게를 주도록</u> 도울 수 있다. 핸슨의 조언: 여러분이 훌륭한 이야기를 듣거나, 여러분 자신의 삶에서 무언가를 성취하거나, 여러분이 사랑하는 사람들과 함께 아름다운 장소에 있는 자신을 발견했을 때, 그 경험에 의도적으로 마음을 쉬게 하고 그것과 함께 지내라.」

24 다음 글의 내용과 일치하지 않는 것은?

Umberto Eco was an Italian novelist, cultural critic and philosopher. He is widely known for his 1980 novel *The Name of the Rose*, a historical mystery combining semiotics in fiction with biblical analysis, medieval studies and literary theory. He later wrote other novels, including *Foucault's Pendulum* and *The Island of the Day Before*. Eco was also a translator : he translated Raymond Queneau's book *Exercices de style* into Italian. He was the founder of the Department of Media Studies at the University of the Republic of San Marino. He died at his Milanese home of pancreatic cancer, from which he had been suffering for two years, on the night of February 19, 2016.

① *The Name of the Rose* is a historical novel.
② Eco translated a book into Italian.
③ Eco founded a university department.
④ Eco died in a hospital of cancer.

TIP critic 비평가 semiotics 기호학 biblical 성경의 literary 문학의 pancreatic 췌장암
글의 마지막 부분에 2년간의 투병생활을 하다가 자택에서 사망했다는 내용으로 보아 ④이 틀렸음을 알 수 있다.

① 〈장미의 이름〉은 역사적인 소설이다.
② Eco는 책을 이탈리아어로 번역했다.
③ Eco는 대학의 학부를 설립했다.
④ Eco는 암으로 병원에서 죽었다.

「움베르토 에코는 이탈리아의 소설가, 문화 평론가, 철학자였다. 그는 소설 속의 기호학을 성경 분석, 중세 연구, 문학 이론과 결합한 역사적 미스터리인 1980년의 소설 〈장미의 이름〉으로 널리 알려져 있다. 그는 후에 〈푸코의 진자〉와 〈그 전날의 섬〉을 포함한 다른 소설들을 썼다. Eco는 또한 번역가이기도 했다 : 그는 Raymond Queneau의 책 〈Excractions de style〉을 이탈리아어로 번역했다. 그는 산마리노 공립 대학교 미디어학부의 설립자였다. 그는 2년동안 췌장암으로 투병생활을 하다가 2016년 2월 19일, 밀라노의 자택에서 사망하였다.」

Answer   24.④

25 다음 글의 제목으로 가장 적절한 것은?

Lasers are possible because of the way light interacts with electrons. Electrons exist at specific energy levels or states characteristic of that particular atom or molecule. The energy levels can be imagined as rings or orbits around a nucleus. Electrons in outer rings are at higher energy levels than those in inner rings. Electrons can be bumped up to higher energy levels by the injection of energy—for example, by a flash of light. When an electron drops from an outer to an inner level, "excess" energy is given off as light. The wavelength or color of the emitted light is precisely related to the amount of energy released. Depending on the particular lasing material being used, specific wavelengths of light are absorbed (to energize or excite the electrons) and specific wavelengths are emitted (when the electrons fall back to their initial level).

① How Is Laser Produced?

② When Was Laser Invented?

③ What Electrons Does Laser Emit?

④ Why Do Electrons Reflect Light?

> **TIP** interact 상호작용하다 electron 전자 characteristic 특징, 특징인 atom 원자 molecule 분자 orbit 궤도 nucleus 핵 injection 주입 give off 방출하다 wavelength 파장 emit 방출하다 release 방출하다 absorb 흡수하다 energize 에너지를 공급하다 excite 흥분시키다 fall back to 후퇴하다, 되돌아가다 initial 최초의
> 글의 전반부의 내용으로 보아 레이저의 생성과정을 설명하는 글임을 알 수 있다. 따라서 ①번 "레이저는 어떻게 만들어지나?"가 답이 된다.
> ① 레이저는 어떻게 만들어지나?
> ② 레이저는 언제 발명되었나?
> ③ 레이저가 방출하는 전자는 무엇인가?
> ④ 전자는 왜 빛을 반사하나?
> 「빛이」 전자와 상호작용하는 방식 때문에 레이저가 가능하다. 전자는 특정 원자나 분자의 특정한 에너지 수준 또는 상태로 존재한다. 에너지 수준은 핵 주위를 도는 고리 또는 궤도로 짐작될 수 있다. 외부 고리의 전자는 내부 고리의 전자보다 더 높은 에너지 준위에 있다. 전자는 예를 들어 빛의 섬광과 같은 에너지의 주입에 의해 더 높은 에너지 수준으로 상승할 수 있다. 전자가 외부 레벨에서 내부 레벨로 떨어질 때, "초과한" 에너지는 빛으로 방출된다. 방출된 빛의 파장이나 색상은 방출되는 에너지의 양과 정확히 관련이 있다. 사용되는 특정 레이저 물질에 따라 특정 파장의 빛이 흡수되고(전자에 에너지를 공급하거나 자극하기 위해) 특정 파장이 방출된다(전자가 초기수준으로 되돌아갈 때).」

Answer 25.①

26 다음 글의 흐름상 가장 어색한 문장은?

Markets in water rights are likely to evolve as a rising population leads to shortages and climate change causes drought and famine. ① But they will be based on regional and ethical trading practices and will differ from the bulk of commodity trade. ② Detractors argue trading water is unethical or even a breach of human rights, but already water rights are bought and sold in arid areas of the globe from Oman to Australia. ③ Drinking distilled water can be beneficial, but may not be the best choice for everyone, especially if the minerals are not supplemented by another source. ④ "We strongly believe that water is in fact turning into the new gold for this decade and beyond," said Ziad Abdelnour. "No wonder smart money is aggressively moving in this direction."

TIP evolve 진화하다, 발전하다 shortage 부족 drought 가뭄 famine 기근 regional 지역적인 ethical 윤리적인 the bulk of 대부분 commodity 상품 detractor 비방하는 사람 unethical 비윤리적인 breach 파괴 arid 마른 distill 증류하다 beneficial 유익한 supplement 보충하다 aggressively 공격적으로

이 글은 물 권리 시장이 여러 가지 이유로 인해 발전할 가능성이 있다는 내용의 글이다. 따라서 증류수는 건강에 좋지 않다는 글의 ③번은 글의 흐름에 맞지 않다.

「수리권 시장은 증가하는 인구가 (물)부족을 초래하고 기후 변화가 가뭄과 기근을 야기함에 따라 발전할 가능성이 있다. ① 그러나 그것들은 지역적이고 윤리적인 무역 관행에 기초할 것이며 대부분의 상품 무역과는 다를 것이다. ② 비방론자들은 물을 거래하는 것이 비윤리적이거나 심지어 인권을 침해하는 것이라고 주장하지만, 이미 오만에서 호주까지 전세계 건조한 지역에서 수리권을 사고 팔고 있다. ③ 증류수를 마시는 것은 유익할 수 있지만, 특히 미네랄이 다른 공급원에 의해 보충되지 않는다면, 모든 사람들에게 최선의 선택은 아닐 수 있다. ④ "우리는 물이 사실 이 10년 간 그리고 그 이후에 새로운 금으로 변하고 있다고 강하게 믿고 있다."라고 Ziad Abdelnour가 말했다. "스마트 머니가 이런 방향으로 공격적으로 움직이는 것은 당연하다."」

Answer 26.③

27 다음 글의 제목으로 가장 적절한 것은?

Do people from different cultures view the world differently? A psychologist presented realistic animated scenes of fish and other underwater objects to Japanese and American students and asked them to report what they had seen. Americans and Japanese made about an equal number of references to the focal fish, but the Japanese made more than 60 percent more references to background elements, including the water, rocks, bubbles, and inert plants and animals. In addition, whereas Japanese and American participants made about equal numbers of references to movement involving active animals, the Japanese participants made almost twice as many references to relationships involving inert, background objects. Perhaps most tellingly, the very first sentence from the Japanese participants was likely to be one referring to the environment, whereas the first sentence from Americans was three times as likely to be one referring to the focal fish.

① Language Barrier Between Japanese and Americans

② Associations of Objects and Backgrounds in the Brain

③ Cultural Differences in Perception

④ Superiority of Detail—oriented People

TIP reference 언급, 참조 focal fish 초점 물고기 inert 비활성의 tellingly 효과적으로, 강력하게, refer to 가리키다

글이 문화가 다르면 세상을 다르게 보는가에 대한 질문으로 시작해서, 동일한 장면을 다른 문화의 사람들에게 보여주고 다른 결과를 말하고 있는 글이다. 따라서 ③번 인식의 문화적 차이가 정답임을 알 수 있다.

① 일본인과 미국인의 언어 장벽
② 뇌의 사물과 배경의 연관성
③ 인식의 문화적 차이
④ 세부적인 것을 지향하는 인재의 우수성

「다른 문화에서 온 사람들은 세상을 다르게 보는가? 한 심리학자가 일본과 미국 학생들에게 물고기와 다른 수중 물체의 사실적인 애니메이션 장면을 보여주었고 그들이 본 것을 보고하도록 요청했다. 미국인과 일본인은 초점 어류에 대해 동일한 수의 언급을 했지만, 일본인은 물, 바위, 거품, 그리고 비활성 동식물을 포함한 배경 요소에 대해 60% 이상 더 많은 언급을 했다. 게다가 일본과 미국의 참가자들이 활동적인 동물을 포함하는 운동에 대해 거의 같은 수의 언급을 한 반면, 일본 참가자들은 비활성, 배경 물체와 관련된 관계에 대해 거의 두 배 더 많은 언급을 했다. 아마도 가장 잘 알려진 것은, 일본 참가자들의 첫 문장은 환경을 가리키는 문장일 가능성이 높았던 반면, 미국인들의 첫 문장은 초점 어류를 가리키는 문장일 가능성이 3배나 높았다는 것이다.」

Answer 27.③

28 주어진 문장이 들어갈 위치로 가장 적절한 곳은?

Thus, blood, and life-giving oxygen, are easier for the heart to circulate to the brain.

People can be exposed to gravitational force, or g-force, in different ways. It can be localized, affecting only a portion of the body, as in getting slapped on the back. It can also be momentary, such as hard forces endured in a car crash. A third type of g-force is sustained, or lasting for at least several seconds. (①) Sustained, body-wide g-forces are the most dangerous to people. (②) The body usually withstands localized or momentary g-force better than sustained g-force, which can be deadly because blood is forced into the legs, depriving the rest of the body of oxygen. (③) Sustained g-force applied while the body is horizontal, or lying down, instead of sitting or standing tends to be more tolerable to people, because blood pools in the back and not the legs. (④) Some people, such as astronauts and fighter jet pilots, undergo special training exercises to increase their bodies' resistance to g-force.

TIP gravitational force 중력 localize 국한하다 momentary 일시적인 endure 견디다 sustain 유지하다 withstand 저항하다 deadly 치명적인 deprive 빼앗다 horizontal 수평의 tolerable 참을 수 있는 pool 울혈이 되다 circulate 순환하다 astronaut 우주 비행사 undergo 겪다 resistance 저항

④번 앞 문장에서 지속적인 중력이 다리가 아닌 등에 피가 모인다고 했으므로, 혈액과 산소는 뇌로 순환시키는 것이 더 쉽다는 인과관계가 가장 자연스럽다.

「사람들은 다양한 방법으로 중력에 노출될 수 있다. 그것은 등을 두드릴 때처럼 몸의 일부에만 영향을 미치면서 국부적일 수 있다. 그것은 또한 자동차 충돌에서 견디는 단단한 힘처럼 순간적일 수 있다. 세 번째 유형의 중력은 지속되거나 적어도 몇 초 동안 지속된다. 지속적이고 몸 전체에 걸친 중력은 사람들에게 가장 위험하다. 몸은 보통 지속적인 중력보다 국소적이거나 순간적인 중력을 더 잘 견뎌내는데, 이는 피가 다리에 강제로 들어가 몸의 나머지에서 산소를 빼앗기 때문에 치명적일 수 있다. 앉거나 서는 대신 몸이 수평이거나 누울 때 가해지는 지속적인 중력은 다리가 아닌 등에 울혈이 되기 때문에 사람들이 더 견딜 수 있는 경향이 있다. 따라서 혈액과 생명을 주는 산소는 심장이 뇌로 순환시키기가 더 쉽다. 우주 비행사와 전투기 조종사와 같은 일부 사람들은 중력에 대한 몸의 저항력을 증가시키기 위해 특별한 훈련을 받는다.」

Answer 28.④

29 다음 글의 요지로 가장 적절한 것은?

If someone makes you an offer and you're legitimately concerned about parts of it, you're usually better off proposing all your changes at once. Don't say, "The salary is a bit low. Could you do something about it?" and then, once she's worked on it, come back with "Thanks. Now here are two other things I'd like…" If you ask for only one thing initially, she may assume that getting it will make you ready to accept the offer (or at least to make a decision). If you keep saying "and one more thing…," she is unlikely to remain in a generous or understanding mood. Furthermore, if you have more than one request, don't simply mention all the things you want—A, B, C, and D; also signal the relative importance of each to you. Otherwise, she may pick the two things you value least, because they're pretty easy to give you, and feel she's met you halfway.

① Negotiate multiple issues simultaneously, not serially.

② Avoid sensitive topics for a successful negotiation.

③ Choose the right time for your negotiation.

④ Don't be too direct when negotiating salary.

TIP legitimately 정당하게 generous 관대한 request 요청 signal 신호를 보내다 relative 상대적인 meet halfway 타협하다 첫 문장에서 제안을 할 때는 모든 제안을 즉시 하는 것이 더 낫다는 내용으로 보아 ①번이 정답임을 알 수 있다.

① 여러 문제를 연속이 아닌 동시에 협상해라.
② 성공적인 협상을 위해 민감한 주제를 피해라.
③ 협상을 위한 적합한 시간을 선택해라.
④ 급여를 협상할 때 너무 직접적으로 말하지 마라.

「만약 누군가가 당신에게 제안을 하고 당신이 그것의 일부에 대해 정당하게 걱정한다면, 당신은 보통 당신의 모든 수정사항을 제안하는 것이 더 낫다. "월급이 좀 적어요. 어떻게 좀 해주시겠어요?"라고 말하고 나서 그녀가 해결하고 나면, "고맙습니다. 자, 여기 제가 원하는 두 가지가 더 있습니다."라고 말하지 마라. 처음에 한 가지만 요구하면, 그녀는 당신이 그것을 얻으면 제안을 받아들일 준비가 될 것이다(혹은 적어도 결정을 내릴 준비가 될 것이다)라고 추정할지도 모른다. 만약 당신이 계속해서 "그리고 한 가지만 더"라고 말한다면, 그녀는 관대하거나 이해심 많은 분위기로 머물 가능성이 적다. 게다가, 만약 당신이 하나 이상의 요청을 가지고 있다면, 단순히 여러분이 원하는 모든 것을 A, B, C, 그리고 D라고 단순히 언급하지 말고, 당신에게 있어서 각각의 상대적 중요성을 표현해라. 그렇지 않으면 그녀는 당신이 가장 중요하게 여기지 않는 두 가지를 고를지도 모른다. 왜냐하면 그것들은 당신에게 주는 것이 쉽기 때문이다. 그리고 그녀는 당신과 타협했다고 느낄지도 모른다.」

Answer 29.①

30 주어진 글 다음에 이어질 글의 순서로 가장 적절한 것은?

Today, Lamarck is unfairly remembered in large part for his mistaken explanation of how adaptations evolve. He proposed that by using or not using certain body parts, an organism develops certain characteristics.

(A) There is no evidence that this happens. Still, it is important to note that Lamarck proposed that evolution occurs when organisms adapt to their environments. This idea helped set the stage for Darwin.

(B) Lamarck thought that these characteristics would be passed on to the offspring. Lamarck called this idea *inheritance of acquired characteristics*.

(C) For example, Lamarck might explain that a kangaroo's powerful hind legs were the result of ancestors strengthening their legs by jumping and then passing that acquired leg strength on to the offspring. However, an acquired characteristic would have to somehow modify the DNA of specific genes in order to be inherited.

① (A) − (C) − (B)

② (B) − (A) − (C)

③ (B) − (C) − (A)

④ (C) − (A) − (B)

TIP unfairly 부당하게 adaptation 적응 evolve 진화하다 characteristic 특성 offspring 후손 inheritance 상속, 계승 strengthen 강화하다 modify 수정하다 set the stage for 발판을 마련하다

주어진 문장에서 유기체가 특정한 특성을 발달시킬 수 있다는 내용을 (B)에 these라는 지시어가 들어간 명사가 받고 있고, (B)에 대한 예를 (C)에서 설명해 주고 있으며, (C)단락의 뒷부분의 DNA의 수정에 관한 내용을 (A)단락의 this로 받고 있다. 따라서 순서는 (B)−(C)−(A)이다.

「오늘날, 라마르크는 적응이 어떻게 진화하는지에 관한 그의 잘못된 설명으로 인해 많은 부분에서 부당하게 기억되고 있다. 그는 특정 신체 부위를 사용하거나 사용하지 않음으로써 유기체는 특정한 특성을 발달시킬 수 있다고 제안했다.

(B) 라마르크는 이러한 특성이 자손에게 전해질 것이라고 생각했다. 라마르크는 이 생각을 '획득형질의 유전'이라고 불렀다.

(C) 예를 들어, 라마르크는 캥거루의 강력한 뒷다리는 조상들이 점프한 후 후천적 다리 힘을 자손에게 물려줌으로써 그들의 다리를 강화시킨 결과였다고 설명할지도 모른다. 그러나 후천적인 특성은 유전되기 위해 특정 유전자의 DNA를 어떻게든 수정해야 할 것이다.

(A) 이것이 일어난다는 증거는 없다. 그럼에도 불구하고, 라마르크가 생물이 환경에 적응할 때 진화가 일어난다고 제안한 것에 주목하는 것은 중요하다. 이 생각은 다윈의 발판을 마련하는 데 도움이 되었다.」

Answer 30.③

| 31 ~ 32 | 밑줄 친 부분에 들어갈 말로 가장 적절한 것을 고르시오.

31

> The slowing of China's economy from historically high rates of growth has long been expected to _____ growth elsewhere. "The China that had been growing at 10 percent for 30 years was a powerful source of fuel for much of what drove the global economy forward", said Stephen Roach at Yale. The growth rate has slowed to an official figure of around 7 percent. "That's a concrete deceleration", Mr. Roach added.

① speed up   ② weigh on
③ lead to   ④ result in

> **TIP** historically 역사적으로 elsewhere 다른 곳 fuel 연료 concrete 콘크리트 deceleration 감속
> ① 촉발시키다 ② ~을 압박하다 ③ ~로 이어지다 ④ ~을 야기하다
> 「역사적으로 높은 성장률에서의 중국 경제의 둔화는 오랫동안 다른 곳에서 성장을 <u>압박할</u> 것으로 예상되어 왔다. 예일대학의 Stephen Roach는 "30년 동안 10%의 성장을 한 중국은 세계 경제를 발전시킨 강력한 연료 공급원이었다."라고 말했다. 성장률은 약 7%의 공식 수치로 둔화되었다. "그것은 명확한 감속이다."라고 Roach는 덧붙였다.」

32

> As more and more leaders work remotely or with teams scattered around the nation or the globe, as well as with consultants and freelancers, you'll have to give them more _____. The more trust you bestow, the more others trust you. I am convinced that there is a direct correlation between job satisfaction and how empowered people are to fully execute their job without someone shadowing them every step of the way. Giving away responsibility to those you trust can not only make your organization run more smoothly but also free up more of your time so you can focus on larger issues.

① work   ② rewards
③ restrictions   ④ autonomy

> **TIP** remotely 떨어져서 scattered 뿔뿔이 흩어진 nation 국가 globe 지구 consultants 상담가 freelancer 프리랜서 bestow 수여하다 correlation 연관성 empower 권한을 주다 execute 처형하다, 실행하다
> ① 일 ② 보상 ③ 제약 ④ 자율권
> 「점점 더 많은 리더들이 멀리 떨어져서 일하거나 전국이나 전 세계에 분산되어있는 팀, 그리고 컨설턴트 및 프리랜서와 일하게 되면서, 당신은 그들에게 더 많은 <u>자율권</u>을 주어야 할 것이다. 당신이 더 많은 신뢰를 줄수록, 더 많은 사람들이 당신을 신뢰한다. 직업 만족도와 사람들이 누군가 그들의 일거수일투족을 감시하는 것 없이 그들의 일을 완벽히 수행해 내는데 얼마나 권한이 부여되는지 사이에 직접적인 상관관계가 있다고 나는 확신한다. 당신이 신뢰하는 사람들에게 책임감을 주는 것은 당신의 조직을 더 순조롭게 돌아가도록 할 뿐 아니라 당신이 더 중요한 문제들에 집중할 수 있도록 더 많은 시간을 마련해줄 수도 있다.」

Answer 31.② 32.④

33 다음 글의 요지로 가장 적절한 것은?

"In Judaism, we're largely defined by our actions," says Lisa Grushcow, the senior rabbi at Temple Emanu-El-Beth Sholom in Montreal. "You can't really be an armchair do-gooder." This concept relates to the Jewish notion of tikkun olam, which translates as "to repair the world." Our job as human beings, she says, "is to mend what's been broken. It's incumbent on us to not only take care of ourselves and each other but also to build a better world around us." This philosophy conceptualizes goodness as something based in service. Instead of asking "Am I a good person?" you may want to ask "What good do I do in the world?" Grushcow's temple puts these beliefs into action inside and outside their community. For instance, they sponsored two refugee families from Vietnam to come to Canada in the 1970s.

① We should work to heal the world.
② Community should function as a shelter.
③ We should conceptualize goodness as beliefs.
④ Temples should contribute to the community.

TIP Judaism 유대교 rabbi 라비, 선생님 armchair 안락의자, 탁상공론식의 do-gooder 공상적 박애주의자 incumbent 재임자 philosophy 철학 conceptualize 개념화하다 refugee 난민 shelter 주거지, 보호하다

① 우리는 세상을 고치기 위해 노력해야 한다.
② 공동체는 보호 시설의 기능을 해야 한다.
③ 우리는 선함을 믿음으로 개념화해야 한다.
④ 회당은 공동체에 기여해야 한다.

「"유대교에서, 우리는 대부분 자신의 행동에 의해 정의된다"라고 몬트리올의 템플 Emanu-El-Beth Sholom의 수석 라비, Lisa Grushcow가 말한다. "당신은 절대 탁상공론적인 공상적 박애주의자가 되어서는 안 된다." 이 개념은 '세상을 바로잡기 위해'라는 뜻으로 번역되는 유대교의 tikkun olam과 관련이 있다. 그녀가 말하길 인간으로서 우리가 할 일은 "훼손된 것을 고치는 것이다. 우리 자신과 서로를 돌보는 것뿐 아니라 우리 주변에 더 나은 세상을 만드는 것이 우리에게 주어진 의무이다." 이 철학은 선을 봉사에 기반을 둔 개념으로 생각한다. "나는 선한 사람인가?"라고 묻는 대신, 당신은 "내가 세상에서 어떤 선한 일을 할까?"라고 물어보고 싶을지도 모른다. Grushcow' temple은 이런 믿음을 공동체 안팎에서 실천에 옮긴다. 예를 들어, 그들은 1970년대에 캐나다로 오려고 하는 베트남의 두 난민 가족들을 후원했다.」

Answer 33.①

34 (A)와 (B)에 들어갈 말로 가장 적절한 것은?

Ancient philosophers and spiritual teachers understood the need to balance the positive with the negative, optimism with pessimism, a striving for success and security with an openness to failure and uncertainty. The Stoics recommended "the premeditation of evils," or deliberately visualizing the worst-case scenario. This tends to reduce anxiety about the future: when you soberly picture how badly things could go in reality, you usually conclude that you could cope. ____(A)____, they noted, imagining that you might lose the relationships and possessions you currently enjoy increases your gratitude for having them now. Positive thinking, ____(B)____, always leans into the future, ignoring present pleasures.

	(A)	(B)
①	Nevertheless	in addition
②	Furthermore	for example
③	Besides	by contrast
④	However	in conclusion

> **TIP** ancient 고대의 philosopher 철학자 spiritual 정신의, 종교의 positive 긍정적인 negative 부정적인 optimism 낙관론 pessimism 비관주의 strive 분투하다 openness 솔직함 failure 실패 uncertainty 불확실성 Stoics 스토아 학파 premeditation 미리 생각함 deliberately 고의로 scenario 시나리오 future 미래 soberly 냉정히 conclude 결론을 내리다 cope 대처하다 possessions 소지품 gratitude 고마움
>
> ① 그럼에도 불구하고　　게다가
> ② 더 나아가　　　　　　예를 들면
> ③ 게다가　　　　　　　　반면에
> ④ 그러나　　　　　　　　결론적으로
>
> 「고대 철학자들과 영적 지도자들은 긍정과 부정, 낙관주의와 비관주의, 성공과 안정에 대한 노력과 실패와 불확실성에 대한 개방성 사이의 균형을 맞춰야 할 필요성을 알고 있었다. 스토아 학파 학자들은 '악의 사색' 즉 일부러 최악의 시나리오를 시각화 해보는 것을 추천했다. 이것은 미래에 대한 걱정을 줄여준다 : 실제로 얼마나 상황이 악화될 수 있는지를 냉정하게 상상해 볼 때, 보통 당신은 대처해나갈 수 있을 것이라는 결론을 내리게 된다. (A) <u>게다가</u> 그들은, 당신이 현재 누리고 있는 관계들과 소유물들을 잃게 될 수도 있음을 상상하는 것이 현재 가지고 있는 것에 대한 감사를 증가시켜줄 것이라고 지적한다. (B) <u>반면에</u> 긍정적인 사고는 항상 현재의 즐거움을 무시하고, 미래를 받아들인다.」

Answer　34.③

35 주어진 문장이 들어갈 위치로 가장 적절한 것은?

> And working offers more than financial security.

Why do workaholics enjoy their jobs so much? Mostly because working offers some important advantages. (①) It provides people with paychecks—a way to earn a living. (②) It provides people with self-confidence; they have a feeling of satisfaction when they've produced a challenging piece of work and are able to say, "I made that". (③) Psychologists claim that work also gives people an identity; they work so that they can get a sense of self and individualism. (④) In addition, most jobs provide people with a socially acceptable way to meet others. It could be said that working is a positive addiction; maybe workaholics are compulsive about their work, but their addiction seems to be a safe—even an advantageous—one.

TIP financial security 재정보증 advantage 이점 paycheck 급여 satisfaction 만족 Psychologist 심리학자 identity 신원, 정체 individualism 개성 addiction 중독 compulsive 강박적인

「왜 일중독자들은 자신의 일을 그토록 즐기는가? 그 이유는 대부분 일이 몇몇 중요한 혜택을 주기 때문이다. 일은 사람들에게 급여를 준다 – 생계를 꾸리는 방법이다. 그리고 일은 경제적 안정 이상의 것을 제공한다. 이것은 사람들에게 자신감을 준다 ; 이들은 도전적인 일을 성취했을 때 만족감을 느끼고 '해냈어'라고 말할 수 있다. 심리학자들은 일이 사람들에게 정체성도 부여한다고 주장한다 ; 그들은 자아과 독자성을 얻을 수 있도록 일을 한다. 게다가 대부분의 일은 사람들에게 타인을 만날 수 있는 사회적으로 용인된 방식을 제공해준다. 일은 긍정적인 중독이라고 말할 수도 있다 ; 아마도 일중독자들은 그들의 일에 대해 강박적일 수도 있지만, 그들의 중독은 안전한 ―심지어는 도움이 되는 ―중독처럼 보인다.」

36 다음 글의 내용과 일치하는 것은?

The most notorious case of imported labor is of course the Atlantic slave trade, which brought as many as ten million enslaved Africans to the New World to work the plantations. But although the Europeans may have practiced slavery on the largest scale, they were by no means the only people to bring slaves into their communities: earlier, the ancient Egyptians used slave labor to build their pyramids, early Arab explorers were often also slave traders, and Arabic slavery continued into the twentieth century and indeed still continues in a few places. In the Americas some native tribes enslaved members of other tribes, and slavery was also an institution in many African nations, especially before the colonial period.

① African laborers voluntarily moved to the New World.

② Europeans were the first people to use slave labor.

③ Arabic slavery no longer exists in any form.

④ Slavery existed even in African countries.

TIP notorious 악명 높은 imported 수입된, 들여온 enslaved 노예가 된 plantation 대농장 by no means 결코 ~이 아닌 explorer 탐험가 tribe 부족 institution 제도, 관습

① 아프리카인 노동자들은 자발적으로 신대륙으로 이주했다.
② 유럽인들은 노예 노동을 사용한 최초의 사람들이었다.
③ 아랍 노예 제도는 더는 어떤 형태로도 존재하지 않는다.
④ 노예 제도는 아프리카 국가들에서도 존재했다.

「수입 노동의 가장 악명 높은 사례는 물론 대서양 노예무역으로, 이는 대농장을 경작하도록 천만 명에 이르는 노예가 된 아프리카인들을 신대륙에 데려왔다. 그러나 유럽인들이 노예 제도를 가장 대규모로 시행했을지라도, 그들은 결코 그들의 지역사회에 노예를 데려온 유일한 사람들이 아니었다. 일찍이 고대 이집트인들은 노예 노동을 그들의 피라미드를 건설하는 데 사용했고, 초기 아랍 탐험가들은 종종 노예 무역상이었으며, 아랍 노예제도는 20세기까지 계속되었으며, 실제로 몇몇 곳에서는 아직도 유지되고 있다. 아메리카 대륙에서는 몇몇 토착 부족들이 다른 부족의 구성원들을 노예로 삼았고, 노예 제도는 또한 특히 식민지 시대 이전 많은 아프리카 국가들의 관습이기도 했다.」

37 다음 글의 제목으로 가장 적절한 것은?

Warming temperatures and loss of oxygen in the sea will shrink hundreds of fish species—from tunas and groupers to salmon, thresher sharks, haddock and cod—even more than previously thought, a new study concludes. Because warmer seas speed up their metabolisms, fish, squid and other waterbreathing creatures will need to draw more oxygen from the ocean. At the same time, warming seas are already reducing the availability of oxygen in many parts of the sea. A pair of University of British Columbia scientists argue that since the bodies of fish grow faster than their gills, these animals eventually will reach a point where they can't get enough oxygen to sustain normal growth. "What we found was that the body size of fish decreases by 20 to 30 percent for every 1 degree Celsius increase in water temperature," says author William Cheung.

① Fish Now Grow Faster than Ever

② Oxygen's Impact on Ocean Temperatures

③ Climate Change May Shrink the World's Fish

④ How Sea Creatures Survive with Low Metabolism

TIP shrink 줄어들게 하다, 감소시키다   metabolism 신진대사   availability 이용 가능성   sustain 지속시키다

① 이제 물고기는 그 어느 때보다 더 빨리 자랍니다.
② 산소가 해양 온도에 미치는 영향
③ 기후변화가 세계의 물고기를 위축시킬 수 있다.
④ 낮은 신진대사로 바다생물들이 살아남는 방법

「바다에서의 온난화와 산소 손실이 참치와 농어에서 연어, 환도상어, 해덕, 대구까지 수백 종의 어종을 이전에 생각했던 것보다 더 많이 감소시킬 것이라고 새로운 연구는 결론 내렸다. 따뜻한 바다는 물고기들의 신진대사를 가속화하기 때문에, 물고기, 오징어 그리고 다른 수중 호흡 생물들은 바다에서 더 많은 산소를 끌어내야 할 것이다. 이와 동시에, 바다가 따뜻해지면서 이미 바다의 많은 부분에서 산소의 이용 가능성이 줄고 있다. University of British Columbia의 한 쌍의 과학자들은 물고기의 몸통이 아가미보다 더 빨리 자라기 때문에, 이 동물들은 결국 정상적인 성장을 지속하기에 충분한 산소를 얻을 수 없는 지경에 이르게 될 것이라고 주장한다. "우리가 발견한 것은 물고기의 몸통 크기가 수온이 섭씨 1도 증가할 때마다 20에서 30퍼센트씩 줄어든다는 것입니다."라고 저자 William Cheung은 말한다.」

Answer   37.③

38 주어진 문장이 들어갈 위치로 가장 적절한 것은?

For example, the state archives of New Jersey hold more than 30,000 cubic feet of paper and 25,000 reels of microfilm.

Archives are a treasure trove of material : from audio to video to newspapers, magazines and printed material—which makes them indispensable to any History Detective investigation. While libraries and archives may appear the same, the differences are important. (①) An archive collection is almost always made up of primary sources, while a library contains secondary sources. (②) To learn more about the Korean War, you'd go to a library for a history book. If you wanted to read the government papers, or letters written by Korean War soldiers, you'd go to an archive. (③) If you're searching for information, chances are there's an archive out there for you. Many state and local archives store public records—which are an amazing, diverse resource. (④) An online search of your state's archives will quickly show you they contain much more than just the minutes of the legislature—there are detailed land grant information to be found, old town maps, criminal records and oddities such as peddler license applications.

* treasure trove : 귀중한 발굴물(수집물)

* land grant : (대학 · 철도 등을 위해) 정부가 주는 땅

TIP archive 기록 보관소 treasure trove 보물 창고, 보고 indispensable 필수적인 primary source 1차 자료 secondary source 2차 자료 legislature 입법부 minute (보통 pl.) 회의록 oddity 특이한(이상한) 것(사람)

「기록 보관소는 오디오에서 비디오, 신문, 잡지 및 인쇄물에 이르기까지 모든 자료의 보고이며, 기록 보관소는 역사 탐정 조사에서 필수적이다. 도서관과 기록 보관소가 똑같아 보일 수 있지만, 차이점이 중요하다. 기록 보관소의 소장품들이 거의 항상 1차 자료로 구성되는 반면, 도서관은 2차 자료로 구성된다. 한국 전쟁에 대해 더 알기 위해 여러분은 역사책을 찾아 도서관에 갈 것이다. 만약 여러분이 정부 문서나 한국 전쟁 병사들이 쓴 편지를 읽고자 한다면, 여러분은 기록 보관소에 갈 것이다. 만약 여러분이 정보를 찾고 있다면, 아마 당신을 위한 기록 보관소가 있을 것이다. 많은 주 및 지역 기록 보관소에서 경이롭고 다양한 자료인 공공 기록들을 보관한다. 예를 들어, 뉴저지의 주 기록 보관소에는 30,000 입방피트 이상의 문서와 25,000개 릴 이상의 마이크로필름이 보관되어 있다. 여러분의 주 기록 보관소를 온라인으로 검색하면 입법부의 회의록보다 훨씬 더 많은 내용이 있다는 것을 빠르게 알 수 있을 것이다. 자세한 토지 보조금 정보, 구시가지 지도, 범죄 기록 및 행상 면허 신청서와 같은 특이 사항들이 있다.」

Answer 38.④

39 다음 글의 흐름상 가장 어색한 문장은?

The term burnout refers to a "wearing out" from the pressures of work. Burnout is a chronic condition that results as daily work stressors take their toll on employees. ① The most widely adopted conceptualization of burnout has been developed by Maslach and her colleagues in their studies of human service workers. Maslach sees burnout as consisting of three interrelated dimensions. The first dimension—emotional exhaustion—is really the core of the burnout phenomenon. ② Workers suffer from emotional exhaustion when they feel fatigued, frustrated, used up, or unable to face another day on the job. The second dimension of burnout is a lack of personal accomplishment. ③ This aspect of the burnout phenomenon refers to workers who see themselves as failures, incapable of effectively accomplishing job requirements. ④ Emotional labor workers enter their occupation highly motivated although they are physically exhausted. The third dimension of burnout is depersonalization. This dimension is relevant only to workers who must communicate interpersonally with others (e.g. clients, patients, students) as part of the job.

TIP chronic condition 만성 질환   stressor 스트레스 요인   take a toll on ~에 피해를 주다   conceptualization 개념화, 개념 적인 해석   interrelated 서로 밀접하게 연관된   dimension 크기, 차원   exhaustion 피로, 기진맥진   fatigued 심신이 지친, 피로한   requirement 필요조건, 요구 사항   motivated 의욕을 가진   depersonalization 몰개인화, 비인격화 interpersonally 대인 관계에서

「번 아웃이라는 용어는 업무의 압박으로 인한 "마모"를 의미한다. 번 아웃은 일상적인 업무 스트레스 요인이 직원에게 피해를 입힐 때 발생하는 만성 질환이다. 가장 널리 채택된 번 아웃의 개념적인 해석은 Maslach와 그녀의 동료들이 인간 서비스 근로자들에 대한 연구에서 개발되었다. Maslach는 번 아웃이 서로 밀접하게 연관된 세 가지 차원으로 구성되어 있다고 여긴다. 첫 번째 차원인 정서적 피로는 실제로 번 아웃 현상의 핵심이다. 근로자들은 피로감, 좌절감, 기진맥진함을 느끼거나 직장에서 또 다른 하루를 맞이할 수 없을 때 정서적 피로를 겪는다. 번 아웃의 두 번째 차원은 개인적인 성취의 부족이다. 번 아웃 현상의 이러한 측면은 스스로를 업무 요구 사항을 효과적으로 달성할 수 없는 실패자로 여기는 근로자들을 나타낸다. (감정 노동자들은 육체적으로 지쳤음에도 왕성한 의욕을 가지고 그들의 업무를 시작한다.) 번 아웃의 세 번째 차원은 몰개인화다. 이 차원은 직무의 일부로 다른 사람들(예를 들면 고객, 환자, 학생)과 대인 관계를 맺어야 하는 근로자들에게만 해당된다.」

40 다음 글의 내용과 일치하지 않는 것은?

Deserts cover more than one-fifth of the Earth's land area, and they are found on every continent. A place that receives less than 25 centimeters (10 inches) of rain per year is considered a desert. Deserts are part of a wider class of regions called drylands. These areas exist under a "moisture deficit," which means they can frequently lose more moisture through evaporation than they receive from annual precipitation. Despite the common conceptions of deserts as hot, there are cold deserts as well. The largest hot desert in the world, northern Africa's Sahara, reaches temperatures of up to 50 degrees Celsius (122 degrees Fahrenheit) during the day. But some deserts are always cold, like the Gobi Desert in Asia and the polar deserts of the Antarctic and Arctic, which are the world's largest. Others are mountainous. Only about 20 percent of deserts are covered by sand. The driest deserts, such as Chile's Atacama Desert, have parts that receive less than two millimeters (0.08 inches) of precipitation a year. Such environments are so harsh and otherworldly that scientists have even studied them for clues about life on Mars. On the other hand, every few years, an unusually rainy period can produce "super blooms," where even the Atacama becomes blanketed in wildflowers.

① There is at least one desert on each continent.

② The Sahara is the world's largest hot desert.

③ The Gobi Desert is categorized as a cold desert.

④ The Atacama Desert is one of the rainiest deserts.

TIP deficit 부족, 결핍 evaporation 증발 precipitation 강수(량) mountainous 산이 많은 otherworldly 비현실적인, 초자연적인, 내세의 blanketed with ~로 뒤덮인

① 각 대륙에는 적어도 하나의 사막이 존재한다.
② 사하라 사막은 세계에서 가장 큰 뜨거운 사막이다.
③ 고비 사막은 차가운 사막으로 분류된다.
④ 아타카마 사막은 비가 가장 많이 오는 사막들 중 하나이다.

「사막은 지구 육지의 5분의 1 이상을 덮고 있으며, 모든 대륙에서 발견된다. 매년 25센티미터 (10인치) 미만의 비가 오는 곳은 사막으로 여겨진다. 사막은 건조 지대라고 불리는 광범위한 지역의 일부이다. 이 지역들은 '수분 부족' 환경 하에 존재하는데, 이는 연간 강수를 통해 얻는 양보다 증발을 통해 흔히 수분을 더 많이 잃을 수 있다는 의미이다. 사막이 뜨겁다는 일반적인 개념에도 불구하고, 차가운 사막들 또한 존재한다. 세계에서 가장 큰 뜨거운 사막인 북아프리카의 사하라 사막은 낮 동안 최고 섭씨 50도 (화씨 122도)에 이른다. 하지만 아시아의 고비 사막이나 세계에서 가장 큰 남극과 북극의 극지방 사막과 같이, 어떤 사막들은 항상 춥다. 다른 사막들에는 산이 많다. 사막의 약 20%만이 모래로 덮여있다. 칠레의 아타카마 사막과 같은 가장 건조한 사막에는 연간 강수량이 2밀리미터 (0.08인치) 미만인 곳들이 있다. 그러한 환경들은 너무 혹독하고 비현실적이어서 과학자들이 화성의 생명체에 대한 단서를 찾기 위해 그것들을 연구하기도 했다. 반면, 몇 년에 한 번씩 유난히 비가 많이 오는 시기가 '슈퍼 블룸 현상'을 만들어낼 수 있는데, 이때는 아타카마조차도 야생화로 뒤덮이게 된다.」

Answer 40.④

41 ～ 42 밑줄 친 부분에 들어갈 말로 가장 적절한 것을 고르시오.

41

Social media, magazines and shop windows bombard people daily with things to buy, and British consumers are buying more clothes and shoes than ever before. Online shopping means it is easy for customers to buy without thinking, while major brands offer such cheap clothes that they can be treated like disposable items—worn two or three times and then thrown away. In Britain, the average person spends more than £1,000 on new clothes a year, which is around four percent of their income. That might not sound like much, but that figure hides two far more worrying trends for society and for the environment. First, a lot of that consumer spending is via credit cards. British people currently owe approximately £670 per adult to credit card companies. That's 66 percent of the average wardrobe budget. Also, not only are people spending money they don't have, they're using it to buy things _____. Britain throws away 300,000 tons of clothing a year, most of which goes into landfill sites.

① they don't need

② that are daily necessities

③ that will be soon recycled

④ they can hand down to others

TIP bombard 쏟아 붓다 disposable 일회용의 figure 수치 via 통하여 wardrobe 의상, 옷 landfill 쓰레기 매립지
① 필요하지 않은
② 생활필수품인
③ 곧 재활용 될
④ 다른 사람들에게 물려줄 수 있는

「소셜 미디어, 잡지 그리고 상점 진열장은 사람들에게 구매할 것을 매일 쏟아내고, 영국 소비자들은 과거 어느 때보다 더 많은 옷과 신발을 구매하고 있다. 온라인 쇼핑이란 소비자들이 생각하지 않고 쉽게 구매할 수 있다는 것을 의미하며, 주요 브랜드들은 — 두세 번 입히고 나면 버려지는 — 일회용품처럼 취급될 수 있을 만큼 너무나 값싼 의류를 공급한다. 영국에서, 보통 사람은 새 옷에 연간 1천 파운드 이상을 쓰는데, 이는 그들의 수입 중 약 4 퍼센트에 해당한다. 그것은 대단한 액수처럼 들리지 않겠지만, 그 숫자는 사회와 환경의 측면에서 한층 더 걱정스러운 두 가지 경향을 감추고 있다. 첫째, 많은 소비자 지출이 신용카드를 통해 이루어진다. 현재 영국 사람들은 신용카드 회사에 성인 한 사람당 거의 670파운드를 빚지고 있다. 그것은 평균 의류 예산의 66퍼센트이다. 또한, 사람들은 수중에 없는 돈을 쓰고 있을 뿐 아니라, 그들이 필요하지 않은 것을 구매하는 데 돈을 쓰고 있다. 영국은 연간 30만 톤의 의류를 버리는데, 그것의 대부분이 쓰레기 매립지로 간다.」

Answer 41.①

42

Excellence is the absolute prerequisite in fine dining because the prices charged are necessarily high. An operator may do everything possible to make the restaurant efficient, but the guests still expect careful, personal service: food prepared to order by highly skilled chefs and delivered by expert servers. Because this service is, quite literally, manual labor, only marginal improvements in productivity are possible. For example, a cook, server, or bartender can move only so much faster before she or he reaches the limits of human performance. Thus, only moderate savings are possible through improved efficiency, which makes an escalation of prices _____. (It is an axiom of economics that as prices rise, consumers become more discriminating.) Thus, the clientele of the fine-dining restaurant expects, demands, and is willing to pay for excellence.

① ludicrous

② inevitable

③ preposterous

④ inconceivable

TIP prerequisite 전제 조건 fine dining 고급 식당 to order 주문에 따라 escalation 상승 axiom 공리, 자명한 이치 clientele 고객들 be willing to-v 기꺼이 ~하다

① 터무니없는   ② 불가피한
③ 터무니없는   ④ 상상도 할 수 없는

「탁월함은 고급 레스토랑의 절대적인 전제조건인데, 왜냐하면 부가된 가격이 필연적으로 높기 때문이다. 운영자는 레스토랑을 효율적으로 만들기 위해서 할 수 있는 모든 것을 하겠지만, 손님들은 정성스러운 개개인을 위한 서비스를 여전히 기대한다 : 매우 숙련된 요리사가 주문에 따라 준비하고 능숙한 서빙하는 사람에 의해 전달되는 음식. 그야말로, 이 서비스는 육체노동이기 때문에, 고작 미미한 생산성 향상만이 가능하다. 예를 들어, 요리사, 서빙하는 사람, 또는 바텐더는 인간 수행력의 한계에 도달하기 전에 고작 조금밖에 더 빨리 움직이지 못한다. 따라서, 향상된 효율성을 통해서는 겨우 약간의 절약만이 가능한데, 이는 가격상승을 불가피하게 만든다. (가격이 오르면 소비자들의 안목이 더 좋아지는 것은 경제학의 원리이다.) 따라서, 고급 레스토랑의 고객은 (탁월함을) 기대하고 요구하며 탁월함에 대해 기꺼이 값을 지불하려고 한다.」

Answer 42.②

43 주어진 글 다음에 이어질 글의 순서로 가장 적절한 것은?

To be sure, human language stands out from the decidedly restricted vocalizations of monkeys and apes. Moreover, it exhibits a degree of sophistication that far exceeds any other form of animal communication.

(A) That said, many species, while falling far short of human language, do nevertheless exhibit impressively complex communication systems in natural settings.

(B) And they can be taught far more complex systems in artificial contexts, as when raised alongside humans.

(C) Even our closest primate cousins seem incapable of acquiring anything more than a rudimentary communicative system, even after intensive training over several years. The complexity that is language is surely a species-specific trait.

① (A) − (B) − (C)　　　　　　　② (B) − (C) − (A)
③ (C) − (A) − (B)　　　　　　　④ (C) − (B) − (A)

TIP stand out from ~에서 두드러지다　decidedly 확실히　restricted 제한[한정]된　vocalization 발성(법)　ape 유인원　exhibit 드러내다　sophistication 정교　exceed 능가하다　fall short of ~에 못 미치다　impressively 인상적으로　artificial 인위적인　alongside ~와 함께　primate 영장류　incapable of ~할 수 없는　rudimentary 기초[초보]의　intensive 집중적인　species-specific 종 특이(성)의　trait 특성

「분명히, 인간의 언어는 원숭이나 영장류들의 명백히 제한된 발성과는 구별된다. 또한 이는 동물들의 의사소통 중 어떠한 방식보다 훨씬 능가하는 정도의 정교함을 보여준다.

(C) 심지어 우리와 가장 가까운 영장류 사촌들조차 심지어 몇 년 이상의 집중적인 훈련을 거친 이후에도 기초적인 의사소통 체계 이상의 것은 어떤 것도 획득하지 못하는 것처럼 보인다. 언어라는 복잡함은 분명 종의 고유한 특성이다.

(A) 그렇다 쳐도, 인간의 언어에는 훨씬 못 미치기는 하지만, 그럼에도 불구하고 많은 종들이 자연환경에서는 인상적으로 복잡한 의사소통 체계를 보여준다.

(B) 그리고 인간과 함께 길러지는 경우와 같이 인공적 상황에서 이들은 훨씬 더 복잡한 체계를 배울 수 있다.」

Answer　43.③

44 다음 글에 나타난 Johnbull의 심경으로 가장 적절한 것은?

> In the blazing midday sun, the yellow egg-shaped rock stood out from a pile of recently unearthed gravel. Out of curiosity, sixteen-year-old miner Komba Johnbull picked it up and fingered its flat, pyramidal planes. Johnbull had never seen a diamond before, but he knew enough to understand that even a big find would be no larger than his thumbnail. Still, the rock was unusual enough to merit a second opinion. Sheepishly, he brought it over to one of the more experienced miners working the muddy gash deep in the jungle. The pit boss's eyes widened when he saw the stone. "Put it in your pocket," he whispered. "Keep digging." The older miner warned that it could be dangerous if anyone thought they had found something big. So Johnbull kept shoveling gravel until nightfall, pausing occasionally to grip the heavy stone in his fist. Could it be?

① thrilled and excited

② painful and distressed

③ arrogant and convinced

④ detached and indifferent

TIP blazing 타는 듯이 더운 midday 정오, 한낮 stand out 튀어나오다 pile 더미 unearth 파내다, 발굴하다 gravel 자갈 miner 광부 finger 손으로 만지다 find 발견물 thumbnail 엄지손톱 merit ~을 받을 만하다 sheepishly 소심하게 shovel 삽질하다

Johnbull은 값진 보석처럼 보이는 광물을 발견하여 다른 사람들 모르게 계속해서 광물을 캐고 있는 것으로 글에 나타난 Johnbull의 심경은 '짜릿하고 흥분되는'이 적절하다.

① 짜릿하고 흥분되는
② 고통스럽고 괴로운
③ 거만하고 확신하는
④ 무심하고 무관심한

「타는 듯이 더운 한낮의 태양에, 노란 달걀 모양의 바위가 최근에 발굴된 자갈 더미에서 눈에 띄었다. 호기심으로, 16살의 광부 Komba Johnbull은 그것을 집어 들고 그것의 납작하고 피라미드 모양의 면을 손가락으로 만졌다. Johnbull은 이전에 다이아몬드를 본 적이 없지만, 그는 심지어 큰 발견물이라 해도 그의 엄지손톱보다 크지 않을 것이라는 것을 충분히 알고 있었다. 그런데도, 그 돌은 다른 사람의 의견을 받을 만큼 충분히 특이했다. 소심하게, 그는 그것을 정글 깊숙한 곳에서 진흙의 땅을 파는 더 경험 많은 광부들 중 한 명에게 가지고 갔다. 탄갱의 우두머리의 눈은 돌을 봤을 때 커졌다. "그것을 주머니에 넣어라," 그가 속삭였다. "계속 캐라." 더 나이 많은 광부는 만약 누군가가 그들이 뭔가 큰 것을 찾았다고 생각한다면 위험할 수 있다고 경고했다. 그래서 Johnbull은 해질녘까지 계속해서 자갈을 퍼내고, 이따금 멈춰서 그의 주먹 속의 무거운 돌을 꽉 쥐었다. 그럴 수 있을까?」

45 다음 글의 주제로 가장 적절한 것은?

The e-book applications available on tablet computers employ touchscreen technology. Some touchscreens feature a glass panel covering two electronically-charged metallic surfaces lying face-to-face. When the screen is touched, the two metallic surfaces feel the pressure and make contact. This pressure sends an electrical signal to the computer, which translates the touch into a command. This version of the touchscreen is known as a resistive screen because the screen reacts to pressure from the finger. Other tablet computers feature a single electrified metallic layer under the glass panel. When the user touches the screen, some of the current passes through the glass into the user's finger. When the charge is transferred, the computer interprets the loss in power as a command and carries out the function the user desires. This type of screen is known as a capacitive screen.

① how users learn new technology

② how e-books work on tablet computers

③ how touchscreen technology works

④ how touchscreens have evolved

TIP feature ~을 특징으로 하다 translate 변환하다 command 명령(하다) resistive 저항하는 electrify ~에 전기를 통하게 하다 interpret 해석하다 carry out 수행하다 capacitive 용량성의
① 사용자가 새로운 기술을 배우는 방법
② 전자책이 태블릿 컴퓨터에서 작동하는 방법
③ 터치스크린 기술이 작동하는 방법
④ 터치스크린이 진화해온 방식

「태블릿 컴퓨터에서 사용할 수 있는 전자책 애플리케이션은 터치스크린 기술을 사용한다. 일부 터치스크린에는 전자 충전 금속 표면 두 개를 덮는 유리 패널이 대면되어 있다. 스크린이 터치되면 두 개의 금속 표면이 압력을 느끼고 접촉한다. 이 압력은 컴퓨터에 전기 신호를 보내며 터치를 명령으로 변환한다. 터치스크린의 이 버전은 화면이 손가락의 압력에 반응하기 때문에 저항성 화면으로 알려져 있다. 다른 태블릿 컴퓨터는 유리 패널 아래에 하나의 전기화된 금속층을 특징으로 한다. 사용자가 화면을 터치하면 일부 전류가 유리를 통과하여 사용자의 손가락으로 전달된다. 그 전하가 전송되면 컴퓨터는 전력 손실을 명령으로 해석하고 사용자가 원하는 기능을 수행한다. 이러한 유형의 화면은 용량성 화면으로 알려져 있다.」

Answer 45.③

46 다음 글의 제목으로 가장 적절한 것은?

Louis XⅣ needed a palace worthy of his greatness, so he decided to build a huge new house at Versailles, where a tiny hunting lodge stood. After almost fifty years of labor, this tiny hunting lodge had been transformed into an enormous palace, a quarter of a mile long. Canals were dug to bring water from the river and to drain the marshland. Versailles was full of elaborate rooms like the famous Hall of Mirrors, where seventeen huge mirrors stood across from seventeen large windows, and the Salon of Apollo, where a solid silver throne stood. Hundreds of statues of Greek gods such as Apollo, Jupiter, and Neptune stood in the gardens; each god had Louis's face!

---

① True Face of Greek Gods

② The Hall of Mirrors vs. the Salon of Apollo

③ Did the Canal Bring More Than Just Water to Versailles?

④ Versailles : From a Humble Lodge to a Great Palace

> **TIP** worthy ~에 어울리는 greatness 위대함 lodge 오두막집 enormous 거대한 canal 운하 drain 배수하다 marshland 습지대 elaborate 정교한 throne 왕좌 statue 동상 Jupiter 주피터, 목성 Neptune 넵튠(그리스 신화의 포세이돈), 해왕성
> ① 그리스 신들의 진정한 얼굴
> ② 거울의 전당 vs. 아폴로의 살롱
> ③ 운하가 베르사유에 물보다 더 많은 것을 가져다주었는가?
> ④ 베르사유 : 초라한 오두막집에서 대궁까지
>
> 「루이 14세는 그의 위대함에 걸맞은 궁전이 필요해서, 작은 사냥 오두막집이 서 있는 베르사유에 거대한 새 집을 짓기로 결심했다. 거의 50년의 노동 끝에 이 작은 사냥 오두막집은 길이가 4분의 1마일인 거대한 궁전으로 변모했다. 운하는 강에서 물을 가져오고 습지대로 배수하기 위해 파내졌다. 베르사유는 17개의 커다란 창문 맞은편에 17개의 거대한 거울이 서 있는 유명한 거울의 전당과 단단한 은색 왕좌가 서 있는 아폴로의 살롱과 같은 정교한 방들로 가득 차 있었다. 아폴로, 주피터, 넵튠 같은 그리스 신들의 동상 수백 개가 정원에 서 있었다. 각각의 신은 루이의 얼굴을 하고 있었다!」

47 주어진 글 다음에 이어질 글의 순서로 가장 적절한 것은?

Nowadays the clock dominates our lives so much that it is hard to imagine life without it. Before industrialization, most societies used the sun or the moon to tell the time.

(A) For the growing network of railroads, the fact that there were no time standards was a disaster. Often, stations just some miles apart set their clocks at different times. There was a lot of confusion for travelers.

(B) When mechanical clocks first appeared, they were immediately popular. It was fashionable to have a clock or a watch. People invented the expression "of the clock" or "o'clock" to refer to this new way to tell the time.

(C) These clocks were decorative, but not always useful. This was because towns, provinces, and even neighboring villages had different ways to tell the time. Travelers had to reset their clocks repeatedly when they moved from one place to another. In the United States, there were about 70 different time zones in the 1860s.

① (A) — (B) — (C)　　　　　　② (B) — (A) — (C)

③ (B) — (C) — (A)　　　　　　④ (C) — (A) — (B)

TIP dominate 지배하다, 위압하다　industrialization 산업화　decorative 장식적인　province 지방, 지역　neighboring village 인근 마을　disaster 재난, 재앙

「요즘 시계가 우리의 삶을 너무 지배해서 시계가 없는 삶은 상상하기 어렵다. 산업화 이전에, 대부분의 사회는 시간을 알기 위해 태양이나 달을 사용했다.

(B) 기계 시계가 처음 등장했을 때, 즉시 인기가 있어졌다. 시계나 손목시계를 가지고 있는 것은 유행이 되었다. 사람들은 시간을 알려 줄 수 있는 새로운 방법을 언급하기 위해 "시계의"또는 "시간"이라는 표현을 발명했다.

(C) 이 시계들은 장식적이었지만 항상 유용하지는 않았다. 마을, 지방, 심지어 인근 마을들도 시간을 알 수 있는 다른 방법을 가지고 있었기 때문이다. 여행자들은 한 곳에서 다른 곳으로 이동할 때 시계를 반복적으로 재설정해야 했다. 미국에서는 1860년대에 약 70개의 다른 시간대가 있었다.

(A) 철도망의 성장으로 시간 기준이 없다는 사실은 재앙이었다. 종종, 몇 마일 떨어진 역들은 다른 시간에 시계를 맞추었다. 여행객들에게는 많은 혼란이 있었다.」

Answer　47.③

48 다음 글의 요지로 가장 적절한 것은?

> When giving performance feedback, you should consider the recipient's past performance and your estimate of his or her future potential in designing its frequency, amount, and content. For high performers with potential for growth, feedback should be frequent enough to prod them into taking corrective action, but not so frequent that it is experienced as controlling and saps their initiative. For adequate performers who have settled into their jobs and have limited potential for advancement, very little feedback is needed because they have displayed reliable and steady behavior in the past, knowing their tasks and realizing what needs to be done. For poor performers — that is, people who will need to be removed from their jobs if their performance doesn't improve — feedback should be frequent and very specific, and the connection between acting on the feedback and negative sanctions such as being laid off or fired should be made explicit.

① Time your feedback well.

② Customize negative feedback.

③ Tailor feedback to the person.

④ Avoid goal-oriented feedback.

TIP performance 수행 consider 고려하다 recipient 받는 사람 estimate 추정치 potential 잠재력 frequency 빈도 amount 양 content 내용 prod ~ into ~ ~를 재촉해서 ~하게 하다 corrective 바로잡는 sap 약화시키다 initiative 진취성 adequate 적당한 settle into 자리를 잡다 limited 제한된 advancement 발전 reliable 믿을만한 steady 꾸준한 remove 제거하다 improve 향상시키다 sanction 제재 lay off 해고하다 fire 해고하다 explicit 명백한

① 피드백의 시기를 잘 맞춰라.
② 부정적인 피드백을 그 사람에게 맞춰라.
③ 피드백을 그 사람에게 맞춰라.
④ 목표 지향적인 피드백을 피하라.

「수행 결과에 대한 피드백을 줄 때, 당신은 그것의 빈도, 양, 내용을 설계하는데 있어서 (피드백을) 받는 사람의 과거 수행과 그 또는 그녀의 미래 잠재력에 대한 추정치를 고려해야 한다. 성장을 위한 잠재력을 가지고 있는 높은 수행자들에게는, 피드백이 그들을 재촉해서 수정할 수 있는 조취를 취할 정도로 충분히 빈번해야만 하지만, 그것이 통제하는 것으로서 경험되고 그들의 진취성을 약화시킬 정도로 빈번해서는 안 된다. 일에 자리 잡고 발전에 제한된 잠재력을 가지고 있는 적당한 정도의 수행자들에게는, 그들의 일을 알고 무엇이 행해질 필요가 있는지를 아는 그들은 과거에 믿을만하고 꾸준한 행동을 보여 왔기 때문에 매우 적은 피드백이 필요하다. 형편없는 수행자, 즉 만약 그들의 실적이 향상되지 않는다면 해고될 필요가 있는 사람들에게, 피드백은 빈번하고 매우 구체적이어야 하고, 피드백대로 행동 하는 것과 휴직이나 해고와 같은 부정적인 제재 사이의 관계는 명확해야 한다.」

49 다음 글의 내용과 일치하지 않는 것은?

Langston Hughes was born in Joplin, Missouri, and graduated from Lincoln University, in which many African-American students have pursued their academic disciplines. At the age of eighteen, Hughes published one of his most well-known poems, "Negro Speaks of Rivers." Creative and experimental, Hughes incorporated authentic dialect in his work, adapted traditional poetic forms to embrace the cadences and moods of blues and jazz, and created characters and themes that reflected elements of lower-class black culture. With his ability to fuse serious content with humorous style, Hughes attacked racial prejudice in a way that was natural and witty.

① Hughes는 많은 미국 흑인들이 다녔던 대학교를 졸업하였다.
② Hughes는 실제 사투리를 그의 작품에 반영하였다.
③ Hughes는 하층 계급 흑인들의 문화적 요소를 반영한 인물을 만들었다.
④ Hughes는 인종편견을 엄숙한 문체로 공격하였다.

TIP pursue 추구하다 academic discipline 학과 publish 출판하다 well-known 잘 알려진 experimental 실험적인 incorporate 포함시키다 authentic 진짜의 dialect 방언 adapt 개작하다 poetic 시적인 embrace 포용하다 cadence 운율, 억양 character 등장인물 theme 주제 reflect 반영하다 lower-class 하층 계급 fuse 융합하다 racial 인종적인 prejudice 편견 witty 재치 있는
마지막 문장에서 인종편견을 자연스럽고 재치 있는(natural and witty) 방식으로 공격하였다고 하였다. 따라서 ④번이 정답임을 알 수 있다.

「Langston Hughes는 Missouri주, Joplin에서 태어났고, 많은 아프리카계 미국 학생들이 그들의 학업을 추구하는 링컨 대학을 졸업하였다. 18살의 나이에, Hughes는 그의 가장 잘 알려진 시집중 하나인, "Negro Speaks of Rivers."를 출간했다. 창의적이고 실험적인 Hughes는 그의 작품에 실제 사투리를 포함시켰고 블루스와 재즈의 리듬과 분위기를 포용하기 위해 전통적인 시적 형태를 개작하였으며, 하층 계급 흑인들의 문화적 요소를 반영한 등장인물과 주제를 만들어 내었다. 유머러스한 스타일로 진지한 내용을 융합할 수 있는 그의 능력으로, Hughes는 자연스럽고 재치 있는 방식으로 인종편견을 공격하였다.」

Answer   49.④

50 주어진 문장이 들어갈 위치로 가장 적절한 것은?

The same thinking can be applied to any number of goals, like improving performance at work.

The happy brain tends to focus on the short term. (①) That being the case, it's a good idea to consider what short-term goals we can accomplish that will eventually lead to accomplishing long-term goals. (②) For instance, if you want to lose thirty pounds in six months, what short-term goals can you associate with losing the smaller increments of weight that will get you there? (③) Maybe it's something as simple as rewarding yourself each week that you lose two pounds. (④) By breaking the overall goal into smaller, shorter-term parts, we can focus on incremental accomplishments instead of being overwhelmed by the enormity of the goal in our profession.

TIP tend to ~하는 경향이 있다 apply 신청하다, 지원하다 accomplish 완수하다, 성취하다 associate 연상하다, 연관 짓다 increment 증가 overwhelm 휩싸다, 압도하다 enormity 엄청남, 심각함

주어진 문장에 같은 생각이 적용될 수 있다고 했으므로 우선 의견이 먼저 나와야 하고 제시문 마지막에 일에서 성과를 향상시키는 것과 같은 곳에 적용될 수 있다고 했으므로 뒤에는 일에서 이 생각이 적용되는 내용이 나오면 된다. 따라서 ④ 뒤에 일에서 이 생각이 적용되는 글이 나오고 있으므로 ④번이 적절하다.

「행복한 뇌는 단기간에 집중하는 경향이 있다. 결국 장기적인 목표를 달성하는 데 어떤 단기적인 목표를 달성할 수 있을지 고려해 보는 것은 좋은 생각이다. 예를 들어, 만약 당신이 6개월 안에 30파운드를 감량하기를 원한다면, 너를 당황하게 할 작은 체중증가를 막는 것을 어떤 단기적인 목표를 연관시킬 수 있는가? 아마도, 매주 2파운드를 빼는 것은 스스로에게 보상하는 것과 같은 간단한 것이다. 이 같은 생각은 업무에서 성과를 향상시키는 것과 같은 많은 목표들에 적용될 수 있다. 전체적인 목표를 더 작고, 더 짧은 기간의 부분으로 부숨으로써, 전체적인 목표를 더 작고 단기적인 부분으로 나누면, 우리는 직업에서 목표의 거대함에 압도되는 대신 점진적인 성취에 초점을 맞출 수 있다.」

Answer 50.④

51 글의 제목으로 가장 적절한 것은?

> Economists say that production of an information good involves high fixed costs but low marginal costs. The cost of producing the first copy of an information good may be substantial, but the cost of producing(or reproducing) additional copies is negligible. This sort of cost structure has many important implications. For example, cost-based pricing just doesn't work: a 10 or 20 percent markup on unit cost makes no sense when unit cost is zero. You must price your information goods according to consumer value, not according to your production cost.

① Securing the Copyright

② Pricing the Information Goods

③ Information as Intellectual Property

④ The Cost of Technological Change

TIP 이 글은 정보재의 생산 특성에 따른 가격 책정 방법에 대해 설명하고 있다. 따라서 이 글의 제목으로는 ②가 가장 적절하다.
① 저작권 확보하기
② 정보재의 가격 책정
③ 지적재산으로서의 정보
④ 기술 변화의 비용

「경제학자들은 정보재의 생산은 높은 고정비용과 낮은 한계비용을 수반한다고 말한다. 정보재의 초본을 제작하는 비용은 상당할 수 있지만, 추가 사본을 제작(또는 복제)하는 비용은 무시해도 될 정도이다. 이런 종류의 비용 구조는 많은 중요한 의미를 가지고 있다. 예를 들어, 비용 기반 가격설정은 효과가 없다. 단위원가가 0일 때 단위원가에 대한 10% 혹은 20%의 이윤폭은 의미가 없다. 당신은 당신의 생산비가 아닌 소비자 가치에 따라 당신의 정보재 가격을 책정해야 한다.」

Answer 51.②

52 글의 흐름상 가장 적절하지 않은 문장은?

It seems to me possible to name four kinds of reading, each with a characteristic manner and purpose. The first is reading for information — reading to learn about a trade, or politics, or how to accomplish something. ①We read a newspaper this way, or most textbooks, or directions on how to assemble a bicycle. ②With most of this material, the reader can learn to scan the page quickly, coming up with what he needs and ignoring what is irrelevant to him, like the rhythm of the sentence, or the play of metaphor. ③We also register a track of feeling through the metaphors and associations of words. ④Courses in speed reading can help us read for this purpose, training the eye to jump quickly across the page.

TIP 이 글은 독서의 네 종류 중 정보를 얻기 위한 독서에 대해 설명하고 있다. ③에서 '은유'와 '단어의 연상'으로 '감정의 궤적'을 나타낼 수 있다는 내용은 정보를 얻기 위한 독서와 거리가 멀다.

「내가 보기에는 각각 독특한 형식과 목적을 가진 네 종류의 독서를 이름 짓는 것은 가능할 것 같다. 첫 번째는 정보를 얻기 위한 독서 – 무역, 정치 또는 무언가를 성취하는 방법에 관해 배우기 위한 독서이다. ① 우리는 이런 식으로 신문을 읽거나, 대부분의 교과서 또는 자전거를 조립하는 방법에 대한 설명서를 읽는다. ② 이러한 자료의 대부분을 가지고 독자는 페이지를 빨리 훑어보는 방법을 배울 수 있고, 필요한 것을 찾아내며, 문장의 운율이나 은유 구사와 같은 자신과 무관한 것을 무시한다. ③ 우리는 또한 은유와 단어의 연상으로 감정의 궤적을 나타낸다. ④ 속독 수업은 눈이 페이지를 빠르게 건너뛰도록 훈련시켜 우리가 이러한 목적을 위해 책을 읽는 데 도움을 줄 수 있다.」

Answer 52.③

53 다음 글의 흐름상 가장 어색한 문장은?

The Renaissance kitchen had a definite hierarchy of help who worked together to produce the elaborate banquets. ① At the top, as we have seen, was the scalco, or steward, who was in charge of not only the kitchen, but also the dining room. ② The dining room was supervised by the butler, who was in charge of the silverware and linen and also served the dishes that began and ended the banquet—the cold dishes, salads, cheeses, and fruit at the beginning and the sweets and confections at the end of the meal. ③ This elaborate decoration and serving was what in restaurants is called "the front of the house." ④ The kitchen was supervised by the head cook, who directed the undercooks, pastry cooks, and kitchen help.

TIP definite 확고한, 뚜렷한 hierarch 계급, 체계 elaborate 정교한 banquet 연회 steward 남자 승무원, 간사, 집사 butler 집사 in charge of ～ 맡아서, 담당해서 confection 당과 제품(보기 좋게 만들어 놓은 케이크 등의 단 음식) Front of the House 호텔의 영업부서로서 고객이 체재기간 동안 직접 접하는 프런트 데스크 서비스와 식음료서비스가 이 영역에 포함된다.

이 글은 주방과 식당을 지휘하는 질서 체계에 대해 설명하는 내용으로, ③은 글의 흐름상 어색하다.

「르네상스 시대의 부엌은 정교한 연회를 만들기 위해 함께 일하는 사람들의 확고한 도움 체계를 가지고 있었다. ① 최상위에는, 우리가 보았던 대로, 주방뿐만 아니라 식당까지 책임지고 있었던 scalco, 또는 집사가 있었다. ② 식당은 집사에 의해 지휘되는데, 은식기와 식탁보를 담당하고, 또한 연회의 처음부터 끝까지 요리를 차려낸다. – 차가운 요리, 샐러드, 치즈, 그리고 과일 등 전채요리부터 단 것과 당과 제품 등의 후식 까지. ③ 이 정교한 장식과 서빙은 식당에서 "영업부서"라고 불린다. ④ 주방은 보조 요리사와 빵·과자 전문 요리사와 주방 보조를 이끄는 주방장에 의해 지휘된다.」

Answer 53.③

54 다음 글의 요지로 가장 적절한 것은?

My students often believe that if they simply meet more important people, their work will improve. But it's remarkably hard to engage with those people unless you've already put something valuable out into the world. That's what piques the curiosity of advisers and sponsors. Achievements show you have something to give, not just something to take. In life, it certainly helps to know the right people. But how hard they go to bat for you, how far they stick their necks out for you, depends on what you have to offer. Building a powerful network doesn't require you to be an expert at networking. It just requires you to be an expert at something. If you make great connections, they might advance your career. If you do great work, those connections will be easier to make. Let your insights and your outputs—not your business cards—do the talking.

① Sponsorship is necessary for a successful career.

② Building a good network starts from your accomplishments.

③ A powerful network is a prerequisite for your achievement.

④ Your insights and outputs grow as you become an expert at networking.

TIP remarkably 현저하게, 매우 engage (관심을) 사로잡다 pique somebody's curiosity ~의 호기심을 자극하다 go to bat for somebody ~를 도와주다 stick one's neck out 위험을 무릅쓰다 prerequisite 전제 조건
① 후원은 성공적인 경력에 필수적이다.
② 좋은 인맥 쌓기는 당신의 성공에서 시작된다.
③ 영향력 있는 인맥은 당신의 성공을 위한 전제 조건이다.
④ 당신의 통찰력과 결과들은 당신이 인맥 쌓기의 전문가가 되면서 자라난다.

「나의 학생들은 종종 만약 그들이 좀 더 중요한 인물들을 그저 만난다면, 그들의 업적이 향상될 것이라고 믿는다. 그러나 당신이 세상에 뭔가 가치 있는 것을 내어놓지 않은 이상 그런 사람들의 관심을 사로잡는 것은 매우 어렵다. 그것은 바로 조언자들과 후원자들의 호기심을 자극하는 것들이다. 성취는 당신이 무언가를 그저 취하는 것이 아니라 무언가 줄 것이 있다는 것을 보여준다. 인생에서, 적당한 사람을 알고 있는 것은 확실히 도움이 된다. 하지만 그들이 얼마나 열심히 당신을 도와줄지, 당신을 위해 얼마나 많은 위험을 감수할지는 당신이 무엇을 제공하느냐에 달려있다. 영향력 있는 인맥을 형성하는 것은 당신이 인맥 쌓기의 전문가가 되기를 요구하지 않는다. 그것은 단지 당신이 어떤 것에 전문가가 되기를 요구한다. 만약 당신이 훌륭한 관계를 만든다면, 그들이 당신의 경력을 향상시킬 수도 있다. 만약 당신이 훌륭한 성과를 낸다면, 그러한 관계들을 더욱 쉽게 만들어질 것이다. 당신의 명함이 아니라 당신의 통찰력과 결과들이 대변하게 하라.」

┃55 ~ 56┃ 우리말을 영어로 잘못 옮긴 것을 고르시오.

55 ① 그는 지금 자신에게 화가 나 있다.

　　→ He is angry with himself now.

② 나는 말하던 것을 멈추고 주위를 둘러보았다.

　　→ I stopped to talk and looked around.

③ 그는 그가 듣고 있는 것을 거의 믿을 수 없었다.

　　→ He could hardly believe what he was hearing.

④ 많은 다른 선택권이 있었다.

　　→ There were a number of different options.

TIP ① himself는 주어 자신을 의미하기 때문에 적절하다.
② stop + to 부정사는 '~하기 위해 멈추다'라는 의미로 우리말과는 맞지 않는다. '~하는 것을 멈추다'는 stop + -ing로 표현한다.
③ hardly는 부정의 의미로 적절히 사용되었다.
④ a number of + 복수명사, 주어 options에 대한 동사 were. 모두 알맞게 사용되었다.

56 ① 나는 그를 전에 어디에서도 본 기억이 없다.

　　→ I don't remember seeing him anywhere before.

② 나는 이 음악을 들을 때마다 나의 어머니가 항상 생각난다.

　　→ Whenever I listen to this music, I always think of my mother.

③ 다행히 그녀는 지난 밤 트럭에 치이는 것을 모면했다.

　　→ Luckily, she escaped from running over by a truck last night.

④ 나의 어머니는 종종 영화를 보는 중에 잠이 드신다.

　　→ My mother often falls asleep while watching a movie.

TIP ① remember + -ing는 '(과거에) -한 것을 기억하다'는 의미로 적절하게 사용되었다.
② whenever는 '~할때마다'라는 의미의 복합 관계부사로 적절하게 사용되었다.
③ 차에 치이는 수동의 의미이기 때문에 running over를 being run over로 바꿔야 한다.
④ 부사절과 주절의 주어가 같으므로, 주어를 생각한 접속사 + -ing의 형태는 적절하다.

Answer　55.②　56.③

❙57～58❙ 어법상 옳지 않은 것을 고르시오.

57 ① He is the person I need to talk to about my daughter.

② My final exams are starting next week, so I've got to study hard.

③ This story was about the incidents that were happened in the 1920s.

④ I was just going to clean the office, but someone had already done it.

> **TIP** ① I 앞에 목적격 관계대명사가 생략된 올바른 문장이다.
> ② 미래를 나타내는 부사구에서 현재진행은 미래를 나타낼 수 있다.
> ③ happen은 자동사로서 수동태 문장이 될 수 없다. 따라서 that were happened → that happened가 되어야 한다.
> ④ 누군가가 청소한 시점은 주어 I가 청소하려고 했던 시점보다 이전인 대과거 이다. 따라서 had already done은 올바른 문장이다.
> 「① 그는 내가 내 딸에 대해 이야기해야 할 사람이다.
> ② 다음 주에 기말고사가 시작되니까 열심히 공부해야겠어.
> ③ 이 이야기는 1920년대에 일어났던 사건들에 관한 것이었다.
> ④ 방금 사무실 청소하려고 했는데, 누군가가 이미 청소해 놓은 상태였다.」

58 ① The speaker said a few thing that was interesting.

② We saw John coming back with a drink in his hand.

③ This book is one of the best novels I have ever read.

④ We were absolutely amazed at the response to our appeal.

> **TIP** ① a few는 셀 수 있는 복수명사 앞에 쓰이므로 뒤에 나오는 명사는 복수명사 things가 되어야 하고, was → were가 되어야 한다.
> ② saw는 지각동사로, 목적격 보어 자리에 -ing가 올 수 있다.
> ③ novels 뒤에 목적격 관계대명사 that이 생략된 문장이다.
> ④ 주어 we가 놀랐다는 수동의 의미이므로, 과거분사 amazed는 알맞게 사용되었다.
> 「① 그 연사는 흥미로운 몇 가지를 말했다.
> ② 우리는 존이 음료수를 들고 돌아오는 것을 보았다.
> ③ 이 책은 내가 읽어본 최고의 소설 중 하나이다.
> ④ 우리는 우리의 호소에 대한 반응에 굉장히 놀랐다.」

Answer 57.③ 58.①

59 어법상 옳은 것은?

① A horse should be fed according to its individual needs and the nature of its work.

② My hat was blown off by the wind while walking down a narrow street.

③ She has known primarily as a political cartoonist throughout her career.

④ Even young children like to be complimented for a job done good.

TIP ② 주절의 주어와 종속절의 주어가 다르기 때문에, "while I walked ~"로 고쳐야 한다.
③ 그녀가 ~로서 알려진 것이기 때문에 수동태가 되어야 한다. 따라서 "has been known"으로 고쳐야 한다.
④ 과거분사 done을 수식해야 하므로 형용사 good → 부사 well이 되어야 한다.

「① 말은 개인의 필요와 일의 성질에 따라 먹이를 주어야 한다.
② 좁은 길을 걷다가 나의 모자가 바람에 날아갔다.
③ 그녀는 자신의 경력 내내 주로 정치 만화가로 알려져 왔다.
④ 심지어 어린 아이들도 잘한 일에 대해 칭찬받는 것을 좋아한다.」

60 밑줄 친 부분 중 어법상 옳지 않은 것은?

To find a good starting point, one must return to the year 1800 during ① which the first modern electric battery was developed. Italian Alessandro Volta found that a combination of silver, copper, and zinc ② were ideal for producing an electrical current. The enhanced design, ③ called a Voltaic pile, was made by stacking some discs made from these metals between discs made of cardboard soaked in sea water. There was ④ such talk about Volta's work that he was requested to conduct a demonstration before the Emperor Napoleon himself.

TIP copper 구리   zinc 아연   electrical current 전류   enhance 향상시키다   stack 쌓아올리다   request 요구하다   demonstration 시연
② that절의 주어가 combination으로 3인칭 단수이기 때문에 동사는 were가 아닌 was가 되어야 한다.

「좋은 출발점을 찾기 위해서는 최초의 현대식 전기 배터리가 개발되었던 1800년으로 돌아가야 한다. 이탈리아의 알레산드로 볼타는 은, 구리, 아연의 조합이 전류를 만드는 데 이상적이라는 것을 발견했다. 볼타 전퇴라고 불리는 이 강화된 디자인은 바닷물에 적신 판지로 만들어진 원반 사이에 이 금속들로 만들어진 원반들을 쌓아올림으로써 만들어졌다. 볼타의 성과에 대한 이야기가 많아서 그는 나폴레옹 황제 앞에서 직접 시연을 하라는 요청을 받았다.」

Answer   59.①   60.②

61 ① 우리가 영어를 단시간에 배우는 것은 결코 쉬운 일이 아니다.

→ It is by no means easy for us to learn English in a short time.

② 우리 인생에서 시간보다 더 소중한 것은 없다.

→ Nothing is more precious as time in our life.

③ 아이들은 길을 건널 때 아무리 조심해도 지나치지 않다.

→ Children cannot be too careful when crossing the street.

④ 그녀는 남들이 말하는 것을 쉽게 믿는다.

→ She easily believes what others say.

TIP ① by no means는 결코 ~하지 않다는 의미로서 맞는 표현이다.
② 비교급 구문이기 때문에 as대신 than을 넣어야 한다.
③ can't ~ too는 아무리 ~해도 지나치지 않다는 의미로서 맞는 표현이다.
④ believe의 목적어로 명사절 what others say를 이끌고 있고, 타동사 say의 목적어 역할을 하고 있으므로 what은 적절하게 쓰였다.

62 ① 커피 세 잔을 마셨기 때문에, 그녀는 잠을 이룰 수 없다.

→ Having drunk three cups of coffee, she can't fall asleep.

② 친절한 사람이어서, 그녀는 모든 이에게 사랑받는다.

→ Being a kind person, she is loved by everyone.

③ 모든 점이 고려된다면, 그녀가 그 직위에 가장 적임인 사람이다.

→ All things considered, she is the best-qualified person for the position.

④ 다리를 꼰 채로 오랫동안 앉아 있는 것은 혈압을 상승시킬 수 있다.

→ Sitting with the legs crossing for a long period can raise blood pressure.

TIP ① 커피를 마신 시점은 과거 시점으로, 완료 분사구문의 표현은 맞는 표현이다.
② Being a kind person은 분사구문으로 바르게 쓰였다.
③ 분사구문의 주어와 주절의 주어가 다르기 때문에 분사구문의 주어를 생략하지 않았고, All things는 의미상 '고려된다'는 수동의 의미이므로 considered가 알맞게 쓰였다.
④ 다리가 꼬여진 수동의 의미이기 때문에 crossing을 crossed로 바꾸어야 한다.

Answer 61.② 62.④

|63~64| 우리말을 영어로 잘못 옮긴 것을 고르시오.

63 ① 그의 소설들은 읽기가 어렵다.

→ His novels are hard to read.

② 학생들을 설득하려고 해 봐야 소용없다.

→ It is no use trying to persuade the students.

③ 나의 집은 5년마다 페인트칠된다.

→ My house is painted every five years.

④ 내가 출근할 때 한 가족이 위층에 이사 오는 것을 보았다.

→ As I went out for work, I saw a family moved in upstairs.

> **TIP** persuade 설득하다 upstairs 위층
> ④ moved → move 또는 moving. 지각동사 see의 목적격보어는 목적어와의 관계가 능동이면 동사원형이나 현재분사로 써야 한다.

64 ① 경찰 당국은 자신의 이웃을 공격했기 때문에 그 여성을 체포하도록 했다.

→ The police authorities had the woman arrested for attacking her neighbor.

② 네가 내는 소음 때문에 내 집중력을 잃게 하지 말아라.

→ Don't let me distracted by the noise you make.

③ 가능한 한 빨리 제가 결과를 알도록 해 주세요.

→ Please let me know the result as soon as possible.

④ 그는 학생들에게 모르는 사람들에게 전화를 걸어 성금을 기부할 것을 부탁하도록 시켰다.

→ He had the students phone strangers and ask them to donate money.

> **TIP** police authorities 경찰기관 distracted 산만해진 donate 기부하다
> ② distracted → be distracted. 사역동사 let은 목적어와 목적격보어의 관계가 수동일 때 be p.p. 형태로 써야 한다.

Answer 63.④ 64.②

65 어법상 옳은 것은?

① My sweet—natured daughter suddenly became unpredictably.

② She attempted a new method, and needless to say had different results.

③ Upon arrived, he took full advantage of the new environment.

④ He felt enough comfortable to tell me about something he wanted to do.

> **TIP** unpredictably 예측할 수 없게
> ① unpredictably → unpredictable. 불완전자동사 become 다음에는 보어가 와야 한다.
> ③ Upon arrived → Upon arriving. 전치사 Upon 다음에는 ~ing 형태가 와야 한다. '(up)on ~ing'는 준동사 표현으로 '~하자마자'를 의미한다.
> ④ enough comfortable → comfortable enough. 부사 enough는 다른 부사나 형용사를 수식할 때는 부사나 형용사 뒤에서 수식한다.
> 「① 나의 다정한 딸이 갑자기 예측불허가 되었다.
> ② 그녀는 새로운 방법을 시도했고, 말할 것도 없이 결과는 달랐다.
> ③ 도착하자마자, 그는 새로운 환경의 이점을 충분히 활용했다.
> ④ 그는 그가 하고 싶은 것을 나에게 말할 수 있을만큼 편안함을 느꼈다.」

66 어법상 옳지 않은 것은?

① Fire following an earthquake is of special interest to the insurance industry.

② Word processors were considered to be the ultimate tool for a typist in the past.

③ Elements of income in a cash forecast will be vary according to the company's circumstances.

④ The world's first digital camera was created by Steve Sasson at Eastman Kodak in 1975.

> **TIP** earthquake 지진 insurance 보험 ultimate 최후의, 끝장의, 궁극적인 in the past 옛날에 forecast 예측하다 circumstance 상황
> ③ be vary → vary. vary는 자동사이므로, be를 지우거나 various로 바꿔줘야 한다.
> 「① 지진 뒤에 따라오는 화재는 보험업계의 특별한 관심사이다.
> ② 워드 프로세서는 옛날에 타자수를 위한 궁극적인 도구로 여겨졌다
> ③ 현금 예측에서 소득 요소는 회사 상황에 따라 달라질 수 있다.
> ④ 세계 최초의 디지털 카메라는 1975년 Eastman Kodak의 Steve Sasson에 의해 만들어졌다.」

Answer 65.② 66.③

67 어법상 옳은 것은?

① This guide book tells you where should you visit in Hong Kong.

② I was born in Taiwan, but I have lived in Korea since I started work.

③ The novel was so excited that I lost track of time and missed the bus.

④ It's not surprising that book stores don't carry newspapers any more, doesn't it?

TIP ② 시간의 부사절 since 절에 과거시제 started가, 주절에는 현재완료시제 have lived가 적절하게 쓰였다.
　① where should you visit → where you should visit : tells의 직접목적어로 쓰인 where가 이끄는 의문사절은 간접의문문 어순을 취하기 때문에 "의문사＋주어＋동사"의 어순으로 써야 한다.
　③ excited → exciting : 감정유발동사를 분사의 형용사적용법으로 사용할 때 사물을 꾸미게 되면 현재분사 즉 Ving 형태로 나타내야 한다.
　④ doesn't it → is it : 부가의문문은 동사가 긍정일 때는 부정으로 부정일 때는 긍정으로 나타내야 한다.
「① 이 가이드 북은 당신이 홍콩에서 어디를 방문해야 하는지 알려준다.
② 나는 대만에서 태어났지만, 일을 시작한 이후 한국에서 살고 있다.
③ 그 소설이 너무 흥미로워서 나는 시간 가는 줄 모르고 버스를 놓쳤다.
④ 서점에서 더 이상 신문을 취급하지 않는 건 놀랍지 않다. 그렇지 않은가?」

68 밑줄 친 부분 중 어법상 옳지 않은 것은?

Urban agriculture (UA) has long been dismissed as a fringe activity that has no place in cities; however, its potential is beginning to ① be realized. In fact, UA is about food self-reliance: it involves ② creating work and is a reaction to food insecurity, particularly for the poor. Contrary to ③ which many believe, UA is found in every city, where it is sometimes hidden, sometimes obvious. If one looks carefully, few spaces in a major city are unused. Valuable vacant land rarely sits idle and is often taken over—either formally, or informally—and made ④ productive.

TIP dismiss 묵살하다 fringe 변두리, 주변 self-reliance 자립 insecurity 불안정 unused 사용되지 않은 vacant 비어 있는 idle 놀고 있는
　③ which → what : 전치사 to 뒤에 올 수 있는 명사절을 이끌면서 many believe라는 관계사절의 목적어 역할을 할 수 있는 what으로 고쳐야 한다.
「도시 농업(UA)은 오랫동안 도시에 설 자리가 없는 변두리 활동이라고 일축되어 왔지만, 그것의 잠재력이 실현되기 시작하고 있다. 사실, UA는 식량자립에 관한 것인데, 그것은 일자리를 창출하는 것을 포함하며, 특히 가난한 사람들을 위한 식량 불안정에 대한 대응이다. 많은 사람들이 믿는 것과는 반대로, UA는 모든 도시에서 발견되는데, 이 곳에서 때로는 숨겨지고 때로는 확연하다. 주의 깊게 살펴보면, 대도시에는 사용되지 않는 공간이 거의 없다. 가치 있는 빈 땅은 거의 놀고 있지 않으며 종종 공식적으로나 비공식적으로 인계되어 생산적으로 만들어지기도 한다.」

Answer 67.② 68.③

|69～70| 우리말을 영어로 가장 잘 옮긴 것을 고르시오.

69 ① 나는 너의 답장을 가능한 한 빨리 받기를 고대한다.

→ I look forward to receive your reply as soon as possible.

② 그는 내가 일을 열심히 했기 때문에 월급을 올려 주겠다고 말했다.

→ He said he would rise my salary because I worked hard.

③ 그의 스마트 도시 계획은 고려할 만했다.

→ His plan for the smart city was worth considered.

④ Cindy는 피아노 치는 것을 매우 좋아했고 그녀의 아들도 그랬다.

→ Cindy loved playing the piano, and so did her son.

> **TIP** ④ '～ 또한 그러하다'는 의미의 so 뒤에서는 도치가 발생한다(so+V+S). 도치할 때 동사가 일반 동사이면 do동사를 대신
> 써서 도치해야 한다. '～ 또한 그러하다'의 표현은 긍정문의 경우는 so를 쓰고 부정문의 경우 neither를 사용한다.
> ① to receive → to receiving : '～하기를 고대하다'를 의미하는 준동사 주요 표현은 look forward to -ing를 써야 한다. 이
> 때의 to는 전치사이므로 목적어로 동명사가 와야 한다.
> ② rise → raise : rise는 자동사이므로 목적어를 가질 수 없다. 뒤에 목적어 my salary가 있으므로 타동사인 raise로 고쳐야 한다.
> ③ worth considered → worth considering : '～할 만한 가치가 있다'를 의미하는 준동사 주요 표현은 'be worth -ing'를
> 써야 한다. 주어인 그의 계획이 고려되는 것으로 수동의 의미이지만 'worth -ing'는 -ing 형태로 표현해도 수동의 의미
> 를 가질 수 있으므로 수동형으로 쓰지 않는다.

70 ① 당신이 부자일지라도 당신은 진실한 친구들을 살 수는 없다.

→ Rich as if you may be, you can't buy sincere friends.

② 그것은 너무나 아름다운 유성 폭풍이어서 우리는 밤새 그것을 보았다.

→ It was such a beautiful meteor storm that we watched it all night.

③ 학위가 없는 것이 그녀의 성공을 방해했다.

→ Her lack of a degree kept her advancing.

④ 그는 사형이 폐지되어야 하는지 아닌지에 대한 에세이를 써야 한다.

→ He has to write an essay on if or not the death penalty should be abolished.

> **TIP** ② '너무 ～해서 ～하다'의 뜻을 가지는 'such+a(n)+형용사+명사+that' 구문이 적절하게 쓰였다. that절에 나온 대명사 it은 앞에
> 나온 storm을 지칭하므로 수에 맞게 쓰였다.
> ① Rich as if → Rich as : '비록 ～일지라도'를 의미하는 표현은 "형용사/부사/무관사 명사+as[though] 주어+동사" 구문을 사용한다.
> ③ kept her advancing → kept her from advancing : 'keep+O+v-ing'는 '목적어가 계속 ～하게 하다'라는 의미이다.
> 따라서 '목적어가 ～하지 못하게 하다'의 의미인 'keep+O+from v-ing'의 구문을 사용하여야 한다.
> ④ if → whether : '～인지 아닌지'를 의미하는 if는 타동사의 목적어로만 쓰일 수 있다. 따라서 전치사의 목적어 자리에서도
> 쓰일 수 있는 whether로 고쳐야 한다.

Answer 69.④ 70.②

71 어법상 옳은 것은?

① Of the billions of stars in the galaxy, how much are able to hatch life?

② The Christmas party was really excited and I totally lost track of time.

③ I must leave right now because I am starting work at noon today.

④ They used to loving books much more when they were younger.

> **TIP** hatch 낳다, 부화시키다 lose track of time 시간가는 줄 모르다
> ① 별들이 셀 수 있는 명사이기 때문에 much → many로 바꾸어야 한다.
> ② 크리스마스 파티가 나를 흥분시키는 것이기 때문에 excited → exciting이 되어야 한다.
> ④ '~하곤 했다', '~했었다'의 의미를 가지고 있는 used to RV의 형태로 고쳐야 한다. loving → love)
>
> 「① 은하계의 수십억 개의 별들 중 얼마나 많은 별들이 생명을 잉태시킬 수 있을까?
> ② 크리스마스 파티는 정말 흥분됐고 나는 완전히 시간 가는 줄 몰랐다.
> ③ 오늘 정오에 일을 시작하니까 지금 당장 떠나야 해.
> ④ 그들은 어렸을 때 책을 훨씬 더 좋아했었다.」

72 우리말을 영어로 잘못 옮긴 것은?

① 보증이 만료되어서 수리는 무료가 아니었다.

→ Since the warranty had expired, the repairs were not free of charge.

② 설문지를 완성하는 누구에게나 선물카드가 주어질 예정이다.

→ A gift card will be given to whomever completes the questionnaire.

③ 지난달 내가 휴가를 요청했더라면 지금 하와이에 있을 텐데.

→ If I had asked for a vacation last month, I would be in Hawaii now.

④ 그의 아버지가 갑자기 작년에 돌아가셨고, 설상가상으로 그의 어머니도 병에 걸리셨다.

→ His father suddenly passed away last year, and, what was worse, his mother became sick.

> **TIP** ② whomever뒤에 completes 동사가 있기 때문에 주어 역할을 할 수 있는 whoever가 적절하다.

Answer 71.③ 72.②

73 밑줄 친 부분 중 어법상 옳지 않은 것은?

Elizabeth Taylor had an eye for beautiful jewels and over the years amassed some amazing pieces, once ① declaring "a girl can always have more diamonds." In 2011, her finest jewels were sold by Christie's at an evening auction ② that brought in $115.9 million. Among her most prized possessions sold during the evening sale ③ were a 1961 bejeweled timepiece by Bulgari. Designed as a serpent to coil around the wrist, with its head and tail ④ covered with diamonds and having two hypnotic emerald eyes, a discreet mechanism opens its fierce jaws to reveal a tiny quartz watch.

> **TIP** amass 모으다, 축적하다 declare 선언하다 possession 소유물 bejewel 보석으로 장식하다 timepiece 시계 serpent 뱀 coil (고리 모양으로) 감다, 휘감다 hypnotic 최면을 거는 듯한 discreet 분별 있는 fierce 사나운, 모진 jaw 턱 reveal 드러내다 quartz 석영
> ③ 도치된 문장으로서 동사 뒤에 있는 a 1961 bejeweled timepiece가 실제 주어이다. 단수주어이기 때문에 were를 was로 바꾸어야 한다.
> ① "a girl can always have more diamonds."을 선언하는 것이기 때문에 능동의 declaring이 옳은 표현이다.
> ② an evening auction을 선행사로 받는 관계대명사 that은 옳은 표현이다.
> ④ 머리와 꼬리가 다이아몬드로 덮여진 것이기 때문에 수동을 의미하는 covered가 옳은 표현이다.
> 「엘리자베스 테일러는 아름다운 보석에 대한 안목을 가지고 있었고, 몇 년 동안 "소녀는 항상 더 많은 다이아몬드를 가질 수 있다"라고 선언을 하면서 놀라운 작품들을 수집했다. 2011년, 그녀의 가장 훌륭한 보석들은 1억 1,590만 달러를 제출한 크리스티에 의해 저녁 경매에서 팔렸다. 저녁 세일 중에 판매된 가장 소중한 소유물 중에는 Bulgari가 1961년 보석으로 만든 시계가 있었다. 머리와 꼬리를 다이아몬드로 덮고 두 개의 최면을 거는 듯한 에메랄드 눈을 가진 손목을 감는 뱀으로 디자인된, 조심스러운 메커니즘이 작은 석영 시계를 드러내기 위해 사나운 턱을 연다.」

74 어법상 옳은 것은?

① The paper charged her with use the company's money for her own purposes.

② The investigation had to be handled with the utmost care lest suspicion be aroused.

③ Another way to speed up the process would be made the shift to a new system.

④ Burning fossil fuels is one of the lead cause of climate change.

> **TIP** ② 부사절 접속사인 lest는 'lest S (should) + 동사원형'의 형태로 사용되어 '~하지 않도록 하기 위해'라는 부정의 의미이다. be 앞에 should가 생략된 올바른 형태이다.
> ① 전치사 뒤에 use는 동명사인 using으로 고쳐야한다.
> ③ '~하는 방법은 ~하는 것이다'는 의미로 S be to v의 형태가 되어야 한다. be made를 to make로 고쳐야 한다.
> ④ one of 복수명사이다. cause가 causes가 되어야 한다.
> 「① 그 신문은 그녀를 그녀 자신의 목적을 위해 회사의 돈을 사용한 것으로 기소했다.
> ② 그 조사는 의심을 생기지 않기 위해서 매우 주의 깊게 다뤄져야만 했다.
> ③ 그 과정의 속도를 높이는 또 다른 방법은 새로운 체계로의 변화를 만드는 것일 것이다.
> ④ 화석연료를 태우는 것이 기후변화의 주요한 원인들 중의 하나다.」

75 밑줄 친 부분 중 어법상 가장 옳지 않은 것은?

Inventor Elias Howe attributed the discovery of the sewing machine ① for a dream ② in which he was captured by cannibals. He noticed as they danced around him ③ that there were holes at the tips of spears, and he realized this was the design feature he needed ④ to solve his problem.

> **TIP** attribute ~의 탓으로 돌리다 sewing machine 재봉틀 cannibal 식인종 spear 창 attribute A to B A를 B의 탓으로 돌리다.
> ① for 대신 to가 들어가야 한다.
> ② in which + 완전구조로 옳은 표현이다.
> ③ noticed의 목적어로 that + 완전구조가 왔다. 옳은 표현이다.
> ④ to 부정사의 부사적용법(~하기 위해서)으로 맞게 쓰였다.
> 「발명가 Elias Howe는 재봉틀의 발견을 그가 식인종에게 붙잡힌 꿈의 탓으로 돌린다. 그는 그들이 그 주위에서 춤을 출 때 창 끝에 구멍들이 있다는 것을 알아차렸고, 그는 이것이 그가 이 문제를 풀기 위해서 필요로 했던 디자인의 특징이라는 것을 깨달았다.」

Answer 74.② 75.①

76 밑줄 친 부분 중 어법상 옳지 않은 것은?

I am writing in response to your request for a reference for Mrs. Ferrer. She has worked as my secretary ①for the last three years and has been an excellent employee. I believe that she meets all the requirements ②mentioned in your job description and indeed exceeds them in many ways. I have never had reason ③to doubt her complete integrity. I would, therefore, recommend Mrs. Ferrer for the post ④what you advertise.

TIP ④ what 앞에 선행사 the post가 있으므로 관계대명사인 that이나 which로 고쳐야 한다.

「Mrs. Ferrer을 위한 참조를 위한 당신의 요청에 대하여 답장을 쓰고 있습니다. 그녀는 지난 3년간 나의 비서로 일했고 훌륭한 직원이었습니다. 저는 그녀가 당신의 직무기술서에 언급된 모든 자격 요건을 충족시키고 여러 면에서 그것을 능가한다고 믿습니다. 저는 그녀의 완벽한 진실성을 의심할 이유가 없었습니다. 따라서 저는 당신이 광고하는 직책에 Mrs. Ferrer를 추천합니다.」

77 우리말을 영어로 잘못 옮긴 것은?

① 모든 정보는 거짓이었다.
  → All of the information was false.
② 토마스는 더 일찍 사과했어야 했다.
  → Thomas should have apologized earlier.
③ 우리가 도착했을 때 영화는 이미 시작했었다.
  → The movie had already started when we arrived.
④ 바깥 날씨가 추웠기 때문에 나는 차를 마시려 물을 끓였다.
  → Being cold outside, I boiled some water to have tea.

TIP 'Being cold outside'의 주어와 뒤에 이어지는 주절의 주어가 일치하지 않으므로 주어를 생략할 수 없다. 따라서 It being cold outside로 고쳐야 한다.

78 어법상 옳은 것은?

① Please contact to me at the email address I gave you last week.

② Were it not for water, all living creatures on earth would be extinct.

③ The laptop allows people who is away from their offices to continue to work.

④ The more they attempted to explain their mistakes, the worst their story sounded.

> **TIP** ① contact는 완전타동사이므로 목적어 me가 바로 온다. contact to me → contact me
> ③ who ~ offices는 선행사 people을 수식하는 관계대명사 절로, 선행사가 복수이므로 is를 are로 고쳐야 한다.
> ④ the 비교급 s + v, the 비교급 s + v : ~하면 할수록 점점 더 ~하다. worst → worse
>
> 「① 제가 지난주에 알려 드린 이메일 주소로 연락 주세요.
> ② 물이 없다면 지구상의 모든 생물은 멸종할 것이다.
> ③ 노트북 컴퓨터는 사무실 밖에 있는 사람들이 일을 계속하도록 해 준다.
> ④ 그들이 자신들의 실수에 대해 설명하려고 하면 할수록 그들의 이야기는 최악으로 들렸다.」

79 우리말을 영어로 옳게 옮긴 것은?

① 그는 며칠 전에 친구를 배웅하기 위해 역으로 갔다.

→He went to the station a few days ago to see off his friend.

② 버릇없는 그 소년은 아버지가 부르는 것을 못 들은 체했다.

→The spoiled boy made it believe he didn't hear his father calling.

③ 나는 버팔로에 가본 적이 없어서 그곳에 가기를 고대하고 있다.

→I have never been to Buffalo, so I am looking forward to go there.

④ 나는 아직 오늘 신문을 못 읽었어. 뭐 재미있는 것 있니?

→I have not read today's newspaper yet. Is there anything interested in it?

> **TIP** ② '(~인) 체하다'는 make believe (that)으로 it을 삭제해야 한다. made it believe → made believe
> ③ '~을 고대하다'는 look forward to ~ing이므로 go를 going으로 고쳐야 한다.
> ④ anything이 interest한 감정을 느끼게 하는 것이므로 현재분사인 interesting이 와야 한다. interested → interesting

Answer 78.② 79.①

80 어법상 옳지 않은 것은?

① You might think that just eating a lot of vegetables will keep you perfectly healthy.

② Academic knowledge isn't always that leads you to make right decisions.

③ The fear of getting hurt didn't prevent him from engaging in reckless behaviors.

④ Julie's doctor told her to stop eating so many processed foods.

TIP 첫째, ②번에서 that이 관계대명사로 쓰인 것이라면 선행사가 있어야 하는데 that 앞에는 선행하는 명사가 존재하지 않으므로 관계대명사로 쓰인 것이 아니다.
둘째, that이 접속사로 쓰였다면 뒤에 문장이 주어+동사가 완벽히 갖추어져 있어야 하는데 that 이하에 주어가 없으므로 접속사로 쓰인 것도 아니다.
그러므로 ②번 문장은 어법상 옳지 않다.

「① 너는 단순히 많은 야채를 먹는 것이 너를 완전히 건강하게 해줄 것이라고 생각하는지도 모른다.
② 학문적 지식이 항상 올바른 결정을 할 수 있도록 하는 것은 아니다.
③ 다치는 것에 대한 두려움도 그가 무모한 행동을 하는 것을 막지 못했다.
④ Julie의 의사는 그녀에게 너무 많은 가공식품을 먹는 것을 멈추라고 이야기했다.」

Answer 80.②

자격증 별로 정리된 기출문제로 깔끔하게 합격하자!

기출문제 총집합! 자격증 - 기출